**에듀윌과 함께 매일같이 쌓아 올린
여러분의 노력은 결코 헛되지 않습니다.**

지금 이 순간에도 한 걸음씩
성장하고 있다는 사실을 잊지 마세요.

처음에는 낯설고 어려웠던 이론도,
반복과 실전 속에서 익숙해지고
막막하게 느껴졌던 문제들도
하나씩 풀어낼 수 있게 될 거예요.

포기하고 싶은 날이 와도,
여러분이 꿈꾸는 내일을 위해
끝까지 걸어가는 그 한 걸음이
곧 합격의 열쇠가 됩니다.

여러분의 성실함이 자랑스럽습니다.
여러분은 반드시 해낼 수 있습니다.

**마지막까지 응원합니다!
끝까지 함께할게요.**

8년 연속 주관처 공식인증
출간 전종 **베스트셀러 1위**

에듀윌의 서비스 경영 시리즈
클래스의 차이를 직접 경험해 보세요.

SMAT 모듈 A

SMAT 모듈 B
(10월 출간 예정)

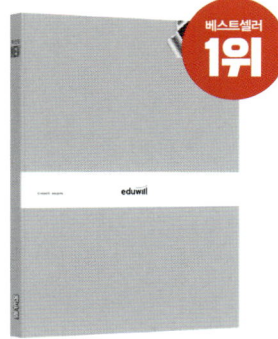

SMAT 모듈 C
(10월 출간 예정)

CS리더스 관리사

* 2019~2026년 에듀윌 SMAT 모듈 A, B, C (3종) 한국생산성본부(KPC) 공식 인증 * SMAT 모듈 A YES24 수험서 자격증 국가자격/전문사무 소비자전문상담사/CS Leaders(관리사) 베스트셀러 1위(2020년 4월, 10월, 2021년 10월, 2022년 4월, 8월, 2023년 4월, 2024년 3월, 9월 월별 베스트, 2020년 9월 1주~2주, 10월 1주, 2021년 9월 1주~2주, 2022년 3월 1주~2주, 5월 1주~2주, 7월 2주~3주, 9월 1주~2주, 2023년 3월 1주~2주, 4월 1주, 9월 1주, 12월 4주, 24년 3월 1주~2주, 7월 3주, 8월 4주, 9월 1주~2주 주별 베스트) * SMAT 모듈 B YES24 수험서 자격증 국가자격/전문사무 소비자전문상담사/CS Leaders(관리사) 베스트셀러 1위 (2020년 3월 2주, 2021년 11월 3주, 2022년 5월 3주, 7월 1주, 2024년 5월 1주 주별 베스트)* SMAT 모듈 C YES24 수험서 자격증 국가자격/전문사무 소비자전문상담사/CS Leaders(관리사) 베스트셀러 1위 (2021년 7월 2주, 2022년 3월 3주, 2023년 4월 2주~3주, 10월 5주, 2024년 4월 2주, 7월 4주 주별 베스트)

2026 최신판

에듀윌 SMAT 모듈 A
독학으로 1주끝장

실제 시험(동형) 모의고사 4회분+무료특강

모의고사 3회분 + 빈출족보
시행처 실제 출제경향을 그대로 완벽 반영!

시험장 필수 아이템

한국생산성본부 제공 모의고사 그대로!

모의고사

Service

Management

Ability

Test

특별제공
OMR 카드
무료 해설 특강

*한국생산성본부에서 제공하는 모의고사에서 표기법 등 수정이 필요한 경우 일부 수정을 했습니다.

모의고사 01회

SMAT(서비스경영자격)
모듈 A-비즈니스 커뮤니케이션

시험시간	모듈	수험번호	성명
70분	A		

문제유형				
PART 1 일반형	PART 2 O/X형	PART 3 연결형	PART 4 사례형	PART 5 통합형
24문항	5문항	5문항	10문항	6문항

https://eduwill.kr/0r0e

- QR 코드 또는 URL로 응시한 후 채점 및 유형별 성적분석 결과를 확인하세요.
- 모의고사 뒤의 OMR 카드로 실제 시험처럼 연습할 수 있습니다.
- P.60에서 정답 및 해설을 확인하세요.

합격 점수	70 점	나의 점수	점

PART 1 일반형 24문항

1. 다음의 상황별 전화 응대에 대한 설명으로 옳은 것은?
   ① 지명인이 부재중일 때, 개인적인 부재 사유에 대해 정확하게 알린다.
   ② 회사의 위치를 묻는 경우 일단 대중교통을 이용할 수 있도록 안내해준다.
   ③ 찾는 사람이 부재중이라면 정중히 사과 후 나중에 다시 전화할 것을 부탁한다.
   ④ 불특정 고객이 전화 연결을 요청하는 경우, 지명인의 휴대 전화 번호를 알려줘서는 안 된다.
   ⑤ 전화가 잘 들리지 않는 경우 "뭐라고요?", "잘 안 들리는데요." 등의 표현으로 통화 상태가 좋지 않음을 명확하게 알린다.

2. 다음 중 비즈니스 현장에서의 장소별 안내 매너로 적절한 것은?
   ① 복도에서는 고객보다 2~3보가량 비스듬히 뒤에서 안내한다.
   ② 엘리베이터에 승무원이 없을 때는 상급자가 먼저 타도록 안내한다.
   ③ 계단과 에스컬레이터에서 남성이 여성을 안내할 때 남성이 위쪽에서, 여성이 아래쪽에 위치한다.
   ④ 당겨서 여는 문일 경우에는 문을 당겨 열어서 안내자가 먼저 통과한 후 고객이 통과하도록 한다.
   ⑤ 계단과 에스컬레이터 등 경사가 있는 곳에서 올라갈 때는 앞에서 안내하고, 내려올 때는 뒤에서 안내한다.

3. 이미지에 있어서 밝은 표정이 주는 여러 효과에 대한 설명으로 적절하지 <u>않은</u> 것은?
   ① 근육을 많이 사용하게 되어 건강에 유익하다.
   ② 호감 형성 효과에 의하면 웃는 표정이 상대에게 호감을 형성시킬 수 있다.
   ③ 신바람 효과란 웃는 모습으로 생활을 하면 기분 좋게 일을 할 수 있는 효과를 의미한다.
   ④ 감정 이입 효과란 밝고 환한 웃는 표정을 보면 주변 사람도 기분이 좋아지는 효과를 말한다.
   ⑤ 마인드 컨트롤 효과란 내면에서 우러난 밝은 표정이 타인의 감정도 조절하여 긍정적으로 변화시킬 수 있다는 효과를 말한다.

4. 방향 안내 동작 중 삼점법의 순서로 적절한 것은?
   ① 상대 눈 → 지시 방향 → 지시하는 손 끝
   ② 상대 눈 → 지시 방향 → 상대 눈
   ③ 상대 눈 → 지시하는 손 끝 → 지시 방향
   ④ 지시 방향 → 지시하는 손 끝 → 상대 눈
   ⑤ 지시 방향 → 상대 눈 → 지시하는 손 끝

5. MBTI에 의한 고객 성격 유형 중 '외향형(Extraversion)'에 해당하는 특성은?
   ① 말로 표현하는 것을 선호한다.
   ② 서서히 알려지는 것을 선호하는 경향이 있다.
   ③ 조용하고 신중한 경향이 있다.
   ④ 깊이 있는 대인 관계를 유지하는 경향이 있다.
   ⑤ 자기 내부에 주의 집중하는 경향이 있다.

6. 다음은 '소비자'와 '고객'에 대한 용어의 정의를 설명한 내용이다. 이 중 옳지 않은 것은?
   ① 고객은 흔히 '손님'이란 용어로 표현되기도 한다.
   ② 처음 기업과 거래를 시작하는 고객을 신규 고객이라 한다.
   ③ 일반적으로 소비 활동을 하는 모든 주체를 소비자라 한다.
   ④ 소비자는 구매자, 사용자, 구매 결정자의 역할을 각각 다르게 하는 경우와 1인 2역, 3역 역할을 수행하는 경우가 있다.
   ⑤ 직접 제품이나 서비스를 반복적, 지속적으로 애용하고 있지만, 타인에게 추천할 정도의 충성도를 가지고 있지 않은 고객을 옹호 고객이라 한다.

7. 고객의 구매 행동에 영향을 끼치는 요인을 설명한 것으로 가장 적절한 것은?
   ① 물리적 환경: 타인의 관찰
   ② 사회적 환경: 상표, 점포의 실내 디자인
   ③ 커뮤니케이션 상황: 광고, 점포 내 디스플레이
   ④ 구매 상황: 고객이 제품을 사용하는 과정상 발생 가능한 상황
   ⑤ 소비 상황: 제품 구매 가능성, 가격 변화, 경쟁 상품의 판매 촉진 등 제품을 구매하게 되는 시점의 상황

8. 다음 설득의 기술 중 역지사지를 설명한 것은?
   ① 시각에 호소하는 언어를 사용한다.
   ② 상황에 맞는 전문가의 말을 인용한다.
   ③ 객관적 자료보다는 다양한 채널로 접근하여 감성을 자극한다.
   ④ 상대방의 의도를 간파하는 짧은 한마디는 상대방의 마음을 한순간에 무너뜨릴 수 있다.
   ⑤ 타인을 비난하기 전에 먼저 자신을 낮추고 상대방의 마음을 헤아리는 모습을 보여준다.

9. 커뮤니케이션 상황 내에서 잠재적 메시지 가치를 가지고 있는 인간이나 환경에 의해 야기된 언어를 제외한 자극을 '비언어를 통한 커뮤니케이션'이라고 한다. 이의 유형 중 '공간적 행위'를 설명한 것으로 가장 적절한 것은?
   ① 친밀한 거리는 0~45cm이다.
   ② 개인적 거리는 80cm~1.2m이다.
   ③ 사회적 거리는 45~80cm이다.
   ④ 대중적 거리는 1.2m 이내이다.
   ⑤ 육체적 공간 거리를 어떻게 유지하고 어떤 의미를 부여하는가에 대한 내용으로 상대에 대한 친밀감이나 신뢰도와는 관계가 있으나, 진정한 관심이나 흥미 및 태도를 반영하지는 않는다.

10. CIQ[세관(Customs), 출입국 관리(Immigration), 검역(Quarantine)] 지역에서 주로 이루어지는 행정사항이 아닌 것은?
    ① 휴대품 검사
    ② 참가 회의 관련 안내
    ③ 귀빈실 사용 VIP 영접
    ④ 여권 및 비자의 적절성 검사
    ⑤ 필요시 회의 참가 입국자의 건강 이상 유무 및 동·식물 검역

11. 회의장의 배치 형태 중 장시간의 강의 청취와 노트 필기에 적합한 좌석 배치는?
    ① U자형 배치(U Shape Setting)
    ② T자형 배치(T Shape Setting)
    ③ 극장식 배치(Theater Style Setting)
    ④ 교실식 배치(Classroom Style Setting)
    ⑤ 이사회형 배치(Boardroom Style Setting)

12. 의전 시 계급에 따른 호칭 사용이 적절하지 <u>않은</u> 것은?
　① 문서에는 상사의 존칭 생략
　② 상사에게 자신을 지칭할 때는 '저'를 사용
　③ 최상급자에게 상급자 호칭 시 존대법 사용
　④ 상급자에게는 성과 직위 다음에 '님'이라는 존칭 사용
　⑤ 상급자의 이름을 모를 경우 직위에만 '님'이라는 존칭 사용

13. 다음 중 의전(儀典) 업무에 대한 설명으로 적절하지 <u>않은</u> 것은?
　① VIP 고객에 있어서는 사전 예약과 사후 관리에 세밀한 응대가 필요하다.
　② 의전은 의식을 갖추고 예(禮)를 갖추어야 하므로 높은 수준의 매너가 필요하다.
　③ 때에 따라서는 VIP 고객을 위해 주차장에서부터 의전 서비스를 제공하고, 전문 직원이 밀착 서비스를 제공할 수도 있다.
　④ 행사 중 서로 이해관계가 있는 VIP 고객 간의 자리 배석과 공간적 거리를 염두에 두고 사전 행사 준비를 하는 편이 좋다.
　⑤ 의전은 의식과 의례를 갖춘 행사를 의미하므로 절대로 규칙에서 벗어나지 않도록 하며, VIP 고객에게도 행사 규칙을 따르도록 강요해야 한다.

14. 대안 평가 및 상품 선택에 관여하는 방법 중 고객이 기존안을 우월하게 평가하도록, 상대적으로 열등한 대안을 내놓아 기존안을 돋보이게 하는 방법은?
　① 후광 효과　　　　　　　　② 빈발 효과
　③ 유인 효과　　　　　　　　④ 프레이밍 효과
　⑤ 유사성 효과

15. 매너의 개념에 대한 설명으로 옳지 <u>않은</u> 것은?
　① 상대방을 존중하는 태도가 매너의 기본이다.
　② 매너는 에티켓을 외적으로 표현하는 것이다.
　③ 매너는 타인을 향한 배려의 언행을 형식화한 것이다.
　④ 에티켓을 지키지 않는 사람에게도 매너를 기대할 수 있다.
　⑤ 매너는 사람이 수행해야 하는 일을 위해 행동하는 구체적인 방식이다.

16. 효과적인 경청 방법으로 가장 적절하지 않은 것은?
    ① 질문한다.
    ② 온몸으로 맞장구를 친다.
    ③ 말하는 사람과 동화되도록 노력한다.
    ④ 전달하는 메시지의 요점에 관심을 둔다.
    ⑤ 상대방의 이야기를 자신의 경험과 비교하며 듣는다.

17. 명함을 받거나 건넬 때 올바른 명함 매너는?
    ① 명함을 건넬 때 바로 선 자세에서 왼손으로 주는 것이 예의이다.
    ② 명함을 받을 때 상황에 따라 두 손으로 서서 받거나 앉아서 받는다.
    ③ 명함을 건넬 때 정중히 인사하고 자신의 소속과 이름을 정확히 말해야 한다.
    ④ 명함을 받은 후 바로 상대방 명함 상단에 날짜와 특이 사항을 기록해 놓는다.
    ⑤ 명함을 받은 후 대화가 이어질 경우에도 바로 명함지갑에 잘 넣어 보관하여야 한다.

18. 다음 중 남성의 조문 매너에 대한 설명으로 적절한 것은?
    ① 요즘에는 복장이 단정하면 격식에 구애받지 않는다.
    ② 조의금은 형편이 힘들더라도 최대한 많이 내도록 한다.
    ③ 유족에게 가능한 말을 자주 걸어 슬픔을 잊도록 도와준다.
    ④ 복장은 검정 양복을 기본으로 하며, 감색 · 회색 양복은 입지 않는다.
    ⑤ 영정 앞에 선 채로 묵념 후 한 번 절하여 총 두 번의 조의를 표한다.

19. 다음 중 올바른 Voice 이미지 연출 방법에 대한 설명으로 적절하지 않은 것은?
    ① 장, 단음을 분명하게 발음한다.
    ② 천천히, 또박또박 발음하도록 한다.
    ③ 모음에 따라 입 모양을 다르게 해야 한다.
    ④ 숨을 들이 마신 후에 말하면 목소리가 더 풍성해진다.
    ⑤ 말을 할 때에는 항상 강하고 힘 있게 말하여 자신감 있는 모습을 연출한다.

20. 다음 중 서비스 전문가의 용모복장에 대한 설명으로 적절하지 않은 것은?
   ① 명찰은 정 위치에 부착하고 개인적인 액세서리는 가능한 피하도록 한다.
   ② 헤어 연출은 가급적 이마를 드러내어 밝은 표정을 극대화하는 것이 좋다.
   ③ 네일(손톱)은 깨끗하고 정리된 상태를 유지하며 지나친 네일아트는 피하도록 한다.
   ④ 유니폼을 개인의 취향으로 변형하지 않도록 하며 유니폼은 조직을 나타내는 상징임을 기억하고 규정에 맞게 착용한다.
   ⑤ 메이크업의 목적은 신체의 장점을 부각하고 단점은 수정 및 보완하는 미적 행위이므로 항상 자신의 개성을 부각시켜 연출한다.

21. 지각적 방어는 지각의 특징들 중 어느 특징에 영향을 미치는가?
   ① 주관성   ② 선택성   ③ 일시성
   ④ 총합성   ⑤ 이질성

22. 협상에서 효과적으로 반론하는 방법으로 적절하지 않은 것은?
   ① 긍정적으로 시작한다.
   ② 반대 이유를 설명한다.
   ③ 반론 내용을 명확히 한다.
   ④ 반론을 요약해서 말한다.
   ⑤ 상대방이 수락할 때까지 반복적으로 주장한다.

23. 공식 운전자가 있는 의전 차량의 탑승자 중 VIP 인사의 좌석은?
   ① 뒤 중앙 좌석   ② 운전자 옆 좌석
   ③ 운전자 직 후방 뒷좌석   ④ 운전자 대각선 방향 뒷좌석
   ⑤ 탑승 좌석 구분은 불필요함

24. 자신이 인정받고자 하는 욕구가 많아지면서 고객들은 누구나 자신을 최고로 우대해 주기를 원한다. 이에 해당하는 고객 요구의 변화의 특징으로 적절한 것은?
   ① 의식의 고급화   ② 의식의 복잡화
   ③ 의식의 개인화   ④ 의식의 대등화
   ⑤ 의식의 존중화

SMAT 국가공인 서비스 경영자격 PART 2 O/X형 5문항

[25~29] 다음 문항을 읽고 옳고(O), 그름(X)을 선택하시오.

25. 공수 자세를 취할 때 평상시에는 남자가 왼손이 위로, 여자는 오른손이 위로 가도록 두 손을 포개어 잡는다. 집안의 제사는 흉사이므로 반대로 손을 잡는다. (① O ② X)

26. 경청의 기법인 B.M.W.는 Body(자세), Mood(분위기), Word(말의 내용)이다. B.M.W.의 Body는 표정이나 눈빛, 자세나 움직임을 상대에게 기울이고, Mood는 대화 장소의 분위기를 고려하여 들으며, Word는 말의 내용적인 면에서 고객의 입장에 서서 고객을 존중하며 고객이 원하는 바가 무엇인지 집중하여 듣는 공감적 경청의 방법이다. (① O ② X)

27. 컨벤션 개최를 통해 긍정적인 경제적 효과 외에도 개최국의 국제 지위 향상 등 정치적 효과도 누릴 수 있다. (① O ② X)

28. 서비스 종사자에게 유니폼은 근무 시 활동하는 복장인 동시에 회사와 개인의 이미지까지 표현하는 수단이 되므로 자신의 개성을 잘 살려 수선하고 개인별로 포인트를 주어 화려함을 더하도록 한다. (① O ② X)

29. 서비스 종사자는 고객이 가진 우월 심리를 잘 이해해야 한다. 고객은 늘 자신이 서비스 직원보다 우월하다는 심리를 가지고 있으므로 직업의식을 가지고 고객의 자존심을 인정하고 자신을 낮추는 겸손한 자세가 필요하다. (① O ② X)

PART 3 연결형 5문항

[30~34] 다음 설명에 적절한 보기를 찾아 각각 선택하시오.

──| 보기 |──
① 팁 문화　　　　　② 상호주의 원칙(Reciprocity)　　　③ 체리피커
④ 공수　　　　　　⑤ 악수

30. 제공받은 서비스에 대한 감사의 표시로 담당자에게 전체 금액의 10% 정도를 전달하는 문화
(　　　　)

31. 의전의 기본 정신 중 하나로 내가 배려한 만큼 상대방으로부터 배려를 기대하는 것으로, 국력에 관계없이 동등한 대우를 기본으로 한다. (　　　　)

32. 명품 숍에서 고가의 가방을 구입한 후 당일 약속에 들고 외출했다가 다음 날 마음에 들지 않는 다며 환불을 요청하는 고객 (　　　　)

33. 비즈니스하는 사람과 사람 사이의 친근함을 표현하는 것으로 관계 형성의 중요한 단계이며, 서양에서는 이를 사양하는 것이 결례에 속한다. (　　　　)

34. 어른 앞에서나 의식 행사에 참석했을 때 또는 절을 할 때 취하는 공손한 자세 (　　　　)

SMAT 국가공인 서비스 경영자격 　PART 4 사례형 10문항

35. 다음 사례에서 두 사람의 전화 응대 비즈니스 매너를 해석한 것으로 적절하지 않은 것은?

> 김철수 씨는 출근 시간이 십여 분 정도 지난 시각에 아직 출근하지 않은 옆자리의 동료 전화를 대신 받게 되었다.
> 김철수: (A) 여보세요.
> 송신자: (B) 아, 네 수고하십니다. ○○건설이죠. 김영식 씨 계십니까?
> 김철수: (C) 네, ○○건설은 맞습니다만 김영식 씨는 아직 출근 전입니다. 아마 곧 출근할 것 같습니다만…
> 송신자: 네. 그렇군요.
> 김철수: (D) 용건을 말씀해주시면 제가 메모를 남기거나 자리에 도착하는 대로 전화 드리라고 전하겠습니다. 괜찮으시겠습니까?
> 송신자: (E) 네. 며칠 전에 메일을 보내주셔서 그 건으로 연락드렸습니다. 저는 ○○상사에 근무하는 ○○ 대리입니다. 말씀을 전해주시면 감사하겠습니다.

① (A): 비즈니스 전화를 받을 때 가장 무난한 인사법으로 응대하였다.
② (B): 전화 통화하고자 하는 상대를 확인하고자 하였으나, 본인의 소속을 밝히지 않아서 적절한 응대가 아니다.
③ (C): 동료가 지각하여 부재한 상황이라면, 아직 출근 전이라고 하기 보다는 잠시 자리를 비웠다고 하는 편이 비즈니스 응대 시에는 더 적절하다.
④ (D): 상대에게 정중히 메모나 연락처 등을 질문하며 적절히 응대하였다.
⑤ (E): 전화를 건 용건과 소속을 밝히고 메모를 전해주는 것에 대한 감사를 전하여 예의를 갖추었다.

36. 다음 사례에서 고객이 방문하였을 때 상황별로 갖추어야 할 안내 매너로 적절하지 않은 것은?

> 오늘은 중요 고객사 김길동 과장이 11시에 본사를 방문하는 날이다.
> ① (정문에서의 안내): 10시 50분에 정문에서 대기하다가 통과하는 차량을 확인한 후, 주차 안내를 도운 다음 문을 열어주고 정중하게 인사하며 자기소개를 했다.
> ② (복도에서의 안내): 고객이 따라오는지 거리를 확인하면서 고객보다 2~3보가량 비스듬히 앞서서 걸으며 접견실 입구로 안내했다.
> ③ (계단에서의 안내): 계단을 오를 때, 안내자는 여성이고, 고객은 남성이므로 고객보다 한두 계단 앞서 안내하며 올라가고, 계단을 내려올 때 고객보다 한두 계단 뒤에서 내려왔다.
> ④ (문에서의 안내): 당겨서 여는 문에서는 먼저 당겨 열고 서서 고객이 먼저 통과하도록 안내하였고, 밀고 들어가는 문에서는 안내자가 먼저 통과한 후 문을 잡고 고객을 통과시켰다.
> ⑤ (접견실에서의 안내): 접견실에 도착해서 "이곳입니다."라고 말하고, 전망이 좋은 상석으로 고객을 안내하였다.

① 정문에서의 안내 ② 복도에서의 안내 ③ 계단에서의 안내
④ 문에서의 안내 ⑤ 접견실에서의 안내

37. 다음은 회의 운영팀이 점심 식사를 자유 시간으로 운영하기보다 계획된 프로그램으로 제공할 것을 회의를 통해 결정하는 사례이다. 점심 식사를 계획된 프로그램으로 제공하는 이유에 대한 팀원들의 의견 중 가장 적절하지 않은 것은?

> ① A 과장: 점심 시간을 자유 시간으로 제공하면 참가자들이 점심 식사를 위해 시설을 떠나거나 오후 세션에 참석하지 않는다.
> ② B 과장: 점심 시간을 자유 시간으로 제공하면 참가자가 몰리게 되어 내부시설 식음료 장소의 대기라인이 길어진다. 계획된 프로그램으로 제공해야 한다.
> ③ C 대리: 점심을 잘 기획하여 제공하면 대부분의 참가자들이 한 공간에 머물게 되기 때문에 회의 일정이 정상적으로 진행되는 것을 도울 수 있다.
> ④ D 대리: 점심을 잘 기획하여 제공하면 식음료 비용을 오히려 절감할 수 있게 되어 예산 운영을 효과적으로 할 수 있다.
> ⑤ E 대리: 점심을 잘 기획하여 제공하면 참가자들이 식사를 위해 이동하는 시간을 줄여 회의 참가자가 식사 후 오후 세션에 늦게 참석하는 것을 방지할 수 있다.

① A 과장 ② B 과장 ③ C 대리
④ D 대리 ⑤ E 대리

38. 다음은 인천공항 귀빈 전용통로, '더블도어'의 모습이다. 이 문을 통과할 수 <u>없는</u> 대상은?

▲공항 더블도어

① 덴마크 여왕 ② UN사무총장 ③ 미국 대통령
④ 독일 총리 대행 ⑤ 덴마크 여왕 수행원

39. 다음은 상황에 따른 고객과의 통화 내용이다. 대화에 관한 내용 중 옳지 <u>않은</u> 것은?

> ① 전화를 바꾸어 줄 때
> • 고객님! 죄송하지만 통화가 길어지는 것 같은데요!
> • 제가 메모해서 전화가 끝나는 대로 연락드리도록 하겠습니다.
> ② 전화가 들리지 않을 때
> • 죄송하지만 잘 들리지 않습니다.
> • 고객님! 죄송하지만 목소리가 작아서 잘 들리지 않는데 좀 크게 말씀해 주시겠습니까?
> ③ 전화가 잘못 걸려왔을 때
> • 실례하지만 몇 번으로 전화하셨습니까?
> • 이곳은 구매부가 아니라 자재부입니다. 제가 구매부로 돌려 드리겠습니다.
> ④ 항의 전화인 경우
> • 고객님! 정말 죄송합니다. 착오가 있었던 것 같습니다.
> • 불편을 드려 죄송합니다. 즉시 조사하여 신속히 답변을 드리겠습니다. 감사합니다.
> ⑤ 잠시 통화를 중단할 때
> • 네! 확인해 드리겠습니다.
> • 죄송하지만 잠시만 기다려 주시겠습니까?
> • 기다리게 해서 죄송합니다.
> • 네! 오랫동안 기다리셨습니다.

① 전화를 바꾸어 줄 때 ② 전화가 들리지 않을 때
③ 전화가 잘못 걸려 왔을 때 ④ 항의 전화인 경우
⑤ 잠시 통화를 중단할 때

40. 다음 사례는 고객의 의사결정 과정 5단계 중 어떤 단계에 해당하는가?

> 여자: 예식장 정하는 것이 이렇게 어려운 일인지 몰랐어.
> 남자: 그래, 남들이 결혼하는걸 보면 쉽게 하는 것 같은데 막상 우리가 정하려고 하니까 참 어렵네.
> 여자: 그 사람들도 우리처럼 이런 과정을 다 거쳤을 거야. 오늘은 결정해서 예약해야 하는데.
> 남자: 그래, 여기저기 더 알아보는 것은 시간 낭비지. 지금까지 열 군데는 알아본 것 같은데, 그 중에서 우리 마음에 든 두 군데 중 하나를 결정하자.
> 여자: 두 군데 중에서 나는 양재역 근처에 있는 예식장이 마음에 들어. 개장한지 얼마 안 돼서 인테리어가 고급스럽고 분위기도 좋아. 또 역세권이라 교통도 편리해서 손님들이 오기도 좋지. 다만 가격이 다른 곳보다 조금 더 비싼 것이 흠이긴 하지만 말이야.
> 남자: 나도 그렇게 생각해. 우리가 알아본 데 중에서는 그만한 곳이 없지. 그 곳으로 정하자. 계약은 오후에 가서 하면 될 거야.
> 여자: 계약은 아직 안 했지만 일단 결정을 하니까 속이 후련하네.

① 특정 제품 및 서비스를 획득하는 구매의 단계
② 의사 결정과 관련된 정보를 습득하는 정보 탐색의 단계
③ 획득 후 기대에 부합하는지를 평가하는 구매 후 행동 단계
④ 제품 및 서비스의 필요성을 느끼고 지각하는 문제 인식의 단계
⑤ 여러 대안 중 평가요인에 의해 선택의 폭을 좁히는 대안 평가의 단계

41. 어느 통신기기 매장에서 판매사원과 상담을 하는 고객의 행동에서 매우 특징적인 점을 발견하게 되어 간략하게 정리해 보았다. 정리한 내용 중에서 비언어적 커뮤니케이션의 '의사 언어'에 해당하는 내용으로만 구성된 보기는?

> 가. 자신의 의사가 명확하게 전달될 수 있도록 발음에 상당히 신경을 써서 대화를 이어나간다.
> 나. 자신의 감정에 따라 말의 속도가 확연히 다르다.
> 다. 주변을 둘러보면서도 판매사원의 말을 경청하고 있다는 듯이 가끔씩 고개를 끄덕인다.
> 라. 부드럽고 친근감 있는 말투였으나 자신의 질문을 판매사원이 잘 이해하지 못하면 약간 짜증스러운 말투로 이야기한다.
> 마. 판매사원의 설명 내용에 따라 얼굴 표정이 달라지는데, 그 표정만 봐도 구매 결정 여부를 대략 알 것 같다.

① 가, 나, 라
② 나, 라, 마
③ 가, 다, 마
④ 나, 다, 마
⑤ 가, 라, 마

42. 다음은 한 가구점에서 고객과 점원이 대화를 하는 장면이다. 이를 설명한 내용으로 가장 옳은 것은?

> 고객: 초록색 의자보다 노란색 의자가 더 마음에 들어요.
> 점원: 재고가 있는지 모르겠네요. 지난 주에 매진됐거든요. 가장 인기 있는 제품입니다. 게다가 그 가격이라면 손님들도 곧바로 가져가시고 싶어 하지요. 괜히 기대감을 드리기 전에 재고가 있는지 한번 확인하겠습니다.

① 재고가 없다면 '없다'고 단호하게 말해야 한다.
② '나중에는 불가능할지도 모른다.'는 뉘앙스를 고객에게 느끼게 해서는 곤란하다.
③ 사례와 같은 응답 방식은 노란색 의자를 구매하겠다는 고객의 의지를 감소시킬 수 있다.
④ "다음 주에 오셔도 저희가 물건을 충분히 가지고 있을 겁니다."라는 말은 고객의 구매 욕구를 더욱 불러일으킬 가능성이 크다.
⑤ 지난주에 매진되었던 제품임을 알리며 고객에게 인기가 많은 제품임을 인식시켜 구매 욕구를 높일 수 있다.

43. 다음은 회사 내에서 이루어지는 비서와 내방객의 대화이다. 대화에 관한 내용 중 적절하지 않은 것은?

> 비 서: (하던 일을 멈추고 일어나 밝게 웃으며) 안녕하십니까?
> 내방객: 네, 안녕하세요. 반갑습니다. (명함을 내밀며) 김만세 사장님과 오늘 2시에 만나기로 한 ○○물산의 박민국 사장입니다. 제가 약속 시간보다 조금 일찍 와버렸네요…….
> 비 서: 아! 네네, 괜찮습니다. 다만…… 사장님께서 지금 외부 일정 중이신데, 조금 전에 출발하셔서 지금 사무실로 들어오고 계십니다. 죄송합니다만, 잠시 기다리셔도 괜찮으시겠습니까?
> 내방객: 네네, 그럼요. 괜찮습니다. 기다리겠습니다.
> 비 서: 그럼 제가 회의실로 먼저 안내해 드리겠습니다. 이쪽으로 오십시오.
> (회의실 입구에서 가장 먼 곳인 상석으로 안내 후)
> 이쪽으로 앉으십시오. 그럼 사장님께서 도착하시는 대로 회의 시작하실 때 음료나 차를 준비해 드리겠습니다.
> 내방객: (민망해하며) 아…… 네…… 알겠어요…….
> 비 서: 그럼 잠시 계십시오. (라고 하며 퇴장한다)
> 내방객: ……

① 내방객이 먼저 명함을 내밀며 자신을 소개한 것은 좋은 비즈니스 매너이다.
② 비서는 내방객을 회의실로 안내 후 상석에 앉도록 하여 올바른 고객 응대를 하였다.
③ 비서는 고객 내방 시 하던 일을 멈추고 즉시 일어나 인사하여 고객에게 긍정적인 첫인상을 주었다.
④ 비서는 내방객에게 기다려달라는 부탁을 하면서 쿠션 언어를 사용하여 고객의 기분이 상하지 않도록 하였다.
⑤ 사장님이 오시면 회의를 위해 음료나 차를 함께 준비해 드려야 하므로 내방객이 대기하는 시간에는 음료나 차를 내지 않는 것이 좋다.

44. 다음의 사례에서 구매자 상담 예절과 원칙에 어긋나는 행동은 무엇인가?

> 세일즈맨: 안녕하세요, 고객님! 시간 내어 주셔서 감사합니다.
> 잠재 고객: 그런데 오늘 방문한 목적이 무엇인지요?
> 세일즈맨: 다름이 아니라 새로 나온 상품을 소개하고자 찾아뵈었습니다. 이 상품은 다른 제품에 비하여 성능, 가격, 디자인 어느 면에서도 나무랄 곳이 없는 상품입니다. 이 상품에 대한 제안서를 보시면 이해가 빠르실 것입니다.
> 잠재 고객: 그런데, 이 상품은……
> 세일즈맨: 아! 이 상품의 자세한 성능에 대해 알고 싶다는 말씀이시군요! 마침 제안서를 준비해 왔는데 한 번 보시겠습니까?
> 잠재 고객: 아니 제안서보다 별로 이 상품에 대해 관심이……
> 세일즈맨: 고객님 일단 제안서를 보시면 생각이 많이 달라지실 것입니다. 이 상품의 특징, 경쟁사와의 차별화된 점, 이 상품을 선택함으로써 얻으실 이익에 대한 과학적인 증거가 잘 제시되어 있습니다.
> 잠재 고객: 그래도 별 관심이 없습니다.
> 세일즈맨: 저도 처음에는 별로 관심이 없었습니다. 충분히 고객님의 생각에 공감합니다. 끝까지 인내하시고 들어주시는 모습에 감동받았습니다. (미소를 지으며) 혹시 언젠가 필요하시면 꼭 연락 주세요! 감사합니다.

① 미소
② 경청
③ 칭찬과 공감
④ 마무리(Closing)
⑤ 오프닝(Opening)

PART 5 통합형 6문항

[45~46] 다음은 고객이 처음 방문한 화장품 매장에서 판매의 진행에 따라 구사할 수 있는 다양한 응대 화법들이다.

A. 안녕하세요? 많이 더우시죠? 여기 시원한 물과 음료수가 준비되어 있으니 천천히 둘러보시고 도움이 필요하시면 말씀해 주세요.

B. 요즘은 화장품 종류들이 정말 다양합니다. 그렇지요? 혹시 고객님께서는 화장품을 고르시는 특별한 기준이 있으신지요?

C. 네. 고객님께서는 브랜드를 중요하게 생각하고 계시네요. 그 밖에 또 특별히 궁금하시거나 고민되시는 부분은 어떤 것이 있으신가요?

D. 화장품을 제조한 기업의 신뢰도가 궁금하시군요? 그렇습니다. 비용을 투자한 만큼의 효과를 중요하게 생각하시기 때문일 것입니다. 그래서 화장품을 고르실 때는 충분한 정보와 상담이 필요합니다.

E. ○○화장품에 대해서는 알고 계시나요? 화장품에 세포과학을 접목해서 최근 많은 호응을 얻고 있는 회사입니다. 화장품의 기능과 효능에 집중하여 투자하고 있죠.

F. 저는 20여 년간 화장품 업계에서 전문적으로 고객님들께 '아름다움'을 권해드리는 일을 하고 있습니다.

G. 고객님께서 원하시고 또 필요로 하시는 제품을 잘 구매하실 수 있게 도와드리는 게 제 역할입니다. 충분한 정보와 고객님께 잘 맞는 상품으로 도와드리니 편안하게 물어보시고 상담받으시면 됩니다. 피부가 건강해 보이시는데 혹시 특별히 염려되는 점이 있으신지요?

45. 다음은 A~G의 각 화법의 역할을 설명한 내용이다. 화법과 역할의 연결이 적절하지 <u>않은</u> 것은?

① B: 구매를 강요함
② D: 상담의 필요성 부각
③ E: 회사 소개를 통한 신뢰감 형성
④ F: 판매자의 자기소개를 통해 전문가 이미지 부각
⑤ G: 본격적인 상담으로의 진입

46. 화법 A는 고객을 맞이하는 첫 인사이다. 화법 A를 다른 화법으로 바꿔보려 할 때, 가장 효과적이지 <u>않은</u> 화법은 무엇인가?

① 어서 오세요. 세포 과학을 접목한 ○○화장품입니다.
② 안녕하세요? ○○화장품입니다. 어떤 제품을 찾으시나요?
③ ○○화장품입니다. 반갑습니다. 천천히 둘러보시면 안내해 드리겠습니다.
④ 안녕하세요? 햇볕이 많이 뜨겁습니다. 여기 수분 미스트 한번 뿌리시고 천천히 둘러보세요.
⑤ 어서 오세요. 저희 매장은 왼쪽에는 기초, 중앙에는 색조, 오른쪽에는 세안, 바디 제품들로 구성되어 있습니다. 천천히 둘러보시면 도와드리겠습니다.

[47~48] 다음은 ○○여행사에서 하루 동안 상담한 고객들의 상담내역이다.

A 고객: 오전 10시 상담. 가족여행 계획. 총 4인. 정확한 날짜, 지역은 아직 정하지 못함. 재 상담 예정. 전화번호와 이메일 확보.
B 고객: 오전 11시. ○○카드사 이벤트에 응모한 고객 명단 중 이벤트 상품 홍보 문자 발송.
C 고객: 오후 1시. 부모님 생신 선물로 여행 상품 상담. 20대 미혼 여성. 견적서 문의. 메일 발송.
D 고객: 오후 2시. 다음 주 여행 출발 계약자 상담. 주요 문의사항 상담 후 현지 옵션 상품 예약 진행.
E 고객: 오후 3시. 지난 주 판매한 여행 상품을 통해 기업 단체 연수를 다녀온 ○○기업 담당자 통화. 불편사항 및 추가 조치사항 확인. 분실물 보험처리 진행.
F 고객: 오후 4시. 2주 전 상담 고객 견적 발송 후 3차 상담 전화. 조정된 견적 내용 설명 및 예약 가능 여부 타진. 이번 주 중에 최종 결정.
G 고객: 오후 5시. 웨딩 플래너 박실장과 신혼여행 상품 홍보를 위한 전화통화. 최신 호응도 높은 상품 설명 및 안부. 박실장이 올해 가을 예비 부부 약 10쌍 진행 중이라고 함. 적절한 협력 부탁. 다음 주 미팅 약속.

47. 위의 상담 내역을 통해 ○○여행사의 고객을 분류해 보았다. 다음 중 각각의 고객 분류, 설명이 적절하지 <u>않은</u> 것은?

①	A 고객	가망 고객	여행 계획이 잡혀 문의 해옴. 구매 가능성이 있는 상태
②	B 고객	잠재 고객	아직 여행 상품 구매 의사를 확인할 수 없지만 이벤트에 응모하여 정보를 알고 있는 잠재적 고객군
③	C 고객	구매자	여행 상품을 직접 이용하는 것은 아니지만 구매를 결정하는 고객
④	E 고객	의사결정 고객	상품을 구입하는 데 있어 영향을 미치는 사람. 전체 여행 상품을 사용하는 소비자를 통해 기업 구매의 결정에 영향을 미침
⑤	F 고객	충성 고객	상품의 평판, 심사 등에 참여하여 의사 결정에 영향을 미치는 사람

48. G 고객과 ○○여행사의 관계에 대한 설명이다. 가장 적절한 것은?

① 현재 10쌍의 예비부부는 ○○여행사의 가망 고객이다.
② 10쌍의 예비부부는 웨딩 플래너 박실장의 잠재 고객이다.
③ 웨딩 플래너 박실장은 ○○여행사와 강한 유대관계를 형성하고 있으므로 충성 고객이다.
④ 웨딩 플래너 박실장은 소비자도 구매자도 아니므로 ○○여행사의 고객이라고 할 수 없다.
⑤ 웨딩 플래너 박실장은 대체적인 경우 ○○여행사의 잠재 고객에게 구매 영향자가 될 수 있으므로 고객으로 볼 수 있다.

[49~50] 다음 상사와 부하 간 대화를 읽고 물음에 답하시오.

> A 대리: B 사원, 오늘 고객 만날 때 자료정리를 잘 해서 만나야 해.
> B 사원: 네, 잘 알겠습니다.
> A 대리: 지난 번에도 자료 없이 그냥 만났지? 회사 생활이라는 게 말이야. 무슨 일이든 철저하게 준비하는 게 중요하거든. 그래야 신뢰가 생기는 거야. 내가 신입사원이었을 때는 고객을 만날 때 항상 필요한 자료가 뭔지 미리 생각해서 만들어서 만났거든.
> B 사원: 아, 네. 그렇군요. 대리님 말씀 명심하겠습니다.
> A 대리: 그리고 무슨 문제 있으면 나한테 먼저 이야기하라고. 내가 도와줄테니까.
> B 사원: 네.
> A 대리: 그런데 말이야. B 사원, 내가 이야기하는데 자꾸 시계를 보네. 뭐 바쁜 일 있나?
> B 사원: 아닙니다. 그냥요.
> A 대리: 거 참, 사람이 말하는데 시계를 자꾸 보면 되나. 고객 앞에서도 그러는 거 아냐?
> B 사원: 앞으로 주의하겠습니다.

49. A 대리와 B 사원의 대화를 교류 분석(Transactional Analysis) 관점에서 분석하였을 때 A 대리는 어떤 자아 상태인가?

① 성인 자아(Adult Self)   ② 부모 자아(Parent Self)
③ 전문가 자아(Expert Self)   ④ 관리자 자아(Management Self)
⑤ 성숙인 자아(Mature Man Self)

50. B 사원이 범하고 있는 커뮤니케이션 오류는 무엇인가?

① 준거의 틀 차이   ② 반응적 피드백의 부족
③ 비언어적 메시지의 오용   ④ 신뢰 네트워크 형성 부족
⑤ 시간이라는 제약 상황의 한계

모의고사 02회

SMAT(서비스경영자격)
모듈 A-비즈니스 커뮤니케이션

시험시간	모듈	수험번호	성명
70분	A		

문제유형				
PART 1 일반형	PART 2 O/X형	PART 3 연결형	PART 4 사례형	PART 5 통합형
24문항	5문항	5문항	10문항	6문항

https://eduwill.kr/4r0e

- QR 코드 또는 URL로 응시한 후 채점 및 유형별 성적분석 결과를 확인하세요.
- 모의고사 뒤의 OMR 카드로 실제 시험처럼 연습할 수 있습니다.
- P.66에서 정답 및 해설을 확인하세요.

합격 점수	70 점	나의 점수	점

SMAT 국가공인 서비스 경영자격 PART 1 일반형 24문항

1. 다음 중 서양의 호칭 및 경칭의 대상으로 옳지 않은 것은?
   ① Majesty: 왕족
   ② The Honorable: 귀족이나 주요 공직자
   ③ Sir.: 나이나 지위가 비슷하거나 높은 사람
   ④ Esquire(ESQ): 영국에서 사용하며, 편지의 수취인
   ⑤ Dr.: 전문 직업인이나 인문 과학 분야에서 박사학위를 취득한 사람

2. 다음 중 에티켓에 대한 설명으로 가장 적절한 것은?
   ① 대화 도중 기침이 나올 때는 손으로 입을 가리고 한다.
   ② 길가다가 껌을 뱉을 때에는 종이에 싼 후 휴지통에 버린다.
   ③ 공중화장실과 같은 공공시설물은 항상 깨끗하게 이용해야 한다.
   ④ 도서관에서 휴대전화로 통화할 때에는 밖으로 나가서 사용한다.
   ⑤ 출입문을 열고 들어갈 때 뒷사람이 오는 것을 보면 잠시 문을 잡아준다.

3. 나라마다 쓰임이 다른 제스처가 있는데 나라별 주먹을 쥐고 엄지손가락을 위로 올리는 행위의 의미가 맞게 열거된 것은?
   ① 미국(매우 좋음) - 호주(무례한 행위) - 한국(네가 최고) - 그리스(닥쳐) - 러시아(동성애자라는 의미)
   ② 한국(네가 최고) - 그리스(동성애자라는 의미) - 호주(무례한 행위) - 러시아(닥쳐) - 미국(매우 좋음)
   ③ 호주(동성애자라는 의미) - 한국(네가 최고) - 그리스(무례한 행위) - 러시아(닥쳐) - 미국(매우 좋음)
   ④ 그리스(닥쳐) - 호주(동성애자라는 의미) - 러시아(무례한 행위) - 미국(매우 좋음) - 한국(네가 최고)
   ⑤ 러시아(동성애자라는 의미) - 그리스(매우 좋음) - 한국(매우 좋음) - 미국(무례한 행위) - 호주(네가 최고)

4. 서비스 기업이 더욱 중요하게 관리해야 하는 내부 고객에 대해 가장 적절하게 설명한 것은?
① 외부 고객에 이어 두 번째로 고려해야 할 고객이다.
② 기업의 상품과 서비스를 직접 구매하거나 이용한다.
③ 상품과 서비스를 제공받는 대가로 가격을 지불한다.
④ 외부 고객을 만족시켜야 내부 고객을 만족시킬 수 있다.
⑤ 외부 고객이 원하는 것을 제공하는 중요한 일을 담당한다.

5. 다음 중 의전의 5R에 해당하지 <u>않는</u> 것은?
① 서열 타파(Rank Free)
② 상호 존중(Reciprocity)
③ 상대방에 대한 존중(Respect)
④ 오른쪽이 상석(Right)
⑤ 현지 문화의 반영(Reflecting Culture)

6. 다음 중 올바른 명함 수수법으로 가장 적절한 것은?
① 명함은 고객의 입장에서 바로 볼 수 있도록 건네도록 한다.
② 명함은 상황에 따라 한 손으로 건네도 예의에 어긋나지 않는다.
③ 명함을 동시에 주고받을 때에는 왼손으로 주고 오른손으로 받는다.
④ 앉아서 대화를 나누다가 명함을 교환할 때는 그대로 건네는 것이 원칙이다.
⑤ 앉아서 대화를 나누는 동안 받은 명함을 테이블 위에 놓고 대화하는 행위는 실례다.

7. 다음 중 조문 매너로 올바른 것은?
① 조의금은 문상을 마친 후 직접 상주에게 전한다.
② 향을 꽂은 후 영정 앞에 일어서서 잠깐 묵념 후 한 번 절한다.
③ 오른손으로 향을 잡은 채로, 왼손을 가볍게 부채질해 불꽃을 끈다.
④ 정신적으로 힘든 유족에게는 말을 많이 시키고 위로하는 것이 좋다.
⑤ 영정 앞에 절할 때 남자는 왼손이 위로, 여자는 오른손이 위로 가게 한다.

8. 고객을 안내할 때 올바른 접객 매너는?
   ① 고객을 배웅할 때는 회의석상에서 배웅한다.
   ② 안내할 때는 고객보다 2~3보가량 비스듬히 뒤에서 안내한다.
   ③ 복도에서는 손님과의 거리가 벌어지지 않도록 약간 뒤에서 안내한다.
   ④ 고객이 남성이면 한두 계단 뒤에서 올라가고 내려올 때는 한두 계단 앞서 내려온다.
   ⑤ 당겨서 여는 문일 경우에는 당겨서 문을 열고 들어가고, 고객이 나중에 통과하도록 한다.

9. 이미지의 개념 및 속성에 대한 설명으로 옳지 않은 것은?
   ① 실체의 한 부분이지만 대표성을 갖는다.
   ② 객관적이라기보다는 주관적이라고 할 수 있다.
   ③ 마음속에 그려지는 사물의 감각적 영상, 또는 심상이다.
   ④ 시각적인 요소 이외의 수많은 감각에 의한 이미지도 포함한다.
   ⑤ 인식 체계와 행동의 동기 유인 측면에 있어 매우 중요한 역할을 한다.

10. 서비스 전문가로서 자신을 연출할 때 적절하지 않은 것은?
    ① 서비스 전문가는 가능하면 앞머리로 이마나 눈을 가리지 않는 헤어스타일이 좋다.
    ② 머리는 빗질을 하거나 헤어 제품을 사용하여 흘러내리는 머리가 없도록 고정하고 단정한 모양을 유지하는 편이 좋다.
    ③ 스타킹은 옷, 구두의 색상과 조화를 이루는 것이 좋으며 무난한 제품으로 고르되, 무늬나 화려한 색상의 제품은 피하는 편이 좋다.
    ④ 유니폼이나 개인 정장을 입더라도 흰색 양말보다 양복 색과 같은 양말을 착용하여 구두 끝까지 색의 흐름을 일치하게 입는 편이 좋다.
    ⑤ 서비스 전문가는 트렌드에 민감해야 하므로 제복이나 유니폼을 입더라도 트렌드에 맞게 액세서리 등으로 개인의 개성 연출을 하는 편이 좋다.

11. 우량 고객 중에서도 최상위의 고객을 로열 고객(Loyal Customer) 혹은 충성 고객이라고 한다. 이들의 특징으로 적절하지 않은 것은?
    ① 관대함
    ② 교차 구매
    ③ 하강 구매
    ④ 구전 활동
    ⑤ 반복 구매

12. 커뮤니케이션 기법 중 '나-전달법'에 대한 설명으로 옳은 것은?
   ① 비언어적인 전달 방법이다.
   ② 자기노출과 피드백으로 구성된다.
   ③ 자신의 입장만을 강조하는 이기적인 의사소통 방법이다.
   ④ 타인의 행동이 자신에게 어떠한 영향을 주었는지에 대해 이야기하는 방법이다.
   ⑤ 때로는 상대방의 행동을 비난하여 효과적으로 의사소통이 가능한 방법이다.

13. 다음 중 커뮤니케이션의 기능에 대한 설명으로 적절하지 <u>않은</u> 것은?
   ① 의사 결정에 필요한 정보를 제공한다.
   ② 감정 표현의 욕구와 사회적 욕구를 충족해 준다.
   ③ 최고 경영자가 적극적으로 참여하면, 효율적인 조직 커뮤니케이션을 방해할 수 있다.
   ④ 조직은 직원들이 따라야 할 권력 구조와 공식 지침이 있고 다양한 커뮤니케이션이 이를 통제한다.
   ⑤ 커뮤니케이션은 무엇을 해야 하는가를 명확하게 해줌으로써 조직 구성원에게 동기 부여를 강화하는 기능을 한다.

14. 감성 지능과 조직 성과의 관계에 대한 설명으로 적절하지 <u>않은</u> 것은?
   ① 감성 지능은 업무 수행에 대한 동기를 유발시켜 직무에 헌신하고 몰입하게 한다.
   ② 감성 지능은 동료와 상사 간의 높은 신뢰를 형성하여 조직의 효율성을 극대화한다.
   ③ 직장에서 느끼는 개인의 긍정적인 감성은 업무를 향상시켜 직무에 대한 만족도를 높인다.
   ④ 긍정적인 감성은 구성원의 자발적 이타 행동을 증가시키며, 구성원들에 대한 리더십을 발휘하게 한다.
   ⑤ 감성 지능은 어려움을 찾아내고 자신의 성취를 위해 노력하며 자신의 감정을 다스리고 스스로 동기를 부여하는 능력이다.

15. 다음 중 첫인상의 특징에 대한 설명으로 적절하지 <u>않은</u> 것은?
   ① 신속성
   ② 통합성
   ③ 연관성
   ④ 일회성
   ⑤ 일방성

16. 다음 중 목소리에 대한 설명으로 옳은 것은?
    ① 호흡은 흉식호흡을 반복 연습한다.
    ② 콧소리가 날 때는 목에 힘을 빼주면 좋다.
    ③ 발음은 최대한 정확하게 끊어서 말하는 연습을 한다.
    ④ 작은 목소리는 소극적인 인상을 주지만 겸손한 이미지 또한 표현할 수 있다.
    ⑤ 딱딱한 목소리는 감정 표현이 서툴러 보여 상대에게 순진한 인상을 줄 수 있다.

17. 저관여 소비자 의사결정 과정에 해당하는 내용으로 적절한 것은?
    ① 구매 후 부조화 현상이 적다.
    ② 태도 변화가 어렵고 드물다.
    ③ 불일치하는 정보에 저항한다.
    ④ 능동적으로 제품 및 상표 정보를 탐색한다.
    ⑤ 설득을 위하여 메시지의 수보다 내용이 더욱 중요하다.

18. 효과적인 커뮤니케이션 스킬 중 다음과 같은 표현을 무엇이라고 하는가?

    | 죄송합니다만, 요청하신 물품은 품절되어서 주문하실 수 없습니다. |

    ① 완곡한 표현   ② I-메시지 사용   ③ 청유형의 표현
    ④ 긍정적인 표현   ⑤ 쿠션 언어의 사용

19. 다음 중 경청에 장애가 되는 행동이라고 볼 수 <u>없는</u> 것은?
    ① 메시지 내용에 대하여 관심이 없다.
    ② 듣기보다 말하기에 더 관심을 가지고 있다.
    ③ 메시지 내용 중에서 동의할 수 있는 부분을 찾는다.
    ④ 상대방의 말을 들으면서 머릿속으로 엉뚱한 생각을 한다.
    ⑤ 머릿속으로 상대방 이야기에서 잘못된 점을 지적하고 판단하는 것에 열중한다.

20. 다음 중 회의 개최지 선정 시 고려사항과 가장 거리가 <u>먼</u> 것은?
    ① 교통 편의성   ② 개최 시기의 날씨
    ③ 숙박 시설의 적절성   ④ 개최 장소의 적합성
    ⑤ 참가 대상자들의 시차 적응 용이성

21. 제안 요청서(RFP, Request for Proposal)의 필수 포함 사항으로 적절하지 <u>않은</u> 것은?
   ① 행사 일시
   ② 행사의 개요
   ③ 주최/주관 기관
   ④ 제안서 평가 방법
   ⑤ 행사 예산 조달 방법

22. MICE 산업의 특징으로 적절하지 <u>않은</u> 것은?
   ① 지방 정부가 MICE 산업을 해당 지역의 홍보 마케팅 방안으로 활용할 수 있다.
   ② MICE 산업을 활성화시키기 위해서는 교통이나 통신, 법적 절차 등의 지원이 필요하다.
   ③ MICE 산업은 계절에 따라 성수기, 비수기가 구분되므로 관광 성수기 확대 전략으로 활용 가능하다.
   ④ 회의 기간 동안 혹은 전후로 실시되는 관광 행사를 통해 기존 관광 상품 및 신규 상품을 홍보할 수 있다.
   ⑤ MICE 산업은 그 지역의 고유한 특성을 바탕으로 독특한 문화적 이미지와 브랜드를 창출하여 국내 산업에 기여한다.

23. 다음 중 각 전문 분야의 주제에 대한 아이디어, 지식, 기술 등을 서로 교환하여 새로운 지식을 창출하고 개발하기 위한 목적의 회의 형태는?
   ① 포럼
   ② 워크숍
   ③ 세미나
   ④ 클리닉
   ⑤ 콘퍼런스

24. 다음 설명은 아래의 보기 중 어떤 효과를 설명한 것인가?

   > 우수한 세일즈맨은 본능적으로 먼저 고가의 정장을 판매한 후 드레스 셔츠를 판매한다. 그 이유는 드레스 셔츠가 아무리 고가라도 정장에 비해서는 저렴하게 느껴지기 때문이다.

   ① 초두 효과
   ② 최근 효과
   ③ 대비 효과
   ④ 맥락 효과
   ⑤ 부정성 효과

PART 2 O/X형 5문항

[25~29] 다음 문항을 읽고 옳고(O), 그름(X)을 선택하시오.

25. 악수는 반드시 일어서서 하도록 하며 두 손을 맞잡고 반가운 마음을 표현하기 위해 대여섯 번 힘차게 흔들어 인사한다.　　　　　　　　　　　　　　　　　　　　　　　(① O　② X)

26. 협상에 있어서 바트나(BATNA)는 협상자가 합의에 도달하지 못할 경우 택할 수 있는 다른 좋은 대안이나 차선책을 의미한다.　　　　　　　　　　　　　　　　　　(① O　② X)

27. 효과적인 커뮤니케이션을 위한 경청 1, 2, 3 기법은 자신은 1번 말하고, 상대방의 말을 2번 들어 주며, 대화 중에 3번 맞장구를 치는 것이다.　　　　　　　　　　　　(① O　② X)

28. MICE 산업은 Meetings(회의), Incentives(포상 휴가), Country tour(국토 순례), Exhibitions(전시회)가 포함된 포괄적인 관광 산업이다.　　　　　　　　　　　(① O　② X)

29. 고객의 구매 행동 과정 중 대안 평가는 수집된 정보를 바탕으로 고객이 가지고 있는 지식이나 믿음, 상황과 조건, 그리고 선호도 등의 기준으로 평가한다.　　　　　　(① O　② X)

PART 3 연결형 5문항

[30~34] 다음 설명에 적절한 보기를 찾아 각각 선택하시오.

─── 보기 ───
① 겸양어　　　　② 기사도 정신　　　　③ 공수법
④ T.P.O.　　　　⑤ 상대에 대한 존중(Respect)

30. 대화에 있어 상대방을 높이고, 말하는 주체인 자신을 낮추는 말　　　(　　　)

31. 서양 남성들 사이에서 여성을 존중하고 우선으로 하는 일반적인 에티켓 정신　　（　　　)

32. 두 손을 앞으로 마주 잡는 자세로, 평상시에는 남자는 왼손이, 여자는 오른손이 위로 가도록 두 손을 포개어 잡는 것　　　(　　　)

33. 이미지 메이킹을 위해 자기 이미지를 시간과 장소, 경우에 맞게 연출하는 것　　（　　　)

34. 의전의 기본 정신 중 하나로 다양한 문화와 생활방식을 이해하고 배려하는 것　　（　　　)

PART 4 사례형 10문항

35. 다음 사례는 컨벤션을 유치할 때 추진하는 활동이다. 컨벤션 유치 활동 중 무엇에 관한 설명인가?

   - 컨벤션 센터나 시설에 대한 시설 운영계획 정보를 미리 제공할 필요가 있다.
   - 유치 경쟁국에 대한 정보를 파악하고, 이전 개최지와의 유사성보다는 개최지로서의 독특함을 강조하는 것이 필요하다.
   - 전문가가 수행하여 지리, 역사, 문화는 물론, 개최 도시에 대한 광범위한 정보를 제공하고 질문에 응답한다.
   - 컨벤션 센터 직원, 컨벤션 뷰로 대표, 호텔 관계자, 기술자 등이 현장 답사에 동행하여 관련 사항에 대해 상세하게 설명한다.

   ① 실사단 현장 답사
   ② 컨벤션 유치 제안서 작성
   ③ 컨벤션 개최 의향서 제출
   ④ 컨벤션 유치 신청서 제출
   ⑤ 컨벤션 유치 프레젠테이션

36. 다음은 세일즈맨과 고객의 미팅 과정이다. 이 중 예의와 매너에 어긋나는 점은 무엇인가?

   오늘 아침 새로운 고객발굴을 위해 선정한 잠재 고객을 만나려고 전화를 걸었다. 오늘 언제 시간이 나는지 잠재 고객에게 먼저 물어보지 않고 나의 하루 방문 일정대로 고객의 업무 시간이 비교적 한가한 오후 2시 40분에 만나면 어떻겠냐고 정중히 물었다. 잠재 고객은 흔쾌히 약속을 잡아 주었고 나는 약속 시간 20분 전에 가방에 상담 시 필요한 자료들을 준비하고 잠재 고객사의 상담실에 미리 도착하였다. 상담실 입구에서 가장 먼 테이블보다 가까운 테이블을 확보하였다. 그리고 상담실 입구가 바라보는 쪽을 나의 좌석으로 정하고 고객은 전망이 보이는 나의 앞좌석을 정했다. 상담에 앞서 필요한 명함과 제안서, 샘플 등을 준비하고 고객 응대를 준비하였다.

   ① 고객이 앉을 좌석은 전망이 보이고 비교적 조용한 곳이 좋다.
   ② 상담 테이블은 입구에서 가장 가까운 쪽으로 정하는 것이 예의이다.
   ③ 상담 시간 20분 전에 도착하여 상담 준비를 철저히 하는 것이 예의이다.
   ④ 고객 방문 시에는 반드시 가방에 제안서, 샘플, 카탈로그, 명함 등을 지참하고 방문하여야 한다.
   ⑤ 상담 시간은 고객에게 맡기기 보다는 내가 분 단위로 약속 시간을 정하고 정중히 물어보는 편이 효과적이다.

37. 다음 사례에서 조직 구매 행동의 요인이 어떤 구매 의사 결정집단에 영향을 받았는가?

> 세일즈맨: 안녕하세요, 이 대리님! 자주 연락드려 죄송합니다. 그동안 잘 지내셨죠?
> 고   객: 물론이죠! 지난 번 견적 건에 대해 궁금해서 오셨지요?
> 세일즈맨: 그렇습니다. 경영진이 견적 결과에 대해 궁금해하셔서요. 염치를 무릅쓰고 찾아뵈었습니다.
> 고   객: 팀장님이 상부에 여러 번 결재 받으려 했지만 아직도 결정을 못하였습니다. 조금 더 기다리셔야 할 것 같아요. 걱정 마시고 돌아가세요! 좋은 결과 있을 겁니다.
> 세일즈맨: 이 대리님만 믿겠습니다. 좋은 소식 기다리겠습니다.
> (3일 후 고객에게 전화)
> 세일즈맨: 안녕하세요, 이 대리님! 지난 번 견적 건 때문에 전화 드렸습니다.
> 고   객: 대단히 죄송합니다. 그렇지 않아도 전화 드리려 했는데 결재 과정에서 품질 수준과 성능 면에서 문제가 있어 다른 업체로 발주되었습니다. 죄송합니다.
> 세일즈맨: 잘 알겠습니다. 부족한 부분은 보완해서 다시 찾아뵙겠습니다. 감사합니다.

① 사용자(User)
② 구매자(Buyer)
③ 구매 결정권자(Decider)
④ 정보 통제자(Gatekeeper)
⑤ 구매 영향력자(Influencer)

38. 다음은 세일즈맨이 고객을 만나기 위하여 전화를 걸어 방문 약속을 잡으려 했으나 실패한 사례이다. 보기 중 방문 약속이 실패할 가능성이 높은 방법은?

> 세일즈맨: 안녕하십니까? 김 대리님! 전화로 인사드려 죄송합니다. 저는 ○○엔지니어링 박 대리라고 합니다. 신제품을 가지고 귀사를 방문하려는데 오늘 시간이 되십니까?
> 고   객: 죄송합니다만 오늘은 시간이 안 되겠는데요!
> 세일즈맨: 그래도 꼭 뵙고 저희 제품을 소개하고 싶은데요.
> 고   객: 오늘 선약도 있고 회의도 있고 해서 도저히 불가능합니다.
> 세일즈맨: 그럼 언제 찾아뵙는 것이 좋겠습니까?
> 고   객: 쉽게 시간이 나지 않아 약속하기가 어렵겠습니다. 꼭 귀사 제품을 소개하기를 원하신다면 카탈로그나 제안서를 우편으로 보내주시기 바랍니다.
> 세일즈맨: 아, 알겠습니다. 그렇게 하겠습니다. 감사합니다.

① 세일즈맨이 분명하고 자신에 찬 어조로 고객을 주도하고 이끌어야 한다.
② 고객이 편한 시간에 약속을 정하게 하고 고객의 입장에 무조건 따라야 한다.
③ 카탈로그나 제안서를 직접 전해주며 제품 설명을 해야 한다고 설득해야 한다.
④ 약속 시간은 세일즈맨이 정하되 시간 단위보다 분 단위로 약속 시간을 제안한다.
⑤ 신제품이 고객사에게 어떤 이익과 혜택을 줄 수 있는지를 간단히 소개해야 한다.

39. 다음 사례에서 고객과 미팅을 위한 레스토랑(식당) 이용 시 적절하지 않은 행동은?

> ① (예약 매너)
>   • 나는 고객과 식사 약속을 하고 조용하고 전망이 좋은 곳을 부탁해 미리 예약했다.
>   • 예약시간 전에 먼저 도착해서 고객을 맞이하였다.
> ② (도착과 착석 매너)
>   • 착석하고 나서 화장실에 가는 것은 실례이므로 미리 화장실을 다녀와 예약 테이블을 확인했다.
>   • 상석을 확인하고 건너편 자리에 착석한 후, 고객이 들어오는 입구를 주시하고 맞을 준비를 했다.
> ③ (주문 매너)
>   • 식사 시 모든 행동은 고객을 중심으로 이루어지도록 예의를 갖추었다.
>   • 주문은 고객보다 먼저하여 고객이 편안히 따라 주문하도록 유도했다.
> ④ (식사 매너)
>   • 식사 중 너무 큰 소리를 내거나 웃는 것을 삼갔다.
>   • 직원을 부를 때는 오른손을 가볍게 들어 호출했다.
> ⑤ (기물 사용 매너)
>   • 나이프와 포크는 바깥쪽부터 안쪽으로 차례로 사용했다.
>   • 나이프는 오른손, 포크는 왼손을 사용했다.

① 예약 매너　　　　② 도착과 착석 매너　　　　③ 주문 매너
④ 식사 매너　　　　⑤ 기물 사용 매너

40. 다음의 상황에서 '김 과장'이 택한 선택으로 가장 올바른 것은?

> 한국XX협회의 김 과장은 내년 한국에서 개최될 'XX세계총회'의 준비협의를 위해 미국 뉴욕의 XX협회 본부로 출장을 가게 되었다. XX협회 본부에서 'XX세계총회'를 총괄하는 프로젝트 매니저가 김 과장을 영접하기 위하여 존에프케네디(JFK) 공항으로 승용차를 가지고 나왔다. 김 과장은 상대방 승용차의 어느 좌석에 착석해야 가장 바람직한가?

① 상대방의 호의를 생각해서 자신이 운전하겠다고 제안한다.
② 운전자와 편안하게 대화하기 위하여 운전자 바로 뒷자리가 바람직하다.
③ 거리감 없는 사이이기 때문에 이런 문제를 고려하는 자체가 무의미하다.
④ 호의를 가지고 배려해 주는 비즈니스 파트너와의 차량 이동 시에는 운전자의 옆자리가 가장 바람직하다.
⑤ 영접을 받는 입장이므로 당연히 가장 상석이라 할 수 있는 운전자의 대각선 뒷자리에 앉는 것이 바람직하다.

41. 다음은 백화점 매장에서 판매사원이 고객들과 대화할 때 많이 사용하는 내용이다. 다음의 예시에 '매슬로우의 욕구 5단계' 중 나타나 있지 않은 욕구 단계는 무엇인가?

- "고객님, 정말 좋은 상품 구매하셨습니다."
- "인상이 너무 좋으셔서 어디서나 환영 받으시겠어요."
- "상품을 고르는 안목이 정말 뛰어나십니다."
- "고객님 같은 과감한 결단력, 정말 존경스럽습니다."
- "입어 보시고 마음에 들지 않으면 언제든지 교환, 환불이 가능합니다."
- "젊은 나이에 이렇게 성공하셔서 참 좋으시겠어요."
- "최신 트렌드를 잘 이해하고 계신데, 무슨 비결이라도 있으신가요?"
- "고객님만큼 이 상품과 어울리는 분도 아마 없을걸요."
- "이 상품은 고객님의 사회적 지위나 성공을 표현하고 있습니다."

① 안전의 욕구　　② 존경의 욕구　　③ 생리적 욕구
④ 사회적 욕구　　⑤ 자아실현의 욕구

42. 여성 서비스 종사원의 용모복장의 설명 중 괄호 안에 들어갈 가장 적절한 내용은 무엇인가?

- 복장은 일하기 편해야 하므로 체형에 맞는 스타일로 선택한다.
- 액세서리는 지나치게 크고 화려한 것은 삼가도록 한다.
- 헤어는 (A)과 (B)을 기본으로 한다.
- 메이크업에 있어서는 밝고 건강하게 보이도록 (C) 메이크업을 하도록 한다.
- 향수는 지나치지 않는 은은한 향을 소량 뿌리는 것이 좋다.

	A	B	C
①	청결함	단정함	자연스러운
②	화려함	개성	자연스러운
③	청결함	단정함	화려한
④	청결함	어려보이는 헤어스타일	노(No)
⑤	화려함	단정함	화려한

43. 어느 통신기기 매장에서 판매사원과 상담을 하는 고객의 행동에서 매우 특징적인 점을 발견하게 되어 간략하게 정리해 보았다. 정리한 내용 중에서 비언어적 커뮤니케이션의 '신체 언어'에 해당하는 내용으로만 구성된 보기는?

> 가. 자신의 의사가 명확하게 전달될 수 있도록 발음에 상당히 신경을 써서 대화를 이어나간다.
> 나. 자신의 감정에 따라 말의 속도가 확연히 다르다.
> 다. 주변을 둘러보면서도 판매사원의 말을 경청하고 있다는 듯이 가끔씩 고개를 끄덕인다.
> 라. 부드럽고 친근감 있는 말투였으나 자신의 질문을 판매사원이 잘 이해하지 못하면 약간 짜증스러운 말투로 이야기한다.
> 마. 판매사원의 설명 내용에 따라 얼굴 표정이 달라지는데, 그 표정만 봐도 구매결정 여부를 대략 알 것 같다.

① 다, 마
② 나, 라
③ 가, 다
④ 나, 다
⑤ 가, 라

44. 다음은 한국의 한 PCO(국제 회의 전문용역업체) 직원이 PCMA 20X1 Education Conference에 참석해서 다른 국가 참가자들과 나눈 대화의 일부이다. 대화에 관한 내용 중 적절한 것은?

> 한국인 참가자: 우리나라는 중앙정부가 적극 나서서 지식기반 서비스 산업을 적극적으로 육성하기 위한 정책을 입안하고, 지원을 아끼지 않고 있습니다. 이 중 가장 대표적인 분야가 'MICE 산업' 분야라고 할 수 있습니다.
> 외국인 참가자: 'MICE 산업'이라 하면 구체적으로 어떤 산업 분야를 말씀하시는지요?

① MICE라는 조어는 전 세계적으로 학문 분야에서만 주로 사용되는 조어이다.
② MICE라는 조어는 싱가포르, 홍콩, 일본, 한국 등 동남아시아권에서 통용되는 조어이다.
③ MICE라는 조어는 미국, 캐나다 등 북미지역에서 주로 사용되는 조어로 유럽 참가자라면 낯설 수 있다.
④ MICE라는 조어는 유럽에서 광범위하게 사용되는 조어로 다른 대륙의 국가에서 참가한 사람들이라면 잘 이해하지 못할 수 있다.
⑤ MICE라는 조어는 전 세계적으로 회의, 컨벤션 산업을 통칭하는 조어로 이 분야에서 얼마간 일한 사람이라면 당연히 알 수 있다.

PART 5 통합형 6문항

[45~46] 다음은 고객의 다양한 니즈를 서비스 현장에서 구체적으로 이해하고 적용할 수 있도록 세분화한 내용이다.

잠재 니즈
- 인간의 기본적인 욕구에서 해석되는 니즈
- 무의식적으로는 있었으면 좋겠다는 느낌이 있지만 필요하다는 인식을 못하거나 어떤 장애 요소로 인해 욕구가 발전하지 못한 상태

보유 니즈
- 어떤 자극이나 정보에 의해 잠재 니즈가 조금 구체화되어 표현된 상태
- 구체적으로 니즈가 강화되지는 않았으며 약간의 구매의욕과 필요성을 보유
- 니즈의 개발 유무에 따라 현재 니즈로 성장 혹은 잠재 니즈로 후퇴할 수 있음

핵심 니즈
- 고객 개인의 특수한 상황으로 인해 특별히 집중되어 있는 특수한 니즈
- 개별 고객의 특수한 상황을 해결하고자 하는 개별적인 니즈
- 유연하고 다양한 니즈

현재 니즈
- 필요를 인지하고 구체적인 결정의 과정에서 있음
- 니즈를 구체적으로 실현하고자 하는 실행의 단계에 있는 니즈

가치 니즈
- 고객의 만족이 극대화된 단계에서의 니즈
- 서비스 제공자와 고객이 함께 과정과 결과에 만족을 느끼는 가장 이상적인 고객 니즈의 단계

45. ○○가구회사에서는 상기의 고객 니즈 분류를 참고하여 각 대리점이 보유한 고객 명단을 니즈에 따라 다음과 같이 분류해 보았다. 분류가 잘못된 것은 어떤 것인가?

① 상담 후 구매 견적을 요청한 고객 – 잠재 니즈
② 방문 후 특별한 상담은 하지 않고 돌아간 고객 – 잠재 니즈
③ 전화 문의 후 방문을 예약한 고객 – 보유 니즈 혹은 현재 니즈
④ 매장 상담 후 자택 방문 실측이 예약되어 있는 고객 – 현재 니즈
⑤ 납품 후 만족감을 표현하고 다른 고객을 소개하는 고객 – 가치 니즈

46. 다음은 고객의 서로 다른 니즈별 적절한 서비스 제공자의 역할에 대한 설명이다. 서비스 품질의 차원에서 가장 적절하지 <u>않은</u> 것은?

① 잠재 니즈 상태에서 서비스 제공자는 고객이 미처 인지하지 못하고 있는 고객의 욕구를 이해할 수 있도록 도와주어야 한다.
② 보유 니즈 상태에서 서비스 제공자는 고객이 표현하는 니즈를 강화시키거나 잠재적인 장애 요소 및 염려 사항을 주도적으로 해소시켜주어 현재 니즈로 강화할 수 있도록 한다.
③ 핵심 니즈 상태에서 서비스 제공자는 고객의 상황과 서비스의 접점을 찾아 고객에게 가장 적합한 해결책을 제시해 줄 수 있어야 한다.
④ 현재 니즈 상태에서 서비스 제공자는 고객이 의사 결정을 내릴 수 있도록 여유를 가지고 기다려 줄 수 있어야 한다.
⑤ 가치 니즈 상태를 위해 서비스 제공자는 서비스 제공에 따른 특정한 결과뿐 아니라 과정상의 고객 만족을 극대화하려는 목표와 최선의 노력이 필요하다.

[47~48] 다음은 가전제품 매장을 방문한 고객과의 상담 내용이다.

주부 김영희 씨는 여름이 다가오자 작년에 망설이다 사지 않은 제습기를 알아보려 매장을 방문했다. 망설이다 들어간 첫 번째 매장에서의 상담 내용이다.

판매원 1: 제습기를 알아보게 된 계기가 있으세요?

고객: 친구가 작년에 제습기를 샀는데 정말 좋다고 하더라고요. 진작 살걸 그랬다고 굉장히 만족하던데요.

판매원 1: 그럼요. 성능이 얼마나 좋은데요. 좀 지나면 없어서 못 사실 거예요. 이번 기회에 하나 장만하세요.

가격을 알아보고 망설여진 영희 씨는 좀 더 알아보겠다고 다음 매장을 들어갔다.

판매원 2: 주변에 제습기 사용하시는 분 이야기 들어 보셨나요?

고객: 네, 친구가 작년에 사서 썼는데 정말 좋다고 하더라고요. 그래서 저도 관심이 생겼고요.

판매원 2: 그러시군요. 대체로 사용하고 계신 분들의 추천을 듣고 알아보러 오시는 분들이 많으십니다. 그 친구분은 구체적으로 어떤 점이 좋다고 하시던가요?

고객: 제습기 성능에 깜짝 놀랐다고 하더라고요. 곰팡이도 없어지고 건강도 좋아질 것 같다고요. 빨래도 금방 마르고 더위도 덜 느낀다고 자랑하던데요.

47. 위의 사례에서 두 판매원의 차이점에 대한 설명으로 옳지 않은 것은?

① 두 판매원 모두 적절한 질문으로 상담을 시작하였다.
② 판매원 1은 고객의 이야기를 듣고 판매 권유로 바로 이어져서 고객의 이야기를 더 이상 들을 수 없게 되었다.
③ 판매원 2는 계속하여 질문을 이어감으로써 경청의 기회를 놓치고 있다.
④ 판매원 2는 적절한 질문으로 고객이 스스로 더 많은 이야기를 하게끔 유도하였다.
⑤ 판매원 2는 제습기를 알아보러 온 고객들의 일반적인 상황을 사전에 이해하고 있어 이를 적절한 질문의 형태로 상담의 효과를 높였다.

48. 판매원 1, 2의 상담을 통해 고객인 주부 김영희 씨가 느끼는 감정과 판매 과정상에서의 만족감에 대한 내용으로 가장 적절한 것은?

① 판매원 1의 구매 권유는 고객의 빠른 의사결정을 지원해 주었다.
② 판매원 1의 구매 권유로 고객은 가격에 대해 좀 더 깊이 생각하는 기회가 되었다.
③ 판매원 2의 두 번째 질문으로 고객은 귀찮은 마음과 함께 구매 결정을 미루게 되었다.
④ 판매원 2의 두 번째 질문으로 고객은 스스로 제습기 구매에 따른 장점을 구체적으로 생각하여 정리하게 되었다.
⑤ 판매원 1, 2의 첫 번째 질문을 통해 고객은 제습기에 대해 생각해 보는 기회를 가졌다.

[49~50] 다음은 국제 회의 기조연설자로 초청한 국제통화기금(IMF) 총재의 방한 일정의 일부분이다.

〈17일〉
– 오전 10시: 인천국제공항 도착
– 오후 1시~오후 2시 30분: 기획재정부 장관 및 한국은행 총재와 오찬
– 오후 4시~오후 5시 30분: 기획재정부 및 한국은행 직원 대상 강연
〈18일〉
– 오전 10시~오전 11시 30분: 개막식 기조연설
– 오전 11시 30분~오후 1시 30분: VIP 오찬
– 오후 3시 30분~오후 5시: 서울대학교 강연
– 오후 8시 출국

49. IMF 총재의 방한 일정을 원활히 진행하기 위해 사전에 준비해야 하는 사항에 대한 설명으로 잘못된 것은?
① 방문 예정지와 소화해야 하는 일정, 소요 시간을 확인한다.
② IMF 총재의 이름, 기호, 선호 음식, 건강 상태 등을 확인한다.
③ 차량 탑승자 및 차량 이동 경로를 확인하여 일정에 차질이 없게 한다.
④ 최대한 성대하게 환영식을 개최하고, 최고의 음식을 대접한다.
⑤ 행사장과의 거리 및 의전의 편의성을 고려하여 호텔을 선택한다.

50. IMF 총재가 개막식에서 기조연설을 할 때, 진행과 관련한 사항으로 적절하지 않은 것은?
① 안내 요원과 의전 요원의 배치와 위치별 행동요령을 수립하고 확인한다.
② 기조연설에 대한 답례로 감사의 선물을 준비하는 것도 좋은 방법이다.
③ VIP 룸을 운영하여, 개막식 전에 주요 인사들이 서로 교류하는 시간을 갖게 한다.
④ 행사장에 참가자가 착석하기 전에, 다른 귀빈과 함께 먼저 입장하여 자리 잡도록 안내한다.
⑤ 연설 도중 시청각 기기의 오작동에 대비하여, 행사장에 학술 요원과 기술자를 배치시킨다.

모의고사 03회

SMAT(서비스경영자격) 모듈 A-비즈니스 커뮤니케이션

시험시간	모듈	수험번호	성명
70분	A		

문제유형				
PART 1 일반형	PART 2 O/X형	PART 3 연결형	PART 4 사례형	PART 5 통합형
24문항	5문항	5문항	10문항	6문항

https://eduwill.kr/kr0e

- QR 코드 또는 URL로 응시한 후 채점 및 유형별 성적분석 결과를 확인하세요.
- 모의고사 뒤의 OMR 카드로 실제 시험처럼 연습할 수 있습니다.
- P.72에서 정답 및 해설을 확인하세요.

| 합격 점수 | 70 점 | 나의 점수 | 점 |

SMAT 국가공인 서비스 경영자격 PART 1 일반형 24문항

1. 다음 중 적절하지 않은 설명은?
   ① 에티켓이란 사회생활을 원활하게 하기 위해서 생활에서 지켜야 하는 규범이다.
   ② 매너란 타인을 향한 배려의 언행을 형식화한 것으로 사람의 행동이나 습관이 외적으로 표현된 것을 말한다.
   ③ 네티켓이란 메일을 주고 받거나, 채팅을 하는 등 네트워크상의 모든 활동에서 지켜야 할 예절을 말한다.
   ④ 공수란 가장 기본적인 예의이며 인간관계에 있어 첫걸음이자 출발점의 성격을 지닌다.
   ⑤ 예의범절이란 타인을 배려하기 위해 상대방의 인격을 존중하며, 일상생활에서 갖추어야 할 모든 예의와 절차를 말한다.

2. 고객 응대 상황에서 물건 수수 자세에 대한 설명으로 옳지 않은 것은?
   ① 받는 사람이 보기 편하도록 건넨다.
   ② 밝게 웃으며 상대방의 시선을 바라본다.
   ③ 가슴과 허리 사이 위치에서 주고받도록 한다.
   ④ 원칙상 물건은 양손으로 건네는 것이 예의이다.
   ⑤ 물건이 작아 두 손으로 건네기 힘든 경우에는 한 손으로 건네도록 한다.

3. 다음 중 표정 이미지에 대한 설명으로 옳지 않은 것은?
   ① 표정은 곧 마음의 메시지를 나타내는 것이다.
   ② 시선은 완만한 각도로 상대방의 정면을 응시한다.
   ③ 상대방이 등을 돌려 돌아설 때까지 미소를 유지한다.
   ④ 고개를 한 쪽으로 기울여 경청하고 있음을 보여준다.
   ⑤ 개인적인 감정을 이겨내고 서비스 전문가로서의 공적인 표정을 익힌다.

4. 그레고리 스톤(Gregory Stone)이 분류한 바에 의하면 쇼핑 상품 구매 고객은 절약형 고객, 윤리적 고객, 개별화 추구 고객, 편의성 추구 고객 등 네 가지로 나뉜다. 다음 중 개별화 추구 고객의 특징으로 적절한 것은?
   ① 가정으로 실시간 배달해주는 마트의 시스템을 선호한다.
   ② 사회적으로 신뢰할 수 있는 기업의 단골이 되는 것을 선호한다.
   ③ 고객에게 친밀하게 인사하는 태도를 보이는 종업원의 서비스에 만족한다.
   ④ 입원한 어린이 환자 가정을 위한 기업의 사회공헌 프로그램에 대해 만족해한다.
   ⑤ 자신이 사용한 시간, 노력, 금전으로부터 획득할 수 있는 가치를 극대화하려 한다.

5. 고객과의 효과적인 커뮤니케이션을 위한 반응적 피드백의 예에 해당하는 것은?
   ① 대화 중 상대의 반응을 요구한다.
   ② 대화 중 미소를 띠우며 이야기한다.
   ③ 대화 중 손짓을 하면서 이야기한다.
   ④ 대화 중 상대방의 말에 고개를 끄덕인다.
   ⑤ 대화 중 상대방이 알아들을 수 있는 쉬운 용어를 사용한다.

6. 회의의 종류와 그 정의에 대한 설명으로 적절하지 않은 것은?
   ① 컨벤션(Convention): 가장 일반적으로 사용되는 회의 용어로, 대회의장에서 개최되는 일반 단체 회의를 뜻한다.
   ② 콘퍼런스(Conference): 과학 기술, 학술 분야 등의 새로운 지식 공유 및 특정 문제점이나 전문적인 내용을 다루는 회의이다.
   ③ 패널 토의(Panel Discussion): 훈련 목적의 소규모 회의로, 특정 문제나 과제에 대한 생각과 지식, 아이디어를 서로 교환한다.
   ④ 포럼(Forum): 상반된 견해를 가진 동일 분야 전문가들이 한 가지 주제를 가지고 사회자의 주도 하에 청중 앞에서 벌이는 공개 토론회를 말한다.
   ⑤ 세미나(Seminar): 주로 교육 목적의 회의로 30명 이하의 참가자가 강사나 교수 등의 지도하에 특정 분야에 대한 각자의 경험과 지식을 발표하고 토론한다.

7. 컨벤션 산업이 주는 효과로 적절하지 않은 것은?
   ① 국제 행사가 열리게 되므로 고용 증대, 도로, 항만 통신 시설 등 사회 간접 시설이 확충된다.
   ② 컨벤션 산업과 관광지 서비스 산업의 결합으로 이어지면서 관광 산업을 활성화시키는 효과가 있다.
   ③ 국제 컨벤션은 참가자들이 다양한 문화적, 언어적 배경을 가지고 있기 때문에 문화적 파급 효과를 갖는다.
   ④ 통상 수십 개국의 대표나 사회적 지위가 높은 인사들이 참석하기 때문에 국가 차원의 홍보 효과를 얻을 수 있다.
   ⑤ 컨벤션 산업은 참석하는 인사들을 통해 유입되는 금전과 같은 유형적 가치가 무형적인 가치보다 큰 산업이다.

8. MICE 산업에 대한 설명으로 가장 적절한 것은?
   ① 일반적으로 관광 목적의 여행자들은 MICE 방문객보다 더 많은 금액을 지출한다.
   ② 국제 회의 참가자는 자연스럽게 홍보 대사 역할을 하여 국가 이미지 향상에 보탬이 된다.
   ③ 기존 관광 산업이 B2B(Business to Business)라면 MICE 산업은 B2C(Business to Consumer)의 형태를 이룬다.
   ④ 다양한 비정부 기구(NGO)의 활동은 정부 단체의 국제 행사 등을 방해하여 MICE 산업의 성장을 저해하고 있다.
   ⑤ 컨벤션이란 제품, 기술, 서비스를 특정 장소인 전문 전시시설에서 1일 이상 판매, 홍보, 마케팅 등의 활동을 하는 각종 전시를 말한다.

9. 다음의 회의 운영 계획서에 포함된 내용 중 상대적으로 중요도가 낮은 항목은?
   ① 연사의 학력
   ② 회의장 조성 계획
   ③ 프로그램 및 연사
   ④ 참가자 등록 방법 및 등록비
   ⑤ 공식/비공식 행사의 참가 대상자

10. 다음 인사에 대한 설명 중 옳은 것은?
    ① 손님이나 상사와 만나거나 헤어지는 경우 정중례로 인사하는 것이 보통이다.
    ② 약례는 양손에 무거운 짐을 들고 있거나 모르는 사람과 마주칠 경우에 한다.
    ③ 정중례는 90°로 숙여서 하는 인사로 VIP 고객이나 CEO를 만날 때 주로 한다.
    ④ 목례는 눈으로 예의를 표하는 인사의 방식으로 허리를 15° 정도 살짝 숙인다.
    ⑤ 보통례는 허리를 30° 정도 숙여서 인사하는 방법으로, 주로 처음 만나 인사하는 경우에 사용한다.

11. 다음 중 매너의 개념으로 옳은 것은?
    ① 매너는 에티켓을 내적으로 표현하는 행위이다.
    ② 매너는 자신의 품위와 권위로 상대방을 복종시키는 행동방식이다.
    ③ 매너는 방법(How)으로 자신에 대한 예의와 예절을 형식화한 것이다.
    ④ 매너는 사람이 수행해야 하는 일을 위해 생각하는 객관적인 방식이다.
    ⑤ 매너는 사람이 수행하고자 하는 바를 위해 움직이는 행동이나 습관이다.

12. 표정에 대한 상대방의 해석을 연결한 것으로 적절한 것은?

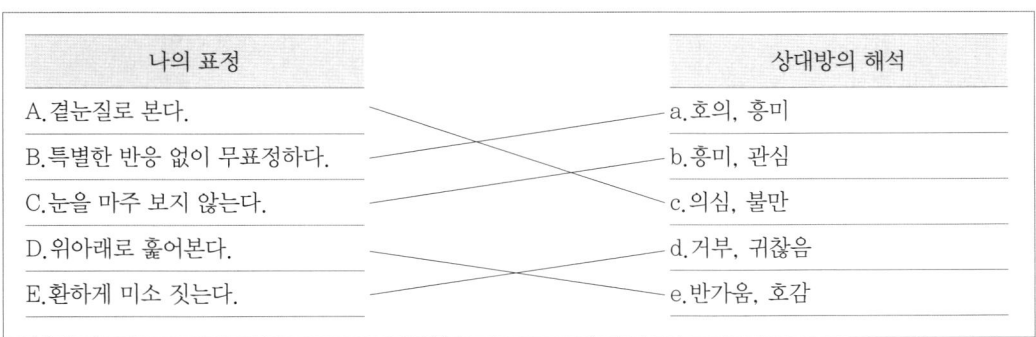

① A. 곁눈질로 본다. → c. 의심, 불만
② B. 특별한 반응 없이 무표정하다. → a. 호의, 흥미
③ C. 눈을 마주 보지 않는다. → b. 흥미, 관심
④ D. 위아래로 훑어본다. → e. 반가움, 호감
⑤ E. 환하게 미소 짓는다. → d. 거부, 귀찮음

13. 서비스 전문가의 이미지에 대한 설명으로 적절하지 않은 것은?
    ① 서비스인의 이미지는 직업의식을 표현하는 도구 중 하나이다.
    ② 서비스 종사자의 컬러 이미지는 자신에게 어울리는 컬러와 직업이 요구하는 컬러 간의 조화가 필요하다.
    ③ 서비스 종사자의 좋은 이미지는 고객이 느끼는 서비스의 질을 높이고, 신뢰감과 긍정적인 메시지를 주게 된다.
    ④ 서비스 종사자에게 머리손질은 일의 능률과 관련은 없지만, 신뢰 가는 이미지를 위해 항상 청결하고 단정해야 한다.
    ⑤ 서비스 종사자의 외적 이미지는 곧 서비스 상품이므로 자신의 이미지가 기업의 가치관에 부합하는 이미지가 되도록 노력해야 한다.

14. 고객의 고관여 구매 행동에 대한 설명으로 적절한 것은?
    ① 부조화 감소 구매 행동이 나타난다.
    ② 일상적으로 빈번하게 구매하는 제품인 경우에 해당한다.
    ③ 수동적으로 획득한 지식으로 형성된 상표 신념에 따라 구매한다.
    ④ 구매 제품군의 상표 간 차이가 미미할 경우 습관적으로 구매한다.
    ⑤ 제품의 개별 상표 간 차이가 뚜렷한 경우 다양성 추구 구매 행동이 나타난다.

15. 감성 지능의 구성 요소가 아닌 것은?
    ① 자기 인식   ② 자기 조절   ③ 감정 이입
    ④ 결과 중시   ⑤ 대인 관계 기술

16. 다음 내용 중 개방적인 질문으로 적절하지 않은 것은?
    ① 저희 직원이 말씀드린 것을 이해하셨는지요?
    ② 저희가 해드릴 수 있는 것이 무엇인지 생각해 보셨습니까?
    ③ 보다 나은 서비스를 위해 저희가 어떤 점을 더 노력해야 할까요?
    ④ 지난 번 구매하신 제품을 사용해 보시니 어떤 점이 좋으셨습니까?
    ⑤ 다른 회사 제품은 저희 제품에 비해 어떤 점이 좋아 보이셨습니까?

17. 서양의 호칭과 경칭에 대한 설명으로 적절하지 않은 것은?
   ① Excellency : 외교관에 대한 경칭
   ② Majesty : 귀족이나 주요 공직에게 쓰는 경칭
   ③ Mistress.(Mrs.) : 결혼한 부인의 이름 앞에 붙이는 경칭
   ④ Sir. : 상대방에게 경의를 나타내는 칭호로, 나이나 지위가 비슷한 사람끼리 또는 여성에게는 사용하지 않음
   ⑤ Dr. : 수련과정을 거친 전문 직업인이나 인문 과학 분야에서 박사학위를 취득한 사람에게 사용하는 경칭

18. 목소리에 대한 설명으로 적절하지 않은 것은?
   ① 좋은 목소리는 떨림이 없거나 적고, 또렷하게 들린다.
   ② 목소리가 작을 때는 복식호흡을 통해 호흡량을 크게 하면 좋다.
   ③ 사람의 타고난 음색, 음성의 질처럼 음성의 분위기도 변화시키기 어렵다.
   ④ 목소리는 외모와 함께 사람의 인상과 이미지를 함께 만드는 주요 요소이다.
   ⑤ 말을 하다가 잠시 공백을 두면 상대의 집중도를 높이고 핵심을 강조할 수 있다.

19. 매슬로우(Maslow)의 욕구 5단계 이론에서 4단계에 해당하는 것은?
   ① 존경의 욕구   ② 사회적 욕구   ③ 생리적 욕구
   ④ 안전의 욕구   ⑤ 자아실현의 욕구

20. 고객의 지각이 갖는 특징에 해당하지 않는 것은?
   ① 주관성   ② 선택성   ③ 일시성
   ④ 총합성   ⑤ 이질성

21. 고객 의사 결정 과정의 순서를 가장 적절하게 배열한 것은?
    ① 문제 인식 → 정보 탐색 → 대안의 평가 → 구매 → 구매 후 행동
    ② 문제 인식 → 대안의 평가 → 정보 탐색 → 구매 → 구매 후 행동
    ③ 정보 탐색 → 문제 인식 → 대안의 평가 → 구매 → 구매 후 행동
    ④ 정보 탐색 → 대안의 평가 → 문제 인식 → 구매 → 구매 후 행동
    ⑤ 정보 탐색 → 문제 인식 → 구매 → 대안의 평가 → 구매 후 행동

22. 커뮤니케이션의 기능으로 적절하지 않은 것은?
    ① 감정 표출 기능
    ② 동기 부여 기능
    ③ 정보 소통 기능
    ④ 지시 및 통제 기능
    ⑤ 타인 평가 기능

23. 효과적인 주장을 위한 'AREA'의 법칙에 대한 설명이 아닌 것은?
    ① 주장(Assertion): 우선 주장의 핵심을 먼저 말한다.
    ② 이유(Reasoning): 주장의 근거를 설명한다.
    ③ 증거(Evidence): 주장의 근거에 관한 실례나 증거를 제시한다.
    ④ 합의(Agreement): 제시된 주장에 대한 합의를 한다.
    ⑤ 주장(Assertion): 다시 한 번 주장을 되풀이 한다.

24. 다음 중 회의실 선정 시 고려하지 않고, 중요도가 가장 낮은 사항은?
    ① 회의실 규모
    ② 회의실 대관료
    ③ 전시장 활용도
    ④ 해당 회의실 활용 전례
    ⑤ 회의실의 유형별 배치와 기능

SMAT 국가공인 서비스 경영자격 PART 2 O/X형 5문항

[25~29] 다음 문항을 읽고 옳고(O), 그름(X)을 선택하시오.

25. 의전의 기본 정신 5R은 상대에 대한 존중(Respect), 문화의 반영(Reflecting Culture), 상호주의 원칙(Reciprocity), 서열(Rank), 오른쪽 상석(Right) 이렇게 5가지이다. (① O ② X)

26. 서비스 종사자에게 있어 커뮤니케이션은 무엇보다도 중요한 경영 수단이다. 커뮤니케이션은 신이 자신의 덕을 인간에게 나누어 준다는 의미로, 공동체 내의 상호이해 및 협력을 커뮤니케이션이라 한다. (① O ② X)

27. 이미지 관리 과정은 '이미지 점검하기 → 이미지 콘셉트 정하기 → 좋은 이미지 만들기 → 이미지 외면화하기'의 순서로 이루어진다. (① O ② X)

28. 고객의 유형을 구분할 수 있는 도구로 TA 교류 분석을 사용하는데 TA 교류 분석은 미국의 정신과 의사인 에릭 번(Eric Berne)에 의해 창안된 것으로 인간의 교류나 행동에 관한 이론 체계이자 동시에 효율적인 인간 변화를 추구하는 분석이다. (① O ② X)

29. 해당 행사의 최고 귀빈(VIP, No.1)이 정해지면, 차석은 착석한 최고 귀빈을 기준으로 왼쪽 좌석이다. (① O ② X)

PART 3 연결형 5문항

[30~34] 다음 설명에 적절한 보기를 찾아 각각 선택하시오.

---- 보기 ----
① 단골 고객 ② 유니폼 ③ 명함
④ 가든 파티 ⑤ 서비스 매너

30. 정원과 같은 야외에서 진행하는 파티로, 더운 날씨와 추운 날씨를 고려해 날씨가 가장 좋은 때를 선택해야 한다. ( )

31. 기업의 제품이나 서비스는 반복적, 지속적으로 애용하는 고객이지만, 타인에게 추천할 정도로 적극적이지는 않은 고객 ( )

32. 경영 활동에 있어 고객과 만나는 접점에서 고객에 대한 이해를 가지고 고객을 응대하며, 고객의 요구를 빨리 파악하고 응대하는 기본 능력 ( )

33. 외부적으로는 소속 회사, 직장의 문화를 표현하고, 내부적으로는 조직 구성원의 일체감을 높이기 위하여 착용하는 의복 ( )

34. 나의 소속과 성명을 알리고 증명하는 역할을 하며, 직·간접적인 홍보마케팅 효과를 가지기도 한다. ( )

PART 4 사례형 10문항

35. 다음의 면접 채점표를 통해 ○○항공사가 면접자들의 어떤 점을 평가하고자 하였는지 알 수 있다. 적절하지 않은 설명은 무엇인가?

   > 다음은 ○○항공사의 신입사원 채용 면접관들의 채점표 중 일부이다.
   > - 회사가 추구하는 밝고 편안한 이미지에 부합하는가?
   > - 면접관의 질문에 대해 자신 있게 답변하는가?
   > - 목소리의 고저, 발음 등은 적절한가?
   > - 표정, 몸짓 등은 적절한가?
   > - 복장, 화장 등은 회사의 대외적 이미지에 부합하는가?

   ① 패션 이미지 연출에 대해서는 특별히 언급하고 있지 않다.
   ② 외모, 표정, 상황별 제스처, Voice 이미지 등의 전체적인 이미지를 평가하고자 하였다.
   ③ 단순한 외모뿐 아니라 목소리나 표정 등에서 보이는 이미지도 매우 중요한 요소로 판단하고 있다.
   ④ ○○항공사는 자사가 추구하는 기업 이미지를 조직 구성원들의 이미지에서도 일관되게 유지하고 싶어 한다.
   ⑤ ○○항공사는 조직 구성원의 대외적인 이미지가 고객에게 직, 간접적으로 중요한 영향을 미치고 있다고 판단하고 있으며 이를 면접에서도 평가하고 있다.

36. 다음 사례에서 고객의 상품 선택과 관련된 효과는 무엇인가?

> 판매사원: 어서 오세요. 종합 가전매장에 와주셔서 감사합니다.
> 고　　객: 에어컨이 오래되어서 교체할까 해서 왔습니다.
> 판매사원: 그러세요. 요즘 에어컨이 너무 예쁘게 잘 나와서 마음에 드실 거예요. 혹시 생각하고 오신 제품이 있으신가요?
> 고　　객: 아, 아니요. 혹시 추천할 만한 제품 있나요?
> 판매사원: 초절전형 제품이 나와 있는데 선풍적인 인기를 끌고 있는 제품이에요. 디자인도 예쁘고 가격도 저렴합니다. 30평 아파트를 기준으로 1년에 약 삼십만 원 정도 전기료도 절약됩니다.
> 고　　객: 그래요? 정말 좋은 제품이네요. 그런데 메이커는요?
> 판매사원: ○○ 제품인데 브랜드 인지도는 낮지만 가격대비 품질이 우수합니다.
> 고　　객: 그런데 믿을 수 없어서요. 이왕이면 비싸도 김연아 선수가 광고 모델로 나오는 제품으로 구입하겠어요.
> 판매사원: 아, 그렇게 하시겠어요? 알겠습니다. 브랜드 가치나 기능, 디자인, A/S 등 모든 면에서 월등한 제품이니 잘 선택하셨습니다. 감사합니다.

① 프레이밍 효과　　② 유사성 효과　　③ 유인 효과
④ 후광 효과　　　　⑤ 부정성 효과

37. 다음 사례에서 나타나는 적절하지 않은 명함 교환 방법은 무엇인가?

> 세일즈맨: 안녕하세요, 반갑습니다. 저는 갑을상사의 홍길동이라고 합니다.
> 　　　　　① (미리 준비한 명함을 상대방이 볼 수 있도록 두 손으로 공손히 건넨다.)
> 잠재 고객: (잠시 후) 저는 동아물산의 박영호 대리라고 합니다. 제 명함입니다.
> 　　　　　② (명함을 상대방이 읽기 쉽도록 글자의 방향이 상대방을 향하게 한다.)
> 세일즈맨: 아! 박영호 대리님! 시간을 내어 주셔서 감사합니다.
> 　　　　　③ (일어서서 두 손으로 공손히 받고 상대방 직함과 이름을 불러준다.)
> 잠재 고객: 그럼 편하게 앉으셔서 용건을 말씀해 보세요!
> 세일즈맨: ④ (편하게 앉은 후에 바로 받은 명함에 면담일시를 기록한다.)
> 　　　　　박영호 대리님! 성함을 보니 저의 아버님 성함과 같아 매우 반갑네요! 오래 기억할 것 같습니다.
> 　　　　　⑤ (테이블 앞에 가지런히 놓는다.)

38. 다음 중 효과적인 반론을 위한 의견 전개 순서로 가장 적절한 것은?

> 가. 지금까지의 상대방 주장 가운데 우선 동의할 수 있는 점과 일치점이 무엇이 있는지 찾아 내어 말하면서 긍정적으로 시작한다.
> 나. 상대방의 주장과 자신의 의견을 대비시켜 상대방의 주장보다 더 나은 점을 차근차근 설명하여 반대 이유를 분명히 한다.
> 다. 자신이 생각하기에 상대방 주장의 허점이나 모순점이라고 생각되는 것에 대한 반론 내용을 명확히 질문한다.
> 라. 협상을 하면서 자신이 반론을 제기해도 상대방이 감정적으로 반발하지 않을 만한 절호의 기회를 탐색한다.
> 마. 논증이 끝나면 다시 한 번 반론 내용을 요약해 간략히 말함으로써 호소력이 커지게 한다.

① 라-나-마-다-가
② 라-가-다-나-마
③ 라-나-다-가-마
④ 다-가-마-라-나
⑤ 다-나-가-라-마

39. 다음 사례는 컨벤션을 유치할 때 추진하는 활동이다. 컨벤션 유치 활동 중 무엇에 관한 설명인가?

> • 컨벤션 센터나 시설에 대한 시설 운영계획 정보를 미리 제공할 필요가 있다.
> • 유치 경쟁국에 대한 정보를 파악하고, 이전 개최지와의 유사성보다는 개최지로서의 독특함을 강조하는 것이 필요하다.
> • 전문가가 수행하여 지리, 역사, 문화는 물론, 개최도시에 대한 광범위한 정보를 제공하고 질문에 응답한다.
> • 컨벤션 센터 직원, 컨벤션 뷰로 대표, 호텔 관계자, 기술자 등이 현장답사에 동행하여 관련 사항에 대해 상세하게 설명한다.

① 실사단 현장 답사
② 컨벤션 유치 제안서 작성
③ 컨벤션 개최 의향서 제출
④ 컨벤션 유치 신청서 제출
⑤ 컨벤션 유치 프레젠테이션

40. 다음은 어떤 회의 프로그램의 일부이다. 회의의 종류 구분상 가장 유사한 회의 종류는?

	Mar. 24(Thu)		Mar. 25(Fri)		Mar. 26(Sat)		Mar. 27(Sun)
09:00~10:00	Registration		Registration				
10:00~11:00					Keynote Speech B/C		Keynote Speech D/E
11:00~12:00							
12:00~13:00					Luncheon Session 1		Luncheon Session 2
13:00~14:00							
14:00~15:00	Satellite Session A	Satellite Session B	Opening Ceremony		Session Track A	Session Track B	Post Tour 1/2/3
15:00~16:00			Keynote Speech A				
16:00~17:00			Satellite Track A	Satellite Track B			
17:00~18:00							
18:00~19:00					Welcome Party		
19:00~20:00							
20:00~							

① 컨벤션(Convention) ② 포럼(Forum)
③ 워크숍(Workshop) ④ 강의(Lecture)
⑤ 패널 토론(Panel Discussion)

41. 호텔에 투숙한 고객이 한밤 중에 프런트에 전화를 걸었다. 이에 대한 프런트 담당자의 응대로 가장 적절한 것은?

> 고객: 옆 방 사람들이 너무 떠들어요. 지금이 몇 신데, 참나.
> 프런트 담당자: _____

① 진정하세요, 흥분하지 마시고요. 곧 조용해 질 겁니다.
② 죄송합니다. 원하신다면 다른 방으로 옮겨 드리겠습니다.
③ 늦은 시간인데 불편하셨겠네요. 저희도 화가 날거 같습니다. 바로 연락을 취해서 해결해드리겠습니다.
④ 옆 방이라면 몇 호를 말씀하시는 거죠? 문제가 되는 방의 번호를 먼저 알려 주셔야 저희가 바로 조치할 수 있습니다.
⑤ 아, 그 방은 유명한 정치인들이 묵고 있는 관계로 시끄러울 수 있습니다. 아마 행사가 늦게 끝난 것 같은데, 10분 정도만 양해 부탁드려도 될까요?

42. 다음은 ○○회사의 직원 A가 고객인 '바이어(Buyer: 구매자)'와 대화하는 내용이다. 이를 설명한 것으로 가장 적절한 것은?

> 직원 A: 아, 이사님. 안녕하세요.
> 바이어: 수요일 11시까지 견적 주신다고 말하시지 않았나요?
> 직원 A: 아차, 네, 맞습니다. 그런데 회의가 너무 길어져서 그만 1시간 늦었네요. 정말 죄송합니다. 바로 보내드리겠습니다.
> 바이어: 괜찮습니다. 저희가 너무 급한 상황이라 이미 다른 회사에 주문했으니까요.

① 일단 고객에게 발생한 문제를 알린 후에 해결책을 생각해야 한다.
② 까다로운 고객과는 어느 정도의 언쟁이 반드시 필요하기 마련이다.
③ 대화가 실패로 끝나는 경우의 대부분은 결과보다는 문제에 집중하기 때문에 발생한다.
④ 약속을 지키지 못할 때는 반드시 충분한 여유를 두고 미리 통보해서 양해를 구해야 하는데 직원 A는 이를 간과했다.
⑤ 직원 A와 바이어의 입장이 바뀌었다고 해보자. 상대가 자신의 실수나 잘못을 고백해오면, 왜 그렇게 했는지 원인 분석을 철저하게 하는 것이 해결책을 찾는 것보다 우선이다.

43. 다음 중 이미지의 형성 과정을 적절하게 설명하고 있는 것은?
① 이미지는 과거와 상관 없는 현재 모습 자체이다.
② 이미지의 형성 과정은 감정적 과거보다 이성적 과정을 거쳐 형성된다.
③ 개인의 차이는 있으나 이성적 판단에 의거하여 형성되어 굳어져 나간다.
④ 이미지의 형성은 주관적이며 선택적으로 이루어져 동일한 대상에 대해서도 다른 이미지를 부여한다.
⑤ 이미지는 지극히 객관적이며 같은 대상에 대한 이미지는 누구나 동일하게 받아들인다.

44. 다음은 고객과의 식사 약속을 하고 식사한 사례이다. 식사 예의나 매너로 적절하지 <u>않은</u> 행동은 무엇인가?

> - 식사 약속시간을 정한 후 바로 예약하고 좌석 위치도 미리 상석을 확보해 달라고 부탁했다.
> - 약속시간 20분 전에 도착해서 상석을 확인한 후 전망 좋은 곳은 고객이 앉게 준비하고 고객을 맞이할 준비를 하였다.
> - 고객이 도착해서 반갑게 인사한 후 고객에게 주문하도록 배려하였으나 고객이 주문의사가 없어 직원에게 물어보고 추천하는 메뉴를 선택하였다.
> - 식사는 고객과의 속도에 맞추고 식사 중에는 큰소리를 내거나 웃는 것을 가급적 삼갔다.
> - 식사 중에 개인적인 전화가 와서 양해를 구하고 나가서 통화하였다.

① 예약은 가급적 빨리하고 좋은 위치를 확보하는 것이 좋다.
② 약속시간 20분 전에 도착해서 상석을 확인하고 맞이해야 한다.
③ 식사 중 개인적인 전화가 왔을 때, 양해를 구하고 밖에 나가 통화한다.
④ 식사는 고객과 속도를 맞추고 가급적 큰소리를 내거나 웃는 것은 삼간다.
⑤ 주문은 고객에게 먼저 배려하고 주문의사가 없으면 직원에게 추천받는 것이 좋다.

PART 5 통합형 6문항

[45~46] 다음 표를 보고, 물음에 답하시오.

○ 전시회 종류: 시장에 따른 분류 (미국)

구분	Trade Show (B2B Show)	Consumer Show	Combined or Mixed Show
Exhibitor	제조업자, 유통업자, 서비스 전문가 등	(질문 1)	제조업자, 유통업자
Buyer	산업군 내의 End User	최종 소비자	산업군 내의 End User 구직자, 일반인
입장	(질문 2)	입장 제한과 등록비가 필요 없음. 입장료는 지불	비즈니스 데이와 퍼블릭 데이로 시간을 구분하기도 함
참고	미국 개최 전시회의 51% 차지	미국 개최 전시회의 14% 차지 생산제품이 시장 반응 수단	미국 개최 전시회의 35% 차지

International Exposition(Trade Fair) – 수출 국가들의 주요한 마케팅 수단
참가자는 Trade Show와 유사, Buyer는 통상 그 산업 종사자

〈출처: The ART of the show, S. L. Morrow〉

45. (질문 1)의 빈칸에 해당하는 적절한 서술은 무엇인가?
   ① 도매업자
   ② 보험 사업자
   ③ 운송 사업자
   ④ 중간재 제조업자
   ⑤ 소매업자, 최종 소비자를 찾는 제조업자

46. (질문 2)의 Trade Show의 입장 기준에 대한 설명으로 적합한 것은?
   ① 제한 없음
   ② 바이어, 초청장 소지자
   ③ 주최 측 및 부스 참가자
   ④ 등록비를 내고 등록한 일반 참가자
   ⑤ 기타

[47~48] 다음은 건강검진 예약 및 상담 과정에서 고객과 상담원의 대화이다.

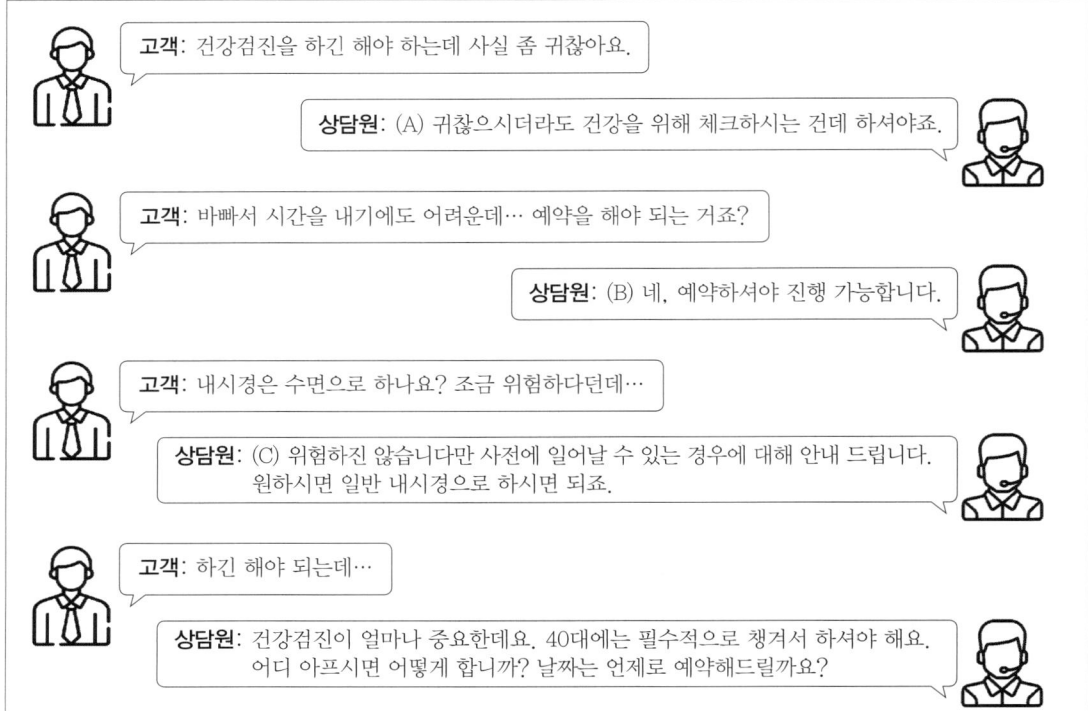

47. 상기 상담원의 대응을 공감적 커뮤니케이션의 측면에서 해석할 때 가장 적절한 것은?
① 핵심적인 메시지 전달에 집중하여 간결하고 정확한 커뮤니케이션이 가능했다.
② 고객이 궁금한 사항에 대해 적절히 대답을 하지 못해 공감적 경청에 실패하였다.
③ 고객 건강검진 예약이라는 상담의 목적을 달성하지 못해 커뮤니케이션에 실패한 것이다.
④ 고객의 상황에 대한 객관적이고 냉정한 반응으로 고객의 문제점을 밝혀냄으로써 커뮤니케이션의 목적을 달성했다.
⑤ 고객의 염려나 장애 요소를 적극적으로 경청하지 못하였으며 효과적인 질문도 활용하지 못해 공감적 커뮤니케이션에 실패하였다.

48. 고객의 이야기에 대한 상담원의 응대를 다음과 같이 바꾸었을 때, 공감적 경청의 측면에서 가장 적절하지 <u>않은</u> 것은?

① A-네, 사실 귀찮은 일이긴 하죠. 하지만 그래도 해야겠다고 생각하시는 이유가 있으시죠?
② B-네, 바쁘시기 때문에 예약을 하시면 실행에 옮기시는 데에도 도움이 되실 겁니다. 예약을 하지 않으시면 바쁘셔서 자꾸 미루게 되시지 않을까요?
③ B-네, 예약을 하셔야 합니다. 예약을 하셔야 바쁘시더라도 실행에 옮기실 수 있을 것이라고 생각되는데, 어떠신지요? 이번 기회에 꼭 검진을 받으셔야겠다고 생각되시면 예약을 하시는 편이 좋지 않을까요?
④ C-한 번도 해보지 않으셔서 걱정되시는 겁니다. 걱정되시면 일반 내시경도 가능합니다.
⑤ C-수면 내시경이 위험하다고 생각하셔서 염려되시는군요. 그 부분을 걱정하시는 고객도 계십니다. 내시경은 수면과 일반으로 결정하실 수 있습니다. 예약을 진행하시게 되면 제가 상세히 안내해 드릴 것이니 잘 선택하셔서 진행하시면 됩니다.

[49~50] 다음 고객을 방문해서 상담한 사례를 읽고 물음에 답하시오.

- 약속 당일 전화를 미리 걸어 오늘 약속 시간에 방문할 것을 사전에 알리고 확인했다.
- 고객과의 약속 20분 전에 도착해 상담실을 찾아 입구에서 가장 먼 테이블의 좌석을 상석으로 확보하고 입구가 바라보이는 곳에 앉아 상담 준비를 마쳤다.
- 고객을 서서 맞이하고 인사는 보통례 수준으로 30도 정도 숙여 인사한 후, 명함을 왼손으로 받쳐서 오른 손으로 주면서 소속과 이름을 정확히 말하고 정중하게 인사를 했다.
- 고객으로부터 명함을 두 손으로 받고 상대방 직책과 이름을 호칭하고 명함을 테이블 위에 가지런히 놓고 직위와 이름을 부르며 대화했다.
- 상담 중에는 주로 고객을 설득하기 위해 대화를 주도적으로 이끌었고 샘플과 제안서를 활용해서 시연하였다.
- 상담 과정에서 중요 포인트마다 메모하며 공감하며 칭찬하였다.
- 상담 마무리 과정에서 고객의 니즈를 파악하고 차기 약속을 정하였다.
- 상담 후 악수할 때, 고객의 손을 적당한 힘으로 잡고, 2~3번 상하로 가볍게 흔들었다.
- 상담 후 가능한 퇴근하기 전까지 고객의 메일에 방문 협조에 대한 감사의 글을 남겼다.

49. 위의 사례를 보고 상담 원칙으로 적절하지 <u>않은</u> 내용은?

① 상담 후에는 고객의 메일에 감사의 글을 보내야 한다.
② 상담은 마무리가 중요하며 차기 약속을 얻어내야 한다.
③ 상담 시간 20분 전에 미리 방문한 후 상담 준비를 철저히 해야 한다.
④ 상담 시 중요 포인트마다 간단하게 메모하며 공감과 칭찬을 아끼지 말아야 한다.
⑤ 상담 중에는 고객을 설득하기 위해 주로 경청하기보다는 대화를 주도적으로 이끌어야 한다.

50. 사례를 보고 매너나 에티켓으로 적절하지 않은 것은?
　① 고객의 명함은 두 손으로 받고 테이블 위에 올려놓고 대화해야 한다.
　② 고객과 악수할 때는 무조건 강하게 잡기보다 적당한 힘으로 잡는다.
　③ 일반적인 고객과의 첫 만남에서는 정중례로 45도 각도로 숙여서 인사해야 한다.
　④ 고객과의 만남 전에 반드시 전화로 방문 약속 시간을 확인하고 주지시킨다.
　⑤ 상석은 출입구에서 대각선 방향으로 가장 먼 테이블로 전망이 좋은 곳이다.

모의고사

정답 및 해설

ANSWER & EXPLANATION

모의고사 01회

1	④	2	③	3	⑤	4	②	5	①	6	⑤	7	③	8	⑤	9	①	10	②
11	④	12	③	13	⑤	14	③	15	④	16	①	17	③	18	①	19	⑤	20	⑤
21	②	22	⑤	23	④	24	⑤	25	②	26	①	27	①	28	②	29	①	30	①
31	②	32	③	33	⑤	34	④	35	①	36	③	37	④	38	⑤	39	②	40	⑤
41	①	42	⑤	43	①	44	②	45	①	46	②	47	①	48	⑤	49	②	50	③

1 ④
| 해설 | ① 지명인이 부재중일때, 개인적인 부재 사유까지 알릴 필요는 없다.
② 회사까지 이용하고자 하는 교통수단을 물어본 후 상황에 맞게 안내한다.
③ 지명인이 부재중임을 알리고 지명인이 전화를 해야 할지, 다시 전화할 것인지를 정한다. 메모를 남길지 여부를 묻고, 메모를 남길 경우 용건, 시간, 전화 건 사람, 연락처 등을 메모한다.
⑤ 전화가 잘 들리지 않는 경우 "뭐라고요?", "잘 안 들리는데요." 등의 표현은 쓰지 않도록 하고, "전화 통화 상태가 좋지 않습니다."와 같은 완곡한 표현을 사용한다.

2 ③
| 해설 | ① 복도에서는 고객보다 2~3보가량 비스듬히 앞에서 안내한다.
② 엘리베이터에서 승무원이 없을 때는 하급자가 먼저 타서 안내한다.
④ 당겨서 여는 문일 경우에는 문을 당겨 열고 서서 고객이 먼저 통과하도록 안내한다.
⑤ 계단이나 에스컬레이터를 오를 때는 손님의 뒤에서 오르고, 내려올 때는 한두 계단 앞서 내려온다.

> **필수개념**
>
> **엘리베이터 안내**
> - 승무원이 있는 경우: 탈 때는 고객보다 나중에 타고, 내릴 때는 먼저 내린다.
> - 승무원이 없는 경우: 탈 때는 고객보다 먼저 타고, 내릴 때는 나중에 내린다.

> **문 안내**
> - 당겨서 여는 문일 경우: 문을 당겨 열고 서서 고객이 먼저 통과하도록 안내한다.
> - 밀어서 여는 문일 경우: 안내자가 먼저 통과한 후, 문을 잡고 고객을 통과시키도록 한다.

3 ⑤
| 해설 | 마인드 컨트롤 효과란 훈련에 의한 웃음이라도 밝고 환한 표정을 지으면 실제로 기분이 좋아지는 효과를 말한다.

> **필수개념**
>
> **밝은 표정의 효과**
> - 건강 증진 효과: 웃는 근육을 많이 사용하게 되면 과학적으로 건강에 유익한 영향을 준다.
> - 감정 이입 효과: 밝고 환한 표정을 보면 주변 사람도 기분이 좋아진다.
> - 마인드 컨트롤 효과: 훈련에 의한 웃음이라도 밝고 환한 표정을 지으면 실제로 기분이 좋아지게 된다.
> - 신바람 효과: 웃는 모습으로 생활하다 보면 기분 좋게 일을 할 수 있다.
> - 실적 향상 효과: 밝은 표정으로 일을 하다 보면 업무가 효율적으로 진행되어 능률이 오르게 된다.
> - 호감 형성 효과: 표정은 상대가 보고 느끼며 판단하는 것으로 밝은 표정은 나에 대한 좋은 이미지를 형성하게 한다.

4 ②
| 해설 | 방향 안내 시 시선은 '상대 눈 → 지시 방향 → 상대 눈' 순으로 옮긴다.

5 ①
| 해설 | 외향형은 폭넓은 대인관계를 유지하며 사교적이고 활동적이다. 내향형은 조용하고 신중히 글로 표현하는 것을 선호하는 반면 외향형은 말로 표현하는 것을 선호한다.

6 ⑤
| 해설 | 직접 제품이나 서비스를 반복적, 지속적으로 애용하고 있지만, 타인에게 추천할 정도의 충성도를 가지고 있지 않은 고객은 '단골 고객'이라고 한다. '옹호 고객'이란 상품을 다른 사람에게 추천할 정도의 충성도를 가지고 있는 고객을 말한다.

7 ③
| 해설 | ① 물리적 환경: 제품, 상표, 상점, 실내 디자인, 조명 등
② 사회적 환경: 타인의 관찰
④ 구매 상황: 제품 구매 가능성, 가격 변화, 경쟁 상품의 판매 촉진 등 제품을 구매하게 되는 시점의 상황
⑤ 소비 상황: 고객이 제품을 사용하는 과정상 발생 가능한 상황

8 ⑤
| 해설 | ① 시각에 호소하는 언어를 사용한다. → 이심전심
② 상황에 맞는 전문가의 말을 인용한다. → 촌철살인
③ 객관적 자료보다는 다양한 채널로 접근하여 감성을 자극한다. → 감성자극
④ 상대방의 의도를 간파하는 짧은 한마디는 상대방의 마음을 한순간에 무너뜨릴 수 있다. → 촌철살인

9 ①
| 해설 | ② 개인적 거리는 45~80cm이다.
③ 사회적 거리는 80cm~1.2m이다.
④ 대중적 거리는 1.2~3.7m이다.
⑤ 공간적 행위는 진정한 관심이나 흥미 및 태도도 반영한다.

10 ②
| 해설 | CIQ란 항공이나 배를 이용하여 공항 또는 항만으로 출입국할 때 반드시 거쳐야 하는 3대 수속으로 세관 검사(Customs), 출입국 관리(Immigration), 검역(Quarantine)을 말한다. 귀빈실을 사용하는 VIP에 대한 영접도 이 지역에서 이루어진다.

11 ④
| 해설 | 장시간의 강의 청취와 노트 필기를 해야 하는 국제회의, 학술 세미나, 기업 회의 등의 경우 교실식 배치를 가장 많이 사용한다.

12 ③
| 해설 | 최상급자에게 상급자 호칭 시 압존법을 사용하여야 한다.

13 ⑤
| 해설 | 의전(儀典)은 의식과 의례를 갖춘 행사를 의미하지만, VIP 고객의 사정과 전체 의식의 규칙을 잘 조율하며 균형을 이루어 진행하여야 한다.

14 ③
| 해설 | ① 후광 효과: 상품 평가 시 일부 속성에 의해 형성된 전반적인 평가가 그 속성과는 직접적인 관련이 없는 다른 속성의 평가에 영향을 미치는 효과
② 빈발 효과: 첫인상이 좋지 않더라도 반복해서 제시되는 행동이나 태도가 첫인상과는 달리 진지하고 솔직하다면 점차 좋은 인상으로 바뀌는 현상
④ 프레이밍 효과: 대안들의 준거점에 따라 평가가 달라지는 효과
⑤ 유사성 효과: 새로운 대안 상품이 나타난 경우, 유사한 성격의 기존 상품을 잠식할 확률이 높은 현상

15 ④
| 해설 | 에티켓은 매너의 기본 단계로 에티켓을 지키지 않는 사람에게 매너를 기대할 수 없다.

16 ⑤
| 해설 | 상대방의 이야기를 자신의 경험과 비교하며 들으면 전적으로 이야기에 집중하지 못하므로 효과적인 경청 방법이 아니다.

> **필수개념**
> **효과적인 경청 방법**
> • 산만해질 수 있는 요소나 잡음 제거하기
> • 전달자가 전하려는 메시지에 관심 집중시키기
> • 전달하려는 메시지의 요점이 무엇인지 생각하면서 듣기
> • 말하는 사람을 비판하거나 분석하지 않기
> • 나의 경험과 비교하기보다는 동화되려 노력하기
> • 메시지의 내용 중 동의할 수 있는 부분 찾기
> • 인내심을 가지고 끝까지 듣기
> • 내용을 정확하게 이해하기 위하여 적극적으로 질문하기
> • 온몸으로 맞장구치기

17 ③

| 해설 | ① 명함을 건넬 때는 선 자세에서 왼손을 받쳐서 오른손으로 주는 것이 예의이다.
② 명함을 받을 때는 일어서서 두 손으로 받는다.
④ 명함에 메모가 꼭 필요한 경우라면 상대방과의 만남이 끝난 후 명함 상단에 날짜와 특이 사항을 기록해 상대방을 기억하도록 한다.
⑤ 명함을 받은 후 대화가 이어질 경우 명함을 테이블 위에 올려 놓고 직위와 이름을 기억하며 이야기를 나누는 것이 좋다.

18 ①

| 해설 | ② 조의금은 형편에 맞게 성의를 표한다.
③ 정신적으로 힘든 유가족에게 말을 시키는 것은 실례이다.
④ 복장은 검은색 양복을 기본으로 하며 짙은 곤색이나 회색도 무난하다.
⑤ 분향 후 영정 앞에서 두 번 절한다. 종교가 있는 사람은 종교 의식에 따라 기도 또는 묵념으로 명복을 빈다.

19 ⑤

| 해설 | 강하게 힘을 주어 말해야 할 때와 작고 약하게 말해야 하는 때를 구분하여야 한다.

20 ⑤

| 해설 | 메이크업의 목적은 신체의 장점을 부각하고 단점은 수정 및 보완하는 미적 행위이다. 서비스 전문가는 자신의 개성을 부각시켜 연출하기보다는 기업의 이미지와 부합되도록 연출해야 한다.

21 ②

| 해설 | 지각적 방어란 개인의 가치체계에 따라 개인의 가치에 역행하는 자극을 막는 데 도움을 줄 때 발생하는 것으로서, 지각의 선택성에 영향을 미친다.

> **필수개념**
>
> **지각의 특징**
> - 주관성: 소비자는 자기의 신념, 태도, 편견을 구체화시키고 이런 요소에 역행하지 않는 구매 형태를 갖는다.
> - 선택성: 가급적 관심이 있는 자극만을 지각하려고 한다(지각의 과부하, 선별적 감지, 지각적 방어).
> - 일시성: 개인이 지각하는 자극의 대부분은 오랫동안 기억 속에 남아 있지 않는다.
> - 통합성: 소비자는 거의 즉각적으로 자극을 받아들이고, 자극을 통일된 하나의 형태로 통합하여 지각한다.

22 ⑤

| 해설 | 상대방이 수락할 때까지 반복적으로 주장하는 것은 좋지 않다.

> **필수개념**
>
> **효과적인 반론의 기술 5단계**
> - 1단계 – 기회 탐색
> - 2단계 – 긍정적인 시작 및 일치점 찾기
> - 3단계 – 모순점 질문
> - 4단계 – 반대 이유 설명
> - 5단계 – 요약

23 ④

| 해설 | 운전자가 있는 경우, 운전자 대각선 뒷좌석이 제1상석, 운전석 바로 뒤가 제2상석, 운전석 옆 좌석이 제3상석, 뒷좌석 가운데가 말석이다.

24 ⑤

> **필수개념**
>
> **고객 요구의 변화 특징**
> - 의식의 고급화: 질적, 양적으로 풍부해진 생활 환경으로 고객들은 고급화된 서비스 의식을 원한다.
> - 의식의 복잡화: 고객의 유형이 다양하고 복잡해짐에 따라 요구 또한 다양하고 복잡해지고 있다.
> - 의식의 존중화: 자신을 최고로 우대해 주기를 기대한다.
> - 의식의 대등화: 서로 대등한 관계를 형성하려는 상황에서 많은 갈등이 발생하고 있다.
> - 의식의 개인화: 타인과 다르게 특별히 대우해 주기를 원하며, 자신만의 개별적인 서비스를 제공받고자 한다.

25 ② (×)

| 해설 | 조상의 제사는 자손이 조상을 받드는 길한 일로 흉사가 아니다. 따라서 제사에서는 평상시의 공수를 한다.

26 ② (×)

| 해설 | 경청의 기법인 B.M.W.에서 Mood는 상대의 말투나 음정, 음색, 속도, 높낮이를 고려하여 듣는 방법이다.

> **필수개념**
>
> **B.M.W. 기법**
> - Body(자세): 표정이나 눈빛, 자세 등을 고객에게 집중한다.
> - Mood(분위기): 말투, 음정, 음색, 속도, 음의 고저 등을 적절하게 고려한다.
> - Word(말의 내용): 고객의 말을 다시 확인하고 고객이 원하는 것에 집중한다.

27 ① (○)

필수개념

컨벤션 개최의 효과
- 경제적 효과: 고용 창출, 외화 획득, 소득 증대, 세금 수입 증대, 최신 정보 및 기술 입수, 국제 수지 개선
- 사회·문화적 효과: 지역 문화의 발전, 도시 환경의 개선, 시민 의식의 향상, 국제 친선의 도모, 지방의 국제화
- 정치적 효과: 민간 외교 기여, 국제적 영향력 증대, 통일·외교 정책 구현
- 관광적 산업 진흥 효과: 외래 관광객 대량 유치, 관광 비수기 타개, 체재 일수 연장, 양질의 관광객 유치, 지역 이미지 제고

28 ② (×)

| 해설 | 서비스 종사자에게 유니폼은 근무 시 활동하는 복장인 동시에 회사와 개인의 이미지까지 표현하는 수단이 된다. 따라서 개인의 개성을 살리기보다 규정에 맞게 착용해야 하고, 항상 청결하게 잘 정돈하는 것이 좋다.

29 ① (○)

필수개념

고객의 기본 심리
- 환영 기대 심리: 고객은 자신을 왕으로 대접해 주기보다 자신을 환영해 주고 반가워해 주기를 바란다.
- 존중 기대 심리: 고객은 상대방이 자신을 중요한 사람으로 인식하고, 기억해 주기를 바란다.
- 독점 심리: 고객은 서비스를 독점하고 싶어 하는 심리가 있다.
- 우월 심리: 고객은 자신이 서비스 직원보다 우월하다고 생각한다.
- 모방 심리: 고객은 다른 고객을 닮고 싶은 심리를 가지고 있다.
- 보상 심리: 고객은 비용을 지불한 만큼 그에 맞는 서비스를 기대한다.
- 자기 본위 심리: 고객은 각자 자신의 가치 기준을 가지고 항상 모든 상황을 자기 위주로 판단한다.

30 ① (팁 문화)

| 해설 | 보통 팁은 전체 금액의 10~15% 정도를 지불하지만, 좋은 서비스를 받았다고 느끼면 더 지불할 수도 있고, 반대로 더 적게 지불해서 서비스의 불만을 표현할 수도 있다.

31 ② [상호주의 원칙(Reciprocity)]

필수개념

의전의 기본 정신(5R 요소)
- 상대방에 대한 존중과 배려(Respect): 의전은 상호 간의 존중과 배려를 바탕으로 한다.
- 상호주의 원칙(Reciprocity): 내가 받은 만큼 상대방을 배려하고, 내가 배려한 만큼 상대방에게 기대한다는 것이다.
- 문화의 반영(Reflecting Culture): 의전의 격식과 관행은 특정 시대, 특정 지역의 문화를 반영하기에 시대적, 공간적 제약을 갖는다.
- 서열(Rank): 의전에서 가장 기본은 참석자 간의 서열을 지키는 것이다. 서열을 무시하는 것은 상대 국가나 조직에 대한 모욕이 될 수 있다.
- 오른쪽 상석(Right): Lady on the Right 원칙이라고 한다. 단상 배치 기준이자 차석은 VIP의 오른쪽에 위치한다.

32 ③ (체리피커)

| 해설 | 체리피커는 잠시 사용할 목적으로 구매한 후 반품하는 등의 행동을 한다.

33 ⑤ (악수)

34 ④ (공수)

35 ①

| 해설 | 회사명 혹은 소속, 이름 등을 밝히며 전화를 받는 것이 비즈니스 전화 응대의 기본이다.

36 ③

| 해설 | 계단을 오를 때는 고객의 왼쪽 뒤에서 오르고, 내려올 때는 한두 계단 앞서 내려온다. 다만, 남녀가 계단을 올라갈 때에는 남자가 먼저 올라가고, 내려올 때에는 여자가 앞서 내려간다.

37 ④

| 해설 | 점심 식사를 잘 기획하여 제공하더라도 주최 측이 참가자의 식사 비용을 부담하는 것이므로 식음료 비용은 제공하지 않을 경우에 비해 증가하게 된다. 즉, D 대리의 의견은 적절하지 않다.

38 ⑤

| 해설 | 더블도어 대상자의 수행원들은 일반 입국절차대로 입국한 후, 귀빈 주차장으로 이동하여 차량에 탑승하고 다음 목적지로 이동한다.

> **필수개념**
>
> **더블도어**
> 더블도어란 귀빈 전용 출입국 게이트로 「국토교통부령」 제414호 「공항에서의 귀빈 예우에 관한 규칙」 제4조에 따라 귀빈실은 전·현직 대통령, 전·현직 국회의장, 전·현직 대법원장, 전·현직 헌법재판소장, 전·현직 국무총리, 전·현직 중앙선거관리위원회 위원장, 국회에 원내 교섭 단체가 있는 정당 대표만이 사용할 수 있다.

39 ②
| 해설 | 전화 상태가 좋지 않음을 알리고, 다시 통화할 수 있도록 안내한다. "뭐라고요?", "잘 안 들리는데요."와 같은 표현은 쓰지 않도록 하고, "좀 멀게 들립니다.", "통화 상태가 좋지 않습니다."와 같이 완곡한 표현을 사용한다.

40 ⑤
| 해설 | 사례는 정보 탐색 후 여러 평가요인을 가지고 어느 하나를 선택하려는 대안 평가의 단계이다.

> **필수개념**
>
> **고객의 의사 결정 5단계**
> 문제 인식 → 정보 탐색 → 대안의 평가 → 구매 의사 결정 → 구매 후 행동

41 ①
| 해설 | 의사 언어에 해당하는 내용은 가, 나, 라이다. 나머지는 신체 언어이다.

> **필수개념**
>
> **의사 언어와 신체 언어**
> - 의사 언어: 말투, 고저, 음량, 음조의 변화, 말의 속도, 발음 등
> - 신체 언어: 표정, 눈 맞춤, 고개 끄덕임, 몸의 움직임, 자세, 제스처 등

42 ⑤
| 해설 | ① 재고가 없더라도 "제가 일단 알아봐 드리겠습니다."와 같은 완곡한 표현을 사용할 수 있어야 한다.
② 나중에는 구매가 불가능할지도 모름을 고객이 느끼게 하여 구매 욕구를 일으켜야 한다.
③ 사례와 같은 응답 방식은 고객의 구매 욕구를 일으켰을 것이다.
④ 고객의 구매 욕구를 불러일으키기 위해서는 '지금이 적기(適期)'임을 알려야 한다.

43 ⑤
| 해설 | 부득이하게 내방객을 기다리게 하는 상황이 발생하면 양해를 구한 뒤 자리를 마련하고, 음료와 책, 잡지 등의 볼거리를 제공하는 것이 좋다.

44 ②
| 해설 | 상담에서는 고객의 말을 끝까지 잘 듣고 고객이 원하는 것이 무엇인지 파악하는 것이 제일 중요하다. 문제의 사례에서는 고객의 말을 중간에 끊고 자기 주관적인 판단으로 일방적인 소통을 하고 있기 때문에 상담 예절과 원칙에 어긋난다.

45 ①
| 해설 | B는 기본적인 인사이면서 좋은 분위기를 형성하고 고객을 편안하게 해주는 것이 목적인 화법이다.

46 ②
| 해설 | 고객을 맞이하기 전에 바로 판매 상담으로 진입하게 되면 고객은 구매에 대한 압박으로 판단하게 되어 큰 부담을 갖게 되므로 효과적이지 않은 화법이다.

47 ⑤
| 해설 | F 고객은 기업에 관심을 보이고 있어 신규 고객이 될 가능성이 있는 가망 고객이다. 상품의 평판, 심사 등에 참여하여 의사 결정에 영향을 미치는 사람은 의견 선도 고객이라 한다.

48 ⑤
| 해설 | 잠재 고객인 신혼부부에게 ○○여행사의 상품을 적극적으로 홍보하여 구매에 영향을 미칠 수 있으므로 마케팅 측면에서는 구매 영향자로 해석할 수 있다.
① 예비부부는 ○○여행사의 잠재 고객이다.
② 예비부부는 박실장의 신규 고객이다.
③ 충성 고객은 실제 상품, 서비스를 반복적으로 구매하는 고객이므로, 박실장이 ○○여행사와 유대가 있다 해도 충성 고객으로 해석될 수는 없다.
④ 박실장은 소비자도 구매자도 아니지만, 현재 시점에서는 중간 고객의 역할을 하고 있다.

49 ②
| 해설 | 교류 분석에서 대화하는 사람들의 심리상태는 부모 자아 또는 어버이 자아(Parent Self), 성인 자아(Adult Self), 아동 자아(Child Self)로 구분된다. 사례에서 A 대리는 상대에게 규범을 제시하는 유형으로 부모 자아의 상태이고, B 사원은 아동 자아 상태이다.

50 ③

| 해설 | 본 사례에서 B 사원이 습관적으로 시계를 보는 것은 비언어적 메시지의 오용에 의한 커뮤니케이션 장애라고 할 수 있다.

모의고사 02회

1	③	2	③	3	①	4	⑤	5	①	6	①	7	③	8	④	9	①	10	⑤
11	③	12	④	13	③	14	⑤	15	②	16	②	17	①	18	②	19	③	20	⑤
21	⑤	22	③	23	②	24	③	25	②	26	①	27	①	28	②	29	①	30	①
31	②	32	③	33	④	34	⑤	35	①	36	①	37	②	38	②	39	③	40	④
41	③	42	①	43	①	44	②	45	①	46	④	47	③	48	④	49	④	50	④

1 ③
| 해설 | Sir은 상대방에게 경의를 나타내는 경칭으로 나이나 지위가 비슷한 사람끼리 또는 여성에게는 사용하지 않는다.

> **필수개념**
>
> **서양의 경칭**
> - Mr.(Mister): 남성에게 붙이는 경칭
> - Mrs.(Missus): 결혼한 부인의 이름 앞에 붙이는 경칭
> - Miss.(Miss): 미혼 여성의 이름 앞에 붙이는 경칭
> - Ms.(Miz): 결혼상태를 모르는 경우 여성의 성이나 이름 앞에 붙이는 경칭
> - Sir.: 자신보다 나이나 지위가 높은 상대방에게 경의를 나타내는 남성의 경칭
> - Ma'am.: 자신보다 나이나 지위가 높은 상대방에게 경의를 나타내는 여성의 경칭
> - Majesty: 왕족에게 붙이는 경칭
> - The Honorable: 귀족이나 주요 공직자
> - Dr.(Doctor): 전문 직업인이나 인문 과학 분야에서 박사학위를 취득한 사람
> - Esquire(ESQ): 편지의 수취인(영국에서 사용)
> - Excellency: 외교관(대사)에 대한 경칭

2 ③
| 해설 | 공중화장실과 같은 공공시설물을 깨끗하게 이용해야 하는 것은 타인과의 생활에 있어 지켜야 하는 바람직한 사회적 약속이므로 '에티켓'에 해당한다. 나머지는 이러한 에티켓을 외적으로 표현한 '매너'이다.

3 ①

> **필수개념**
>
> **나라별 주먹을 쥐고 엄지손가락을 위로 올린 행위의 의미**
> - 미국: 매우 좋음
> - 호주: 무례한 행위, 거절
> - 그리스: '닥쳐'라는 의미
> - 태국: 심한 욕
> - 러시아: 동성애자라는 의미
> - 독일, 일본: 숫자를 의미 – 독일(1), 일본(5)

4 ⑤
| 해설 | ① 외부 고객에게 직접 서비스를 제공하는 주체인 내부 고객(직원)이 가장 먼저 고려해야 할 고객이다.
② 기업의 상품과 서비스는 외부 고객이 직접 구매하고 이용한다.
③ 내부 고객(회사 직원)은 서비스를 제공하는 대가로 임금을 지급받는다.
④ 내부 고객을 우선 만족시켜야 외부 고객을 만족시킬 수 있다.

5 ①
| 해설 | 의전의 5R이란, 상대방에 대한 존중과 배려(Respect), 상호주의 원칙(Reciprocity), 문화의 반영(Reflecting Culture), 서열 존중(Rank), 오른쪽 상석(Right 또는 Lady on the Right)을 말한다.

6 ①
| 해설 | ② 명함은 두 손으로 건넨다.
③ 명함을 동시에 주고받을 때에는 오른손으로 주고 왼손으로 받는다.
④ 앉아서 대화를 나누다가 명함을 교환할 때도 일어서서 건네는 것이 원칙이다.
⑤ 명함을 받은 후 대화가 이어질 경우 명함을 테이블 위에 올려 놓고 이야기를 나누는 것이 좋다.

7 ③

| 해설 | ① 조의금은 문상을 마친 후 호상소에 접수하거나 부의함에 직접 넣는 것이 예의이다. 최근 조문의 간소화로 호상소에서 조객록 작성 시 조의금을 넣기도 한다.
② 향을 꽂은 후 영정 앞에 일어서서 잠깐 묵념 후 두 번 절한다.
④ 정신적으로 힘든 유족에게 너무 말을 많이 시키지 않는다.
⑤ 영정 앞에 절할 때 남자는 오른손이 위로, 여자는 왼손이 위로 가게 한다.

8 ④

| 해설 | ① 고객을 배웅할 때는 엘리베이터 앞에서 배웅하거나 현관 입구까지 내려가 배웅하는 것이 예의이다.
② 안내할 때는 고객보다 2~3보가량 비스듬히 앞서서 안내한다.
③ 복도에서는 고객보다 앞에서 길을 안내한다.
⑤ 당겨서 여는 문일 경우에는 당겨서 문을 열고 서서 고객이 먼저 통과하도록 안내한다.

9 ①

| 해설 | 이미지는 그 대상이 지닌 다양한 속성 중 부분적인 특징만을 드러내므로 전체를 표현하기에는 한계가 있다.

> **필수개념**
>
> **이미지의 속성**
> - 이미지는 지각과 감정의 결합으로 객관적이기보다는 주관적인 경우가 많다.
> - 우리 나름의 사고와 취향에 따라 편집되고 만들어진 생각의 덩어리, 고유한 느낌, 특유한 감정을 의미한다.
> - 직접적인 경험 없이도 형성되며, 정서성을 동반하는 주관적인 평가이기 때문에 명확하게 연구하기에는 많은 어려움이 있다.
> - 이미지는 시각적인 요소 이외에도 조직 행동, 언어, 사고방식, 태도 등 수많은 감각에 의한 이미지를 포함한다.
> - 이미지는 학습, 경험, 정보, 커뮤니케이션 행위에 의해 형성되고 수정, 변형된다.
> - 최근에는 마케팅 분야에서도 널리 사용되면서 기업 이미지, 제품 이미지, 브랜드 이미지로도 사용되고 있다.
> - 이미지는 인식 체계와 행동의 동기 유인 측면에 있어서 매우 중요한 역할을 한다.

10 ⑤

| 해설 | 유니폼의 착용은 업무에 임하는 태도, 마음가짐, 열의와 관련 있다. 따라서 개인의 취향에 따라 유니폼을 변형하여 입지 않고, 개인의 개성을 드러내는 화장, 액세서리, 다른 도구의 연출은 자제하도록 한다.

11 ③

> **필수개념**
>
> **충성 고객의 특징**
> - 관대함: 기업과 브랜드에 대한 애착심으로 가격 상승까지도 수용
> - 교차 구매: 현재 사용하고 있는 상품을 생산하는 기업의 다른 상품 구매
> - 상승 구매: 동일한 기업의 상위 제품을 구매
> - 구전 활동: 고객 스스로 지인을 통해 소개하는 활동
> - 반복 구매: 반복적인 구매 행동

12 ④

| 해설 | ① 나-전달법은 언어를 통한 커뮤니케이션 방법이다.
② 자기노출과 피드백으로 구성되는 것은 '조하리의 창'이다.
③ 자신의 입장을 충분히 전달함으로써 상대방의 동의를 얻어내는 방법이다.
⑤ 상대방을 비난한다면 메시지가 전달되는 것이 아니라 비난이 전달된다.

13 ③

| 해설 | 커뮤니케이션의 기능에 대한 설명에 해당하지 않는다.

> **필수개념**
>
> **커뮤니케이션의 기능**
> - 행동의 통제
> - 동기 부여 강화
> - 감정 표현과 사회적 욕구 충족의 표출구
> - 정보 제공

14 ⑤

| 해설 | 자기 동기화에 대한 설명으로 조직 성과와는 관계 없다.

> **필수개념**
>
> **감성 지능의 구성 요소 5가지**
> - 자기 인식
>   - 자신의 기분, 감정, 본능적 욕구가 무엇인지 빨리 인식하고 알아차리는 능력
>   - 관찰하는 자아의 활성화 상태
> - 자기 조절
>   - 혼란스러운 충동, 기분의 통제, 방향을 재조정할 수 있는 능력

- 행동에 앞서 생각하고 판단을 유보할 수 있는 능력
• 자기 동기화
  - 힘들거나 어려운 일이 발생했을 때 회복 탄력성을 발휘할 수 있는 능력
  - 부와 지위를 넘어서는 목표를 위해 일하려는 열정, 에너지와 끈기를 가지고 목표를 추구하는 성향
• 감정이입
  - 타인의 감춰진 감정을 이해할 수 있는 능력
  - 타인의 감정 상태에 따라 대처하는 능력
• 대인 관계 기술
  - 인간관계 및 인적 네트워크를 구축하고 관계를 유지하는 능력
  - 라포를 형성하고 공통점을 발견하는 능력

15 ②

| 해설 | 첫인상은 신속성, 일회성, 일방성, 연관성의 특징을 갖는다.

필수개념
첫인상의 주요 특징
• 신속성: 첫인상이 전달되는 시간은 매우 짧으며 한 번에 전달되고 각인된다.
• 일회성: 한 번 전달되고 각인된 정보는 평생 기억에 남으며 변화되지 않는다.
• 일방성: 첫인상은 보이는 모습만을 통해 평가하는 사람의 판단과 가치관에 따라 일방적으로 인식되고 형성된다.
• 연관성: 첫인상은 개인의 연상을 통해 형성되므로 불확실하다. 이미 익숙한 사물이나 사람을 연상하거나 혼동하여 잘못 인식하기도 한다.
• 영향력: 첫인상은 머릿속에 오래 남으며 좋지 않은 첫인상을 바꾸는 데는 많은 시간과 노력이 필요하다.

16 ②

| 해설 | ① 호흡은 복식호흡을 반복하여 연습한다.
③ 발음은 정확하게 하되 너무 정확하게 끊어 말하면 오히려 딱딱해 보일 수 있다.
④ 작은 목소리는 소극적인 인상을 주어 부정적인 이미지로 나타날 수 있다.
⑤ 딱딱한 목소리는 감정 표현이 서툴러 보여 차가운 인상을 줄 수 있다.

필수개념
음성 결점 극복 방법
• 작은 목소리: 작은 목소리는 소극적인 이미지를 줄 수 있으므로 복식호흡, 발성 연습으로 성대 진동, 교정, 끊어 읽기를 통해 분명한 발음 연습을 한다.
• 콧소리가 나는 목소리: 목에 힘을 뺀다.
• 딱딱한 목소리: 감정 표현이 서툴러 보여 차가운 인상을 줄 수 있으므로 젓가락을 입의 양쪽으로 몰아 넣고 발음 연습을 한다.

17 ①

| 해설 | ②, ③, ④, ⑤는 고관여에 해당하는 내용이다.

필수개념
저관여
• 저관여는 구매자들의 자아 개념이나 의지와는 무관하게 구매 행위가 일어나는 상황, 즉 개인적 관심도가 별로 없다.
• 구매 결정을 잘못 내리더라도 지각된 위험이 거의 없어 구매 결과에 대해서 불안감이 없고 구매 제품과 자아 개념 사이의 관계가 매우 희박하다.
• 저관여 상황에서는 소비자들이 깊게 생각하지 않고 간단하며 신속하게 구매 결정을 하는 경향이 많다.
• 값이 싸고 구매 중요도가 낮으며, 상표 간 차이가 별로 없어서 잘못 구매 시 별로 큰 피해를 입히지 않는 제품이 해당한다.

18 ⑤

| 해설 | ① 완곡한 표현: 대화를 부드럽게 이끌어 가기 위해서 "안 됩니다.", "모릅니다."와 같은 직설적이고 강압적인 표현은 피하는 것이 좋다.
② I-메시지 사용: 대화의 주체가 '너'가 아닌 '내'가 되어 전달하고자 하는 표현법이다.
③ 청유형의 표현: 상대방이 내 부탁을 듣고 스스로 결정해서 따라올 수 있도록 상대방의 의견을 구하는 표현법이다.
④ 긍정적인 표현: 긍정적인 부분을 중심으로 표현한다.

19 ③

필수개념
경청을 방해하는 요인
• 지레 짐작하기
• 걸러내기
• 다른 생각하기
• 언쟁하기
• 슬쩍 넘어가기
• 다음 할 말 준비하기
• 판단하기
• 조언하기
• 자존심 세우기
• 비위 맞추기

20 ⑤

| 해설 | 개최지 선정 시 참가자들의 시차 적응 문제는 고려하지 않는다.

필수개념
회의 개최지 선정 시 고려사항
• 숙박 가능한 호텔과의 접근성과 적합성
• 회의에 필요한 소요 면적 및 가격
• 개최지 주변의 편의성 및 교통의 편리성
• 1일 체류 비용과 개최 지역의 물가 수준
• 개최 도시의 이미지

- 개최 도시의 행사 지원 의지와 능력
- 개최 시기의 기후 및 온도
- 엔터테인먼트 요소
- 개최 도시의 관광 또는 행사의 성수기/비수기 여부
- 동일 개최 시기에 타 행사 개최 여부

21 ⑤
| 해설 | ① 행사 일시: 제안에 참여하는 조직이 사전에 반드시 알아야 하는 정보이다.
② 행사의 개요: 행사의 성격, 개최 목적, 참가 대상자 등을 명시한다.
③ 주최/주관 기관: 행사의 구분이나 성격 등을 파악하기 위하여 명시한다.
④ 제안서 평가 방법: 배점의 기준을 미리 정한다.

22 ③
| 해설 | MICE 산업은 계절에 구애받지 않고 개최가 가능하므로 관광 비수기 타개책으로 활용 가능하다.

23 ②
| 해설 | 워크숍은 각 전문 분야의 주제에 대한 아이디어, 지식, 기술 등을 서로 교환하여 새로운 지식을 창출하고 개발하는 것을 목적으로 한다.
① 포럼: 한 가지 주제에 대해 상반된 견해를 가진 동일 분야의 전문가들이 사회자의 주도에 따라 패널리스트나 발표자로 참가한다.
③ 세미나: 주로 교육 및 연구 목적으로 개최된다. 전문가가 정한 주제에 대해 참가자들의 특정 분야에 대한 경험과 지식을 발표하고 토론한다.
④ 클리닉: 참가자에게 특정 분야의 지식과 기술을 습득시키고 문제를 해결하고 분석하는 방법을 교육, 훈련시키는 소규모 모임이다.
⑤ 콘퍼런스: 컨벤션과 비슷한 의미로 사용되는데, 컨벤션에 비해 회의 진행상 토론회가 많이 열린다.

24 ③
| 해설 | 동일한 자극이 주변 자극이 어떤 것이냐에 따라 다르게 지각되는 현상으로 비교 대상에 따라 다른 느낌을 받게 되는 대비 효과에 대한 설명이다.
① 초두 효과: 먼저 들어온 정보가 나중에 들어온 정보보다 더욱 강력한 영향을 미친다는 것이다.
② 최근 효과: 초두 효과와 반대의 의미로 시간적인 흐름에서 가장 마지막에 제시된 정보가 인상 형성에 강력한 영향을 미친다는 것이다.
④ 맥락 효과: 처음 내린 판단에 따라 이후에 입력되는 정보들에 대한 판단도 맥을 잇게 된다는 것이다.
⑤ 부정성 효과: 부정적인 특징이 긍정적인 특징보다 인상 형성에 더 강력한 영향을 주는 현상이다.

25 ② (✕)
| 해설 | 악수 예절에 있어서 악수는 반드시 일어서서 하도록 하며, 한 손으로 잡고 반가운 마음을 표현하기 위해 두세 번 힘차게 흔들어 인사한다.

26 ① (○)

> **필수개념**
>
> **바트나(BATNA)**
> - 바트나는 합의에 도달하지 못하였을 때, 택할 수 있는 최선의 대안을 뜻하는 것으로 바트나는 주어지는 것이 아닌 스스로 개발할 수 있는 것이다.
> - 자신의 바트나를 가지고 있다면 유리한 조건을 효과적인 협상력으로 전환시킬 수 있다.
> - 바트나는 이성적 판단에 따라 협상을 결렬시키고 회의장을 걸어나오는 한계선을 말한다.
> - 즉, 바트나보다 나은 제안은 수락하고 그에 미치지 못하는 것은 단호히 거절해야 한다.
> - '이번엔 꼭 협상에 성공해야 한다'는 강박관념에 도달하기 위해 많이 양보하는 상황이 되는 것을 미연에 방지해주는 역할을 한다.

27 ① (○)

28 ② (✕)
| 해설 | MICE 산업은 기업 회의(Meeting), 포상 관광(Incentive Tour), 국제회의(Convention), 전시/이벤트(Exhibition/Event)를 융합한 새로운 산업을 말한다.

29 ① (○)
| 해설 | 고객의 구매 행동에 있어 대안 평가는 수집된 정보를 바탕으로 고객이 가지고 있는 지식이나 믿음, 상황과 조건, 그리고 선호도 등의 기준으로 평가한다.

30 ① (겸양어)

31 ② (기사도 정신)

32 ③ (공수법)

33 ④ (T.P.O.)

> **필수개념**
>
> T.P.O.
> - T(Time): 시간
> - P(Place): 장소
> - O(Occasion): 상황

34 ⑤ [상대에 대한 존중(Respect)]

35 ①
| 해설 | 컨벤션 유치 활동 중 현장 답사(Site Inspection)에 대한 설명이다.

36 ②
| 해설 | 미팅에 적합한 자리는 상담실 입구에서 대각선으로 가장 먼 곳(상석)이다. 이는 소음이 적고 심리적으로 안정을 줄 수 있어서 상담이 효과적으로 이루어지기 때문이다.

37 ⑤
| 해설 | 조직 구매의 경우 구매 의사 결정 과정에서 제품의 품질이나 기술면에서 구매에 영향을 주는 구매 영향력자(Influencer)로 주로 기술개발부서, 설계부서, 연구소 등이 해당된다.

38 ②
| 해설 | 고객과의 방문 약속은 고객의 입장에서 접근하기보다는 세일즈맨의 입장에서 주도권을 가지고 시간 약속을 정해야 한다. 자신의 시간 계획에 맞게 방문 시간을 조율하는 능력이 필요하다.

39 ③
| 해설 | 식사 시의 모든 행동은 손님을 초대한 사람을 중심으로 이루어진다. 그리고 주문은 고객이나 여성이 먼저 하도록 하고 편안히 식사할 수 있도록 배려한다.

40 ④
| 해설 | 상대방 파트너가 승용차와 전문기사를 배정해 주었다면 운전자 대각선 뒷좌석에 앉는 것이 맞지만, 비즈니스 파트너의 호의에 의한 영접 시 의전 원칙상 운전자 옆 보조석에 앉는 것이 맞다.

41 ③
| 해설 | 주어진 예시에는 매슬로우의 욕구 중 1단계에 해당하는 생리적 욕구가 나타나 있지 않다. 백화점 매장 같은 곳에서 생리적 욕구에 해당하는 말을 사용하는 경우, 자칫 고객의 기분을 상하게 할 수 있으므로 사용하지 않는다.

> **필수개념**
>
> 매슬로우의 욕구 5단계
> - [1단계] 생리적 욕구: 의식주, 수면에 대한 욕구
> - [2단계] 안전의 욕구: 신체적, 감정적 안전(위험 회피)
> - [3단계] 사회적 욕구: 타인과 관계, 인정, 단체소속
> - [4단계] 존경의 욕구: 명예, 권력, 성취
> - [5단계] 자아실현의 욕구

42 ①
| 해설 | • 헤어는 (청결함)과 (단정함)을 가장 기본으로 한다.
• 메이크업에 있어서는 밝고 건강하게 보이도록 (자연스러운) 메이크업을 하도록 한다.

43 ①
| 해설 | 다, 마는 신체 언어, 가, 나, 라는 의사 언어에 해당한다.

> **필수개념**
>
> 의사 언어와 신체 언어
> - 의사 언어: 말투, 고저, 음량, 음조의 변화, 말의 속도, 발음 등
> - 신체 언어: 표정, 눈 맞춤, 고개 끄덕임, 몸의 움직임, 자세, 제스처 등

44 ②
| 해설 | MICE는 기업 회의(Meeting), 포상 관광(Incentive Tour), 국제회의(Convention), 전시/이벤트(Exhibition/Event)를 아우르는 조어이다. 주로 홍콩이나 싱가포르 등 동남아 지역에서 쓰이다가 21세기에 들어서며 대중적인 용어가 되었다. 미주 지역에서는 Event, 유럽 지역에서는 Conference라는 용어로 통용되고 있다.

45 ①
| 해설 | 구매 견적을 요청한 상태는 상황에 따라 보유 니즈 또는 현재 니즈로 분류된다.

46 ④
| 해설 | 현재 니즈 상태에서는 고객이 의사 결정을 내릴 수 있도록 적극적으로 도와주어야 한다.

47 ③
| 해설 | 경청은 효과적인 질문을 통해 더욱 강화된다. 판매원 2는 질문을 통해 고객의 이야기를 더 들으며 경청했다.

48 ④
| 해설 | 고객이 구매에 따른 장점을 스스로 확인하여 의사 결정에 긍정적인 만족감을 가질 수 있게 되었다.

49 ④
| 해설 | 귀빈의 기호와 선호를 고려하여 그에 맞춰 의전을 진행한다. 무조건 성대한 환영식을 개최하고, 최고의 음식을 대접하기보다는 상대방의 특성이나 문화 등을 고려해야 한다.

50 ④
| 해설 | 귀빈(기조연설자 포함)은 행사장에 도착하면, 우선 VIP 룸에서 다른 귀빈과 함께 대기하고 있다가 대부분의 참가자가 행사장에 착석을 완료하여 행사가 막 시작할 즈음 다른 귀빈들과 함께 행사장에 입장한다.

모의고사 03회

1	④	2	⑤	3	④	4	③	5	④	6	③	7	⑤	8	②	9	①	10	⑤
11	⑤	12	①	13	④	14	①	15	④	16	②	17	④	18	③	19	①	20	⑤
21	①	22	⑤	23	④	24	④	25	①	26	④	27	④	28	①	29	②	30	④
31	①	32	⑤	33	②	34	④	35	④	36	④	37	④	38	②	39	①	40	①
41	③	42	④	43	④	44	③	45	④	46	②	47	④	48	④	49	⑤	50	③

1 ④
| 해설 | 가장 기본적인 예의이며 인간관계에 있어 첫 걸음이자 출발점의 성격을 지니는 것은 인사에 대한 설명이다.

2 ⑤
| 해설 | 큰 물건은 양손으로 건네고, 작은 물건을 주고받을 때에는 한 손을 다른 한 손으로 받쳐서 공손히 건네도록 한다.

3 ④
| 해설 | 고개를 한 쪽으로 기울이지 않도록 한다.

4 ③
| 해설 | ① 편의적 고객, ②, ④ 윤리적 고객, ⑤ 경제적 고객(절약 추구)의 특징이다.

5 ④
| 해설 | 반응적 피드백은 커뮤니케이션 발신자가 아니라 수신자의 행동이다.
①, ②, ③, ⑤ 커뮤니케이션 발신자, ④ 커뮤니케이션 수신자의 행동에 해당한다.

6 ③
| 해설 | 패널 토의는 청중 앞에서 여러 명의 연사가 서로 다른 분야에 대한 전문가적 견해를 발표하는 것을 말한다. 훈련 목적의 소규모 회의로, 특정 문제나 과제에 대한 생각과 지식, 아이디어를 서로 교환하는 것은 워크숍에 대한 설명이다.

7 ⑤
| 해설 | 컨벤션 산업은 무형의 홍보 효과 및 관광 산업과의 결합 등 유형적 가치보다 부수적으로 유입되는 무형의 가치가 더 큰 산업이다.

8 ②
| 해설 | ① 일반적으로 MICE 방문객들이 더 많은 금액을 소비한다.
③ 기존 관광 산업은 B2C, MICE 산업은 기업을 대상으로 하여 B2B의 형태이다.
④ 비정부 기구의 활동 증대는 MICE 산업을 확산시키는 요인으로 작용한다.
⑤ 제품, 기술, 서비스를 특정 장소인 전문 전시시설에서 1일 이상 판매, 홍보, 마케팅 등의 활동을 하는 각종 전시는 전시/이벤트에 대한 설명이다.

9 ①
| 해설 | 프로그램별 연사는 해당 주제에 맞추어 적합한가라는 측면에서 고려되고 선정되어야 하며, 학력, 발표논문, 실적 등을 언급할 필요는 없다.

10 ⑤
| 해설 | ① 손님이나 상사를 만나거나 헤어지는 경우 보통례로 하는 것이 보통이다.
② 양손에 무거운 짐을 들고 있거나 모르는 사람을 마주칠 때는 목례를 한다.
③ 정중례는 가장 정중한 인사르 감사의 뜻을 전할 때나 VIP 고객 등에게 하는 인사로 보통 허리를 45°로 숙여서 인사한다.

④ 목례는 상체를 숙이지 않고 가볍게 머리만 숙여서 하는 인사이다.

11 ⑤
| 해설 | ① 매너는 에티켓을 외적으로 표현한 행위이다.
② 매너의 기본은 상대방을 존중하는 태도에 있다.
③ 매너는 방식(Way)으로 타인에 대한 예의와 예절을 형식화한 것이다.
④ 매너는 사람이 수행해야 하는 일을 위해 행동하는 구체적인 방식이다.

12 ①
| 해설 | ② 특별한 반응 없이 무표정하다. → 거부, 귀찮음
③ 눈을 마주 보지 않는다. → 거부, 부담감, 숨기는 느낌
④ 위아래로 훑어본다. → 불신, 경멸
⑤ 환하게 미소 짓는다. → 반가움, 호감

13 ④
| 해설 | 서비스 종사자에게 머리손질은 항상 청결, 단정해야 한다. 특히 일의 능률과도 관련이 있으므로 업무 특성에 맞는 헤어스타일을 유지하는 것이 중요하다.

14 ①
| 해설 | ②, ③, ④, ⑤는 저관여에 해당하는 내용이다.

> **필수개념**
> **고관여**
> • 고관여는 일반적으로 소비자가 높은 관심도를 가지고 있다.
> • 구매 의사 결정을 잘못 내렸을 경우 지각되는 위험이 높고, 여러 대안들 사이에 큰 차이가 있다.
> • 일반적으로 복잡한 특성을 가지고 있는 경우가 많다.
> • 고관여 제품에 대해서는 소비자가 구매 과정에 많은 시간과 노력을 투입하며 깊게 관여하는 것이 보통이다.
> • 가격이 높고, 구매 결정이 소비자에게 매우 중요하다.

15 ④
| 해설 | 결과 중시는 업무 수행에 대한 관점에서 '이성'이 지니는 관점이다. 감성 지능은 자기 인식, 자기 조절, 자기 동기화, 감정 이입, 대인 관계 기술로 구성된다.

16 ①
| 해설 | 개방적인 질문은 상대방이 자유롭게 의견이나 정보를 말할 수 있도록 묻는 질문으로 이야기를 많이 들을 수 있다. '네, 아니요'의 대답만 가능한 폐쇄적 질문은 지양해야 한다.

17 ②
| 해설 | Majesty는 왕족에게 붙이는 경칭이며, 귀족이나 주요 공직에게는 'The Honorable'라고 호칭한다.

> **필수개념**
> **서양의 경칭**
> • Mr.(Mister): 남성에게 붙이는 경칭
> • Mrs.(Missus): 결혼한 부인의 이름 앞에 붙이는 경칭
> • Miss.(Miss): 미혼 여성의 이름 앞에 붙이는 경칭
> • Ms.(Miz): 결혼 상태를 모르는 경우 이름 앞에 붙이는 경칭 (상대 여성이 무엇을 선호하는지에 따라 다름)
> • Sir.: 자신보다 나이나 지위가 높은 상대방에게 경의를 나타내는 남성의 경칭
> • Ma'am.: 자신보다 나이나 지위가 높은 상대방에게 경의를 나타내는 여성의 경칭
> • Majesty: 왕족에게 붙이는 경칭
> • The Honorable: 귀족이나 주요 공직자
> • Dr.(Doctor): 전문 직업인이나 인문 과학 분야에서 박사학위를 취득한 사람
> • Esquire(ESQ): 편지의 수취인(영국에서 사용)
> • Excellency: 외교관(대사)에 대한 경칭

18 ③
| 해설 | 음성의 분위기는 훈련을 통해 변화시킬 수 있다.

19 ①

> **필수개념**
> **매슬로우의 욕구 5단계**
> • [1단계] 생리적 욕구: 의식주, 수면에 대한 욕구
> • [2단계] 안전의 욕구: 신체적, 감정적 안전(위험 회피)
> • [3단계] 사회적 욕구: 타인과 관계, 인정, 단체소속
> • [4단계] 존경의 욕구: 명예, 권력, 성취
> • [5단계] 자아실현의 욕구

20 ⑤
| 해설 | 이질성은 서비스의 특성에 해당한다.

> **필수개념**
> **지각의 특징**
> • 주관성: 소비자는 자기의 신념, 태도, 편견을 구체화시키고 이런 요소에 역행하지 않는 구매 형태를 갖는다.
> • 선택성: 가급적 관심이 있는 자극만을 지각하려고 한다(지각의 과부하, 선별적 감지, 지각적 방어).
> • 일시성: 개인이 지각하는 자극의 대부분은 오랫동안 기억 속에 남아 있지 않는다.
> • 총합성: 소비자는 거의 즉각적으로 자극을 받아들이고, 자극을 통일된 하나의 형태로 통합하여 지각한다.

21 ①

> **필수개념**
>
> **고객의 의사 결정 5단계**
> 문제 인식 → 정보 탐색 → 대안의 평가 → 구매 의사 결정 → 구매 후 행동

22 ⑤

| 해설 | 커뮤니케이션을 통해서 자신의 감정을 표출하고, 필요한 정보를 소통할 수 있다. 아울러 타인에 대한 동기 부여와 지시, 통제의 수단으로 활용된다. 하지만 커뮤니케이션을 통해서 타인을 평가하는 것은 바람직하지 않으며, 커뮤니케이션의 기능이라고 할 수 없다.

23 ④

> **필수개념**
>
> **AREA의 법칙**
> - 주장(Assertion): 주장의 핵심을 먼저 말한다.
> - 이유(Reasoning): 주장의 근거를 설명한다.
> - 증거(Evidence): 주장의 근거에 관한 증거나 실례를 제시한다.
> - 주장(Assertion): 다시 한 번 주장을 되풀이한다.

24 ④

> **필수개념**
>
> **회의실 선정 시 고려 사항**
> - 회의실 수와 규모
> - 회의실 배치와 기능
> - 회의실 대관료
> - 전시장 활용도
> - 위치와 교통
> - 회의실 사용 규정
> - 서비스의 질과 인력 수준

25 ① (○)

26 ① (○)

27 ② (×)

| 해설 | 이미지 관리 과정은 '이미지 점검하기 → 이미지 콘셉트 정하기 → 좋은 이미지 만들기 → 이미지 내면화하기' 순이다.

28 ① (○)

29 ② (×)

| 해설 | 'Lady on the Right'라고도 하며, 차석은 최고 귀빈의 오른쪽이다.

30 ④ (가든 파티)

31 ① (단골 고객)

32 ⑤ (서비스 매너)

33 ② (유니폼)

34 ③ (명함)

35 ①

| 해설 | 복장, 화장 등과 같은 패션 이미지 연출에 대해 언급하고 있다.

36 ④

| 해설 | 후광 효과란 상품 평가 시 일부 속성에 의해 형성된 전반적인 평가(고정관념이나 선입견)가 그 속성과는 직접적인 관련이 없는 다른 속성의 평가에 영향을 주는 효과를 말한다.
① 프레이밍 효과란 대안들의 준거점에 따라 평가가 달라지는 효과이다.
② 유사성 효과는 새로운 대안 상품이 나타난 경우, 유사한 성격의 기존 상품을 잠식할 확률이 높은 현상이다.
③ 유인 효과는 고객에게 기존 대안이 우월하게 보이도록 열등한 대안을 내놓음으로써, 상대적으로 돋보이게 하는 효과이다.
⑤ 부정성 효과란 부정적인 특징이 긍정적인 특징보다 인상 형성에 더 강력한 현상을 주는 것을 말한다.

37 ④

| 해설 | 상대방이 보는 앞에서 명함에 낙서를 하거나 훼손해서는 안 된다.

38 ②

> **필수개념**
>
> **효과적인 반론의 기술 5단계**
> - [1단계] 기회 탐색
> - [2단계] 긍정적인 시작 및 일치점 찾기
> - [3단계] 모순점 질문
> - [4단계] 반대 이유 설명
> - [5단계] 요약

39 ①
| 해설 | 컨벤션 유치 활동 중 현장 답사(Site Inspection)에 대한 설명이다.

40 ①
| 해설 | 컨벤션은 회의 구성상 전체회의 분과 회의 등을 포함하며, 등록, 사전 & 사후 관광과 같은 활동을 동반하는 가장 일반적인 형태이다.

41 ③
| 해설 | 사실보다 고객의 감정에 먼저 반응하는 것이 고객 커뮤니케이션의 기본이다.

42 ④
| 해설 | ① 고객에게 문제를 말하기 전에 해결책을 먼저 생각해야 한다.
② 까다로운 사람에게는 언쟁의 빌미를 주어서는 절대 안 된다.
③ 대화가 실패로 끝나는 대부분의 경우는 문제와 실망감, 실수 등에 초점을 맞추기 때문이다.
⑤ 원인 분석 대신 일단 해결책부터 머리를 맞대고 찾는 모습이 필요하다.

43 ④

> **필수개념**
>
> **이미지 형성 과정**
> - 지각 과정
>   - 지각은 타인의 성격, 욕구, 사고 등의 인지를 말한다.
>   - 환경에 대해 의미를 부여하는 과정으로 주관적이기 때문에 동일한 대상에 대해 다른 이미지를 부여한다.
> - 사고 과정
>   - 지각하는 대상에 대한 의미 부여, 평가 등 지각 대상에 대한 모든 정보를 획득하고 해석하는 과정이다.
>   - 과거의 기억과 현재의 지각에 의해 이미지를 형성한다.
> - 감정 과정
>   - 지각과 사고 이전의 감정에 의해 반응하는 과정이다.
>   - 감정적 반응은 이미지 형성의 확장 효과를 가져온다.

44 ③
| 해설 | 식사 중에 전화가 올 때는 가급적 받지 않는 것이 좋다. 식사 전에 무음으로 바꾸거나 전화를 끄고 식사에 집중하는 것이 예의이다. 식사 중에는 화장실에 가는 것도 실례이므로 착석하게 전에 미리 다녀와야 한다.

45 ⑤
| 해설 | Consumer Show의 전시 참가 업체는 주로 소매업자나 최종 소비자를 찾는 제조업자인 경우가 대부분이다.

46 ②
| 해설 | Trade Show(무역 전시회)의 입장객은 사전에 정해지며, 합법적으로 바이어라는 것을 입증할만한 증명서를 소지한 바이어 및 초청장 소지자만이 입장할 수 있다.

> **필수개념**
>
> **무역 전시회(Trade show)**
> - 기업이 다른 기업 또는 도소매업자를 대상으로 판매 및 마케팅 활동을 펼치는 전시회
> - 전문 전시회는 기업과 기업 간의 협상과 교역에 초점을 맞추어 비즈니스 환경을 조성하기 위해 등록된 관람객 또는 전문 바이어들만 참관할 수 있으며 일반인들의 참관은 일반적으로 제한된다.
> - 전문적인 분야의 제품이나 관련 제품만을 출품하도록 제한하며 산업 견본시, 전문 견본시라고도 한다.

47 ⑤
| 해설 | ① 공감적 커뮤니케이션은 간결함이 목적이 아니다.
② 공감적 경청은 고객의 이야기에 적절한 응대와 호응, 정리 및 효과적 질문 등으로 이루어진다.
③ 상담의 목적 달성은 공감적 커뮤니케이션의 목적과 다르다.
④ 냉정한 반응으로는 공감대 형성을 할 수 없고 커뮤니케이션의 목적에 부합하지 않는다.

48 ④
| 해설 | 고객의 불안함에 대하여 상담원 자신의 입장에서 걱정될 일이 아니라고 이야기하는 것은 공감적 경청에 실패한 것이다.

49 ⑤
| 해설 | 상담 중에는 고객의 말을 끝까지 듣고 경청해야 한다.

50 ③
| 해설 | 일반적인 손님과의 첫 만남에서는 보통례로 30도 각도로 인사하며 어렵고 중요한 VIP 고객과의 첫 만남에서는 정중례로 45도 각도로 숙여서 인사해야 한다.

> **필수개념**
>
> **상황에 따른 인사**
> - 목례: 양손에 무거운 짐을 들고 있는 경우, 모르는 사람과 마주치는 경우 등
> - 약례: 실내나 통로, 엘리베이터, 화장실 등 협소하거나 개인적인 공간에서 만나는 경우, 고객이나 상사를 여러 차례 만나는 경우 등
> - 보통례: 보편적으로 처음 만나 인사하는 경우, 고객이나 상사와 만나거나 헤어지는 경우 등
> - 정중례: 감사의 뜻을 표하거나 사과하는 경우, VIP 고객이나 직장의 CEO를 맞이하는 경우 등

에듀윌 SMAT(서비스경영자격) 시험 – 답안지

수험자 유의사항

- 수험자는 문제지를 받는 즉시 과목, 페이지 순, 매수 등 이상 여부를 반드시 확인해야 하며 1매라도 분리하거나 훼손하여서는 안 됩니다(1인 1부 지급).
- 문제지는 시험이 끝난 후 답안지(OMR 카드)와 함께 제출해야 하며, 미제출 시 부정처리 됩니다.
- 정확한 평가를 위해 제한된 시간 안에서 답안을 작성 완료하여 제출해야 합니다.
- 시험 시작 후에는 화장실 출입이 불가하며, 시험시간 중에는 퇴실할 수 없습니다.
- 시험시간 중 수험자가 휴대전화, 디지털 카메라, MP3 등 전자기기를 소지한 경우, 해당 시험은 무효로 하며 대여하지 않도록 합니다.
- 부정 응시 및 문제 유출에 해당하는 행위, 즉, 답안 내역을 보조기억장치 및 기타 통신수단(게시판, 이메일, 메신저, 네트워크 등)을 이용하여 타인에게 전달 또는 외부로 반출하는 경우는 저작권법 제32조에 의거, 부정행위로 간주되어 본 시험 및 국가공인 자격시험을 2년간 응시할 수 없습니다.
- 시험 문제 및 답안 유출 시 해당자의 시험 무효화 및 민/형사상의 책임을 물을 수 있습니다.

답안지 작성 요령

- 답안지는 반드시 검정색 사인펜으로 기재하고 마킹하여야 합니다.
- 답안지를 잘못 작성할 시에는 카드를 교체하거나 수정테이프를 사용하여 수정할 수 있으나 불완전한 수정처리로 인해 발생하는 전산자동판독 불가 등 불이익은 수험자에게 있으니 주의하시기 바랍니다.
- 해당 모불명을 마킹합니다.
- 성명란은 수험자 본인의 성명을 정자체로 기재합니다.
- 수험번호란 숫자도 기재하고 해당 번호에 마킹합니다.
- 답안은 해당 번호에 정확하게 마킹합니다.
- 올바른 마킹: ●
- 잘못된 마킹: ◐, ⊗, ⊘

※ 해당 OMR 카드는 에듀윌에서 제작하여 실제와 다를 수 있습니다.

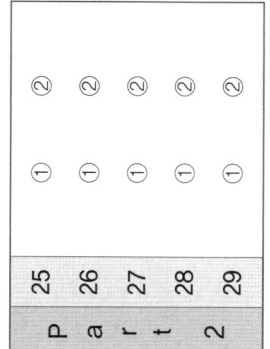

수험자 유의사항

- 수험자는 문제지를 받는 즉시 과목, 페이지 번호, 매수 등 이상 여부를 반드시 확인해야 하며 분리하거나 훼손하여서는 안 됩니다(1인 1부 지급).
- 문제지는 시험이 끝난 후 답안지(OMR 카드)와 함께 제출해야 하며, 미제출 시 부정처리 됩니다.
- 정확한 평가를 위해 제한된 시간 내에 답안을 작성하여 제출해야 합니다.
- 시험 시작 후에는 회장실 출입이 불가하며, 시험시간에는 퇴실할 수 없습니다.
- 시험시간 중 수험자가 휴대전화, 디지털 카메라, MP3 등 전자기기를 소지한 경우, 해당 시험은 무효로 하오니 절대 휴대하지 않도록 합니다.
- 부정 응시 및 문제 유출에 해당하는 행위, 즉, 답안 내역을 보조기억장치 및 기타 통신수단(게시판, 이메일, 메시저, 네트워크 등)을 이용하여 타인에게 전달 또는 외부로 반출하는 경우 저작권법 제32조에 의거, 부정행위로 간주되어 본 시험 및 국가공인 자격시험을 2년간 응시할 수 없습니다.
- 시험 문제 및 답안 유출 시 해당자의 시험 무효화 및 민/형사상의 책임을 물을 수 있습니다.

답안지 작성 요령

- 답안지는 반드시 검정색 사인펜으로 기재하고 마킹하여야 합니다.
- 답안지를 잘못 작성했을 시에는 카드를 교체하거나 수정테이프를 사용하여 수정할 수 있으나 불완전한 수정처리로 인해 발생하는 전산자동판독 불가 등 불이익은 수험자에게 있으니 주의하시기 바랍니다.
- 해당 모둠명을 마킹합니다.
- 성명란은 수험자 본인의 성명을 정자체로 기재합니다.
- 수험번호란은 숫자로 기재하고 해당 번호에 마킹합니다.
- 답안은 해당 번호에 정확하게 마킹합니다.
  옳바른 마킹: ●
  잘못된 마킹: ◐, ⊗, ○

※ 해당 OMR 카드는 에듀윌에서 제작하여 실제와 다를 수 있습니다.

에듀윌 SMAT(서비스경영자격) 시험 – 답안지

수험자 유의사항

- 수험자는 문제지를 받는 즉시 과목, 페이지 번호, 매수 등 이상 여부를 반드시 확인해야 하며 10매라도 분리하거나 훼손하여서는 안 됩니다(1인 1부 지급).
- 문제지는 시험종료 후 답안지(OMR 카드)와 함께 제출해야 하며, 미제출 시 부정처리 됩니다.
- 정확한 평가를 위해 제한된 시간 내에 답안을 작성하여 제출해야 합니다.
- 시험 시작 후에는 화장실 출입이 불가하며, 시험시간 중에는 퇴실할 수 없습니다.
- 시험시간 중 수험자가 휴대전화, 디지털 카메라, MP3 등 전자기기를 소지한 경우, 해당 시험 무효로 이용되 절대 휴대하지 않도록 합니다.
- 부정행위 및 문제 유출에 해당하는 행위, 즉, 답안 내역을 보조기억장치 및 기타 통신수단(게시판, 이메일, 메신저, 네트워크 등)을 이용하여 타인에게 전파 또는 외부로 반출하는 경우는 자격기본법 제32조에 의거, 부정행위로 간주되어 본 시험 및 국가공인 자격시험을 2년간 응시할 수 없습니다.
- 시험 문제 및 답안 유출 시 해당자의 시험 무효화 및 민/형사상의 책임을 물을 수 있습니다.

답안지 작성 요령

- 답안지는 반드시 검정색 사인펜으로 기재하고 마킹하여야 합니다.
- 답안지를 잘못 작성했을 시에는 카드를 교체하거나 수정테이프를 사용하여 수정할 수 있으나 불완전한 수정처리로 인해 발생하는 전산자동판독 불가 등 불이익은 수험자에게 있으니 주의하시기 바랍니다.
- 해당 요령을 미준수합니다.
- 성명란은 수험자 본인의 성명을 정자체로 기재합니다.
- 수험번호란은 해당 숫자로 기재하고 해당 번호에 마킹합니다.
- 옳바른 마킹: ●
- 잘못된 마킹: ◐, ⓘ, ⊗, ○

※ 해당 OMR 카드는 에듀윌에서 제작하여 실제와 다를 수 있습니다.

산을 움직이려는 자는
작은 돌을 들어내는 일로 시작한다.

– 공자

시험장 필수 아이템

시험에 나올 이론을 한 손에!

빈출족보

Service

Management

Ability

Test

특별제공

빈출키워드 채우기(PDF)

비즈니스 에티켓/매너

본문 P.18

01 에티켓의 의미	• 모든 사회생활과 공공 장소에서 취해야 할 바람직한 행동 양식이다. • 상대방에 대한 존중을 바탕으로, 함께하는 문화를 유지하기 위한 사회적 약속이며 규범이다. • <u>법적 구속력이나 강제성이 없는 사회적 불문율이다.</u> • 에티켓은 예의범절의 서양적인 개념이다.
02 매너의 의미	• 매너의 기본은 상대방을 존중하는 태도에 있으며, 타인을 향한 배려의 언행을 형식화한 것이다. • 매너는 에티켓을 외적으로 표현한 것이다. • 사람이 수행해야 하는 구체적인 행동 방식(Way)이다.
03 예의범절의 의미	• 상대방의 인격을 존중하며, 타인을 배려하기 위해 일상생활에서 갖추어야 할 모든 예의와 절차를 말한다. • 에티켓의 동양적인 개념으로 어디서나 지켜야 할 기본적인 규범이다. • 예의범절은 타인에 대한 마음가짐이나 태도를 말하며 자발적이어야 한다. • 유교의 사상적 성향을 수용하며 발전하였고, 유교의 도덕 사상에서 기본이 되는 삼강오륜에 근간을 두고 있다.
04 네티켓	• 네트워크(Network)와 에티켓(Etiquette)의 합성어이다. • 네트워크상에서 갖추어야 할 예의범절을 의미한다.
05 인사의 의의	• 인사는 인간관계의 출발점이자 서로에 대한 가장 기본적인 예의이다. • 상대방과 서로 마주 대하거나 헤어질 때 예를 표하는 것, 또는 그런 말이나 행동을 의미한다. • 상대방의 인격을 존중하고 배려와 호감을 표현하는 행위이다.
06 인사의 시기	• <u>인사는 내가 먼저하며, 상대방이 못 보거나 인사를 받지 않더라도 하는 것이 좋다.</u> • 일반적으로 방향이 다른 상대와 마주칠 경우 30보 이내에 인사할 준비를 하며, 인사를 하는 가장 좋은 시기는 6~8보(10m 이내) 이내이다. • <u>갑자기 마주쳤을 때도 즉시 상황에 맞는 인사를 한다.</u> • 이동 중에 인사해야 할 경우 빠르게 상대방의 앞으로 가서 인사한다. • 상사가 계단 아래에 있는 경우 상대와 같은 위치로 빠르게 이동하여 인사한다.

07 인사의 종류	• 목례: 허리를 숙이지 않고 가볍게 머리만 숙여 <u>눈으로 예의를 표하는 인사</u>
	  – 양손에 무거운 짐을 들고 있는 경우
	  – 모르는 사람과 마주치는 경우
	  – 실내나 복도에서 자주 마주치는 경우
	  – 통화 중인 경우
	• 약례: 허리를 15° 정도 숙여 하는 인사
	  – 실내, 통로, 엘리베이터, 화장실 등 협소하거나 개인적인 공간에서 만나는 경우
	  – 고객이나 상사를 여러 차례 만나는 경우
	  – 손아랫사람, 동료나 친한 사람과 인사하는 경우
	  – 회의 중에 출입하는 경우
	• 보통례: 허리를 30° 정도 숙여 하는 인사
	  – 보편적으로 처음 만나 인사하는 경우
	  – 고객이나 상사와 만나거나 헤어지는 경우
	  – 상사에게 보고하거나 지시를 받는 경우
	• 정중례: 허리를 45° 정도 숙여 하는 인사
	  – 감사의 뜻을 표할 경우
	  – 사과하는 경우
	  – 면접이나 공식 석상인 경우
	  – VIP 고객이나 직장의 CEO를 맞이하는 경우

08 공수	• 손을 맞잡는 공손한 자세로, <u>상대방에게 자신을 낮추는 자세</u>이다. • <u>평상시 남성은 왼손, 여성은 오른손이 위로 가게 한다. 흉사 시에는 남녀 모두 평상시와 반대로 한다.</u> • 조상의 제사는 자손이 조상을 받드는 길(吉)한 일로 흉사가 아니므로 제사에서는 평상시 공수 자세를 취한다.
09 소개 순서	• 손아랫사람을 손윗사람에게 먼저 소개한다. • 연소자를 연장자에게 먼저 소개한다. • 지위가 낮은 사람을 지위가 높은 사람에게 먼저 소개한다. • 이성 간에는 남성을 여성에게 먼저 소개한다. • 미혼인 사람을 기혼인 사람에게 먼저 소개한다(예외: 국가 원수나 왕족, 성직자 등). • 집안사람을 손님에게 먼저 소개한다. • 자신의 동료(내부 고객)를 외부 고객에게 먼저 소개한다. • 한 사람을 여러 사람에게 먼저 소개한다.
10 악수의 방법	• <u>원칙적으로 오른손으로 한다.</u> • 상대방의 눈을 보며 가벼운 미소와 함께 손을 잡는다. • 허리는 당당한 자세로 곧게 편다(예외: 국가 원수나 왕족, 성직자). • 적당한 거리를 유지한다. • <u>손은 적당한 힘으로 잡고, 2~3번 위아래로 가볍게 흔든다.</u>

	• 악수를 할 때 장갑은 벗어야 한다(예외: 여성의 드레스와 함께 연출하는 장갑). • 손이 더러운 경우 양해를 구한 후 손을 닦고 하거나, 인사로 대신한다.

11
명함 교환 방법
	• 공통
	  – 방문자가 상대방에게 먼저 건네지만, 고객이 방문하였을 경우에는 직원이 고객에게 먼저 명함을 건넨다.
	  – 상대방이 보는 앞에서 명함에 글씨를 적거나 훼손해서는 안 된다.
	  – 명함을 동시에 교환할 경우 <u>자신의 명함은 오른손으로 건네고, 상대방의 명함은 왼손으로 받는다.</u>
	• 명함을 건넬 때
	  – 명함은 선 자세로 교환하는 것이 예의이다(앉아서 대화를 나누다가 명함을 교환할 때도 포함함).
	  – 명함은 왼손을 받쳐서 오른손으로 건네며, 자신의 이름을 상대방이 바르게 볼 수 있는 방향으로 건넨다.
	  – <u>명함을 건넬 상대가 여럿일 경우 윗사람에게 먼저 건넨다.</u>
	• 명함을 받을 때
	  – 어려운 한자나 영어는 그 자리에서 물어봐도 실례가 아니다.
	  – 명함을 받자마자 바로 집어 넣는 것은 실례이다.
	  – 명함을 받은 후 대화(회의)가 이어질 경우 명함을 테이블 위에 올려 놓고 직위와 이름을 기억하며 이야기를 나누는 것이 좋다.

12 서양의 호칭 및 경칭	• Mr.(Mister): 남성에게 붙이는 경칭 • Mrs.(Missus, Mistress): 결혼한 부인의 이름 앞에 붙이는 경칭 • Miss.(Miss): 미혼 여성의 이름 앞에 붙이는 경칭 • Ms.(Miz): 결혼 상태를 모르는 경우 여성의 성이나 이름 앞에 붙이는 경칭 • <u>Sir.: 자신보다 나이나 지위가 높은 상대방에게 경의를 나타내는 남성의 경칭</u> • Ma'am.: 자신보다 나이나 지위가 높은 상대방에게 경의를 나타내는 여성의 경칭 • <u>Majesty: 왕족에게 붙이는 경칭</u> • Dr.(Doctor): 전문 직업인이나 인문과학 분야에서 박사학위를 취득한 사람 • Excellency: 외교관(대사)에 대한 경칭

13
장소별 안내 매너
	• 복도
	  – 손님의 측면에서 <u>2~3보가량 비스듬히 앞서서</u> 걷고 잘 따라오는지를 확인하며 안내한다.
	  – 몸을 조금 비켜선 자세로 사선으로 걸으며 손님과의 거리가 벌어지지 않도록 주의한다.
	• 엘리베이터
	  – <u>승무원이 있는 경우: 탈 때는 손님보다 나중에 타고, 내릴 때는 손님보다 먼저 내린다.</u>

	− 승무원이 없는 경우: 탈 때는 손님보다 먼저 타서 버튼을 조작하고, 내릴 때는 손님이 안전하게 내릴 때까지 버튼을 누른 후 나중에 내린다. • 계단과 에스컬레이터 − 남자인 상급자(또는 손님)와 계단이나 에스컬레이터를 올라갈 때는 상급자(또는 손님)의 뒤에서 오르고, 내려갈 때는 한두 계단 앞서 내려간다. − 남녀가 계단이나 에스컬레이터를 올라갈 때는 남자가 먼저 올라가고, 내려올 때는 여자가 앞서 내려간다. • 문 − 당겨서 여는 문일 경우: 문을 당겨 열고 서서 손님이 먼저 통과하도록 한다. − 밀어서 여는 문일 경우: 안내자가 먼저 통과한 후, 문을 잡고 손님을 통과시키도록 한다. − 수동 회전문일 경우: 손님을 먼저 들어가게 하고 안내자는 뒤에서 손님의 걸음에 맞추어 문을 밀어준다.
14 자동차 탑승 시 상석	• 운전기사가 있는 경우 • 차주 또는 상급자가 운전하는 경우  
15 조문 매너	• 조문 복장: 요즘에는 복장이 단정하면 격식에 구애받지 않는 편이다. • 조문 시 유의사항 − 정신적으로 힘든 유가족에게 말을 계속 시키는 것은 실례이다. − 조의금은 형편에 맞게 성의를 표한다. 또한 상주에게 직접 건네는 것은 결례이므로 문상을 마친 후 호상소에 접수하거나 부의함에 직접 넣는다. − 유족들의 입장에서 조문 시간을 정하고, 슬픔을 가중시키는 표현은 삼간다. − 궂은 일은 돕되, 장례 절차 등에 대해서는 간섭하지 않는다.
16 상황별 전화 응대	• 전화 연결을 요청하는 경우: 연결 중 끊어질 경우를 대비해서 상대방에게 지명인의 직통 번호를 알려 준다. 이때 지명인의 개인 번호는 알려 주지 않는다. • 지명인과 바로 연결해줄 수 없는 경우 − 지명인이 부재중임을 알리고 언제 돌아오는지 등을 알려 준다. 단, 부재가 개인적인 사정인 경우 부재의 이유는 가능한 말하지 않는다. − 전화를 건 당사자에게 "다시 전화하세요." 등의 표현보다는 지명인이 전화를 해야 할지, 당사자가 다시 전화할지 의향을 물어봐야 한다. • 전화가 잘 들리지 않는 경우: "뭐라고요?", "잘 안 들리는데요." 등의 표현은 쓰지 않도록 하고, "통화 상태가 좋지 않습니다." 등의 표현으로 통신상의 장애, 전화기 등에 문제가 있는 것으로 완곡하게 응대한다. • 회사의 위치를 묻는 경우: 상대방의 현재 위치와 이용할 교통편을 물어본 후 상황에 맞게 안내한다.

17 나라별 글로벌 매너	• 일본: 시간을 잘 지키는 것을 미덕으로 여기며, 인내, 예절, 겸손을 중요하게 생각한다. • 중국: 비즈니스상에서 단번에 거래가 이루어지지 않으므로 시간적 여유를 가지고 비즈니스 패턴을 이해하며 진행하도록 한다. • 미국: 비즈니스에 있어 약속의 이행과 사생활의 존중을 우선으로 한다. 팁 문화가 발달한 나라로 상황에 적합한 정도의 팁을 지불하도록 한다. • 영국: 'Lady first'로 정의되는 여성 존중이 매너로 통용되며 복장 매너를 중시한다. • 인도: 식사 중에 이야기하는 것을 무례하다고 여기므로 식사가 끝나면 손을 씻고 양치한 후에 이야기를 시작한다. • 태국: 머리는 하늘을 향하고 있어 신성한 부위이며 발은 땅을 딛고 있어 불결한 부위라는 인식을 가지고 있다. 따라서 사람의 머리를 만지거나 쓰다듬는 행위를 좋아하지 않는다. • 러시아: 금요일이나 월요일에 만나는 것을 피하는 것이 좋고 손가락으로 사람이나 물건을 가리키지 않는다. 초면일 때는 악수로 인사하지만 어느 정도 편해지면 껴안고 인사한다.	

18
레스토랑에서 주문 및 식사 매너
	• 주문 매너
	  – 주문은 여성과 초대 손님이 먼저 하고, 남성을 동반한 여성은 남성에게 주문할 요리를 말하여 남성이 직원에게 주문하는 것이 매너이다.
	  – 초대를 받은 경우 지나치게 비싸거나 싼 음식을 주문하지 않도록 하며 중간, 중상 가격대의 음식을 주문하도록 한다.
	• 식사 매너
	  – 말 없이 식사만 하지 말고 공통의 관심사나 대화를 즐긴다. 비즈니스라 해도 사업 이야기나 토론 등 무거운 주제보다는 가벼운 대화가 좋다.
	  – 직원을 부를 때에는 소리 내어 부르지 않고 오른손을 가볍게 들어서 부른다.	

19 팁 문화	• 제공 받은 서비스에 대한 감사의 마음을 표시하는 것으로 보통 전체 금액의 10~15% 정도를 지불한다. • 좋은 서비스를 받았다고 느끼면 더 지불할 수도 있고, 반대로 더 적게 지불하여 서비스에 불만을 표현할 수도 있다.	

SUBJECT 02 이미지 메이킹

본문 P.58

01 이미지의 속성	• 이미지는 지각과 감정의 결합으로 객관적이기보다는 주관적인 경우가 많다. • 이미지는 시각적인 요소 이외에도 조직 행동, 언어, 사고방식, 태도 등 수많은 감각에 의한 이미지를 포함한다. • 이미지는 학습, 경험, 정보, 커뮤니케이션 행위에 의해 형성되고 수정, 변형된다. • 최근에는 마케팅 분야에서도 널리 사용되면서 기업 이미지, 제품 이미지, 브랜드 이미지로도 사용되고 있다. • 이미지는 인식 체계와 행동의 동기 유인 측면에 있어서 매우 중요한 역할을 한다.
02 대인 지각의 영향 요소	• **선택성**: 사람은 한 번에 여러 종류의 자극을 지각하거나 수용하지 못하기 때문에 소수의 특정한 것으로 한정해서 선택하는 기능 • **주관성**: 타인이 확인할 수 없는 개인의 사적인 경험을 반영하는 성질 • **무의식**: 자각이나 의식이 없는 상태에서 일어나는 것 • **편향성**: 한쪽으로 치우친 경향이 있는 것
03 이미지 심리 효과	• **초두 효과**: 먼저 들어온 정보가 나중에 들어온 정보보다 더욱 강력한 영향을 미친다는 것 • **최근 효과**: 초두 효과와 반대의 의미로 시간적인 흐름에서 가장 마지막에 제시된 정보가 인상 형성에 강력한 영향을 미친다는 것 • **맥락 효과**: 처음 내린 판단에 따라 이후에 입력되는 정보들에 대한 판단도 맥을 잇게 된다는 것 • **후광 효과**: 어떤 대상이나 사람에 대한 일반적인 견해가 그 대상이나 사람의 구체적인 특성을 평가하는 데 영향을 미치는 현상 • **현저성 효과(독특성 효과)**: 한 가지 두드러진 특성을 가진 정보가 인상 형성에 많은 영향을 미치는 현상 • **빈발 효과**: 첫인상이 좋지 않더라도 반복해서 제시되는 행동이나 태도가 첫인상과는 달리 진지하고 솔직하다면 점차 좋은 인상으로 바뀌는 현상
04 첫인상의 영향 요인	• 시각적 요소(55%): 표정, 시선, 자세, 옷차림 등 • 청각적 요소(38%): 목소리의 고저, 음색, 억양 등 • 언어적 요소(7%): 말의 내용, 전문 지식 등

05 첫인상의 특징	• 신속성　　　　　• 일회성　　　　　• 일방성 • 연관성　　　　　• 영향력
06 밝은 표정의 효과	• 건강 증진 효과　• 감정 이입 효과　• 마인드 컨트롤 효과 • 신바람 효과　　• 실적 향상 효과　• 호감 형성 효과
07 표정에 대한 상대방의 해석	• 환하게 미소 짓기: 반가움, 호감 등의 긍정 • 곁눈질로 보기: 불만, 의심, 두려운 마음 상태 • 미소를 갑자기 멈춤: 말 또는 행동에 대한 불쾌함 • 특별한 반응 없는 무표정: 거부, 귀찮음 • 눈을 마주치지 않음: 거부, 부담감, 숨기는 느낌, 집중하지 않은 상태 • 눈을 크게 뜨고 계속 바라보기: 흥미, 관심 • 위아래로 훑어보기: 불신, 경멸 • 잠깐 미소를 짓다가 다시 무표정 유지: 자신에게 유리한 것을 계산 중 • 눈살을 찌푸림: 거절, 반대 • 눈을 치켜뜸: 거부, 항의 • 눈을 내리뜸: 거만함
08 올바른 시선 처리	• 상대방을 지나치게 오래 바라보는 것은 불편함을 줄 수 있으므로 <u>대화 시간의 40~60% 정도, 한 번에 5~10초 정도 응시하도록 한다.</u> • <u>눈이나 미간, 콧등 사이를 번갈아 가며 본다.</u> • 시선은 완만한 각도로 상대방의 눈높이에 맞춘다. • 대화의 상황에 따라 눈의 크기를 조절한다.
09 서비스 전문가의 용모·복장	• 남성 　– 머리카락이 이마, 귀, 셔츠 깃을 덮지 않도록 깔끔하게 자른다. 　– 정장은 검은색과 짙은 감색, 회색을 기본으로 화려한 원색이나 체크 무늬가 큰 것, 재질이 유난스러운 것은 피한다. 　– 양말은 양복과 같은 색이나 짙은 색을 착용하여 구두 끝까지 흐름을 같게 한다. • 여성 　– 머리는 가능하면 앞머리로 이마나 눈을 가리지 않는 것이 좋다. 　– 옷과 구두의 색상은 조화를 이루는 것이 좋으며, 스타킹도 무늬나 색상이 화려한 제품은 피하여 무난한 것으로 착용한다. 　– 손톱은 깨끗하게 정리된 상태를 유지하며 화려한 네일아트는 피한다.
10 유니폼 착용 방법	• 착용 전 전체적인 청결과 다림질 상태를 점검한다. • <u>개인의 취향에 따라 유니폼을 변형하여 입지 않는다.</u> • 개인적인 액세서리(코르사주, 브로치 등)는 착용하지 않는다. • 명찰이나 신분증은 정 위치에 부착한다. • <u>소매를 걷어 붙이거나 바지를 접어 입지 않는다.</u>

11 기본 자세	• 선 자세 – 공수 시 남성은 왼손이 위로, 여성은 오른손이 위로 가게 한다. – 등과 가슴을 펴 허리와 가슴이 일직선이 되도록 한다. 어깨를 수평으로 펴서 앞으로 굽히거나 뒤로 젖혀지지 않도록 한다. • 앉은 자세 – <u>의자에 앉을 때에는 등과 등받이 사이에 주먹이 하나 들어갈 정도의 간격을 두고 깊숙이 앉는다.</u> – 어깨와 턱에 지나치게 힘을 주지 않고, 턱은 살짝 당기면서 시선은 정면을 응시하며 앉는다. • 걷는 자세 – 어깨에 힘을 빼고 등을 곧게 세워 가슴을 쫙 편다. – 무릎을 곧게 펴고 배를 당기며 몸의 중심은 허리에 둔다. – 머리와 몸은 지나치게 흔들지 않으며 손은 가볍게 주먹을 쥐고 걸음에 맞춰 양 팔을 약간 흔들어 준다. – '발뒤꿈치 → 발바닥 → 발끝'의 순서로 지면에 닿게 일직선으로 걷는다.
12 방향 안내 자세	• 손목이 꺾이지 않도록 하며 손바닥이나 손등이 정면으로 보이지 않도록 45°로 눕힌다. • 시선은 '상대방의 눈 → 가리키는 방향 → 상대방의 눈(삼점법)' 순으로 옮긴다. • 사람을 가리킬 때에는 두 손을 모두 사용하고, 방향을 가리킬 때에는 한 손은 방향을, 다른 한 손은 아랫배 위에 올려 놓는다.
13 물건 주고받을 때 자세	• 물건을 주고받을 때에는 <u>가슴과 허리 사이에서 두 손으로 건넨다.</u> • 물건을 건넬 때에는 밝게 웃으며 상대방의 시선을 바라본다. • 큰 물건은 양손으로 건네고, 작은 물건은 한 손을 다른 한 손으로 받쳐서 공손히 건네도록 한다.
14 좋은 목소리	• 선천적으로 타고난 건강함이 느껴지는 목소리 • 또렷하게 들리는 목소리 • 톤(음조)이 낮으면서 떨림이 없는 목소리 • 자신 있고 당당하며 씩씩한 목소리 • 다양한 감정을 표현할 수 있는 음색을 갖춘 목소리
15 음성 결점 극복 방법	• 작은 목소리 – 작은 목소리는 소극적인 이미지를 줄 수 있다. – 복식 호흡, 발성 연습으로 성대 진동, 교정, 끊어 읽기를 통해 분명한 발음 연습을 한다. • 딱딱한 목소리 – 감정 표현이 서툴러 차가운 인상을 줄 수 있다. – 여유를 갖고 말할 수 있도록 반복해서 말하는 연습을 한다.

고객 심리의 이해

01 고객의 기본 심리	• 환영 기대 심리: 고객은 자신을 왕으로 대접해 주기보다 자신을 환영해 주고 반가워해 주기를 바란다. • 존중 기대 심리: 고객은 상대방이 자신을 중요한 사람으로 인식하고, 기억해 주기를 바란다. • 독점 심리: 고객은 서비스를 독점하고 싶어 하는 심리가 있다. • 우월 심리: 고객은 자신이 서비스 직원보다 우월하다고 생각한다. • 모방 심리: 고객은 다른 고객을 닮고 싶어 하는 심리가 있다. • 보상 심리: 고객은 비용을 지불한 만큼 그에 맞는 서비스를 기대한다. • 자기 본위 심리: 고객은 각자 자신의 가치 기준을 가지고 있으며 이를 바탕으로 모든 상황을 자기 위주로 판단한다.
02 고객 요구 의식의 변화	• 의식의 고급화: 서비스 선택의 폭이 넓어짐에 따라 고객들은 점점 인적 서비스의 질을 중요하게 생각하고, 자신의 가치에 합당한 서비스를 요구하고 있다. • 의식의 복잡화: 고객의 유형이 다양하고 복잡해짐에 따라 요구 또한 다양하고 복잡해지고 있다. • 의식의 존중화: 존중과 인정에 대한 욕구가 많아지면서 고객들은 누구나 자신을 최고로 우대해 주기를 바란다. • 의식의 대등화: 서로에 대한 존중 및 신뢰가 부족하게 되고 대등한 관계를 형성하려는 상황에서 많은 갈등이 발생하고 있다. • 의식의 개인화: 고객은 타인과 다르게 특별히 대우해 주기를 바라며, 자신만의 개별적인 서비스를 제공받고자 한다.
03 매슬로우의 욕구 5단계	• 1단계 – 생리적 욕구 • 2단계 – 안전의 욕구 • 3단계 – 사회적 욕구 • 4단계 – 존경의 욕구 • 5단계 – 자아실현의 욕구
04 고객 기대의 영향 요인	• 내적 요인: **개인적 욕구**, 상품에 대한 관여도, 과거의 서비스 경험 등 • 외적 요인: 고객이 선택할 수 있는 경쟁 대안, **타인과의 상호 관계로 인한 사회적 상황**, 구전 커뮤니케이션 등 • 상황적 요인: **정서적 상태**, 환경적 조건, 시간적 제약 등 • 기업 요인: **기업의 촉진 전략**, 가격, 유통 구조에 의한 편리성, 서비스 수준 기대, 직원의 역량, 유형적 단서의 제공, 기업 이미지(기업의 CI, BI, 로고), 브랜드 이미지, 점포의 외관 및 인테리어 등

05 구매 결정 프로세스	• AIDMA(전통적): 주의(Attention) → 관심(Interest) → 욕구(Desire) → 기억(Memory) → 행동(Action) • AISAS(진화한): 주의(Attention) → 관심(Interest) → 검색(Search) → 행동(Action) → 공유(Share)
06 관계 진화적 관점에 의한 분류	• 잠재 고객: 기업의 제품을 구매하지 않은 사람들 중에서 이후에 고객이 될 수 있는 잠재력을 가진 집단 또는 아직 기업에 관심이 없는 고객 • 가망 고객: 기업에 관심을 보이고 있어 신규 고객이 될 가능성이 있는 고객 • 신규 고객: 기업과 처음 거래를 시작한 고객 • 기존 고객: 2회 이상 반복 구매를 하여 안정화 단계에 들어간 고객 • 충성 고객(로열 고객): 제품이나 서비스를 반복적으로 구매하고 기업과 강한 유대 관계를 형성하는 고객
07 충성 고객의 특징	• 관대함 • 교차 구매 • 상승 구매 • 구전 활동 • 반복 구매
08 참여적 관점에 의한 고객의 분류	• 직접 고객: 제품과 서비스를 직접 구매하는 고객 • 간접 고객: 최종 소비자 또는 2차 소비자 • 내부 고객: 기업 내부의 직원, 주주, 종업원의 가족 • 의사 결정 고객: 직접 고객의 선택에 큰 영향을 미치나, 직접 구매하거나 금전적 지출은 하지 않는 고객 • 의견 선도 고객: 제품의 평판, 심사, 모니터링 등에 영향을 미치는 고객 • 경쟁자: 전략이나 고객 관리 등에 중요한 인식을 심어 주는 고객 • 단골 고객: 직접 제품이나 서비스를 지속해서 애용하고 있지만, 아주 적극적으로 타인에게 추천할 정도의 충성도를 가지고 있지는 않은 고객 • 옹호 고객: 상품을 타인에게 추천할 정도의 충성도를 가지고 있는 고객 • 한계 고객: 기업의 이익 실현에 방해가 되며 마케팅 활동 등 기업의 여러 활동을 저해하는 고객
09 현대 마케팅 측면에 의한 고객의 분류	• 소비자: 제품이나 서비스를 최종적으로 사용하는 사람 • 구매자: 물건을 사는 사람 • 구매 승인자: 구매자가 구매하는 것을 허락하는 사람 • 구매 영향자: 구매자의 의사 결정에 영향을 주는 사람
10 그레고리 스톤의 고객 분류	• 경제적 고객(절약 추구): 자신이 투자한 돈과 시간, 노력에 대해 최대의 효용을 얻으려 한다. • 윤리적 고객(도덕성 추구): 구매 의사 결정에 있어 기업의 윤리성이 큰 비중을 차지하며, 윤리적인 기업의 고객이 되는 것을 책무라고 생각한다.

	• 개인적 고객(개별화 추구): 개인 대 개인 간의 교류를 선호하는 고객을 말한다. • 편의적 고객(편의성 추구): 서비스를 받는 데 있어서 편의성을 중시하는 고객이다.
11 고객의 의사 결정 5단계	문제 인식 → 정보 탐색 → 대안의 평가 → 구매 의사 결정 → 구매 후 행동
12 지각의 특징	• 주관성: 소비자는 자기의 신념, 태도, 편견을 구체화시키고 이런 요소에 역행하지 않는 구매 형태를 갖는다. • 선택성: 가급적 관심이 있는 자극만을 지각하려고 한다(지각의 과부하, 선별적 감지, 지각적 방어). • 일시성: 개인이 지각하는 자극의 대부분은 오랫동안 기억 속에 남아 있지 않는다. • 통합성: 소비자는 거의 즉각적으로 자극을 받아들이고, 자극을 통일된 하나의 형태로 통합하여 지각한다.
13 정보 탐색 중 정보의 원천	• 기업 제공 원천: 광고, 판매원, 포장, 매장 내 정보 등 기업이 제공하는 정보 • 개인적 원천: 가족, 친지, 동료의 공유 정보 • 경험적 원천: 고객이 직접 제품을 써보거나 서비스를 경험함으로써 얻는 정보 • 중립적 원천: 언론 보도 자료, 소비자원에서 발행하는 정보, 정부 기관의 발행물 등 중립적 원천을 통한 정보
14 대안 평가의 심리적 요인	• **후광 효과**: 상품 평가 시 일부 속성에 의해 형성된 전반적인 평가가 그 속성과는 직접적인 관련이 없는 다른 속성의 평가에 영향을 미치는 효과 • 유사성 효과: 새로운 대안 상품이 나타난 경우, 유사한 성격의 기존 상품을 잠식할 확률이 높은 현상 • **유인 효과**: 고객에게 기존 대안이 우월하게 보이도록 열등한 대안을 내놓음으로써, 기존 대안을 상대적으로 돋보이게 하는 효과 • 프레이밍 효과: 대안들의 준거점에 따라 평가가 달라지는 효과 • 손실 회피: 동일한 수준의 혜택과 손실이 발생하는 상황이면 손실에 더 민감하게 반응하여 이를 회피하는 선택을 하는 효과 • 심리적 반발 효과: 자신의 자유를 침해당하면 원상태로 회복하기 위해 더 강하게 저항하는 심리로 사람들의 보고 싶은 자유를 억제하여 오히려 더 판매를 자극하는 효과
15 관여도	• 저관여 – 개인적 관심도가 별로 없는 상황으로 소비자들의 자아 개념이나 의지와는 무관하게 구매 행위가 일어난다.

		– 값이 싸고 구매 중요도가 낮으며, 상표 간 차이가 별로 없어 잘못 구매해도 큰 피해를 입지 않는 제품이 해당한다. 예 라면, 아이스크림, 음료수 등과 같은 간단한 식품류, 세제, 샴푸, 면도기 등과 같은 생필품 • 고관여 – 소비자가 높은 관심도를 가지고 있다. – 구매 결정을 잘못 내렸을 경우 지각되는 위험이 높고, 여러 대안들 사이에 큰 차이가 있다. 예 의료 서비스, 자동차, 보석, 보험, 주택, 여행 등
16 구매 행동의 영향 요인	• 사회적 환경 • 소비 상황 • 커뮤니케이션 상황	• 물리적 환경 • 구매 상황
17 구매 후 부조화	구매 후 부조화란 구매 고객이 구매를 하고 나서 자신이 결정한 구매에 대하여 옳은 결정을 하였는가에 대한 심리적 갈등을 말한다. 고관여 소비자일수록 부조화 현상이 크다. • 구매 후 부조화 발생 사유 – 약관 등의 여러 가지 이유로 구매를 취소할 수 없을 때 – 자신이 인지한 장점을 다른 대안이 가지고 있을 때 – 좋은 대안이 여러 개일 때 – 전적으로 자신이 결정하였을 때 • 구매 후 부조화 감소를 위한 기업의 전략 – 제품의 장점을 강조하는 광고 강화 – 거래 이후 안내 책자, 전화 등으로 고객의 선택에 대한 확신 부여 – 품질 향상을 통해 불만 사항을 사전에 예방 – 제품 보증과 친절한 A/S로 고객 서비스 강화 • 구매 후 부조화 감소를 위한 고객의 전략 – 자신의 선택을 지지하는 정보 탐색 – 자신이 선택한 대안의 장점을 강화시킴 – 의사 결정 자체를 그리 중요하지 않다고 생각함 – 자신이 선택하지 않은 대안의 장점을 약화시킴	
18 DiSC	• DiSC는 인간의 행동 유형을 구성하는 4개의 핵심 요소인 주도형(Dominance), 사교형(Influence), 안정형(Steadiness), 신중형(Conscientiousness)의 앞 글자를 딴 약자이다. • 서비스 현장에서 고객의 성향을 구분하는 가장 보편적인 지표로 활용도가 매우 높다. • 고객의 유형을 파악하고 성향에 맞는 서비스를 제공하여 고객 만족을 높일 수 있는 중요한 기반이 된다.	

19
MBTI
	태도와 인식, 판단 기능에서 각자 선호하는 방식의 차이가 4가지 선호 지표로 구성되어 있다.
	• 에너지 방향
	  – 외향형: 사교적, 활동적이고 말로 표현하기를 즐긴다.
	  – 내향형: 생각이 많고, 말보다는 글로 표현하는 것을 편하게 느낀다.
	• 인식 기능
	  – 감각형: 일반적으로 오감에 의존하고, 현재에 집중하는 경향이 있다.
	  – 직관형: 상상력이 풍부하고 창조적이며, 보이는 것 그대로를 보기보다 육감에 의존하려고 한다.
	• 판단 기능
	  – 사고형: 객관적인 사실에 주목하며, 분석적으로 판단하고자 한다.
	  – 감정형: 판단을 내릴 때 원리·원칙에 얽매이기보다 인간적인 관계나 상황을 고려하여 판단하고 결정을 내리고자 한다.
	• 생활 양식
	  – 판단형: 빠르고 합리적이며 옳은 결정을 내리고자 한다.
	  – 인식형: 사전에 계획을 세워 상황에 따라 유연하게 행동하는 경향이 있다.

20 **교류 분석**	• 임상 심리학에 기초를 둔 인간 행동에 관한 분석 체계 또는 이론 체계이다. • 인간 자신 또는 타인 그리고 관계의 교류를 분석하는 심리학으로 개인의 변화와 성장을 위한 심리 치료법이다.

21
성격의 구조 분석과 자아 상태
	• 부모 자아(P)
	  – 비판적 부모 자아(CP): 가치 판단이나 윤리관 등 부친적인 엄격한 부분이다.
	  – 양육적 부모 자아(NP): 공감, 동정, 보호, 수용 등의 아동기 성장을 촉진하는 모친적인 부분이다.
	• 성인 자아(A)
	  – 사실에 입각해서 사물을 판단하려는 경향이 있어 현실을 객관화하고, 여러 각도에서 정보를 수집한다.
	  – 언제, 어디에서, 무슨 일에나 명확히 결론을 내리는 합리주의자일 가능성이 높다.
	• 아동 자아(C)
	  – 자유로운 아동 자아(FC): 어떤 것에도 구속되지 않는 자발적인 부분이며 창조성의 원천이라고 할 수 있다.
	  – 순응하는 아동 자아(AC): 주위의 동정을 얻으려고 하거나 주저하며 확실하게 말하지 못하는 경우가 있다.

SUBJECT 04 고객 커뮤니케이션

본문 P.128

01 커뮤니케이션의 기본 요소	• 발신자: 메시지를 주는 사람 • 수신자: 메시지를 받는 사람 • 부호화: 사전에 약속된 일정한 규칙에 따라 메시지 또는 신호를 부호로 변환하는 것 • 메시지: 전달하고자 하는 내용(언어, 몸짓)을 문자 등 기호로 바꾼 것 • 채널: 메시지 전달의 통로나 매체(매스컴, 직접 대면 등) • 피드백: 수신자의 반응 • 효과: 커뮤니케이션의 결과 • 잡음: 메시지를 정확하게 이해하는 데 방해가 되는 것 • 공간: 메시지를 발신하거나 수신하는 분위기, 물리적, 심리적 환경 • 맥락: 메시지를 발신하거나 수신하는 공간이나 행동에서 일어난 상황
02 비언어 커뮤니케이션	• 언어 사용 없이 이루어진 생각이나 감정 소통 상태를 의미한다. • 커뮤니케이션의 93%가 비언어로 구성되어 있다. • 무의식적, 본능적, 감정적, 정서적인 정보를 전달하는 역할을 하며 언어보다 신뢰성이 더 높은 커뮤니케이션 방식이다.
03 신체 언어	문자 언어에 의존하지 않고 몸짓이나, 손짓, 표정 등 신체의 동작으로 의사나 감정을 표현, 전달하는 행위를 말한다. • 표정 • 눈맞춤 • 고개 끄덕임 • 몸의 움직임 • 자세 • 제스처
04 의사 언어	공식적인 언어가 아닌 인간이 발생시키는 소리를 의미한다. • 말투: 의미 전달에 중요한 역할을 하면서, 신뢰를 쌓는 데 도움을 준다. • 고저, 음량: 적절한 표현은 의사 표현을 정확히 하는 데 도움을 준다. • 음조의 변화: 다양한 메시지와 중요도 등을 생생하게 전달하는 데 도움을 준다. • 말의 속도: 감정과 태도를 반영한다. • 발음: 정확한 의사 전달에 중요한 역할을 한다.

05 커뮤니케이션 문제의 발생 원인	• 발신자 문제
	  – 목적 의식의 부족　　　　– 말하기 기술의 부족
	  – 대인 감수성의 부족　　　– 혼합 메시지의 사용
	  – 오해와 편견　　　　　　– 정보의 여과
	• 수신자 문제
	  – 평가적 경향　　　　　　– 선입견과 신뢰도 결핍
	  – 선택적 청취　　　　　　– 경청의 문제와 부정확한 피드백
	  – 왜곡된 인지와 감정적 반응

06 조직 커뮤니케이션의 기능 및 중요성	• 행동의 통제: 조직에는 직원들이 따라야 할 권력 구조와 공식 지침이 있고 그것이 그들의 행동을 특정한 방향으로 움직이도록 통제한다. • 동기 부여 강화: 해야 하는 일을 구체적으로 알려 주어 특정 목표의 설정, 목표로의 진행에 관한 피드백, 바라는 행동의 강화, 동기 부여를 자극하는 등의 매개체 역할을 한다. • 감정 표현과 사회적 욕구 충족의 표출구: 조직 내에서 발생하는 커뮤니케이션은 구성원들의 좌절 또는 만족감을 보여 주는 근본적인 메커니즘으로 자신의 감정을 표출하고 다른 사람들과의 교류를 넓혀 나갈 수 있다. • 정보 제공: 커뮤니케이션은 의사 결정 시 대안을 확인하고 평가하기 위한 자료를 전달하는 역할을 한다.
07 커뮤니케이션 이론	• 피그말리온 효과: 누군가에 대한 사람들의 믿음이나 기대, 예측이 그 대상에게 그대로 실현되는 경향 • 낙인 효과: 타인으로부터 부정적인 낙인을 받으면 의식·무의식적으로 실제 그렇게 행동하게 된다는 것 • 플라시보 효과: 심리적으로 긍정적인 믿음이 신체를 자연 치유하는 데 영향을 준다는 것 • 노시보 효과: 플라시보 효과의 반대 의미로, 좋은 효능이 있는 약이라도 환자가 부정적으로 생각하고 약의 효능을 믿지 않으면 실제로 상태가 개선되지 않는 현상 • <u>호손 효과: 다른 사람이 지켜보고 있다는 사실을 의식함으로써 스스로의 본성과 다르게 행동하는 현상</u>
08 경청을 방해하는 요인	• 지레 짐작하기　　　　　• 다음 할 말 준비하기 • 걸러 내기　　　　　　　• 판단하기 • 다른 생각하기　　　　　• 조언하기 • 언쟁하기　　　　　　　• 자존심 세우기 • 슬쩍 넘어가기　　　　　• 비위 맞추기
09 경청 기법	• <u>1, 2, 3 기법</u>: 나의 의견을 1번 말하고, 고객의 이야기를 2번 들어 주고, 고객의 이야기에 3번 맞장구 친다. • B.M.W. 기법: Body – 자세, Mood – 분위기, Word – 말의 내용

		• F.A.M.I.L.Y. 법칙: Friendly-친절, Attention-집중, Me, too-공감, Interest-관심, Look-시선, You are centered-상대방 중심
10	효과적인 질문의 방법	• 개방형 질문: 고객이 자유롭게 의견이나 정보를 말할 수 있도록 묻는 질문으로 고객에게서 많은 정보를 얻을 수 있다. • 폐쇄형 질문: 미리 준비된 선택지 혹은 항목 중에서 답을 선택하도록 하거나 제한된 수의 단어로 답하도록 구성된 질문이다. • 긍정형 질문: 긍정적인 의미가 포함된 질문으로 고객의 의식을 긍정적이고 바람직한 방향으로 이끈다.
11	서비스 화법	• 쿠션 화법: 고객에게 거절을 해야 하거나 미안한 상황을 표현할 때, 또는 부탁할 때 기분이 나빠지는 것을 최소화할 수 있는 표현 방법이다. • 칭찬 화법: 칭찬을 한마디하는 것은 시간이 오래 걸리지도 않을 뿐더러, 상대방에게 큰 호의를 심어줄 수 있다. • 고객 지향적 화법: 직원들 사이에서 사용하는 전문 용어를 고객 관점으로 바꾸어 표현하는 방법이다. • 신뢰 화법: 상대방에게 신뢰감을 줄 수 있는 화법으로 다까체로 끝나는 정중한 화법을 70%, 요조체로 끝나는 부드러운 화법을 30% 정도로 사용하는 것이 바람직하다. • 레이어드 화법: 지시형, 명령형보다는 의뢰형, 권유형 등의 질문 형식으로 바꾸어 말하는 화법이다. • Yes, But 화법: 긍정의 맞장구를 친 후에 반대 의견을 말하는 화법이다. • I-메시지 화법(나-전달법): 대화의 주체가 '너'가 아닌 '내'가 되어 전달하고자 하는 화법으로 상대방에게 나의 의사를 충분히 전달하면서도 상대방이 기분 나쁘지 않도록 자신의 행동을 반성하고 개선할 기회를 준다. • 아론슨 화법: 부정의 내용과 긍정의 내용을 혼합해야 할 때, 이왕이면 부정적인 내용을 먼저 말하고 긍정의 내용으로 마무리하는 것이다. • 맞장구 화법: 상대방의 이야기에 관심이 있다는 것을 표현하기 위하여 귀담아 들어 주고 반응해 주는 화법이다. • 완곡한 표현: 대화를 부드럽게 이끌어 가기 위해 "안 됩니다.", "모릅니다."와 같은 직설적이고 강압적인 표현은 피하는 것이 좋다.
12	감정 지능의 구성 요소 5가지	• 자기 인식: 자신의 기분, 감정, 본능적 욕구가 무엇인지 빨리 인식하고 알아차리는 능력 • 자기 조절: 혼란스러운 충동, 기분의 통제, 방향을 재조정할 수 있는 능력 • 자기 동기화: 힘들거나 어려운 일이 발생했을 때 회복 탄력성을 발휘할 수 있는 능력 • 감정 이입: 타인의 감춰진 감정을 이해할 수 있는 능력 • 대인 관계 기술: 인간관계 및 인적 네트워크를 구축하고 관계를 유지하는 능력

13 설득의 기본 원칙	• 고객의 선호를 파악한다. • 동기를 유발한다. • 분명한 메시지를 전달한다. • 경청한다. • 칭찬과 감사의 표현을 한다.	
14 협상의 5가지 법칙	• 신뢰 • 존경 • 호의적 감정	• 공통점 발견 • 상호 관심
15 바트나(BATNA)	• 바트나는 합의에 도달하지 못하였을 때 택할 수 있는 최선의 대안을 뜻한다. • 자신의 바트나를 가지고 있다면 유리한 조건을 효과적인 협상력으로 전환시킬 수 있다. • 바트나보다 나은 제안은 수락하고, 그에 미치지 못하는 것은 단호히 거절해야 한다.	
16 AREA 법칙 – 효과적인 주장의 기술	• 주장(Assertion): 주장의 핵심을 먼저 말한다. • 이유(Reasoning): 주장의 근거를 설명한다. • 증거(Evidence): 주장의 근거에 관한 증거나 실례를 제시한다. • 주장(Assertion): 다시 한번 주장을 되풀이한다.	
17 효과적인 반론의 기술 5단계	• [1단계] 기회 탐색: 협상을 하면서 자신이 반론을 제기해도 상대방이 감정적으로 반론을 하지 않을 만한 절호의 기회를 탐색한다. • [2단계] 긍정적인 시작 및 일치점 찾기: 지금까지의 상대방 주장 가운데 우선 동의할 수 있는 점과 일치점이 무엇이 있는지 찾아내어 긍정적인 말로 시작한다. • [3단계] 모순점 질문: 자신이 생각하는 상대방 주장의 허점이나 모순점에 대해 반론 내용을 명확히 하면서 질문한다. • [4단계] 반대 이유 설명: 상대방의 주장과 자신의 의견을 대비시켜 상대방의 주장보다 더 나은 점을 차근차근 설명하며 반대 이유를 분명히 한다. • [5단계] 요약: 논증이 끝나면 다시 한번 반론 내용을 요약해서 간략히 말함으로써 호소력이 커지게 한다.	

회의 기획 및 의전 실무

01 MICE의 개념	• 기업 회의(Meeting), 포상 관광(Incentive Tour), 국제회의(Convention), 전시/이벤트(Exhibition/Event)의 영문 앞 글자를 딴 용어이다. • 기존 관광 산업이 B2C라면 MICE 산업은 B2B의 형태로 주로 기업을 대상으로 하기 때문에 일반 관광 산업보다 고부가 가치 산업이다. • 비정부 기구(NGO)의 활동 증대는 MICE 산업을 확산시키는 요인으로 작용한다.

02 MICE 산업의 특징	• 공공성
	  - MICE 산업의 개최에 있어 정부와 지역 사회의 적극적인 참여가 필요함을 의미한다.
	  - MICE 산업을 활성화시킬 수 있는 교통이나 통신, 법적인 지원 등이 필요하다.
	• 지역성
	  - MICE 산업은 지역의 고유한 특성을 바탕으로 독특한 문화적 이미지와 브랜드를 창출한다.
	  - 지방 정부가 MICE 산업을 지역 홍보 수단으로 사용할 수 있다.
	• 경제성
	  - MICE 산업의 개최가 경제적으로 높은 파급 효과가 있는 것을 말한다.
	  - 1차 경제적 파급 효과: 관련 시설의 건설과 투자, 생산 및 고용 유발 등이 있다.
	  - 2차 경제적 파급 효과: 일반 관광객보다 긴 체재 일수와 높은 평균 소비액을 가진 참가자들이 지역에 머무르면서 숙박, 유흥, 음식, 관광, 레저 등을 이용하면서 고용 및 소득 증대, 지역의 세수 증대 등 경제 활성화를 도모한다.
	• 관광 연계성
	  - 일반 관광객에 비하여 경제력이 높은 참가자들이 관광을 하면서 관광 관련 산업의 수익 창출과 활성화를 가져온다는 것을 의미한다.
	  - MICE 산업 참가자들이 행사 중간이나 이후에 관심 있는 관광 프로그램에 참가하게 된다.

03 포상 관광의 특징	• 포상 관광은 휴양과 교육을 포함하며 목적지 선택에 있어 오락적인 부분도 중요한 결정 요인이 된다. • 효과적인 포상 관광이 되기 위해서는 고객 맞춤형의 개별화된 프로그램으로 진행되어 차별적이라고 인식되어야 한다.

04 컨벤션 산업의 특징	• 경제적 효과: 고용 창출, 외화 획득, 소득 증대, 세금 수입 증대, 최신 정보 및 기술 입수, 국제 수지 개선 • 사회·문화적 효과: 지역 문화의 발전, 도시 환경의 개선, 시민 의식의 향상, 국제 친선의 도모, 지방의 국제화, 도시화, 근대화 등의 지역 문화 발달, 국민의 자부심과 긍지 획득, 교통망 확충, 환경 및 조경의 개선 등 기반 시설 확충, 세계화와 질적 수준의 향상 • 정치적 효과: 민간 외교 기여, 국제적 영향력 증대, 통일·외교 정책 구현, 국제적 지위의 향상, 문화 및 외교 교류의 확대, 국가 홍보 극대화 • 관광적 산업 진흥 효과: 외래 관광객 대량 유치, **관광 비수기 타개**, 체재 일수 연장, 양질의 관광객 유치, 지역 이미지 제고, 관광 소구력 획득	
05 컨벤션 뷰로	• 컨벤션을 개최함으로써 그 **컨벤션 도시를 육성하는 것이** 주요 임무이다. • 각종 컨벤션을 지역 사회에 유치하기 위하여 컨벤션 주최자 및 참석자에게 **해당 지역을 알리고 판매하여야** 하며 지역 사회 내에서 관련 업체를 대표하여 컨벤션 센터, 호텔, 식당, 기타 유통, 관광 시설들과의 이익을 조화시키고 역할을 조정하는 **비영리 조직이다**.	
06 전시/이벤트의 분류	• 무역 전시회: 기업이 다른 기업 또는 도소매업자를 대상으로 판매 및 마케팅 활동을 펼치는 전시회를 뜻한다. • 일반 전시회: 전시회에 참가한 기업이 일반 소비자를 주요 관람객으로 상대하는 전시회를 지칭한다. • 무역/일반 전시회: 무역 전시회와 일반 전시회의 두 가지 기능이 혼합된 전시회를 지칭한다.	
07 회의의 기능	• 문제 해결 기능 • 의사소통 기능	• 자문 기능 • 교육 훈련 기능
08 회의 진행의 원칙	• 발언 자유의 원칙: 발언자는 발언 도중 타 위원의 발언에 의하여 정지되거나 방해받지 않고 그 발언을 완료할 것을 보장받는다. 그러나 발언권의 평등을 위하여 발언 횟수, 시간, 내용에 제한을 둘 수 있다. • 다수결의 원칙: 의사 결정 시, 다수의 의견을 전체 의사로 보고 결정하는 것이다. 다수의 의견이라 하더라도 수적 우위를 이용하여 설득의 노력 없이 소수의 의견을 무시해서는 안 된다. • 회기 계속의 원칙: 한 회기 내에 처리하지 못한 안건은 다음 회기로 넘겨서 처리해야 한다. • **일사부재의 원칙**: 한 번 부결된 안건에 대해서는 동일한 회기에 다시 심의하지 않는다. • **정족수의 원칙**: 회의에서 의안을 심의하고 의결하기 위해 필요한 위원의 수를 말한다. • 회의 공개의 원칙: 민주적인 회의는 특별한 경우를 제외하고는 공개로 진행되어야 한다.	

	- 폭력 배제의 원칙: 회의에서는 어떠한 경우에도, 어떠한 형태의 폭력도 행사할 수 없다. - 소수 의견 존중의 원칙: 회의를 진행함에 있어 소수의 의견도 존중해야 한다. - 1의제의 원칙: 회의에서는 언제나 한 가지 의제만을 상정하여 다루어야 한다. - 참석자 평등의 원칙: 구성원 간 차별이 없다는 것을 말하며, 모든 구성원에게 주어지는 기회는 같아야 한다.
09 회의 형태에 의한 회의 분류	- 컨벤션: 가장 일반적으로 사용되는 회의 용어로, <u>대회의장에서 개최되는 일반 단체 회의</u>를 뜻한다. - 콘퍼런스: 컨벤션과 거의 비슷한 의미로 사용되나 컨벤션보다 더 전문적인 내용을 다룬다. 컨벤션에 비해 회의 진행상 토론회가 많이 열려 참가자들에게 토론 참여 기회도 많이 주어진다. - 콩그레스: 대규모 국제 회의를 말하며, 컨벤션과 콘퍼런스와 같은 의미로 사용된다. - 포럼: <u>한 가지 주제에 대해 상반된 견해를 가진 동일 분야의 전문가들이 사회자의 주도에 따라 패널리스트나 발표자로 참가한다.</u> - 심포지엄: 제시된 안건에 대해 전문가들이 다수의 청중 앞에서 벌이는 공개 토론회라는 점에서 포럼과 비슷하다. 포럼에 비해 공식적이고 형식적인 것이 특징이다. - 세미나: <u>주로 교육 및 연구 목적으로 개최</u>된다. 전문가가 정한 특별한 주제에 대해 참가자들의 특정 분야에 대한 경험과 지식을 발표하고 토론한다. - 클리닉: 참가자에게 특정 분야의 지식과 기술을 습득시키고 문제를 해결하고 분석하는 방법을 교육·훈련시키는 소규모 모임이다. - 워크숍: 수십 명 이내의 참가 인원이 <u>특정 문제나 과제에 관한 새로운 정보나 지식, 기술, 아이디어 등을 서로 교환</u>하고, 실습이나 훈련을 통해 단기간에 집중적으로 새로운 지식을 배울 수 있는 회의 형태이다. - 렉쳐: 1~2명의 전문가가 특정 주제를 일정 형식에 맞춰 청중들에게 강연하는 것을 말한다. - 패널 토의: 여러 명의 연사가 서로 다른 분야에 대한 전문가적 견해를 발표하는 것을 말한다. - 전시회: 일반적으로 본 회의와 병행해서 개최된다.
10 회의 개최지 선정 순서	- 회의 목적 설정 및 확인 - 회의 형태 및 형식 개발 - 회의에 필요한 물리적 요구 사항 결정 - 참가자의 관심과 기대 정의 - 일반적인 장소와 시설의 종류 선택 - 평가 및 선정

11 회의 개최지 선정 시 고려 사항 - 도시 선정 시	• 숙박 가능한 호텔과의 접근성과 적합성 • 회의에 필요한 소요 면적 및 가격 • 개최지 주변의 편의성 및 교통의 편리성 • 1일 체류 비용과 개최 지역의 물가 수준 • 개최 도시의 이미지 • 개최 도시의 행사 지원 의지와 능력 • 개최 시기의 기후 및 온도 • 엔터테인먼트 요소 • 개최 도시의 관광 또는 행사의 성수기/비수기 여부 • 동일 개최 시기에 타 행사 개최 여부

12
유형별 회의장
배치 형태
	• 극장형
	  – 일반형, 반원형, 반원 날개형, V자형, 암체어형으로 나눠진다.
	  – 테이블 없이 의자만으로 세팅한다.
	  – 암체어형은 팔을 편안하게 놓을 수 있는 안락의자를 배열한 것으로 참석자들의 지위가 높고 장시간 회의 시 적합하다.
	• 교실형
	  – 컨벤션 행사 시 가장 선호하는 방법 중 하나로 헤드 테이블과 정면으로 마주보게 배열하는 방법이다.
	  – 테이블에서 장시간 강의 청취나 필기를 해야 하는 국제회의, 학술 세미나, 기업 회의 등에서 가장 보편적으로 활용된다.
	• 혼합형: 앞부분은 교실형, 뒷부분은 극장형으로 배치하는 것이다.

13 사전 등록과 현장 등록	• 사전 등록: 회의 전 규모를 사전에 예측하여 준비할 수 있고 회의 당일 접수 및 본인 확인 등의 시간을 절약하고 혼잡을 줄일 수 있다는 장점이 있다. • 현장 등록: 회의 당일 현장에서 등록하고 참석하는 것을 말한다. 참가자가 몰리면 혼잡해지고, 시간이 낭비된다는 단점이 있다.
14 의전(Protocol)	• 어원: 그리스어로 '맨 처음'을 의미하는 프로토(Proto)와 '붙이다'라는 의미의 콜렌(Kollen)의 합성어 프로토콜렌(Protokollen)에서 비롯되었다. • 정의: 격식있는 예의범절, 조직이나 국가 또는 국가 간에 적용되는 국제적 예의 규범을 뜻한다.
15 의전의 기본 정신 (5R 요소)	• 상대방에 대한 존중과 배려(Respect): 의전은 상호 간의 존중과 배려를 바탕으로 한다. • 상호주의 원칙(Reciprocity): 의전에서는 국력에 관계없이 모든 국가가 1:1의 동등한 대우를 받아야 하며, 의전상 소홀함이 발생한 경우 외교 경로를 통해 상응하는 조치를 검토하기도 한다. • 문화의 반영(Reflecting Culture): '로마에 가면 로마법을 따르라.'와 같은 의미이다.

	• 서열(Rank): 의전에서 가장 기본은 참석자 간의 서열을 지키는 것이다. • 오른쪽 상석(Right): 'Lady on the Right' 원칙이라고 한다. 단상 배치 기준, 차석은 VIP의 오른쪽에 위치한다.
16 기본적인 관례상의 서열	• 지위가 비슷한 경우: 여자 > 남자 • 연장자 > 연소자 • 부부 동반의 경우: 부인의 서열 = 남편의 서열 • 여성들 간의 서열: 기혼 부인 > 미망인 > 이혼한 부인 > 미혼자 • 외국인 > 한국인 • 높은 직위 쪽의 서열이 상위 • 주빈을 존중해 주어야 함
17 공항 의전 관련 용어	• CIQ: 항공이나 배를 이용하여 공항 또는 항만으로 출입국할 때 반드시 거쳐야 하는 3대 수속으로 세관 검사, 출입국 관리, 검역 등을 말한다. 휴대전화 검사, 귀빈실 사용 VIP 영접, 여권 및 비자의 적절성 검사, 필요시 회의 참가 입국자의 건강 이상 유무 및 동식물 검역 등의 행정을 한다. • 더블도어: 귀빈 전용 출입국 게이트로 전·현직 대통령, 전·현직 국회의장, 전·현직 대법원장, 전·현직 국무총리, 전·현직 중앙선거관리위원회 위원장, 국회에 원내교섭단체가 있는 정당의 대표만이 사용할 수 있다. 각국 대사의 경우 평상시에는 귀빈 전용 게이트를 이용할 수 없고, 원칙적으로 취임 및 퇴임 때만 이용할 수 있다.
18 프레젠테이션의 핵심 3P	• 목적(Purpose): 발표자의 프레젠테이션 목적은 정보 전달, 설득, 동기 부여에 있다. 일반적으로 이것들이 복합적으로 있는 경우가 많다. • 청중 분석(People): 프레젠테이션에 참석하는 사람이 누구인지, 그들이 왜 모이는지, 무엇을 얻고 싶은지를 확인하고 분석하는 일이다. • 장소(Place): 효과적인 프레젠테이션을 하기 위하여 사전에 장소와 환경을 분석해 두는 것은 필수이다.
19 프레젠테이션의 구성과 전달	• 내용의 조직화: 내용의 전달력과 청중의 이해력을 높이기 위해서는 프레젠테이션의 목적과 콘셉트, 말하고 싶은 내용을 잘 정리하여 조직화해야 한다. 조직화의 방법으로 서론-본론-결론의 전개 방식을 가장 많이 활용하며 이는 내용의 안정감을 주고 정리된 느낌을 준다. • 매체 활용: 매체는 발신자와 수신자를 연결하는 것으로 영화 필름, TV, 전화기, 라디오, 인쇄 자료, 컴퓨터 등을 이용하는 것이다. 말로만 설명할 때보다 시청각 자료를 함께 사용하여 설명할 때 기억하는 비율이 높다. • 프레젠테이션의 전달력: 프레젠터의 발표는 언어와 목소리, 제스처, 표정, 시선 처리 등과 같은 비언어적 요소의 적절한 조화가 중요하다. 청중에게 자신감, 깔끔함, 당당함, 전문성 등을 보여줄 수 있어야 한다.

20 프레젠터의 전달력에 영향을 미치는 요소

- 자세
  - 두발을 어깨너비로 벌리고 체중을 양발에 균등하게 실은 상태에서 어깨를 곧게 펴고 편안히 선다.
  - 한곳에 오래 머무르기보다는 일정 범위 안에서 자연스럽게 움직인다.
  - 슬라이드를 볼 때에는 정면으로 서 있기보다는 약간 비스듬히 서는 것이 청중을 바라보기 쉽다.
- 말투와 목소리
  - 대화하듯이 자연스럽게 말하되, 단조롭지 않도록 강약, 고저, 장단을 조절한다.
  - 목소리의 6요소는 빠르기, 크기, 높이, 길이, 쉬기, 힘주기이다.
  - 중요한 단어나 문장을 이야기할 때에는 강하게 발음한다.
- 언어
  - '음…', '어…', '아시다시피…', '솔직히', '사실' 등 불필요한 언어의 사용을 줄인다.
  - 누구나 알아들을 수 있는 쉬운 어휘를 사용하고 불필요한 단어는 사용하지 않는다.
- 제스처
  - 손을 앞으로 모으는 것은 자신감이 없어 보인다.
  - 뒷짐을 지는 것은 거만해 보여 좋지 않은 인상을 줄 수 있다.
  - 손을 주머니에 넣거나 팔짱을 끼는 것은 삼간다.
  - 누군가를 지칭할 때에는 손바닥을 곧게 펴서 손 전체로 하고, 손가락이나 포인터로 청중을 지칭하지 않는다.
  - 손을 의식적으로 머리로 자주 가져가지 않는다.
- 시선 처리
  - 청중의 얼굴을 바라본다.
  - 한 사람을 너무 오래 보지 않고 여러 청중을 고루 바라본다.

memo

memo

memo

memo

고객의 꿈, 직원의 꿈, 지역사회의 꿈을 실현한다

펴낸곳 (주)에듀윌 **펴낸이** 양형남 **출판총괄** 김기철 **에듀윌 대표번호** 1600-6700
주소 서울시 구로구 디지털로 34길 55 코오롱싸이언스밸리 2차 3층
© 2025 eduwill. Created with AI assistance.
협의 없는 무단 복제는 법으로 금지되어 있습니다.

에듀윌 도서몰	• 부가학습자료 및 정오표: 에듀윌 도서몰 > 도서자료실
book.eduwill.net	• 교재 문의: 에듀윌 도서몰 > 문의하기 > 교재(내용, 출간) / 주문 및 배송

핵심요약(이론+모의고사)
무료특강 제공

고퀄리티의 강의로 SMAT 모듈 A 합격에 한 걸음 더 가까워집니다.

수강경로

에듀윌로 합격한
찐! 합격스토리

김○아 합격생

모듈 A, B, C 한 번에 합격, 에듀윌이라 가능했어요!

육아와 가사로 인해 시간적 여유가 많지 않은 주부들에게는 단기간에 끝낼 수 있는 핵심정리와 요약이 굉장히 중요하잖아요! SMAT 공부를 하며 에듀윌의 빈출 족보와 사례형의 예시들이 이해하는데 많은 도움이 되었습니다. 또한 무료 강의를 들으면서 강사님께서 각 파트별로 들어주는 예시들을 꼼꼼히 메모해 두었더니 복습할 때 큰 도움이 되더라고요. SMAT는 최소한 3회 복습을 기본적으로 하고, 헷갈리는 문제들이 많으니 요약된 지문을 자세히 정독하는 것을 추천합니다. 또 본문을 학습하면서 적중 예상문제를 푸는 것도 중요합니다! 여러분도 할 수 있습니다. 시작이 어려울 뿐 합격하고 나면 남는 건 뿌듯함입니다!

한○기 합격생

1주면 됩니다. 에듀윌 SMAT로 지금 시작하세요!

서비스직에 종사했었음에도 불구하고 생소한 용어들이 많았는데, 에듀윌 SMAT는 용어 개념정리를 먼저 해주고 '합격팁'으로 학습별 가이드를 제공하고 있어 단기간 이론 습득에 도움이 많이 되었습니다. 무엇보다 단기 합격에 초점을 맞춘 책이라 불필요한 내용이 없고 시험에 나온 내용 위주로 구성되어 있는 점, 실제 시험과 유사한 모의고사가 수록되어 있고 빈출족보가 수록되어 있다는 점 등이 단기 합격을 목표로 하고 있는 예비 응시생에게 적극 추천해 주고 싶은 부분입니다. 예비 응시생 여러분, 에듀윌 책 한 권으로 단 1주 만에 합격하고 Skill Up하세요!

강○미 합격생

SMAT 합격은 에듀윌을 추천합니다!

서비스 관련 전공을 했지만, 공부를 안 한 지 너무 오래되어 막상 자격증을 위한 시험을 본다고 하니 앞이 막막했는데 1주 끝장으로 시원하게 합격했습니다. 하루에 한 파트씩 무료강의를 듣고 책 내용 중 빈출이라고 표시되어 있는 부분들을 중점적으로 보았는데 대체로 그 부분에서 시험 출제가 많이 되었습니다. 시험을 앞두고 가볍게 핸드북처럼 제공된 빈출족보를 들고 다니면서 수시로 외우고, 함께 수록되어 있는 OMR 카드로 마킹 시간까지 체크하며 모의고사를 실제 시험처럼 연습하였더니 좋은 성적으로 합격할 수 있었습니다. 합격을 위한 지름길, 책 한 권에 수험생들을 위한 배려까지 담아주는 에듀윌을 추천합니다!

다음 합격의 주인공은 당신입니다!

빠르고 확실한 1주 플래너

플래너 이용 TIP!
SUBJECT마다 자주 출제되는 유형에 맞춰 학습하세요!

 례형 — 사례에서 이론을 찾을 수 있어야 해요!

 결형 — 정의와 의미를 정확하게 알아두세요!

 형 — 헷갈리는 이론이 없도록 꼼꼼히, 여러 번 보세요!

	차례 및 학습순서			공부한 날	
SUBJECT 01 비즈니스 에티켓/매너	CH 01 에티켓과 매너의 이해	P.18	1일	월	일
	CH 02 기본 비즈니스 응대 OX	P.23		월	일
	CH 03 상황별 비즈니스 응대 사	P.32		월	일
	CH 04 전화 응대 사	P.38		월	일
	CH 05 글로벌 매너 사	P.42		월	일
	적중 예상문제	P.48		월	일
SUBJECT 02 이미지 메이킹	CH 01 이미지와 이미지 메이킹의 이해 연	P.58	2일	월	일
	CH 02 첫인상 관리(표정/용모·복장)	P.63		월	일
	CH 03 기본자세와 동작 이미지	P.72		월	일
	CH 04 음성 이미지	P.75		월	일
	적중 예상문제	P.78		월	일
SUBJECT 03 고객 심리의 이해	CH 01 고객 심리의 이해 사 연	P.92	3일	월	일
	CH 02 고객 분류 사 연	P.97		월	일
	CH 03 고객의 의사 결정 과정 사	P.102		월	일
	CH 04 고객의 성격 유형에 대한 이해	P.108		월	일
	적중 예상문제	P.115		월	일
SUBJECT 04 고객 커뮤니케이션	CH 01 커뮤니케이션의 이해	P.128	4일	월	일
	CH 02 커뮤니케이션의 이론	P.136		월	일
	CH 03 커뮤니케이션의 기법 연 OX	P.139		월	일
	CH 04 설득과 협상	P.146		월	일
	적중 예상문제	P.151		월	일
SUBJECT 05 회의 기획 및 의전 실무	CH 01 MICE의 이해	P.172	5일	월	일
	CH 02 회의의 기획과 실무 연	P.179		월	일
	CH 03 의전의 기획과 실무 OX	P.189		월	일
	CH 04 프레젠테이션	P.199		월	일
	적중 예상문제	P.205		월	일
특별부록	실전동형 모의고사 01회		6일	월	일
	02회			월	일
	03회			월	일
	빈출족보		7일	월	일

여유가 있다면 2주 플래너

플래너 이용 TIP!
SUBJECT마다 자주 출제되는 유형에 맞춰 학습하세요!

 사례형 - 사례에서 이론을 찾을 수 있어야 해요!

 연결형 - 정의와 의미를 정확하게 알아두세요!

 OX형 - 헷갈리는 이론이 없도록 꼼꼼히, 여러 번 보세요!

차례 및 학습순서			공부한 날	
SUBJECT 01 비즈니스 에티켓/매너	CH 01 에티켓과 매너의 이해	P.18	1일	월 일
	CH 02 기본 비즈니스 응대 OX	P.23		월 일
	CH 03 상황별 비즈니스 응대 사	P.32	2일	월 일
	CH 04 전화 응대 사	P.38		월 일
	CH 05 글로벌 매너 사	P.42	3일	월 일
	CH 적중 예상문제	P.48		월 일
SUBJECT 02 이미지 메이킹	CH 01 이미지와 이미지 메이킹의 이해 연	P.58	4일	월 일
	CH 02 첫인상 관리(표정/용모·복장)	P.63		월 일
	CH 03 기본자세와 동작 이미지	P.72	5일	월 일
	CH 04 음성 이미지	P.75		월 일
	적중 예상문제	P.78		월 일
SUBJECT 03 고객 심리의 이해	CH 01 고객 심리의 이해 사 연	P.92	6일	월 일
	CH 02 고객 분류 사 연	P.97		월 일
	CH 03 고객의 의사 결정 과정 사	P.102	7일	월 일
	CH 04 고객의 성격 유형에 대한 이해	P.108		월 일
	적중 예상문제	P.115		월 일
SUBJECT 04 고객 커뮤니케이션	CH 01 커뮤니케이션의 이해	P.128	8일	월 일
	CH 02 커뮤니케이션의 이론	P.136		월 일
	CH 03 커뮤니케이션의 기법 연 OX	P.139	9일	월 일
	CH 04 설득과 협상	P.146		월 일
	적중 예상문제	P.151		월 일
SUBJECT 05 회의 기획 및 의전 실무	CH 01 MICE의 이해	P.172	10일	월 일
	CH 02 회의의 기획과 실무 연	P.179		월 일
	CH 03 의전의 기획과 실무 OX	P.189	11일	월 일
	CH 04 프레젠테이션	P.199		월 일
	적중 예상문제	P.205		월 일
특별부록	실전동형 모의고사	01회	12일	월 일
		02회		월 일
		03회	13일	월 일
	빈출족보		14일	월 일

에듀윌이
너를
지지할게

ENERGY

시작하는 방법은
말을 멈추고
즉시 행동하는 것이다.

– 월트 디즈니(Walt Disney)

에듀윌 SMAT 모듈 A
1주끝장

INTRO 머리말

SMAT 전문 교수진이 단기 합격을 보장합니다

예비 서비스 전문가를 위한 길잡이

4차 산업혁명 시대가 시작되고 제품 차별화가 무의미해짐에 따라 서비스 차별화가 기업의 가치를 결정짓는 절대적인 기준이 되고 있다. 휴먼 서비스도 이에 맞춰 창의적 서비스가 가능한 전문적인 인재의 중요성이 점차 높아지고 있다. 서비스 고도화에 따라 이제는 고객과 서비스, 프로세스와 고객 만족에 대한 지식을 필수적으로 습득해야만 한다. 이런 지식이 기본이 되어야 탁월한 서비스를 제공할 수 있을 뿐만 아니라 서비스 품질을 높일 수가 있다. SMAT 자격시험의 준비가 수험생에게 서비스에 대한 전문성을 높일 수 있는 소중한 기회가 되기를 기원한다.

양용훈

- **약력**
  - 경희대학교 일반대학원 마케팅 석사
  - 현) 커넥트밸류(주) 대표
      - 창의적서비스연구소 소장
      - 한국강사협회 이사
  - 전) 한국생산성본부 CS교육팀 책임전문위원/팀장
      - 서울시 고객만족자문위원회 자문위원
      - SMAT 출제위원
      - 행복한성공컨설팅 대표
      - 제주국제자유도시개발센터 CS자문위원

서비스 전문가로의 시작

더욱 다양해지는 고객의 요구에 따라 기업은 고객 중심적인 사고와 행동으로 고객 감동을 실현하고 있다. 때문에 기업에서는 서비스 경쟁력 강화를 위해 반드시 서비스 전문가를 필요로 하고, SMAT는 이런 요구에 기초를 다지는 초석이 될 것이다. 다년간 SMAT를 준비하는 수험생들과 함께 공부하며 그들이 원하는 것이 무엇인지, 합격을 위해 어떻게 공부해야 되는지에 대한 고민을 하였고, 그 노하우를 이 책에 담았다. SMAT에 도전하는 모든 분들께 큰 도움이 되기를 바라며 진심으로 합격을 응원한다.

유지영
- **약력**
  - 인하대학교 교육대학원 석사
  - 현) SP컨설팅 대표
    - 커넥트밸류(주) 전임강사
    - 한국교육정보센터 이사
    - 한국생산성본부 인증 SMAT 공인강사
    - 연성대학교, 신안산대학교, 대림대학교 SMAT 외래교수
  - 전) 한화생명 CS전문강사

SMAT 합격의 지름길

수년간 많은 기업체와 대학에서 서비스 교육을 하면서 서비스가 학문으로서 인정받지 못하고 있다는 느낌을 받았다. 때문에 SMAT는 본인뿐 아니라, 많은 서비스 강사 혹은 교수들에게 사막의 오아시스 같은 존재였을 것이다. 이 책은 자격증 취득 이상으로 '서비스'에 물음표를 가지는 모든 이들에게 체계적으로 정리된 이론과 사례로 도움을 주고자 하였다. 현장 실무에서 꼭 알아야 하는 내용으로 서비스 입문자부터 관리자까지 누구나 이해하기 쉽게 구성하여 SMAT 합격의 지름길로 안내할 것이다.

박정아
- **약력**
  - 한양대학교 교육공학과 박사과정, 서강대학교 교육대학원 석사
  - 현) IT&BASIC 교육연구소 소장
    - 포스코(POSCO) 외 CS전문강사
    - 한국생산성본부 파트너강사
  - 전) (주)호텔신라 면세유통사업부 CS팀 근무
    - (주)홈플러스테스코 CS전문강사
    - 오산대학교 관광서비스경영실무 외래교수
- **수상**
  - 제11회 i-TOP 경진대회 서비스경영 분야 최우수상

GUIDE
시험 안내

국내 최초 서비스경영 분야 국가공인 자격

2015년부터 국가공인 자격시험으로 시행되어 다수의 기업과 대학에서 구성원의 서비스 역량 강화를 위해 활용하고 있다.

국가직무능력표준(NCS)기반 실무형 자격

NCS에 의거 산업별, 직무별 핵심 역량 및 성공 요인으로 설계되어 현장 활용도가 높은 실무형 자격시험이다.

학점은행제에 따른 학점인정

국가평생교육진흥원 고시 '제24차 자격학점 인정기준'에 의거하여 1급(컨설턴트) 취득 시 10학점, 2급(관리자) 취득 시 6학점이 부여되어 서비스경영 분야의 최대 학점으로 인정된다.

※ 1급(컨설턴트): 전문학사(경영, 관광경영), 학사(경영학, 관광경영학, 호텔경영학)일 경우, 전공필수 학점으로 인정
※ 2급(관리자): 전문학사(경영, 관광경영)일 경우, 전공필수 학점으로 인정
※ 위에 제시된 전공이 아닐 경우, 일반선택 학점으로 인정

1. 2026 시험일정

SMAT는 2, 4, 6, 8, 10, 12월은 둘째 주 토요일에, 5, 11월은 넷째 주 토요일에 시행됩니다(연 8회). 시험 방문접수는 'KPC자격지역센터'에서 가능합니다. 지역센터도 사전 연락 후 내방 바랍니다.

※ 시험일정은 시행처 사정에 따라 변경될 수 있으니 반드시 'KPC자격 홈페이지(license.kpc.or.kr)'를 통해 확인 바랍니다.

2. 등급 부여 기준

SMAT는 각 모듈별로 응시할 수 있으며, 합격한 모듈에 따라 등급을 부여한다. 모듈 B 또는 모듈 C를 먼저 취득할 경우 모듈 A를 취득해야 자격이 부여되므로 모듈 A의 우선 취득을 권장한다.

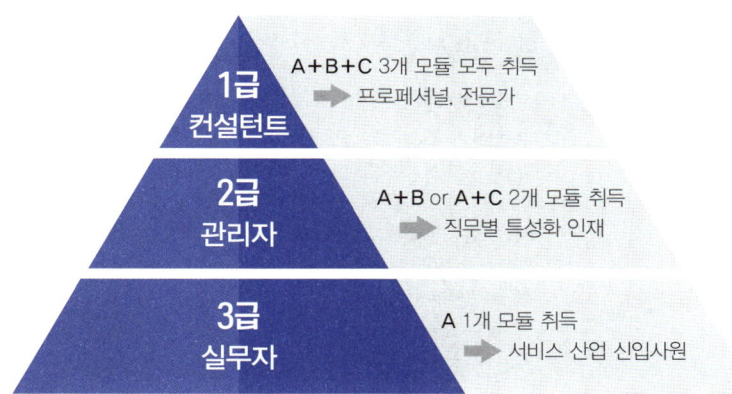

※ 시험방법: PBT 방식으로 모듈별 70분간 진행하며 5개 유형으로 총 50문항 출제
※ 합격기준: 100점 만점 중 70점 이상 합격

3. 모듈 A 세부 출제범위

과목	출제범위
비즈니스 에티켓/매너	에티켓과 매너의 이해, 비즈니스 응대, 전화 응대, 글로벌 매너 등
이미지 메이킹	이미지의 개념, 이미지 메이킹 주요 이론, 상황별 이미지 메이킹, 인상/표정 및 상황별 제스처, Voice 이미지 등
고객 심리의 이해	고객에 대한 이해, 고객 분류 및 계층론, 고객 심리의 이해, 고객의 성격 유형에 대한 이해, 고객의 구매 의사 결정 과정 등
고객 커뮤니케이션	커뮤니케이션의 이해, 효과적인 커뮤니케이션 기법/스킬, 감성 커뮤니케이션, 설득과 협상 등
회의 기획 및 의전 실무	MICE의 이해, 회의 운영 기획/실무, 의전 운영 기획/실무, 프레젠테이션 등

GUIDE

4. 시험유형

SMAT 시험은 모듈별 50문항으로 구성되며, 5가지 유형으로 출제된다.

PART 1 일반형 | 5지선다형으로, 24문항 출제

1. 다음의 상황별 전화 응대에 대한 설명으로 옳은 것은?
   ① 지명인이 부재중일 때, 개인적인 부재 사유에 대해 정확하게 알린다.
   ② 회사의 위치를 묻는 경우 일단 대중교통을 이용할 수 있도록 안내해준다.
   ③ 찾는 사람이 부재중이라면 정중히 사과 후 나중에 다시 전화할 것을 부탁한다.
   ④ 불특정 고객이 전화 연결을 요청하는 경우, 지명인의 휴대전화번호를 알려줘서는 안 된다.
   ⑤ 전화가 잘 들리지 않는 경우 "뭐라고요?", "잘 안 들리는데요." 등의 표현으로 통화 상태가 좋지 않음을 명확하게 알린다.

PART 2 O/X형 | 주어진 문장의 참과 거짓을 판별하는 유형으로, 5문항 출제

[25~29] 다음 문항을 읽고 옳고(O), 그름(X)을 선택하시오.

25. 의전의 기본 정신 5R은 상대에 대한 존중(Respect), 문화의 반영(Reflecting Culture), 상호주의 원칙(Reciprocity), 서열(Rank), 오른쪽 상석(Right) 이렇게 5가지이다. (① O ② X)

26. 서비스 종사자에게 있어 커뮤니케이션은 무엇보다도 중요한 경영 수단이다. 커뮤니케이션은 신이 자신의 덕을 인간에게 나누어 준다는 의미로, 공동체 내의 상호이해 및 협력을 커뮤니케이션이라 한다. (① O ② X)

PART 3 연결형 | 제시된 보기 중 문장에서 설명하는 내용과 일치하는 보기를 찾는 유형으로, 5문항 출제

[30~34] 다음 설명에 적절한 보기를 찾아 각각 선택하시오.

| ① 겸양어 | ② 기사도 정신 | ③ 공수법 |
| ④ T.P.O. | ⑤ 상대에 대한 존중(Respect) | |

30. 대화에 있어 상대방을 높이고, 말하는 주체인 자신을 낮추는 말 ( )

PART 4 사례형 비즈니스 상황에서 접할 수 있는 다양한 상황을 서술한 제시문을 바탕으로 문제를 푸는 유형, 10문항 출제

42. 다음은 한 가구점에서 고객과 점원이 대화를 하는 장면이다. 이를 설명한 내용으로 가장 옳은 것은?

> 고객: 초록색 의자보다 노란색 의자가 더 마음에 들어요.
> 점원: 재고가 있는지 모르겠네요, 지난 주에 매진됐거든요. 가장 인기 있는 제품입니다. 게다가 그 가격이라면 손님들도 곧바로 가져가시고 싶어 하지요. 괜히 기대감을 드리기 전에 재고가 있는지 한번 확인하겠습니다.

① 재고가 없다면 '없다'고 단호하게 말해야 한다.
② '나중에는 불가능할지도 모른다.'는 뉘앙스를 고객에게 느끼게 해서는 곤란하다.
③ 사례와 같은 응답 방식은 노란색 의자를 구매하겠다는 고객의 의지를 감소시킬 수 있다.
④ "다음 주에 오셔도 저희가 물건을 충분히 가지고 있을 겁니다."라는 말은 고객의 구매 욕구를 더욱 불러일으킬 가능성이 크다.

PART 5 통합형 비즈니스 상황에서 접할 수 있는 다양한 상황을 서술한 제시문을 바탕으로 2개의 문항을 푸는 유형, 6문항 출제

[47~48] 다음은 가전제품 매장을 방문한 고객과의 상담 내용이다.

> 주부 김영희 씨는 여름이 다가오자 작년에 망설이다 사지 않은 제습기를 알아보려 매장을 방문했다. 망설이다 들어간 첫 번째 매장에서의 상담 내용이다.
>
> 판매원 1: 제습기를 알아보게 된 계기가 있으세요?
>
> 고객: 친구가 작년에 제습기를 샀는데 정말 좋다고 하더라고요. 진작 살걸 그랬다고 굉장히 만족하던데요.
>
> 판매원 1: 그럼요. 성능이 얼마나 좋은데요. 좀 지나면 없어서 못 사실 거예요. 이번 기회에 하나 장만하세요.
>
> 가격을 알아보고 망설여진 영희 씨는 좀더 알아보겠다고 다음 매장을 들어갔다.

시험 당일, 합격 전략

어렵다고 포기하지 말고 상황을 상상하자!

SMAT 시험은 실무형 자격시험이라는 취지에 맞게 실제 사례를 묻는 문제가 많이 출제된다. 때문에 문제가 어려울 땐 포기하기보다는 실제 상황을 상상하면 어렵게만 느껴졌던 문제가 생각보다 쉽게 풀릴 수도 있다!

쉬는 시간을 활용하라!

모듈별 쉬는 시간은 20분.
시험 종료 15분 전부터 중도 퇴실이 가능하기 때문에 최대 35분의 쉬는 시간이 주어진다!
이 황금같은 시간 동안 빈출족보 또는 실제 시험 동형 모의고사를 확인하자.

주의 쉬는 시간만 너무 믿지는 말 것!
중도 퇴실 시 시험이 끝날 때까지 시험장에 들어갈 수 없다.
시험장 앞에서 공부가 잘 될 것이라는 보장은 없다.

STRUCTURE
구성과 특징

이론부터 문제까지 단기에!
단기 공략 커리큘럼

학습방향을 제시해주는! 과목별 이론

SMAT 공식 출제기준에 맞추어 구성하고, SUBJECT별 학습방법과 '빈출 키워드', 자주 출제되는 이론을 파악할 수 있는 '형광펜' 표시 등을 통해 단기 합격을 위한 학습방향을 제시하였다.

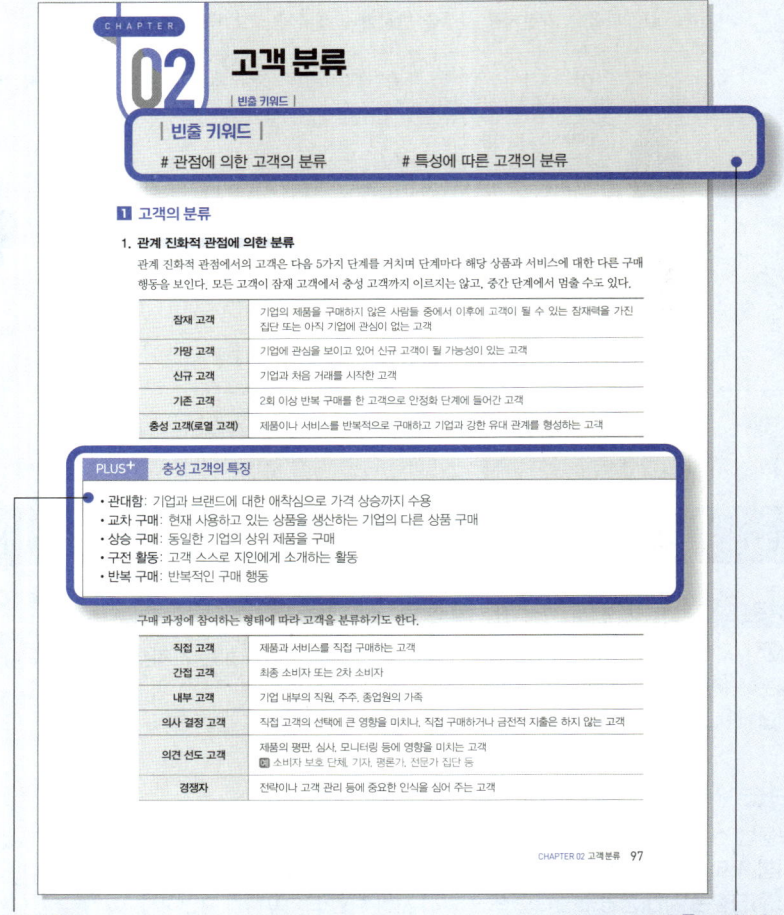

PLUS+
용어나 개념, 사례 등 이론을 이해하거나 학습의 흐름에 도움이 되는 이론 수록!

빈출 키워드
출제 비중이 높은 내용, 자주 출제되는 키워드 등을 학습 전에 먼저 확인!

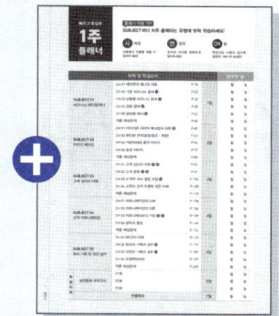

"1주/2주 플랜을 선택하여 플래너와 함께 학습하세요!"

에듀윌이 만든! 적중 예상문제

학습한 이론을 바로 확인할 수 있는 적중 예상문제를 실제 시험 난이도, 형태 그대로 수록하였다.

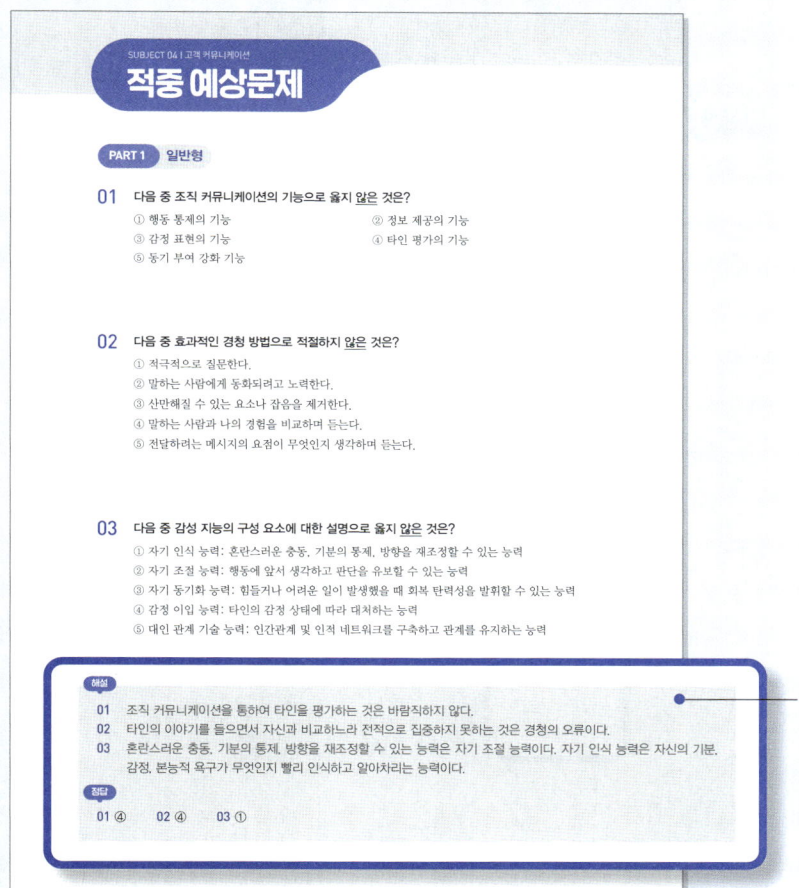

정답 및 해설

왜 정답인지 직관적으로 파악할 수 있는 해설! 문제와 같은 페이지에 수록하여 편리하게 오답 체크 가능!

STRUCTURE

시험 직전까지 볼, 시험장 필수 아이템

시험에 나올 이론을 한 손에! 빈출족보

시험에 나올 이론을 압축하여 시험 직전까지 빈출이론을 확인할 수 있도록 하였다.

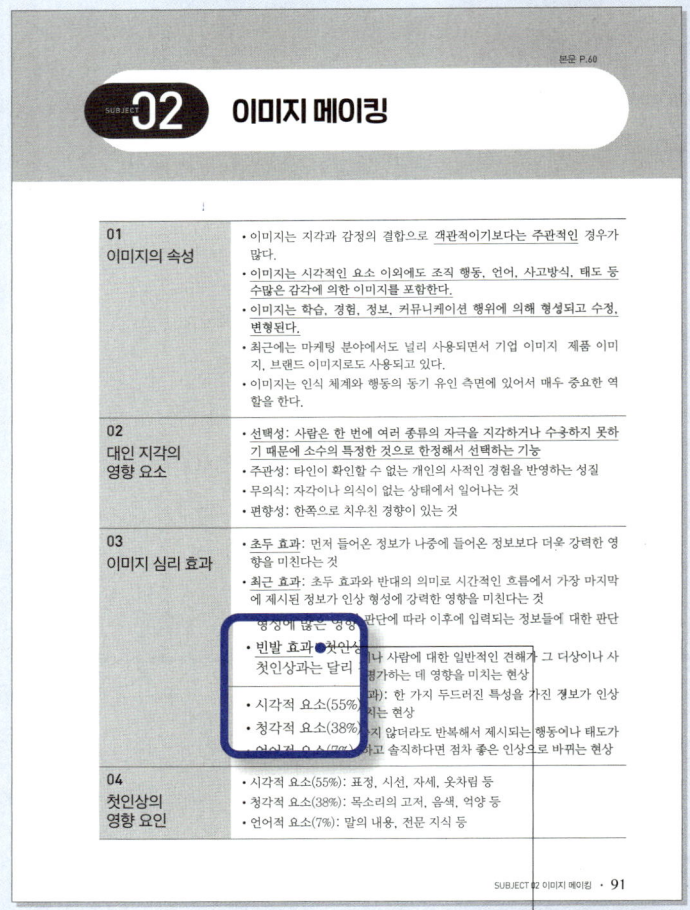

강조 표시
시험에 자주 나오는 문장과 키워드 표시!

실제 시험과 완벽 동일 구성!
한국생산성본부(KPC) 제공
모의고사 그대로 수록!

주관처 제공 모의고사 그대로! **실제 시험 동형 모의고사**

문제지부터 OMR 카드까지 실제 시험을 완벽하게 구현하였다.
여기에 상세한 정답 및 해설과 필수개념이 더해져 완벽한 마무리가 가능하다.

실제 시험 동형 모의고사
한국생산성본부에서 제공한 모의고사 그대로를, 실제 시험과 가장 유사하게 풀어본다.

필수개념
관련 이론을 한번에!
시험 직전 틀린 문제에 대한 필수개념은 꼭 확인하자.

CONTENTS
차례

SUBJECT 01 | 비즈니스 에티켓/매너

CHAPTER 01	에티켓과 매너의 이해	18
CHAPTER 02	기본 비즈니스 응대	23
CHAPTER 03	상황별 비즈니스 응대	32
CHAPTER 04	전화 응대	38
CHAPTER 05	글로벌 매너	42
적중 예상문제		48

SUBJECT 02 | 이미지 메이킹

CHAPTER 01	이미지와 이미지 메이킹의 이해	58
CHAPTER 02	첫인상 관리(표정/용모·복장)	63
CHAPTER 03	기본자세와 동작 이미지	72
CHAPTER 04	음성 이미지	75
적중 예상문제		78

SUBJECT 03 | 고객 심리의 이해

CHAPTER 01	고객 심리의 이해	92
CHAPTER 02	고객 분류	97
CHAPTER 03	고객의 의사 결정 과정	102
CHAPTER 04	고객의 성격 유형에 대한 이해	108
적중 예상문제		115

SUBJECT 04 | 고객 커뮤니케이션

CHAPTER 01	커뮤니케이션의 이해	128
CHAPTER 02	커뮤니케이션의 이론	136
CHAPTER 03	커뮤니케이션의 기법	139
CHAPTER 04	설득과 협상	146
적중 예상문제		151

SUBJECT 05 | 회의 기획 및 의전 실무

CHAPTER 01	MICE의 이해	172
CHAPTER 02	회의의 기획과 실무	179
CHAPTER 03	의전의 기획과 실무	189
CHAPTER 04	프레젠테이션	199
적중 예상문제		205

특별부록

빈출족보
- SUBJECT 01
- SUBJECT 02
- SUBJECT 03
- SUBJECT 04
- SUBJECT 05

실제 시험 동형 모의고사
- 01회
- 02회
- 03회
- 정답 및 해설

SUBJECT 01

비즈니스 에티켓/ 매너

CHAPTER 01 에티켓과 매너의 이해
CHAPTER 02 기본 비즈니스 응대
CHAPTER 03 상황별 비즈니스 응대
CHAPTER 04 전화 응대
CHAPTER 05 글로벌 매너

학습방법

- ☑ 에티켓, 매너, 예의범절의 개념을 구분하고 중요성에 대해 이해한다.
- ☑ 비즈니스에서 중요한 인사, 소개, 악수 등 구체적인 방법과 올바른 자세를 숙지한다.
- ☑ 전화 상대와 상황에 따른 응대 방법을 학습하고 현장 사례에 적용할 수 있도록 한다.
- ☑ 나라별 특징과 식사 매너 등 글로벌 매너에 대해 이해한다.

무료강의
바로보기

CHAPTER 01 에티켓과 매너의 이해

| 빈출 키워드 |
에티켓과 매너　　　# 서비스 매너　　　# 네티켓
직장인의 근무 예절

1 에티켓

1. 에티켓의 기원과 어원
① 15세기 프랑스에 정착하였고 안 도트리슈(루이 13세의 왕비)에 의해 궁정 예법으로 발달하여 루이 14세 (17세기)에 의해 완전하게 정비되었다.
② 에티켓의 어원에 대한 설
- 베르사유 궁전에 출입하는 사람들에게 배부했던 궁전 내에서 지켜야 할 유의 사항이 수록되어 있는 티켓(Ticket)에 기원을 두는 설
- 프랑스어의 동사 'Estiqer(붙이다; 나무 말뚝에 붙인 출입 금지의 의미로 확장됨)'의 어원으로 궁전 화단에 '꽃밭을 해치지 않는다'는 입간판을 붙인 것에서 유래하였다는 설

2. 에티켓의 의미 빈출
① 모든 사회생활과 공공장소에서 취해야 할 바람직한 행동 양식이다.
② 상대방에 대한 존중을 바탕으로 함께하는 문화를 유지하기 위한 사회적 약속이다.
③ 사회생활을 원활하게 하기 위해 생활 속에서 지켜야 하는 규범이다.
④ 법적 구속력이나 강제성이 없는 사회적 불문율이다.
⑤ 예의범절의 서양적인 개념이다.

2 매너

1. 매너의 어원
매너는 'Manuarius'라는 라틴어에서 유래하였다.

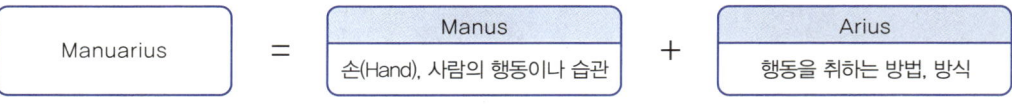

Manuarius = Manus 손(Hand), 사람의 행동이나 습관 + Arius 행동을 취하는 방법, 방식

2. 매너의 의미 빈출
① 매너의 기본은 상대방을 존중하는 태도에 있으며, 타인을 향한 배려의 언행을 형식화한 것이다.
② 상대방에게 폐를 끼치지 않고 불편함이 없도록 배려함으로써 타인을 편안하게 하는 것이다.
③ 사람이 수행해야 하는 구체적인 행동 방식(Way)이다.

> **PLUS⁺ 에티켓과 매너의 구분**
> - 사람들 사이에서의 합리적인 행동 기준을 에티켓이라고 하며, 이러한 에티켓을 바탕으로 구체적인 언어와 행동으로 표현되는 것을 매너라고 한다.
> - 즉 에티켓을 외적으로 표현하는 것이 매너이다.
> - 일반적으로 에티켓은 '있다', '없다'로 표현하고, 매너는 '좋다', '나쁘다'로 표현한다.
> - 국가 간의 보다 형식을 갖춘 외교, 의례적 목적의 예법은 프로토콜(Protocol)이라고 한다.

3 예의범절

1. 예의범절의 의의

예의와 범절을 합쳐서 예의범절(예절)이라고 한다. 예의가 정신세계를 강조하는 것이라면, 범절은 그것을 겉으로 표현하는 행동에 비중을 둔 것이다.

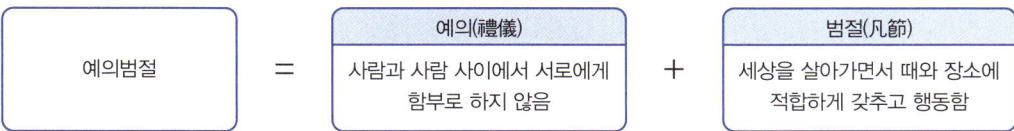

2. 예의범절의 의미

① 상대방의 인격을 존중하며, 타인을 배려하기 위해 일상생활에서 갖추어야 할 모든 예의와 절차를 말한다.
② 에티켓의 동양적인 개념으로 개인과 집 안팎에서 지켜야 할 기본적인 규범이다.
③ 예의범절은 타인에 대한 마음가짐이나 태도를 말하며 자발적이어야 한다.
④ 유교의 사상적 성향을 수용하며 발전하였고, 유교의 도덕 사상에서 기본이 되는 삼강오륜(三綱五倫)에 근간을 두고 있다.

4 서비스 매너

1. 서비스 매너의 의의

① 서비스 경제 사회에서 직업인으로 성공하기 위한 경쟁력의 원천이 된다.
② 고객 맞이부터 배웅까지 일련의 모든 절차에 걸쳐 전달되는 서비스 제공자의 태도이다.
③ 고객과 만나는 접점에서 고객에 대한 이해와 요구를 빨리 파악하고 대처하는 기본 능력이다.
④ 꾸준한 훈련과 긍정적인 마인드로 서비스 전문가로서의 능력을 배양해야 한다.

2. 서비스 매너의 구성 요소

① 고객에게 호감을 주는 표정과 말씨
② 고객을 존중하는 바른 자세와 동작
③ 신뢰감을 주는 이미지와 고객과의 상호 신뢰
④ 단정한 용모와 복장
⑤ 원활한 의사소통 능력
⑥ 고객을 이해하는 마음과 공감 능력, 역지사지(易地思之)의 자세

5 네티켓

1. 네티켓의 의미 빈출
① 네티켓이란 네트워크(Network)와 에티켓(Etiquette)의 합성어이다.
② 네티즌[네트워크(Network)와 시민(Citizen)의 합성어]이 네트워크상에서 갖추어야 할 예의범절을 의미한다.
③ 익명성, 다양성, 자발성, 쌍방향성, 다중성 등의 다양한 특징이 있는 가상공간도 넓게 보면 사회의 일부이므로 가상공간에서의 에티켓, 즉 네티켓이 필요하다.

2. 네티켓의 핵심 원칙
1994년, 미국 플로리다 대학교의 버지니아 셰어 교수는 가상공간에서 지켜야 할 예절을 제시하였다.
① 가상공간에서 만난 상대방도 인간임을 기억하라.
② 실제 생활에서와 똑같은 기준과 행동을 고수하라.
③ 현재 자신이 접속해 있는 곳을 알고, 그곳의 문화에 어울리게 행동하라.
④ 상대방의 시간을 존중하라.
⑤ 온라인에서도 교양 있는 사람으로 보이도록 행동하라.
⑥ 전문적인 지식을 공유하라.
⑦ 논쟁을 할 경우 감정을 절제하며 참여하라.
⑧ 상대방의 사생활을 존중하라.
⑨ 자신의 특권을 남용하지 마라.
⑩ 상대방의 실수를 용서하라.

3. 커뮤니티 관련 네티켓

이메일 네티켓	• 날마다 메일을 체크하여 수신한 메일은 빠른 시간 내에 답변하고, 중요하지 않은 메일은 즉시 지운다. • 제목은 메일 내용을 함축하여 간략하게 쓰고 말머리를 이용한다. 예 [긴급], [제안] 등 • 발신자가 누구인지 정확히 밝힌다. • 수신자의 메일 주소가 정확한지 확인하고 발송한다. • 내용을 보낼 때에는 용건만 간단히 보낸다. • 첨부파일은 용량이 큰 경우 압축하여 첨부하고 보내기 전에 누락되지 않았는지 확인한다. • 유머 및 정보성 메일은 발송 전에 상대방에게 의사를 묻는다.
게시판 네티켓	• 게시물의 내용을 잘 설명할 수 있는 알맞은 제목을 사용한다. • 게시글은 올바른 맞춤법을 사용하여 명확하고 간결하게 작성한다. • 사실로 확인되지 않은 내용은 게시하지 않는다. • 동일한 글을 여러 번 게시하지 않는다. • 다른 사람이 쓴 글에 지나친 반박은 삼간다. • 자기의 생각만을 고집하지 않고 상대방에게 불쾌감을 주지 않도록 배려한다.
자료실 네티켓	• 자료를 게시할 때에는 출처를 정확히 밝힌다. • 불법 소프트웨어, 음란물 등을 게시하지 않는다. • 자료를 게시하거나 다운받기 전에는 항상 바이러스 체크를 한다. • 게시할 자료는 압축해서 용량을 줄인다. • 유익한 자료를 받으면 자료 제공자에게 감사의 표현을 한다.

채팅 네티켓	• 마주 보고 이야기하는 마음가짐으로 임한다. • 만나고 헤어질 때는 인사를 한다. • 대화방에 처음 들어갈 경우 이미 진행된 대화의 내용과 분위기를 어느 정도 파악한 후 대화에 참여하는 것이 좋다. • 동시에 몇 사람과 이야기할 때에는 대화의 상대방을 혼동하지 않도록 조심해야 한다. • 유언비어, 속어와 욕설, 개인적인 논조, 상호 비방적인 내용이나 타인의 명예를 훼손시킬 우려가 있는 대화는 삼간다. • 이모티콘이나 기호를 적절히 사용하여 센스 있고 미소를 자아내는 대화를 유도한다. • 문맥이나 오타 등의 실수를 이해하고 배려하는 태도를 가진다.

6 직장 매너

1. 근무 자세

① 직장은 다양한 사람들이 모이는 곳이므로 서로를 존중하는 마음과 행동이 필요하다.
② 근무 자세는 일에 대한 마음의 표현이며 바람직한 자세와 태도로 상대방에게 호감과 신뢰를 전달할 수 있다.
③ 올바른 자세와 태도는 업무에 몰입할 수 있게 하여 능률을 높여 주고, 자신의 신체 건강에도 도움이 된다.

2. 근무 예절

출근 시	• 출근 시간을 엄수하고 회사에 도착하여 간단한 정리정돈을 한 후 하루 일과를 계획하고 점검한다. • 부득이한 사정으로 지각이나 결근을 할 경우 직접 상사에게 연락하여 사유를 보고한다. • 사무실에 들어서면 밝은 표정과 목소리로 상사와 동료에게 먼저 아침 인사를 한다. • T.P.O.에 적합하고 바람직한 용모·복장을 갖춘다.
근무 시	• 회사의 규정을 준수하며 단정하고 예의 바른 업무 태도를 갖는다. • 개인적인 전화나 잡담은 삼간다. • 회사의 사무 용품이나 비품을 사용한 후에는 반드시 제자리에 놓는다. • 근무 시간 중에 업무와 관련이 없는 행동이나 개인적인 일은 지양한다. • 점심 시간은 정해진 시간을 준수한다. • 업무와 관련된 모든 문서는 정기적으로 정리, 분류하여 보관한다. • 타인에게 불쾌감을 줄 수 있는 행동은 하지 않는다.
이석, 외출 시	• 이석 시에는 목적지를 분명히 하고 반드시 주위에 알린다. • 잠시 외출을 하더라도 책상을 간단히 정리하고 서류를 서랍 속에 넣는다. • 외출 시에는 행선지, 목적, 소요 시간을 보고하고 상사의 허가를 받는다. • 근무 시 무단으로 사적인 외출을 하는 것은 삼간다. • 외출지에서 퇴근 시간을 넘길 경우 상사에게 전화를 걸어 현지 퇴근을 알린다. • 복귀 후에는 부재중 발생한 업무를 확인하고 처리한다.

퇴근 시	• 근무 시간이 끝나기 전에 미리 퇴근 준비를 하지 않는다. • 전자 제품(컴퓨터, 복사기 등)의 전원을 반드시 확인한다. • 문서와 서류는 보관함에 넣고 잠금장치를 확인한다. • 책상 위에는 불필요한 물건을 치우고 업무상 필요한 물건과 용품, 자료만 놓는다. • 인계할 것과 내일 할 일을 확인하고 간단하게 기록한다. • 당일 해야 하는 업무는 가급적 마무리하고, 처리하지 못한 일이 있는 경우 상사에게 보고하여 지시를 받는다. • 사무실에 남아 있는 상사나 동료에게 "먼저 퇴근하겠습니다.", "먼저 들어가겠습니다." 등 간단한 인사를 잊지 않도록 한다. • 먼저 퇴근하는 사람에게 "수고하셨습니다.", "안녕히 가십시오." 등으로 상호 인사를 나눈다. 단, 상사에게 "수고하셨습니다."라고 인사하는 것은 실례이므로 주의한다.

PLUS+ T.P.O.

- T(Time): 시간
- P(Place): 장소
- O(Occasion): 상황

3. 삼가야 할 태도

① 업무와 관련 없는 일, 개인적인 독서, 장시간 인터넷 보기 등은 삼간다.
② 동료와 큰소리로 잡담을 하거나 고함을 치는 일이 없도록 한다.
③ 구두, 슬리퍼 소리를 요란하게 내지 않는다.
④ 업무를 하는 자리에서 메이크업을 수정하지 않는다.
⑤ 업무 중에 사적인 통화를 자주, 길게 하지 않는다.
⑥ 의자에 반 누운 상태, 의자에 앉은 채 자리를 이동하는 행동은 삼간다.

CHAPTER 02 기본 비즈니스 응대

| 빈출 키워드 |

\# 인사의 순서와 방법　　　\# 공수　　　\# 호칭과 경어

1 인사 매너

1. 인사의 의의 빈출

① 인사는 인간관계의 출발점이자 서로에 대한 가장 기본적인 예의이다.
② 상대방과 서로 마주 대하거나 헤어질 때 예를 표하는 것, 또는 그런 말이나 행동을 의미한다.
③ 사회생활에서 서로의 마음을 열게 하는 효과적인 방법이다.
④ 상대방의 인격을 존중하고 배려와 호감을 표현하는 행위이다.
⑤ 자신의 인격과 교양을 외적으로 나타내는 기본적인 표현이다.

2. 기본자세

표정	부드러운 미소와 함께 밝은 표정을 유지한다.
시선 빈출	인사 전후에는 상대방의 눈이나 미간을 부드럽게 바라본다.
턱	턱은 내밀지 않고 자연스럽게 당긴다.
어깨	어깨는 힘을 빼고 자연스럽게 내린다.
허리, 무릎 등	허리, 무릎 등은 곧게 펴서 온몸이 자연스러운 일직선이 되도록 한다.
손	여성은 공수 자세를 취하고, 남성은 주먹을 가볍게 쥐어 바지 재봉선에 붙인다.
발	발뒤꿈치를 붙이고 앞부분은 약간 벌린다(여성 15°, 남성 30° 정도).

3. 인사의 순서

① 1단계: 바른 자세로 상대와 시선을 맞춘 후 인사말을 한다.
② 2단계: 허리부터 상체를 숙여 인사를 한다. 이때 등과 목은 일직선이 되도록 한다.
③ 3단계: 시선은 상대의 발끝에 두거나 자신의 발끝에서 일정 거리에 둔다.
　• 약례: 2.5m 정도
　• 보통례: 2.0m 정도
　• 정중례: 1.5m 정도
④ 4단계: 숙인 상태에서 2~3초간 멈춘다.
⑤ 5단계: 굽힐 때보다 천천히 상체를 들어 올린다.
⑥ 6단계: 바른 자세로 서서 상대방과 시선을 맞추며 미소를 짓는다.

4. 인사의 시기

① 인사는 내가 먼저하며, 상대방이 못 보거나 인사를 받지 않더라도 하는 것이 좋다.
② 일반적으로 방향이 다른 상대와 마주칠 경우 30보 이내에 인사할 준비를 하며, 인사를 하는 가장 좋은 시기는 6~8보 이내(10m 이내)이다.
③ 갑자기 마주쳤을 때도 즉시 상황에 맞는 인사를 한다.
④ 이동 중에 인사해야 할 경우 빠르게 상대방의 앞으로 가서 인사한다.
⑤ 상사가 계단 아래에 있는 경우 상대와 같은 위치로 빠르게 이동하여 인사한다.

5. 인사의 종류

구분	방법	상황
목례	허리를 숙이지 않고 머리만 가볍게 숙여 눈으로 예의를 표하는 인사	• 양손에 무거운 짐을 들고 있는 경우 • 모르는 사람과 마주치는 경우 • 실내나 복도에서 자주 마주치는 경우 • 통화 중인 경우
약례	허리를 15° 정도 숙여 하는 인사	• 실내나 통로, 엘리베이터 등의 협소한 공간이나 화장실과 같은 개인적인 공간에서 만나는 경우 • 고객이나 상사를 여러 차례 만나는 경우 • 손아랫사람, 동료나 친한 사람과 인사하는 경우 • 회의 중에 출입하는 경우
보통례	허리를 30° 정도 숙여 하는 인사	• 보편적으로 처음 만나 인사하는 경우 • 고객이나 상사와 만나거나 헤어지는 경우 • 상사에게 보고하거나 지시 받는 경우
정중례	허리를 45° 정도 숙여 하는 인사	• 감사의 뜻을 표할 경우 • 사과하는 경우 • 면접이나 공식 석상인 경우 • VIP 고객이나 직장의 CEO를 맞이하는 경우

2 공수 빈출

1. 공수의 의미
① 손을 맞잡는 공손한 자세로 의식 행사, 어른 앞에 있을 때, 전통적인 절을 할 때 취하는 자세이다.
② 공수법은 남자와 여자가 다르고 평상시와 흉사 시가 다르므로 성별과 의식 행사의 성격에 맞는 자세를 취해야 한다.

2. 공수의 방법
① 손가락을 가지런히 붙여서 편 다음 앞으로 모아 포갠다.
② 엄지손가락은 엇갈려 깍지를 끼고 네 손가락은 포갠 후 엄지가 배꼽에 닿도록 한다.
③ 평상시 남성은 왼손, 여성은 오른손이 위로 가게 한다.
④ 흉사 시에는 남녀 모두 손 위치를 평상시와 반대로 한다.
⑤ 공수하고 앉을 때 남자는 손을 아랫배 중앙에, 여자는 오른쪽 다리 위에 놓는다. 여자가 한쪽 다리를 세우고 앉을 때는 세운 무릎 위에 손을 놓는다.

▲ 평상시 여자 공수 자세

▲ 평상시 남자 공수 자세

PLUS⁺ 흉사와 제사 시의 공수 빈출
- 흉사란 사람이 죽은 일을 뜻하며, 주로 돌아가신 날로부터 49일까지를 의미한다.
- 조상의 제사는 자손이 조상을 받드는 길(吉)한 일로 흉사가 아니다. 따라서 제사에서는 평상시 공수 자세를 취한다.

3 소개 매너

1. 소개 매너의 의의
① 소개는 인간관계를 형성해 나가는 데 있어 사람과 사람 간의 좋은 가교 역할이 되는 시점이기 때문에 올바른 소개 매너는 비즈니스에서 매우 중요하다.
② 첫 만남의 인상과 느낌은 오랫동안 영향을 미친다. 따라서 소개하고 소개받는 형식과 예의는 매우 중요하다.

2. 소개의 순서 빈출
① 손아랫사람을 손윗사람에게 먼저 소개한다.
② 연소자를 연장자에게 먼저 소개한다.
③ 지위가 낮은 사람을 지위가 높은 사람에게 먼저 소개한다.
④ 이성 간에는 남성을 여성에게 먼저 소개한다.

⑤ 미혼인 사람을 기혼인 사람에게 먼저 소개한다(예외: 국가 원수나 왕족, 성직자 등).
⑥ 집안사람을 손님에게 먼저 소개한다.
⑦ 자신의 동료(내부 고객)를 외부 고객에게 먼저 소개한다.
⑧ 한 사람을 여러 사람에게 먼저 소개한다.

3. 소개의 방법
① 모두 일어나는 것이 원칙이다(예외: 환자나 고령인 사람).
② 소개자의 소속, 직책, 성명 등을 간단하게 설명한다.
③ 연장자가 소개를 받고 악수 대신 간단한 인사를 하면 연소자도 이에 따른다.
④ 부부를 소개받았을 경우 동성 간에는 악수를, 이성 간에는 간단한 목례를 한다.
⑤ 연소자가 연장자에게 소개되었을 때 연장자가 악수를 청하기 전에 손을 내밀어서는 안 된다.
⑥ 혼합된 다수의 사람이 있을 때는 각자 소개하는 것이 좋다.

4 악수 매너

1. 악수의 유래
① 손에 무기를 지니고 있지 않음을 보여 주는 평화의 제스처였다.
② 고대 이집트 시대의 '주다'라는 의미의 상형문자와 악수 동작이 유사하다.

2. 악수의 의의
① 악수(Handshaking)란 친애의 뜻을 나타내는 서양식 예법으로, 서로 손을 마주 잡고 하는 인사이다.
② 상호 간의 호감과 정을 표현하는 것으로 사회생활에서 관계 형성의 도구로 사용된다.
③ 상대에 대한 정중한 마음과 바른 태도로 하는 것이 중요하다.
④ 서양에서 악수를 사양하는 것은 결례이므로 호의적인 자세로 악수를 하는 것이 중요하다.

3. 악수의 순서
① 손윗사람이 손아랫사람에게 먼저 악수를 청한다.
② 여성이 남성에게 먼저 악수를 청한다.
③ 선배가 후배에게 먼저 악수를 청한다.
④ 기혼자가 미혼자에게 먼저 악수를 청한다.
⑤ 상급자가 하급자에게 먼저 악수를 청한다.

4. 악수의 방법 빈출
① 원칙적으로 오른손으로 한다.
② 상대방의 눈을 보며 가벼운 미소와 함께 손을 잡는다.
③ 허리는 당당한 자세로 곧게 펴고 악수를 한다(예외: 국가 원수나 왕족, 성직자).
④ 적당한 거리를 유지한다.
⑤ 손은 적당한 힘으로 잡고, 2~3번 위아래로 가볍게 흔든다.

⑥ 악수를 할 때 장갑은 벗어야 한다(예외: 여성의 드레스와 함께 연출하는 장갑).
⑦ 손이 더러운 경우 양해를 구한 후 손을 닦고 하거나, 인사로 대신한다.

> **PLUS+ 악수의 5대 원칙**
> - 미소(Smile)
> - 적당한 거리(Distance)
> - 적당한 힘(Power)
> - 눈맞춤(Eye Contact)
> - 리듬(Rhythm)

5 명함 매너

1. 명함의 유래
① 고대 중국에서 지인의 집을 방문했을 때 상대가 부재중이면 자신의 이름을 적어 남기는 관습에서 기원한 것이다.
② 명함은 루이 14세 때부터 사교의 목적으로 사용되었고, 16세기경부터는 독일에서도 작은 종이에 이름을 적어 사용했다고 한다. 이러한 명함은 사교의 목적으로 사용하는 사교용 명함이며 우리가 흔히 사용하는 명함은 업무용 명함의 성격을 띤 것으로 용도가 다르다.

> **PLUS+ 서양에서 명함의 용도에 따른 분류**
> - **사교용 명함**: 초대를 받고 감사의 표시와 참석 여부를 표시하는 방문 카드로 사용하였으며, 꽃, 선물 등을 보낼 때 이름과 주소를 남기는 용도로 사용하였다.
> - **업무용 명함**: 상호 간의 교제 및 자신을 알리는 용도와 자신의 정보를 제공함으로써 신뢰를 주기 위한 수단으로 활용하였다.

2. 명함의 중요성
① 명함은 상대방에게 자신의 정보를 제공하는 동시에 자신이 속한 조직을 나타내는 첫인상으로 매우 중요한 역할을 한다.
② 형태와 규격이 적절한 명함을 사용하여 상대방에게 신뢰를 주는 것도 비즈니스에서 중요하다.
③ 직·간접적인 마케팅 및 홍보 효과를 가진다.
④ 인간관계 형성과 인맥 관리에 효과적인 도구이다.
⑤ 명함은 자신을 나타내는 자기소개서라 생각하고 소중하게 다루어야 한다.

3. 명함 교환 순서 빈출
① 아랫사람이 윗사람에게 먼저 건넨다.
② 소개의 경우에는 소개받은 사람부터 건넨다.
③ 방문한 곳에서는 상대방보다 먼저 명함을 건넨다.

4. 명함 교환 방법
① 공통
- 방문자가 상대방에게 먼저 건네지만, 고객이 방문하였을 경우에는 직원이 고객에게 먼저 명함을 건넨다.

- 명함에 메모가 꼭 필요한 경우라면 상대방과의 만남이 끝난 후 명함 상단에 날짜와 특이 사항을 기록하여 상대방을 기억하도록 한다(상대방이 보는 앞에서 명함에 글씨를 적거나 훼손하지 않도록 주의해야 함).
- 원칙적으로 동시 교환은 결례이나, 요즘은 동시에 건네는 경우도 많다. 명함을 동시에 교환할 경우 자신의 명함은 오른손으로 건네고, 상대방 명함은 왼손으로 받는다.

② 명함을 건넬 때
- 명함은 선 자세로 교환하는 것이 예의이다(앉아서 대화를 나누다가 명함을 교환하는 경우도 포함함).
- 정중하게 인사를 하고 자신의 소속과 이름을 밝히며 직급이나 나이에 관계없이 두 손으로 건네도록 한다.
- 명함은 왼손을 받쳐서 오른손으로 건네며, 자신의 이름을 상대방이 바르게 볼 수 있는 방향으로 건넨다.
- 명함을 건넬 상대가 여럿일 경우 윗사람에게 먼저 건넨다.
- 테이블 위에 놓고서 손으로 밀거나 서류봉투 위에 놓아서 건네는 것은 좋지 않다.
- 명함은 여유 있게 준비하고 명함지갑에 잘 보관하여 훼손되거나 지저분한 명함을 건네지 않도록 한다.

③ 명함을 받을 때
- 일어서서 "반갑습니다."라고 인사하며 두 손으로 받는 것이 좋다.
- 명함을 받고 상대방의 직함과 이름을 불러 준 후 자신의 명함도 바로 건넨다. 명함이 없는 경우에는 상대방에게 양해를 구하고 원한다면 종이에 적어 건넨다.
- 명함의 여백 부분을 잡아 공손히 받쳐 들고, 다시 한번 소속과 이름을 확인한다.
- 어려운 한자나 영어는 그 자리에서 물어봐도 실례가 아니다.
- 명함을 받자마자 바로 집어넣는 것은 실례이다. 명함을 받은 후 대화(회의)가 이어질 경우 명함을 테이블 위에 올려놓고 직위와 이름을 기억하며 대화를 나누는 것이 좋다.
- 일반적으로 명함을 명함지갑에 넣어 남성은 가슴 포켓 또는 양복 상의에, 여성은 핸드백에 보관한다(받은 명함을 아무 곳에나 방치해서는 안 됨).

▲ 명함을 건네는 경우

▲ 명함을 동시에 교환하는 경우

6 호칭과 경어 매너

1. 호칭

① 호칭의 중요성: 비즈니스에서 올바른 호칭과 경어의 사용은 상대방을 배려하는 중요한 매너이자 사용하는 사람의 품격과 교양을 평가하는 척도로 작용한다.

② 계층에 따른 호칭

상급자	• 직급이 높은 사람의 성과 직위 다음에 '님'의 존칭을 붙여 호칭한다. 예 김 부장님 • 성명을 모르는 경우에는 직위에만 '님'의 존칭을 붙인다. 예 부장님 • 직위가 높은 사람에게 자신을 칭할 때에는 겸양어인 '저'라고 한다.

동급자	• 성과 직위 또는 직명을 호칭한다. • 동급자인 경우에는 이름 뒤에 '씨'를 붙여 호칭하며, 초면인 경우 '님'을 붙인다. • 선임자인 경우에는 이름 뒤에 '님'을 붙여 호칭하거나 '선배'라는 호칭을 사용한다.
하급자	• 직위가 있는 경우에는 직명으로 호칭한다. 예 고객센터 박 대리, 박 주임 • 초면인 경우와 직위가 없는 경우에는 '씨'를 붙여 호칭한다. 예 김영희 씨 • 하급자에게 자신을 칭할 때에는 '나'라고 지칭한다. • 부하라도 연장자일 때에는 적절한 예우가 필요하다.

③ 틀리기 쉬운 호칭
- 상사에 대한 존칭은 호칭에만 사용한다. 예 사장님실 (×) → 사장실 (○)
- 문서에는 상사의 존칭을 생략한다. 예 사장님 지시 (×) → 사장 지시 (○)
- 상사의 지시를 전달할 때에는 '님'을 붙여 사용한다. 예 사장님 지시 사항을 전달하겠습니다.

PLUS+ 압존법

높여야 할 대상이지만 듣는 이가 더 높을 때 그 공대를 줄이는 어법으로 현재는 주로 가정과 사제 간에 사용한다.
예 할아버지, 아버지가 아직 안 왔습니다.

2. 경어

① 경어의 종류

겸양어	• 자기 자신을 낮추는 말로, 상대방을 높여 주는 의미를 가진다. • 말하는 주체가 자신일 경우 사용한다. 예 제가 바로 확인하겠습니다.
존칭어	• 상대방을 높이는 말로, 상대방에게 경의를 표하는 의미를 가진다. • 말하는 주체인 자신보다 상대를 높여야 하는 경우 사용한다. 예 고객님께서 말씀하셨습니다.
정중어 (공손어)	• 상대방에게 정중한 느낌을 주고 듣는 사람을 대우해 주기 위해 공손하게 하는 말이다. • 초면인 경우 공식적인 장소, 지위가 높거나 존경의 의미를 담아 이야기해야 하는 상대에게 사용한다.

② 경어 사용 매너
- 상대 회사를 지칭할 때에는 '귀사'라고 한다.
- 대외적으로는 '저', '저희'로 말하는 것이 기본이다.
- 승진이나 다른 직급으로 이동 시에는 바로 새로운 직함을 붙여 호칭한다.
- 자신보다 윗사람에게 "수고하셨습니다."라는 인사를 하는 것은 실례이다.

③ 서양의 호칭 및 경칭
- 대등한 위치: 호칭으로 이름 사용
- Mr.(Mister): 남성에게 붙이는 경칭
- Mrs.(Missus, Mistress): 결혼한 부인의 이름 앞에 붙이는 경칭
- Miss.(Miss): 미혼 여성의 이름 앞에 붙이는 경칭
- Ms.(Miz): 결혼 상태를 모르는 경우 여성의 성이나 이름 앞에 붙이는 경칭(상대 여성이 무엇을 선호하는지에 따라 다름)
- Sir.: 자신보다 나이나 지위가 높은 상대방에게 경의를 나타내는 남성의 경칭

- Ma'am.: 자신보다 나이나 지위가 높은 상대방에게 경의를 나타내는 여성의 경칭
- Majesty: 왕족에게 붙이는 경칭
- The Honorable: 귀족이나 주요 공직자
- Dr.(Doctor): 전문 직업인이나 인문과학 분야에서 박사학위를 취득한 사람
- Esquire(ESQ): 편지의 수취인(영국에서 사용)
- Excellency: 외교관(대사)에 대한 경칭

7 안내 매너

1. 복도 안내 [빈출]
① 손님의 측면에서 2~3보가량 비스듬히 앞서서 걷고 잘 따라오는지 확인하며 안내한다.
② 몸을 조금 비켜선 자세로 사선으로 걸으며 손님과의 거리가 벌어지지 않도록 주의한다.
③ 손가락은 가지런히 모아 손바닥을 45° 각도로 하늘로 향하게 하고 안내 방향을 가리킨다.
④ 손님과의 거리를 확인하면서 걷고, 시선은 항상 얼굴과 함께 움직인다.
⑤ 모퉁이를 돌거나 방향을 바꿀 때는 구두로 미리 안내한 후 손으로 방향을 안내한다.

2. 엘리베이터 안내
① 엘리베이터를 탈 때에는 미리 행선 층을 알려 주는 것이 매너이다.
② 목적지를 잘 알고 있는 상사, 여성과 동행 시 상사와 여성이 먼저 타고 내린다.
③ **승무원이 있는 경우:** 탈 때는 손님보다 나중에 타고, 내릴 때는 손님보다 먼저 내린다.
④ **승무원이 없는 경우:** 탈 때는 손님보다 먼저 타서 버튼을 조작하고, 내릴 때는 손님이 안전하게 내릴 때까지 버튼을 누르고 있다가 나중에 내린다.

> **PLUS+ 엘리베이터 매너**
> - 엘리베이터 탑승의 기본은 안전이다.
> - 엘리베이터에 다른 사람이 타고 있을 때는 상사보다 나중에 탑승한다.
> - 엘리베이터에 아무도 없을 때는 상사보다 먼저 탑승한다.
> - 엘리베이터에서 전화 통화를 하거나, 큰 소리로 떠들거나, 못다한 업무 얘기를 하지 않는다.

3. 계단과 에스컬레이터 안내 [빈출]
① 남자 상급자(또는 손님)와 계단이나 에스컬레이터를 올라갈 때는 상급자(또는 손님)의 뒤에서 올라가고, 내려갈 때는 한두 계단 앞서 내려간다.
② 남녀가 계단이나 에스컬레이터를 올라갈 때는 남자가 먼저 올라가고, 내려갈 때는 여자가 앞서 내려간다.

 ▲ 남녀가 계단이나 에스컬레이터를 올라갈 때

 ▲ 남녀가 계단이나 에스컬레이터를 내려갈 때

4. 문 안내

① **당겨서 여는 문일 경우**: 문을 당겨 열고 서서 손님이 먼저 통과하도록 한다.
② **밀어서 여는 문일 경우**: 안내자가 먼저 통과한 후, 문을 잡고 손님이 통과하도록 한다.
③ **수동 회전문일 경우**: 손님을 먼저 들어가게 하고 안내자는 뒤에서 손님 걸음에 맞추어 문을 밀어 준다.

CHAPTER 03 상황별 비즈니스 응대

| 빈출 키워드 |

\# 경우에 따른 상석 \# 조문 매너 \# 조문 시 유의 사항

1 방문객 응대 매너

1. 방문객 응대의 중요성
① 고객에게 기업의 첫인상은 처음 만나는 직원이 될 수 있으며 그 직원의 안내와 응대에 따라 호감도가 결정되기도 한다.
② 방문객에 대한 정중하고 품격 있는 매너는 기업에 대한 호의와 직결되고 차후 기업 전체 이미지에 영향을 미치므로 매우 중요하다.
③ 지나친 친절은 부담을 줄 수 있으므로 방문객의 욕구를 파악하여 응대하는 융통성이 필요하다.

2. 방문객 응대 시 마음가짐
① 다양한 고객을 포용하는 마음가짐을 가진다.
② 방문객의 불편을 살펴 먼저 안내하도록 한다.
③ 방문객이 원하는 것을 제공하여 편안한 방문이 되도록 한다.
④ 방문객의 입장에서 생각하고 행동한다.
⑤ 고객을 진심으로 존중하는 마음으로 응대한다.

3. 방문객 응대의 기본자세

자세	곧고 바른 자세와 능동적인 태도를 보인다.
표정	밝고 자연스러운 표정으로 환대한다.
시선	부드럽고 자연스러운 시선으로 방문객과 눈을 맞추고 이야기한다.
복장	깔끔하고 단정하게 한다.
대화	정중하되 부드러운 말씨로 응대하며 올바른 호칭과 경어를 사용하여 방문객이 존중받는 느낌이 들 수 있도록 한다.

4. 방문객 응대 방법
① 방문객 맞이
- 하던 일을 멈추고 방문객을 신속하게 응대한다.
- 방문객의 복장이나 외모로 차별하여 응대하지 않는다.
- 밝고 예의 바른 자세로 인사한 후 방문객의 성함과 용건을 확인한다.

- 사전 약속이 된 경우에는 인사를 나눈 뒤 약속된 상황대로 안내하고, 사전 약속이 되어 있지 않은 경우에는 용건을 확인하여 보고한 후 신속히 안내한다.
- 면담 여부는 상사나 해당 부서와 협의한 후 지시에 따른다.
- 부득이하게 방문객이 대기하는 상황이 발생하면 양해를 구한 뒤 자리를 마련하고 음료와 책, 잡지 등을 제공한다.
- 만나고자 하는 사람이 부재중일 경우에는 즉시 응대하지 못함에 대한 미안함을 전한 후 언제 만날 수 있는지 확인하여 안내한다.
- 방문객이 짐이 있는 경우에는 신속하게 도와주고, 휠체어를 타거나 거동이 불편한 경우에는 좀 더 앞서 나가 안내하는 것이 좋다.

② 응접실 응대
- 방문객의 외투나 짐은 받아 주고, 가방은 좌석 옆이나 발 아래 놓는다.
- 응접실 내에서는 입구에서 가장 먼 곳이 상석이며, 창이 있다면 창 쪽 밝은 곳이 상석이다.
- 고객이 앉을 좌석은 전망이 보이고 비교적 조용한 곳으로 한다.
- "이쪽으로 앉으십시오."라고 말하며 손으로 가리킨다.

③ 차 응대 방법
- 방문객이 자리에 앉은 후 가급적 빨리 내도록 준비한다.
- 차를 내기 전에 찻잔과 도구, 손의 청결 상태를 확인한다.
- 차 종류는 계절과 날씨, 방문 고객의 기호에 맞춰 준비하고 찻잔의 70~80% 정도를 채운다.
- 방문객이 여러 사람일 경우 연장자 순, 상석 순, 오른쪽 방향 순으로 차를 낸다.
- 찻잔은 테이블 끝에서 5~10cm 안쪽에 놓고, 찻잔 손잡이가 방문객의 오른쪽에 오도록 한다.
- 대화가 길어지는 경우에는 차를 더 권하거나 물을 제공하는 것이 좋다.
- 차를 내고 나올 때는 가볍게 목례를 하고 등이 보이지 않도록 서너 걸음 뒤로 물러선 후 돌아서 나온다.

④ 배웅 방법
- 배웅은 비즈니스의 마지막 커뮤니케이션으로 끝까지 최선을 다하는 모습이 중요하다.
- 밝은 표정과 올바른 자세를 끝까지 유지하며, 정중한 태도로 입구까지 안내한다.
- 휴대 전화나 우산, 가방 등 잊고 가는 물건이 없는지 먼저 살펴 안내한다.
- 배웅을 원하지 않는 경우에는 원하는 곳에서 배웅을 마무리하도록 한다.
- 방문객이 다녀간 기록은 향후 업무에 중요하게 활용되므로 가능한 기록부에 작성한다.

2 보행 시 매너와 상석 기준

1. 보행 시 매너
① 상급자와 하급자가 같이 이동할 경우 자신의 서열에 맞게 이동하는 것이 매너이다.
② 보행 시 상급자, 여성, 연장자는 길 안쪽으로 걷고, 안내자는 차도 쪽으로 걸으며 안내한다.

구분	2인		3인	4인 이상
보행 시 위치	② ①	①	③ ① ②	①
		②		③ ②
				⑤ ④
사례	• 동급자끼리 이동 • 하급자가 상급자에게 설명하며 이동하는 경우	하급자가 상급자를 수행하며 이동하는 경우	상급자가 중간에 위치하여 이동하는 경우	상급자가 맨 앞에 위치하여 이동하는 경우

*왼쪽은 차도이고, ↑방향으로 이동하는 것으로 가정한다. ①은 상급자, ② 이하는 서열에 따른 동급자나 하급자를 의미한다.

2. 상석 빈출

① 의미: 사전적 의미로는 윗자리, 첫 번째 자리라는 뜻으로 편안함과 안전이 우선되어야 한다.

② 기본 기준: 상석의 방향은 동서남북을 기준으로 북쪽이며, 의전 기준의 기본은 오른쪽이 상석이다.
- 출입구에서 먼 곳
- 경치가 좋은 자리나 그림이 보이는 곳
- 소음이 적은 곳 등 심리적으로 안정을 줄 수 있는 곳
- 상사의 자리가 정해져 있는 경우, 상사와 가까운 자리나 오른쪽
- 레스토랑에서 웨이터가 먼저 의자를 빼 주는 자리
- 동서남북을 기준으로 북쪽
- 낮은 곳보다는 높은 곳
- 보행로에서는 도로에서 멀리 떨어진 곳

3. 자동차 탑승 시 상석

① 운전기사가 있는 경우: 운전석의 대각선 뒷좌석이 제1상석, 운전석 바로 뒤가 제2상석, 운전석 옆 좌석이 제3상석, 뒷좌석 가운데가 말석이다.

② 차주 또는 상급자가 운전하는 경우(운전기사가 없는 경우): 운전석의 옆 좌석이 제1상석, 그 뒤가 제2상석, 운전석의 뒷좌석이 제3상석, 뒷좌석 가운데가 말석이다.

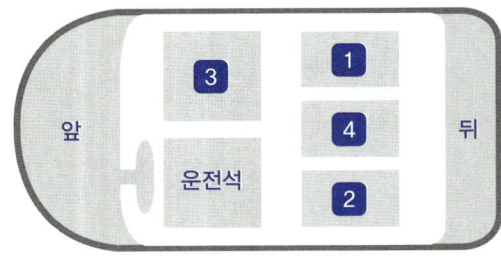
▲ 운전기사가 있는 경우

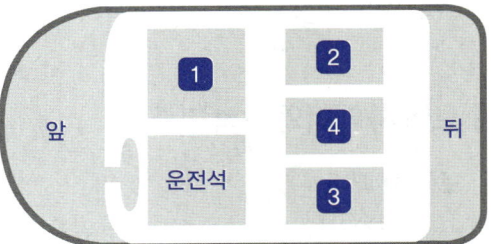
▲ 차주 또는 상급자가 운전하는 경우

4. 열차 이용 시 상석

열차의 진행 방향으로 창가 좌석이 제1상석이고, 제1상석을 마주 보는 곳이 제2상석, 통로 구간의 진행 방향이 제3상석, 맞은편 통로 좌석이 말석이다.

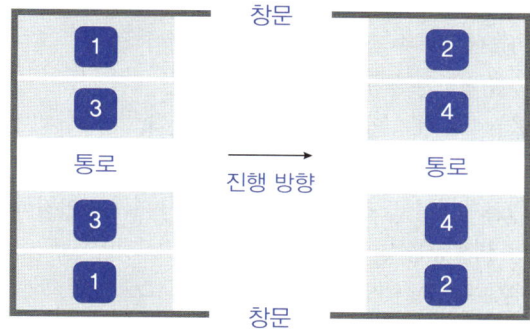

5. 비행기 이용 시 상석

비행기는 창가가 상석이다. 3인용 좌석의 경우에는 통로 측의 자리가 제2상석이 된다. 이는 안전성보다는 이동의 편리함을 고려한 것이다.

3 조문 매너

1. 조문의 의미

조문(弔問)은 영정을 앞에 두고 하는 절을 의미하는 '조상(弔喪)'과 상주에게 하는 인사를 의미하는 '문상(問喪)'의 합성어이다. 즉, 망자(亡者)의 죽음에 대하여 슬퍼하는 뜻을 드러내어 상주를 위로하는 것을 뜻한다.

2. 조문 순서 `빈출`

① 상가(喪家)에 도착하면 밖에서 외투를 벗고 들어간다.
② 상주(喪主)와 목례로 인사한 후 영정 앞에 무릎을 꿇고 앉거나 선다.
③ 일행이 여럿일 경우에는 대표자 한 사람이 헌화와 분향을 한다.
④ 향 1개 또는 3개(홀수 개)에 불을 붙이고 향을 들지 않은 반대편 손을 가볍게 흔들어 끈다(입으로 불어 끄지 않음).
⑤ **분향 후 영정 앞에서 공수 자세**(남자는 오른손이 위로, 여자는 왼손이 위로 가게 함)로 두 번 절한다. 단, 종교가 있는 사람은 절 대신 종교 의식에 따라 기도 또는 묵념으로 명복을 빈다.
⑥ **영정에서 물러나 상주에게 한 번 절하고 위로의 말을 간단히 건네거나 조용히 물러난다.**
⑦ 문상이 끝나면 뒷걸음으로 물러난 후에 준비한 조의금을 부의함에 넣는다.
⑧ 요즘에는 조문 순서의 간소화로 호상소에서 조객록 작성 시 조의금을 넣기도 한다.

3. 조문 복장

① 남성은 검은색 양복이 기본이며 짙은 감색이나 회색도 무난하다. 드레스 셔츠는 흰색 또는 검은색으로 착용하고 넥타이, 양말, 구두는 검은색으로 한다.
② 여성은 전체적으로 검은색 계통의 복장으로 맞추고, 치마를 입는 경우 너무 짧은 치마는 피하도록 하며, 짙은 화장이나 향수, 화려한 액세서리, 소품은 삼간다.
③ 요즘에는 복장이 단정하면 격식에 구애받지 않는 편이다.

4. 조문 시 유의 사항

① 정신적으로 힘든 유가족에게 계속 말을 시키는 것은 실례이다.
② 상주와 상제에게 악수를 청하는 행동은 삼간다.
③ 상주가 어리더라도 반말이나 예의 없는 행동을 하지 않는다.
④ 반가운 친구나 친지를 만나더라도 큰 소리로 이름을 부르지 않는다.
⑤ 낮은 목소리로 조심스럽게 말하고, 문상이 끝난 뒤 밖에서 따로 이야기하는 것이 좋다.
⑥ 고인의 사망 원인이나 경위 등을 유가족에게 상세하게 묻는 것은 실례이므로 지양한다.
⑦ 남편이 죽으면 부인에게, 부인이 죽으면 남편에게, 부모가 죽으면 자식에게, 자식이 죽으면 부모에게 조의를 표한다.
⑧ 고령으로 돌아가셨을 때에도 호상(好喪)이라 하여 웃고 떠들지 않는다.
⑨ 과도한 음주, 도박 등으로 인한 소란한 행위나 고성방가는 삼간다.
⑩ 조의금은 형편에 맞게 성의를 표한다. 또한 상주에게 직접 조의금을 건네는 것은 결례이므로 문상을 마친 후 호상소에 접수하거나 부의함에 직접 넣는다.
⑪ 유족의 입장에서 조문 시간을 정하고, 슬픔을 가중시키는 표현은 삼간다.
⑫ 궂은일은 돕되 장례 절차 등에 대해서는 간섭하지 않는다.

> **PLUS+ 조문 시 음주 매너**
>
> 잔을 부딪치는 것은 축하할 일이 있을 때 혹은 기쁠 때 행하는 의식이다. 따라서 장례식장에서는 잔을 부딪치거나 구호를 외치지 않도록 주의해야 하며, 고인의 명복을 빌고 상주를 위로하는 마음으로 음주하는 것이 좋다.

5. 절하는 방법

① 남성

- 공수한 손은 허리선 높이에 두고 바른 자세로 선다.
- 공수한 손을 눈높이로 올리고 손바닥은 바닥을, 시선은 발등을 향한다.
- 왼발을 조금 뒤로 빼면서 공수한 손으로 바닥을 짚고 무릎을 꿇는다. 이때 왼쪽 무릎을 먼저 꿇고 오른쪽 무릎을 꿇는다.
- 몸을 앞으로 깊이 숙여 절한다.

② 여성

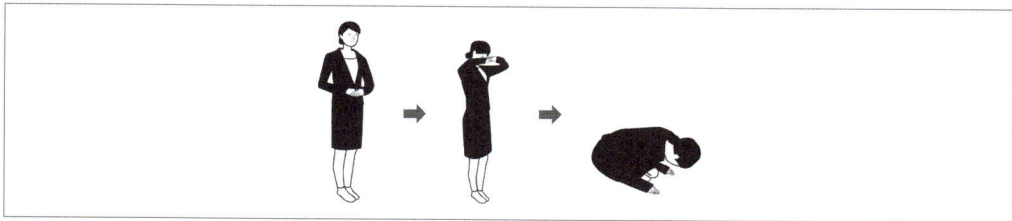

- 공수한 손을 허리선 높이에 두고 바른 자세로 선다.
- 공수한 손을 눈높이로 올리고 손바닥은 바닥을, 시선은 발등을 향한다.
- 공수한 손을 눈높이에 둔 채 무릎을 꿇고 앉은 후 몸을 앞으로 깊이 숙여 절한다.

4 호텔 이용 매너

1. 체크인, 체크아웃 시

① 호텔의 체크인(Check-in) 시간, 체크아웃(Check-out) 시간을 미리 확인하고 준수한다.
② 객실 내 미니바(Minibar)를 사용한 경우 계산서에 사용 물품을 표시하고, 체크아웃 시 계산한다.

2. 이용 시

① 해외 호텔 이용 시 팁 문화를 이해하고, 서비스 이용할 경우 팁을 지불한다. 보통 벨맨(Bell Man)이 짐을 가지고 방까지 이동해 주거나, 객실 청소를 했을 경우 $1 정도를 지불한다.
② 소음을 내거나 음식 냄새를 풍기는 것, 실내 슬리퍼와 잠옷 차림으로 다니는 등 다른 투숙객에게 피해를 주는 행동은 삼간다.
③ 욕실 바닥에 배수구가 없는 경우 샤워 커튼을 욕조 안으로 넣어 밖으로 물이 흐르지 않도록 한다.

CHAPTER 04 전화 응대

| 빈출 키워드 |

\# 전화 응대의 구성 요인   \# 상황별 전화 응대

1 전화 응대의 개념

1. 전화 응대의 중요성
① 전화는 고객과의 첫 접점이자 기업을 대표하는 이미지이다.
② 기업에서 전화는 고객과 회사를 연결하는 중요한 커뮤니케이션 수단이다.
③ 전화 한 대가 실질적인 영업 매장의 역할을 하고 있다는 인식이 필요하다.
④ 전화 응대는 얼굴이 보이지 않지만 음성과 음성이 마주하는 곳이다. 즉 인격과 인격이 만나는 것이므로 상황에 따른 적절한 에티켓을 갖추어야 한다.

2. 전화 응대의 구성 요인
고객을 직접 응대할 때와 비대면으로 응대할 때 고객의 인식 요인에는 큰 차이가 있다.
① **대면 응대 시**: 표정, 생김새, 옷차림, 태도 등 시각적인 요소가 55%, 말투, 빠르기, 어조 등의 청각 요소가 38%, 사용하는 단어가 7%로 이미지가 결정된다.
② **전화 응대 시**: 청각 요소가 82%, 나머지 18%가 사용하는 단어에 의해서 이미지가 결정된다. 따라서 전화 응대 시 음성 관리는 매우 중요하다.

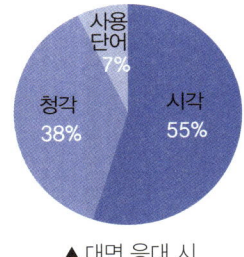
▲ 대면 응대 시

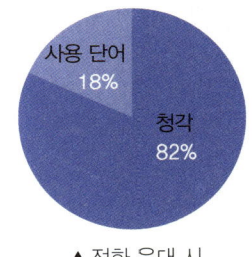
▲ 전화 응대 시

2 전화 응대의 특성

1. 전화 응대의 특성
① 고객은 예고 없이 찾아오며, 얼굴이 보이지 않기 때문에 음성만으로 상대를 판단하게 된다.
② 고객마다 개별 서비스가 가능하며, 고객 반응에 즉시 대처할 수 있다.
③ 고객의 요구를 정확하고 신속하게 파악하여 추후 상품 판매 및 개발에 활용할 수 있다.
④ 방문 상담 등과 같은 대면 서비스보다 응대 비용이 저렴하다.
⑤ 고객이 먼저 전화를 걸 경우 비용이 발생하므로 신속하고 정확하게 서비스를 제공해야 한다.

2. 전화 응대의 3원칙

친절(Kindness)	• 적극적으로 경청한다. • 따뜻한 목소리로 친절하게 받는다. • 고객의 기분까지 배려한다. • 고객이 원하고 필요한 정보를 제공한다.
신속(Speed)	• 전화벨이 3회 이상 울리기 전에 받는다. • 바로 처리한다. • 간단명료하게 안내한다. • 기다리게 하지 않는다.
정확(Correct)	• 명확하게 발음한다. • 복창으로 요청 사항을 메모한다. • 기억보다는 기록으로 응대한다. • 고객에게 되묻지 않는다.

3 전화를 걸거나 받을 때

1. 전화를 걸 때

① 전화를 걸기 전, 준비 사항
- 상대방의 시간, 장소, 상황 등을 고려한다.
- 비즈니스 전화는 오전 9시부터 오후 6시 사이에 하는 것이 일반적이며, 점심시간은 가급적 피하고 상대가 편한 시간에 전화를 건다.
- 상대방의 수신음이 5~6회 이상 울려도 받지 않는 경우에는 전화를 끊는다.
- 통화할 용건, 순서, 전화번호를 확인하고, 필요한 자료를 준비한다.

② 소속과 이름 말하기: 상대방의 멘트가 끝나면 바로 인사한 후 자신의 소속과 이름을 밝힌다(인사말+기업명+부서명+이름). 예 "안녕하십니까? 에듀윌 고객센터 홍길동입니다."

③ 수신자 확인 및 용건 알리기: 수신자를 확인하여 용건을 간결하고 정중하게 말한 후 통화 가능 여부를 확인한다. 예 "박선녀 님 맞으십니까?"/ "지난번에 말씀드린 제안서 문제로 연락드렸습니다만, 지금 통화 가능하십니까?"

④ 의사 전달 및 결론, 약속 사항 점검하기: 일방적인 의사 전달이 되지 않도록 하고 필요하면 요점을 반복하거나 복창을 요구한다. 예 "다시 한번 확인해 주시겠습니까?"

⑤ 마무리 인사: 대화 내용과 어울리는 끝인사를 하고 고객이 전화를 끊은 후에 수화기를 내려놓는다.

2. 전화를 받을 때

① 전화받을 준비
- 기업의 상품과 서비스, 최신 정보 등 업무 지식과 자료가 준비되어 있어야 한다.
- 부족한 정보를 보완해 줄 수 있는 담당자의 이름과 업무에 대해 알고 있어야 한다.

② 벨이 두 번 울릴 때 수화기 들기
- 수화기는 왼손으로 들고 오른손은 메모할 준비를 한다.
- 전화벨이 3회 이상 울리기 전에 받고 부득이하게 늦게 받은 경우 사과의 말을 전한다.

③ 소속과 이름 말하기: 바로 인사 후 자신의 소속과 이름을 밝힌다(인사말＋회사명＋부서명＋이름).
   예 "안녕하십니까? 에듀윌 기획팀 김철수입니다."
④ 상대방 확인 후 인사하기: 상대방이 자신을 밝히면 다시 한번 인사를 한다. 예 "아! 네, 박선녀 씨, 안녕하십니까?"
⑤ 용건을 성의 있게 경청하며 메모하기
   - 상대방의 말을 끝까지 경청하고 요점을 메모하며 듣는다.
   - 상대방이 미처 말을 끝내기 전 또는 끝내자마자 성급하게 답변하는 것은 상대방의 마음을 조급하게 하거나 무시당한다는 느낌을 줄 수 있으므로 주의한다.
⑥ 용건이 끝났음을 확인한 후 통화 내용 복창하기: 무엇을, 어느 정도, 언제까지, 어떻게 할 것인가를 정확히 확인한다. 특히 숫자, 시간, 장소, 성함 등 중요한 내용은 반드시 복창한다.
⑦ 마무리 인사: 추가 질문이 있는지 확인하고 자신의 이름을 밝힌다. 상대방이 수화기를 내려놓은 후에 조용히 수화기를 내려놓는다.
⑧ 담당자 인계: 담당자가 아니거나 정확한 답변이 어려운 경우 용건을 확인한 후 다음 담당자에게 정확히 인계한다. 메모한 내용을 즉시 전달하여 누락되거나 실수하는 일이 없도록 한다.

4 상황별 전화 응대

1. 전화 연결을 요청하는 경우

① 지명인을 확인하고 전화를 연결해야 하며 연결음이 상대방에게 들리지 않도록 홀드 버튼을 누르거나 송화구를 손으로 막고 연결한다.
② 연결 중 통화가 끊어질 경우를 대비해서 상대방에게 지명인의 직통 번호를 알려 준다. 이때 지명인의 개인 연락처는 알려 주지 않는다.
③ 기다려 달라는 양해의 말을 전달하고, 연결되면 감사 인사를 한 후 조용히 수화기를 내려놓는다.

> **PLUS⁺ 전언 메모** 빈출
> - 전화를 받은 날짜와 시간
> - 전화를 받은 사람의 소속과 이름
> - 전달받을 사람의 소속과 이름
> - 전화를 건 사람의 소속과 이름, 직급, 연락처
> - 전달할 내용(육하원칙에 따라 정리)
> - 차후 연락할 방법(상대방이 다시 걸 예정인지, 담당자가 걸어야 하는지 등)

2. 지명인과 바로 연결해 줄 수 없는 경우 빈출

① 지명인이 부재중임을 알리고 언제 돌아오는지 등을 알려 준다. 단, 부재가 개인적인 사정인 경우 부재의 이유는 가능한 한 언급하지 않는다.
② 지명인이 통화 중이거나 회의 중인 경우, 바로 전화를 받을 수 없는 상황임을 상대방에게 알려 준다.
③ 메모를 남길지 여부를 묻고 메모를 남길 경우 용건, 시간, 전화를 건 사람, 연락처, 전화받은 사람 등을 메모한다.

④ 전화를 건 당사자에게 "다시 전화하세요." 등의 표현보다는 지명인이 전화를 해야 할지, 당사자가 다시 전화할지 의향을 물어봐야 한다.

3. 전화를 걸었을 때 찾는 사람이 부재중인 경우
① 지명인이 언제 돌아올 예정인지 확인한다.
② 전화를 건 사람이 다시 전화할 것인지, 지명인이 전화할 것인지 정한다.
③ 메모를 정확히 남기고, 전화받은 사람의 이름을 확인한다.

4. 전화가 잘 들리지 않는 경우
① 전화 상태가 좋지 않음을 알리고 다시 통화할 수 있도록 한다.
② 전화를 먼저 건 쪽에서 다시 하는 것이 맞으나, 상대방이 상사이거나 고객일 경우 연락처를 알고 있다면 전화를 받은 사람이 다시 거는 것이 바람직하다.
③ "뭐라고요?", "잘 안 들리는데요." 등의 표현은 쓰지 않도록 하고, "통화 상태가 좋지 않습니다.", "좀 멀게 들립니다." 등 상대방에게 문제가 있는 것이 아니라 통신상의 장애거나 전화기 등에 문제가 있음을 완곡하게 표현한다.

5. 회사의 위치를 묻는 경우
① 상대방의 현재 위치와 이용할 교통편을 물어본 후 상황에 맞게 안내한다.
② 상황에 따라 약도를 휴대 전화나 팩스, 이메일 등으로 전송한다.

> **PLUS⁺ 전화 응대의 3·3·3 기법**
> - 전화가 3회 이상 울리기 전에 받는다.
> - 전화 통화는 3분 이내로 한다.
> - 전화는 상대방이 끊은 후 3초 후에 내려놓는다.

6. 전화 응대 중 다른 전화가 걸려 온 경우
① 전화음이 통화에 방해되기 때문에 통화 중인 고객에게 양해를 구하고 일단 받도록 한다.
② 상대를 확인하고 긴급한 상황이 아니라면 먼저 걸려 온 전화를 받고 있음을 알리고, 통화 종료 후 또는 이후에 다시 전화드리겠다고 안내한다.

CHAPTER 05 글로벌 매너

| 빈출 키워드 |
나라별 매너   # 제스처   # 주문 매너

1 글로벌 매너의 중요성

글로벌 매너는 국제화 및 개방화에 따른 국가 간의 교류 증대와 함께 타 문화를 이해하는 데 필요하다. 지역별 특색이 많이 옅어지고 상호 존중 문화의 필요성을 보편적으로 인지하고 있으나, 전문적인 서비스 제공자는 객관적인 입장에서 글로벌 매너를 이해하고 이를 서비스 품질에 포함하는 자세가 필요하다.

> **PLUS⁺ 글로벌 매너의 원칙**
> - **상호 존중의 원칙**: 상대방의 문화와 매너를 존중한다.
> - **종교적 신념의 원칙**: 상호 합의로 종교적 신념을 존중한다.
> - **지역(Local) 규칙의 원칙**: 방문한 지역의 매너를 따른다.

2 나라별 글로벌 매너

1. 일본

비즈니스 매너	식사 매너
• '남에게 폐를 끼치지 않는다.'가 최고의 덕목이다. • 시간을 잘 지키는 것을 미덕으로 여기며, 인내, 예절, 겸손을 중요하게 생각한다. • 일반적으로 누구에게나 경어를 사용한다. • 인사를 할 때는 우리나라보다 허리를 더 많이 굽히고, 굽힐 때 상대방의 얼굴을 보아서는 안 된다. 허리를 숙이는 정도는 상대방과 비슷하게 하되 상대방보다 먼저 허리를 펴서는 안 된다. • 일본인이 집으로 초대하는 것은 상당한 호의의 표현이므로 선물을 준비하는 것이 기본이다. • 선물은 짝수로 주는 것이 좋으나 4개는 불행을 가져온다고 생각한다. • 계단이나 에스컬레이터, 복도 등에서는 좌측통행을 한다. • 개인의 신상에 대한 질문은 하지 않는다.	• 방석을 함부로 밟지 않는다. • 밥그릇은 들고 먹고 젓가락을 그릇 위에 걸쳐 놓지 않는다. • 윗어른이 나중에 착석하고 먼저 일어선다. • 뚜껑이 있는 그릇일 경우, 뚜껑 안쪽이 위로 향하게 그릇 오른쪽에 두고, 식사 후에는 원래대로 덮어 둔다. • 국에 밥을 말아 먹지 않는다. • 밥 위에 반찬을 얹어서 먹지 않는다. • 개인 젓가락으로 음식을 건네는 것은 매너에 어긋나는 행동이다. • 밥을 추가로 원할 때에는 밥 한술 정도를 남기고 청하는 것이 예의이다. • 음식을 남기면 맛이 없다는 의미이다. • 음주 시 잔에 술이 남아 있을 때 따르며, 1/3 이하로 남아 있는데 권하지 않으면 술자리를 끝내자는 의미이다.

2. 중국

비즈니스 매너	식사 매너
• 대륙적인 기질을 지니고 있으며 넓은 영토와 오랜 역사, 많은 인구 등의 특징을 가진 나라로 자국에 대한 자부심이 강한 편이다. • 비즈니스상 단번에 거래가 이루어지지 않으므로 시간적 여유를 가지고 비즈니스 패턴을 이해하며 진행하도록 한다. • 협정은 상호 이해에 기초해야 하며 서면에 의한 표현보다 융통성이 있어야 한다고 생각한다. • 선물은 되도록 실용적인 것으로 준비하며, 빨간색이 좋다. 선뜻 받지 않으므로 여러 번 권해야 한다.	• 주선자가 음식을 먼저 든 후 식사한다. • 회전 식탁은 시계 방향으로 돌리는 것이 원칙이다. • 음식이 나오면 공동 젓가락으로 적당히 덜어 먹는다. • 그릇을 깨끗하게 비우는 것은 음식이 모자란다는 의미이므로 잘 먹었다는 의미로 음식을 조금 남기는 것이 주인에 대한 예의이다. • 차 문화가 발달한 나라로 상대방의 잔이 빌 경우 계속 따라 주는 것이 예의이다. • 계산은 테이블에서 직접하고 별도의 팁을 주지는 않는다. • 음주와 흡연을 사교의 한 수단으로 여기는 경향이 있다. 따라서 담배를 피우지 않더라도 일단 받아 주는 것을 상대에 대한 호의로 받아들인다.

3. 미국

① 실용주의적이며 평등 의식이 강하다.
② 비즈니스에 있어 약속의 이행과 사생활의 존중을 우선으로 한다.
③ 유럽의 가치를 기반으로 하고 있지만 조금 더 개방적이고 자유주의적이다.
④ 눈맞춤(Eye Contact)이 커뮤니케이션의 중요한 요소이다.
⑤ 팁 문화가 발달한 나라로 상황에 적합한 정도의 팁을 지불하도록 한다.
⑥ 대화 없이 식사만 하는 것은 큰 결례이므로 식사 시간을 유연한 커뮤니케이션 시간으로 생각하는 것이 좋다.
⑦ 식사 시 개인 접시를 사용하여 공용 스푼으로 먹을 만큼 덜어 먹는다.

4. 영국

① 청교도를 기반으로 형성된 문화를 가지고 있다.
② 질서, 규범, 규칙 등을 중시하고 따른다.
③ 'Lady First'로 정의되는 여성 존중이 매너로 통용된다.
④ 복장 매너를 중시하여 정장을 입지 않으면 공연장이나 고급 레스토랑에 출입할 수 없는 경우가 많다.

5. 프랑스

① 90%가 가톨릭 신자이며, 낙천적이고 쉽게 흥분하는 경향이 있다.
② 남녀평등 사상이 강하며, 여성의 사회 참여가 활발하다.
③ 친한 사이에는 뺨에 가볍게 키스를 하기도 한다.
④ 외국인들이 프랑스어를 사용하는 것을 좋아한다.
⑤ 약속 없이 방문하는 것을 큰 결례로 생각한다.
⑥ 테이블 매너를 매우 중시한다.

6. 인도
① 보통 손가락으로 음식을 집어 먹지만, 음식이 뜨거운 경우에는 나무 숟가락을 사용하기도 한다.
② 반드시 오른손으로 식사를 한다.
③ 식사 중에 이야기하는 것을 무례하다고 여기므로 식사가 끝나면 손을 씻고 양치한 후 이야기를 시작한다.

7. 태국
① 불상과 같은 종교적 상징물에 대하여 공경을 표시하며, 불상이나 사당을 만지면 신성한 물건이 더럽혀진다고 믿기 때문에 주의해야 한다.
② 머리는 하늘을 향하고 있어 신성한 부위이며 발은 땅을 딛고 있어 불결한 부위라는 인식이 있어 사람의 머리를 만지거나 쓰다듬는 행위를 좋아하지 않는다.
③ 미팅 시간은 철저하게 지키는 것이 예의이다.
④ 왼손은 화장실에서 사용하는 손으로 여기므로 타인에게 물건을 건네줄 때 왼손은 사용하지 않는다.
⑤ 서로 인사할 때 악수를 하지 않으며 합장한 자세로 손가락 끝을 턱 끝에 닿도록 하고 목례를 하는 것이 일반적이다.

8. 러시아
① 비즈니스 관계에서 시간 엄수보다는 인내력을 더 중요시 여긴다.
② 상대방이 건배를 권유했을 때 거절해서는 안 된다.
③ 공식적인 자리에서는 프런트 데스크에 재킷과 개인 소지품을 맡긴다. 단, 협상의 자리에서는 재킷을 벗지 않는다.
④ 금요일이나 월요일에 만나는 것을 피하는 것이 좋다.
⑤ 손가락으로 사람이나 물건을 가리키지 않는다.
⑥ 초면일 때는 악수로 인사하지만 어느 정도 편해지면 껴안고 인사한다.
⑦ 경로사상이 강하고 가부장적이다.

3 나라마다 의미가 다른 제스처

제스처	의미	제스처	의미
손바닥을 바깥으로 한 V자 사인	• 미국, 유럽: 승리 • 그리스: 욕설(외설, 경멸)	손등을 바깥으로 한 V자 사인	• 영국, 프랑스: '꺼져 버려'라는 의미 • 그리스: 승리

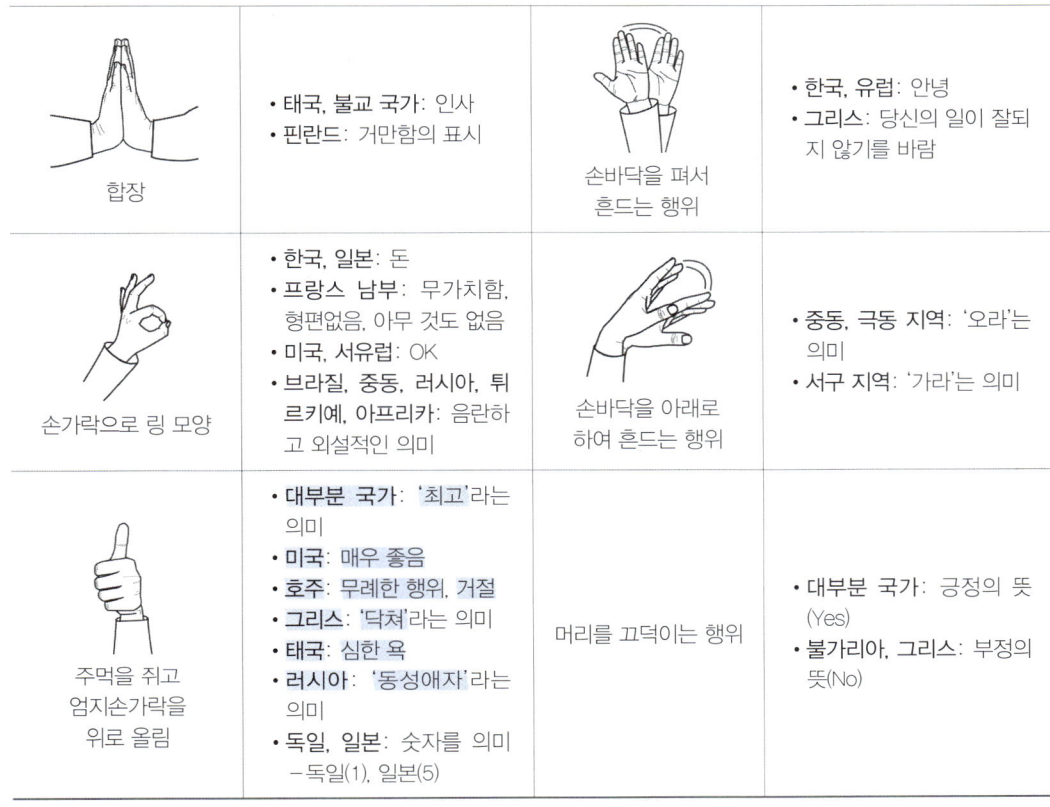

4 레스토랑 매너

1. 예약 매너
① 레스토랑을 이용할 때에는 사전에 예약해야 좋은 자리를 확보하고 양질의 서비스를 제공받을 수 있다.
② 예약 시에는 예약자의 이름과 연락처, 이용 일시와 인원, 경우에 따라 식사의 목적까지 미리 알려 준다.
③ 예약 시간을 반드시 지키도록 하며, 늦어질 경우나 취소될 경우에는 미리 연락한다.
④ 고급 레스토랑의 경우 정장이 필수인 곳도 있으므로 미리 확인한다.
⑤ 노쇼(No Show, 예약을 하고 나타나지 않는 것)하는 일이 없도록 한다.

2. 도착과 착석 매너
① 코트나 소지품은 입구 보관소(CloakRoom)에 맡기고 번호표를 받으며, 여성의 핸드백은 등과 의자 사이에 둔다.
② 입구에서 예약자명을 밝힌 후 종업원의 안내를 받는다.
③ 안내받은 자리가 마음에 들지 않을 때에는 정중하게 다른 자리를 부탁한다.
④ 종업원이 안내하면서 가장 먼저 권하는 자리가 상석이므로 일행 중 가장 직위가 높은 사람, 연장자, 여성이 앉도록 한다.
⑤ 식사 도중 화장실에 가는 것은 실례이므로 착석하기 전 화장실에서 손을 씻고 앉도록 한다.

3. 주문 매너 `빈출`

① 주문은 여성과 초대 손님이 먼저 하고, 남성을 동반한 여성은 남성에게 주문할 요리를 말하여 남성이 직원에게 주문하는 것이 매너이다.
② 초대를 받은 경우에는 중간, 중상 가격대의 음식을 주문하는 것이 좋다.
③ 옆 테이블의 음식을 보며 "같은 것으로 주세요."라고 하는 것은 실례이다.

4. 식사 매너

① 손님을 초대한 사람이나 그날의 가장 중요한 손님을 중심으로 식사가 이루어진다.
② 주위 사람들과 식사 속도를 맞춘다.
③ 말 없이 식사만 하지 않도록 하고 공통의 관심사나 대화를 즐긴다. 비즈니스라 하더라도 사업 이야기나 토론 등 무거운 주제보다는 가벼운 대화가 좋다.
④ 식사 중 테이블에 팔을 올리거나 턱을 괴는 행동은 삼간다.
⑤ 입안에 음식을 넣은 채 말을 하지 않도록 하며 트림이나 씹는 소리를 내는 등 불쾌한 행동은 삼간다.
⑥ 직원을 부를 때는 소리 내어 부르지 않고 오른손을 가볍게 들어서 부른다.
⑦ 테이블에서 화장을 고치는 것은 매너에 어긋나므로 화장실 또는 파우더룸을 이용한다.

5. 기물 사용 매너

① 냅킨
- 주빈이 먼저 들면 함께 들어서 무릎 위에 두고 식사 중에 입을 닦거나 식사 후 손의 물기를 닦을 때 사용한다.
- 테이블 아래로 냅킨이나 식사 집기가 떨어진 경우 직접 줍지 않고 종업원에게 새것을 요청한다.
- 테이블에 음료를 흘린 경우 냅킨으로 직접 닦지 않고 종업원에게 닦아 줄 것을 요청한다.
- 식사 중간에 자리를 비울 때는 의자에 올려놓고 식사를 마친 후에는 접어서 자기 앞 왼쪽, 테이블 위에 올려놓는다.

② 포크와 나이프
- 포크는 왼손으로, 나이프는 오른손으로 사용한다.
- 주로 제공되는 메뉴 순서에 따라 식기구가 놓여 있으므로 바깥쪽에서 안쪽 순으로 사용한다.
- 음식을 자른 후 나이프는 접시에 걸쳐 두고 오른손으로 포크를 사용해도 된다.
- 나이프에 음식을 찍어 그대로 입에 가져가는 것은 위험하므로 삼간다.
- 식사 중에 나이프와 포크를 잠시 놓아 둘 때 나이프와 포크 끝부분을 접시 위에 걸쳐 놓고 손잡이 부분은 테이블 위에 팔(八)자형으로 놓는다.
- 식사를 마친 후 나이프와 포크는 나란히 접시 중앙에서 오른쪽 아래 방향으로 비스듬히 놓아 둔다. 이때 나이프의 날은 안쪽(자신)을 향하게 하여 바깥쪽에, 포크는 등이 위쪽을 향하게 놓는다.

▲ 식사 중일 때

▲ 식사가 끝난 경우

PLUS⁺ 메뉴의 이해

정찬 메뉴는 '전채 요리(Appetizer, Hors d'oeuvres) → 수프(Soup) → 빵(Bread) → 생선 요리(Fish, Poisson) → 고기 요리(Meat, Entree) → 샐러드(Salad) → 디저트(Dessert) → 음료(Beverage)' 순으로 제공된다.

전채 요리	• 식욕을 촉진시키기 위해 식사 순서 중 제일 먼저 제공되는 요리이다. • 위액의 분비를 왕성하게 하기 위해 자극적인 짠맛이나 신맛이 있고 양이 적다.
수프	• 메인 요리를 먹기 전에 입안을 적셔 주고, 위의 부담을 줄여 주기 위해 먹는 국물 요리이다. • 수프는 소리를 내지 않고 먹으며, 빵을 수프에 넣어 먹는 것은 매너가 아니다. • 미국식은 자기 앞쪽에서 바깥쪽으로, 유럽식은 바깥쪽에서 자기 앞쪽으로 뜬다.
빵	• 요리와 함께 시작해서 디저트 코스 전까지 제공된다(생략되기도 함). • 수프를 먹은 후 자신의 왼쪽 접시에 있는 빵을 먹도록 한다. 빵은 요리와 함께 먹기 시작해 디저트를 들기 전에 끝낸다(단, 빵이 처음부터 제공되는 경우에는 조금씩 먹어도 됨). • 빵은 요리의 맛이 남아 있는 혀를 깨끗하게 하여 미각을 신선하게 해 주는 역할을 한다.
생선 요리	• 새우나 흰살 생선과 같은 해산물이 제공되며 생략되기도 한다. • 생선을 먹는 동안 뒤집지 않도록 한다.
고기 요리	주요리로 소고기, 돼지고기, 양고기, 송아지고기, 가금류 등이 있다.
샐러드	주로 육류인 메인 요리와 곁들여 먹을 수 있도록 제공된다.
디저트	• 식사를 마무리하는 단계에서 입안을 개운하게 해 줄 목적으로 제공된다. • 달콤하고 부드러운 쿠키, 케이크, 아이스크림 등이 있다.
음료	식사가 끝나면 마지막 코스로 커피나 차를 주문하여 마신다.

6. 팁 문화

① **팁의 유래**: 18세기 영국의 어느 펍(Pub)에 '신속하고 훌륭한 서비스를 위해 지불을 충분하게'라는 문구가 붙어 있었다고 한다. 이후에 'To Insure Promptness(신속함을 보장받기 위하여)'로 간소화되었고 이것의 머리글자를 따서 팁(Tip)이 되었다.

② **팁 지불 방법**
- 팁은 제공받은 서비스에 대한 감사의 마음을 표현하는 것으로 미국이나 유럽 등에서는 '서비스 요금을 포함한다.' 등의 문구가 따로 없다면 꼭 팁을 지불해야 한다.
- 보통 팁은 전체 금액의 10~15% 정도를 지불하지만, 좋은 서비스를 받았다고 느끼면 더 지불할 수도 있고, 반대로 더 적게 지불해서 서비스에 불만을 표현할 수도 있다.
- 호텔의 도어맨에게는 지불하지 않아도 되지만 객실까지 짐을 옮겨 주는 포터에게는 $1 정도, 객실을 청소하는 룸메이드에게는 아침마다 $1를 베개 밑이나 침대 옆 테이블에 놓아 지불하는 것이 무난하다.
- 팁을 직접 건넬 때에는 손바닥을 아래로 하여 돈이 보이지 않게 건네고, 레스토랑의 경우라면 계산서 사이에 끼워서 주는 것이 예의이다.

SUBJECT 01 | 비즈니스 에티켓/매너

적중 예상문제

PART 1 일반형

01 다음 중 에티켓의 정의로 옳은 것은?
① 타인을 향한 배려의 언행을 형식화한 것
② 상대방을 존중하고 타인을 편안하게 하는 행동 방식
③ 매너를 외적으로 표현하는 것으로 행동을 취하는 방법
④ 합리적인 행동 기준을 바탕으로 수행하는 구체적인 방식
⑤ 사회생활의 모든 경우와 장소에서 취해야 할 바람직한 행동 양식

02 다음 중 매너의 개념으로 옳은 것은?
① 매너는 에티켓을 내적으로 표현하는 행위이다.
② 에티켓을 지키지 않는 사람에게도 매너를 기대할 수 있다.
③ 매너는 자신의 품위와 권위로 상대방을 복종시키는 행동 방식이다.
④ 매너는 방법(How)으로 자신에 대한 예의와 예절을 형식화한 것이다.
⑤ 매너는 사람이 수행하고자 하는 일을 위해 행동하는 구체적인 방식이다.

03 다음 인사의 종류 중 약례에 해당되는 상황으로 옳은 것은?
① 양손에 무거운 짐을 들고 있는 경우
② 실내나 복도에서 자주 마주치는 경우
③ 상사에게 보고하거나 지시를 받을 경우
④ 면접이나 공식석상에서 처음 인사하는 경우
⑤ 화장실 등 개인적인 공간이나 실내나 통로 등 협소한 공간에서 만나는 경우

04 방문객을 안내할 때의 접객 매너로 적절한 것은?
① 복도에서 안내할 때는 2~3보가량 비스듬히 뒤에서 안내한다.
② 방문객을 배웅할 때는 회의 석상에서 배웅하는 것이 기본이다.
③ 엘리베이터에 승무원이 없을 경우 고객보다 늦게 타고 먼저 내린다.
④ 엘리베이터에서 방문객에게 오늘 주요 일정 등에 대해 미리 안내해도 무관하다.
⑤ 당겨서 여는 문일 경우에는 당겨서 문을 열고 고객이 먼저 통과하도록 안내한다.

05 다음 중 소개 매너의 순서로 적절하지 <u>않은</u> 것은?

① 연소자를 연장자에게 먼저 소개한다.
② 손아랫사람을 손윗사람에게 먼저 소개한다.
③ 이성 간에는 남성을 여성에게 먼저 소개한다.
④ 자신의 회사 사람을 외부 고객에게 먼저 소개한다.
⑤ 지위가 높은 사람을 지위가 낮은 사람에게 먼저 소개한다.

06 다음 중 명함을 받을 때의 자세로 적절한 것은?

① 명함을 받을 때는 상황에 따라 일어서거나 앉거나 편안한 상태로 받는다.
② 명함을 받으면 방치 또는 분실을 방지하기 위해 바로 명함 지갑에 넣어야 한다.
③ 명함을 받으면 기억하기 좋게 만난 날짜를 받은 명함 여백에 즉시 기록해 놓아야 한다.
④ 명함을 받으면 상대방 이름을 확인하고 어려운 글자는 그 자리에서 물어보는 것이 좋다.
⑤ 명함을 받을 때 상대방의 직급이 높으면 두 손으로 받고 직급이 낮으면 한 손으로 받아도 된다.

 해설

01 ①, ②, ④는 매너에 대한 설명이다.
　　③ 에티켓을 외적으로 표현하는 것이 매너이다.
02 ① 매너는 에티켓을 외적으로 표현하는 행위이다.
　　② 에티켓을 지키지 않는 사람에게는 매너도 기대하기 어렵다.
　　③ 상대방에 대한 존중과 배려의 행동이다.
　　④ 매너는 타인에 대한 예의와 예절을 형식화한 것이다.
03 ①, ② 목례, ③ 보통례, ④ 정중례에 해당한다.
04 ① 복도에서 안내할 때는 2~3보가량 비스듬히 앞서 안내한다.
　　② 방문객을 배웅할 때는 엘리베이터 앞이나 현관 입구까지 나와 배웅하는 것이 예의이다.
　　③ 엘리베이터에 승무원이 없을 경우 고객보다 먼저 타고 나중에 내린다.
　　④ 엘리베이터는 많은 사람들이 이용하는 공간이므로 특히 비즈니스와 관련된 대화는 하지 않는 것이 좋다.
05 지위가 낮은 사람을 지위가 높은 사람에게 먼저 소개한다.
06 ① 명함은 서서 전달해야 한다.
　　② 명함을 받고 바로 지갑에 넣는 것은 실례이므로 테이블 위에 올려 놓고 대화를 나누어야 한다.
　　③ 상대가 보는 앞에서 명함에 메모를 하는 것은 결례이다.
　　⑤ 명함은 직급과 상관없이 두 손으로 주고받아야 한다.

정답

01 ⑤　02 ⑤　03 ⑤　04 ⑤　05 ⑤　06 ④

07 휴대전화 사용 매너 중 옳지 않은 것은?

① 상대방이 전화를 끊은 것을 확인하고 끊는다.
② 상담이나 회의 시에는 반드시 끄거나 무음으로 전환한다.
③ 상대방이 전화를 받을 때까지 기다리며 계속 신호를 보낸다.
④ 급한 경우 문자메시지로 연락하되 발신자의 이름을 반드시 적어 보낸다.
⑤ 상대방이 전화를 받았을 때 반드시 통화 가능 여부를 확인하고 통화한다.

08 다음 중 전언 메모에 기록해야 할 일반적인 내용이 아닌 것은?

① 상대방의 연락처
② 전화를 받은 날짜와 시간
③ 전달받을 사람의 소속과 이름
④ 전화를 건 사람의 소속과 이름
⑤ 나이, 학력, 개인사 등 상세한 프로필 조사 내용

09 다음 중 호칭과 경어 사용 매너로 옳지 않은 것은?

① 상사의 지시를 전달할 때는 존칭을 생략한다.
② 상대 회사를 지칭할 때는 '귀사'라고 지칭한다.
③ 하급자에게 자신을 칭할 때는 '나'라고 지칭한다.
④ 부하라도 연장자일 때는 적절한 예우가 필요하다.
⑤ 대외적으로는 '저', '저희'와 같은 겸양어를 사용하는 것이 기본이다.

10 다음 중 조문 매너로 적절하지 않은 것은?

① 상주에게 악수를 청하는 행동은 삼간다.
② 문상이 끝나면 조의금은 상주에게 직접 전달한다.
③ 요즘에는 복장이 단정하면 격식에 구애받지 않는 편이다.
④ 반가운 지인을 만나도 큰 소리로 이름을 부르지 않아야 한다.
⑤ 정신적으로 힘든 유가족에게 계속 말을 시키는 것은 실례이다.

PART 2 O/X형

[11~14] 다음 문항을 읽고 옳고(O), 그름(X)을 선택하시오.

11 악수는 일어서서 하며, 한 손을 잡고 두세 번 가볍게 흔들어 반가운 마음을 표현하여 인사한다.

(① O ② X)

12 전화 응대는 일대일 쌍방향 커뮤니케이션의 특성을 가지며, 고객 개개인의 개별 서비스 응대가 가능한 서비스 매체이다.

(① O ② X)

13 인도에서는 반드시 오른손으로 식사를 하고, 즐거운 분위기를 위해 서로 대화를 많이 하며 식사한다.

(① O ② X)

14 평상시 공수는 남자는 왼손이 위로, 여자는 오른손이 위로 가도록 두 손을 포개어 잡는다. 흉사 시 공수는 남녀 모두 평상시와 반대로 하며, 집안의 제사는 흉사가 아니므로 평상시와 동일하게 한다.

(① O ② X)

07 상대방이 부재중일 경우 문자를 남기거나 이후에 다시 통화를 요청한다.
08 전언 메모 시 상대의 상세한 프로필을 조사 및 기록하지 않는다.
09 상사의 지시를 전달할 때에는 '사장님 지시 사항을 전달하겠습니다.'와 같이 존칭을 사용해야 한다.
10 조의금은 상주에게 직접 전달하지 않고 부의함에 넣어야 한다.
11 O
12 O
13 X 인도에서는 식사 중에 이야기하는 것을 무례하다고 여기므로 식사가 끝나면 손을 씻고 양치한 후에 이야기를 시작한다.
14 O

정답

07 ③   08 ⑤   09 ①   10 ②   11 ①   12 ①   13 ②   14 ①

PART 3 연결형

[15~18] 다음 설명에 적절한 〈보기〉를 찾아 각각 선택하시오.

보기
① 정중례   ② 보통례   ③ 약례   ④ 목례

15 상사에게 보고하거나 지시를 받는 경우 ( )

16 잘못된 일에 대해 사과해야 하는 경우 ( )

17 실내나 통로, 엘리베이터, 화장실 등 협소하거나 개인적인 공간에서 만나는 경우 ( )

18 양손에 무거운 짐을 들고 있는 경우 ( )

PART 4 사례형

19 다음 상황에 따른 전화 응대 방법 중 옳지 <u>않은</u> 것은?

> ① 지명인이 부재중인 경우
>   - 지명인이 부재중임을 알리고 언제 돌아오는지 등을 알려 준다.
>   - 단, 부재가 개인적인 사정인 경우, 부재의 이유에 대해서는 가능한 한 말하지 않는다.
> ② 전화가 들리지 않을 때
>   "뭐라고요?", "잘 안 들리는데요."와 같은 표현은 쓰지 않도록 하고, "전화 통화 상태가 좋지 않습니다." 등의 완곡한 표현으로 상대방의 탓이 아닌 통신상의 문제, 전화기 문제 등으로 이야기한다.
> ③ 회사의 위치를 묻는 경우
>   - 상대방이 현재 있는 위치와 이용할 교통편을 묻는다.
>   - 교통편을 문의하는 경우에는 이용자의 교통수단을 물어본 후 상황에 맞게 안내한다.
> ④ 전화 연결을 요청하는 경우
>   - 지명인을 확인하고 연결한다.
>   - 연결 중 끊어질 경우를 대비해서 상대방에게 지명인의 직통 번호와 개인 연락처를 알려 준다.
> ⑤ 전화 응대 중 다른 전화가 걸려 온 경우
>   상대를 확인하고 긴급한 상황이 아니라면 먼저 걸려 온 전화를 받고 있음을 알리고, 통화 종료 후 또는 이후에 다시 전화드리겠다고 한다.

① 지명인이 부재중인 경우
② 전화가 들리지 않을 때
③ 회사의 위치를 묻는 경우
④ 전화 연결을 요청하는 경우
⑤ 전화 응대 중 다른 전화가 걸려 온 경우

해설

15 보통례
16 정중례
17 약례
18 목례
19 전화 연결을 요청하는 경우 연결 중 전화가 끊어질 경우를 대비해서 상대방에게 지명인의 직통 번호를 안내한다. 이때 지명인의 개인 연락처를 알려 주어서는 안 된다.

정답

15 ②   16 ①   17 ③   18 ④   19 ④

20 다음은 고객과의 첫 만남 시 명함 교환 사례이다. A~E 중 명함 교환 매너로 옳지 <u>않은</u> 것은?

> 직원: 안녕하세요. 저는 ○○금융 회사 고객관리팀 박영호 대리입니다.
> (A) <u>선 자세에서 상대방 방향으로 명함을 왼손을 받쳐 오른손으로 정중하게 건넨다.</u>
> 고객: 저는 ▽▽ 컨설팅 교육팀 김준호 과장입니다.
> (B) <u>두 손으로 명함을 공손히 받고 상대방의 얼굴을 보며 미소를 짓는다.</u>
> (C) <u>상대방의 이름과 직함을 부르며 반갑다고 인사를 한다.</u>
> 직원: 찾아 주셔서 감사합니다. 이쪽에 앉아서 상담을 도와드리겠습니다.
> (D) <u>상대방의 명함은 분실하지 않도록 자리에 착석하면서 명함 지갑에 바로 넣는다.</u>
> 고객: 네, 감사합니다.
> (E) <u>상대의 명함을 확인하고 어려운 글자는 그 자리에서 물어본다.</u>

① A   ② B   ③ C
④ D   ⑤ E

PART 5　통합형

[21~22] 다음은 다국적 기업인 ABC사 본사 임원의 한국 지사 방문 시 이동 계획의 일부이다. 물음에 답하시오.

> 〈27일/목〉
> • 오전 10:00 Mr. Van Hider ABC사 임원 인천공항 도착
> • 오전 11:00 ABC 한국 지사 김○○ 회장이 자가 차량을 이용하여 Mr. Van Hider를 ABC 한국 지사 본사로 수송
> • 오전 11:30 엘리베이터를 이용하여 회장실로 이동
> ※ ABC사 한국 지사의 회장도 본사 임원급에 속한다.

21 ABC 한국 지사 김○○ 회장이 자가 차량을 이용하여 Mr. Van Hider를 ABC 한국 지사로 수송할 경우 승용차 내 Mr. Van Hider의 좌석으로 적절한 위치는?

① 뒤쪽(후열) 가운데 좌석
② ABC 한국 지사 김○○ 회장 바로 뒤
③ ABC 한국 지사 김○○ 회장 대각선 뒤쪽 좌석
④ ABC 한국 지사 김○○ 회장 회장의 운전석 우측 좌석
⑤ 대화하기 편한 위치라면 어떤 좌석도 상관없다.

22. 한국 본사 도착 후 회장실 이동을 위해 엘리베이터 이동 시 의전에 관한 설명으로 적절하지 <u>않은</u> 것은?

① 엘리베이터 안에서는 문 쪽으로 얼굴을 향하고 있는 것이 좋다.
② 엘리베이터 내에서는 이동 후 일정, 주요 면담자 등을 설명하는 것이 좋다.
③ 엘리베이터 조작자가 없는 경우 안내자가 먼저 탑승하여 문의 개폐를 조작한다.
④ Mr. Van Hider, ABC 한국 지사 김○○ 회장, 기타 수행원 순으로 내리도록 안내한다.
⑤ 엘리베이터에 다른 사람들과 같이 탑승할 때에는 상급자, 연장자, 여성, 고객이 먼저 탑승하고 내린다.

20 명함을 받은 후 대화(회의)가 이어질 경우 테이블 위에 올려놓고 직위와 이름을 기억하며 이야기를 나누는 것이 좋다.
21 별도의 운전기사 없이 동급자가 운전을 하는 경우 운전석 우측이 제1상석이다.
22 엘리베이터는 다수가 이용하는 공간이므로 업무 관련 내용이나 불필요한 대화는 하지 않는다.

20 ④   21 ④   22 ②

SUBJECT 02

이미지 메이킹

CHAPTER 01 이미지와 이미지 메이킹의 이해
CHAPTER 02 첫인상 관리(표정/용모·복장)
CHAPTER 03 기본 자세와 동작 이미지
CHAPTER 04 음성 이미지

학습방법

- ☑ 이미지와 이미지 메이킹의 속성에 대하여 숙지하고 이미지와 관련된 다양한 심리 효과를 예시를 통해 이해한다.
- ☑ 첫인상의 주요 특징과 메라비언 차트에 대해 학습하고, 다양한 표정 구사에 따른 상대방의 느낌을 해석한다.
- ☑ 올바른 서비스 전문가의 용모·복장에 대해 학습하고, 바른 자세가 고객에게 주는 영향에 대하여 생각해 본다.
- ☑ 좋은 음성의 특징, 올바른 음성 관리법, 음성 결점 극복법을 익힌다.

무료강의
바로보기

이미지와 이미지 메이킹의 이해

| 빈출 키워드 |

\# 이미지와 이미지 메이킹   \# 이미지 관리의 4단계 프로세스   \# 이미지 심리 효과

1 이미지의 이해

1. 이미지의 정의
① 이미지(Image)란 마음속에 그려지는 상(像), 심상, 표상, 영상 등을 뜻하며, 개인에 대한 이미지(Personal Image)는 독특하고 고유한 그 사람 특유의 느낌이다.
② 사전적인 의미는 '특정 대상의 외적 형태에 대한 인위적인 모방이나 재현'이다.
③ 어떤 대상에 대해 가지는 신념, 아이디어, 인상의 총체이다.

2. 이미지의 어원
① 이미지는 그리스어 'Eikon[상(像)]'과 영어 'Resemblance(닮음)'의 뜻이 있다.
② 라틴어의 Imago에서 유래된 'Imitari(모방하다)'와 관련 있다.

3. 이미지의 속성 〔빈출〕
① 이미지는 지각과 감정의 결합으로 객관적이기보다는 주관적인 경우가 많다.
② 개인의 사고와 취향에 따라 편집되고 만들어진 생각의 덩어리, 고유한 느낌, 특유한 감정을 의미한다.
③ 직접적인 경험 없이도 형성되며, 정서성을 동반하는 주관적인 평가이기 때문에 명확하게 정의하거나 연구하기에는 어려움이 많다.
④ 이미지는 시각적인 요소 이외에도 조직 행동, 언어, 사고방식, 태도 등 수많은 감각에 의한 이미지를 포함한다.
⑤ 이미지는 학습, 경험, 정보, 커뮤니케이션 행위에 의해 형성되고 수정·변형된다.
⑥ 최근 마케팅 분야에서도 널리 사용되면서 기업 이미지, 제품 이미지, 브랜드 이미지로도 활용되고 있다.
⑦ 이미지는 인식 체계와 행동의 동기 유인 측면에 있어서 매우 중요한 역할을 한다.

4. 이미지의 구성

I	Intelligence	지적 이미지	M	Mask	표정 이미지
A	Attitude	태도 이미지	G	Grooming	복장 이미지
E	Emotion	감성 이미지	V	Voice	음성 이미지

5. 이미지의 형성 과정

지각 과정	• 지각은 타인의 성격, 욕구, 사고 등의 인지를 말한다. • 환경에 대해 의미를 부여하는 과정으로 주관적이기 때문에 동일한 대상에 대해 다른 이미지를 부여한다.
사고 과정	• 지각하는 대상에 대한 의미 부여, 평가 등 지각 대상에 대한 모든 정보를 획득하고 해석하는 과정이다. • 과거의 기억과 현재의 지각에 의해 이미지를 형성한다.
감정 과정	• 지각과 사고 이전의 감정에 의해 반응하는 과정이다. • 감정적 반응은 이미지 형성의 확장 효과를 가져온다.

6. 이미지 메이킹의 분류

① 국내 이론

외적 이미지	인간의 외부로 나타나는 종합적인 이미지이다. 예 외모(생김새), 언행, 용모, 복장, 표정 등
내적 이미지	인간의 심리적, 정신적, 정서적인 특성 등에 관련된 이미지이다. 예 심성, 생각, 습관, 욕구, 감정 등
사회적 이미지	특정한 사회에서 사회 구성원 모두가 의심 없이 수용하고 있는 이미지이다. 예 매너, 에티켓, 리더십, 행동, 태도, 자세, 신뢰 형성, 사회적 지위 등

② 국외 이론

외모 (Appearance)	매력적인 외모는 상대방에게 호감을 느끼게 한다. 예 위생 상태, 메이크업, 헤어, 퍼스널 컬러, 향기 등
행동 (Behavior)	매력적인 행동은 상대방에게 신뢰를 느끼게 한다. 예 태도, 자세, 몸짓, 손짓, 에티켓, 매너 등
소통 (Communication)	매력적인 소통은 상대방에게 감동을 느끼게 한다. 예 목소리 톤, 성량, 발음, 속도, 억양, 리듬, 자기 홍보(Self-promotion) 등

PLUS+ 대인 지각

- 대인 지각이란 사회적으로 자신과 타인을 바라보는 인식을 말한다.
- 인간은 자신의 경험이나 사고를 바탕으로 타인을 평가하고, 지각의 대상과 상호 작용에 의해 이미지를 형성한다.
- 이러한 이유로 그 사람이 실제로 '어떤 사람인가'보다 '어떻게 지각되었는가'가 더 중요하다.

- **대인 지각의 영향 요소**
  - **선택성**: 사람은 한 번에 여러 종류의 자극을 지각하거나 수용하지 못하기 때문에 소수의 특정한 것으로 한정해서 선택하는 기능 예 보고 싶은 것만 보고, 듣고 싶은 것만 듣기
  - **주관성**: 타인이 확인할 수 없는 개인의 사적인 경험을 반영하는 성질
  - **무의식**: 자각이나 의식이 없는 상태에서 일어나는 의식의 작용
  - **편향성**: 한쪽으로 치우친 경향이 있는 성질

7. 이미지 관리의 4단계 프로세스 [빈출]

[1단계] 이미지 점검하기	• 자신의 이미지를 객관적으로 바라본다. • 자신의 장단점을 정확하게 파악한다.
[2단계] 이미지 콘셉트 정하기	자신이 원하는 이미지 콘셉트를 정한다.
[3단계] 좋은 이미지 만들기	• 원하는 이미지를 만들기 위한 방법을 고민한다. • 자신이 가진 장점은 강화하고 단점은 보완한다.
[4단계] 이미지 내면화하기	• 외부로 드러나는 모습이 전부가 아님을 기억한다. • 일시적 이미지가 아닌 진실된 이미지가 될 수 있도록 노력한다.

2 이미지 메이킹의 이해

1. 이미지 메이킹의 정의
① 이미지 메이킹(Image Making)의 사전적인 의미는 '자신의 이미지를 상대방 혹은 일반인에게 각인시키는 일'이다.
② 개인이 추구하는 목표를 이루기 위해 자신의 이미지를 통합적으로 관리하는 행위이다.
③ 자신의 사회적 지위에 맞게 외적 이미지뿐만 아니라 내적 이미지까지 최상으로 만드는 것이다.
④ 주관적인 자아와 객관적인 자아 사이의 차이를 최대한 좁혀 객관적 자아상을 확보하려는 노력이다.

2. 이미지 메이킹의 효과
① 외적 이미지를 강화하여 긍정적인 내적 이미지를 끌어낸다.
② 열등감을 극복하고 자신감을 높여 자아 존중감이 향상된다.
③ 인간 사회의 구조 속에서 대인 관계 능력이 향상된다.
④ 참자아(자신만의 개성과 독특성)를 발견하여 정체성을 확보할 수 있다.
⑤ 자신의 특성과 진가를 신분과 역할에 맞게 브랜드화할 수 있다.
⑥ 바람직한 개인의 삶의 질을 향상하는 데 기여한다.

3. 이미지 메이킹의 6단계

[1단계] 자신을 알라 (Know Yourself)	자신이 가지고 있는 장단점을 분류하여 파악한다.
[2단계] 자신의 모델을 선정하라 (Model Yourself)	• 자신의 모델을 선정하고 구체적인 목표를 수립한다. • 모델을 모방하는 과정을 통해 자신의 개성이 드러날 수 있도록 노력한다.
[3단계] 자신을 계발하라 (Develop Yourself)	• 자신이 가진 개성이나 장점을 더욱 가치 있게 만들어 상대방이 긍정적인 관심을 갖도록 해야 한다. • 이를 토대로 장점은 살리고 단점은 보완할 수 있는 전략을 구사한다.
[4단계] 자신을 포장하라 (Package Yourself)	• 자신의 이미지를 상황과 대상에 맞도록 표현한다. • 복장, 화장 등과 같은 외면적인 요소부터 교양, 언어 구사력과 같은 내면적인 요소를 함께 포장할 수 있어야 한다.

[5단계] 자신을 팔아라 (Market Yourself)	자신의 가치를 인식시키고 높은 평가를 받을 수 있도록 이미지 형성 요소를 적절히 사용하여 자신을 명품화한다.
[6단계] 자신에게 진실하라 (Be Yourself)	자신 혹은 타인을 진실된 마음으로 대하여 신뢰 관계를 형성한다.

3 이미지 심리 효과 빈출

1. 이미지 형성에 영향을 미치는 효과

① 초두 효과
- 초두 효과란 먼저 들어온 정보가 나중에 들어온 정보보다 더욱 강력한 영향을 미친다는 것이다.
- 첫인상은 전반적인 인상 형성에 영향을 미치기 때문에 중요하다.
- 자료의 앞부분에 제시된 항목이 나중에 제시된 것보다 기억이 더 잘되고, 인출도 더 잘된다. 이는 나중에 제시된 항목들은 기억을 인출할 때 앞에 제시된 항목들로부터 간섭을 받기 때문이다.

> **PLUS⁺ 솔로몬 애쉬(Solomon Asch)의 실험으로 본 초두 효과**
>
> 미국의 사회 심리학자 솔로몬 애쉬는 실험 참가자들에게 A와 B, 두 사람의 성격에 대한 정보를 다음과 같이 제시하였다.
> - A: 똑똑하다, 근면하다, 충동적이다, 비판적이다, 고집스럽다, 질투심이 많다
> - B: 질투심이 많다, 고집스럽다, 비판적이다, 충동적이다, 근면하다, 똑똑하다
>
> A와 B에 대한 정보는 순서만 다르게 배열했을 뿐 내용은 같았다. 하지만 실험 참가자들에게 A와 B에 대해 물었을 때, 실험 참가자들은 A에 대해 더 긍정적인 반응을 보였다. 이 실험은 긍정적인 말이 먼저 제시되었을 때 더 긍정적이고 호의적으로 느낀다는 것을 보여 준다.

② 최근 효과
- 초두 효과와 반대의 의미로 시간적인 흐름에서 가장 마지막에 제시된 정보가 인상 형성에 강력한 영향을 미친다는 것이다.
- 인간 기억력의 한계성에 따라 과거 정보보다 최근에 입력된 정보가 더 잘 기억되기 때문이다. 학습 상황에서 처음에 배운 내용보다 나중에 배운 내용을 더 잘 기억한다.

③ 맥락 효과
- 맥락 효과는 처음 내린 판단 기준에 따라 이후에 입력되는 정보들에 대한 맥을 잇게 된다는 것이다.
- 처음에 긍정적으로 판단을 내렸을 경우, 같은 대상의 다른 정보가 들어와도 긍정적인 방향으로 생각하려는 경향이 생기게 된다. 예 온화한 사람이 머리가 좋으면 지혜로운 사람으로, 이기적인 사람이 머리가 좋으면 교활한 것으로 해석된다.

④ 후광 효과
- 어떤 대상이나 사람에 대한 일반적인 견해가 그 대상이나 사람의 구체적인 특성을 평가하는 데 영향을 미치는 현상이다. 예 호감형인 사람은 매력적이고, 지적이고, 관대할 것이다. / 매력적인 사람이 못생긴 사람에 비해 대인 관계, 자신감, 적극성, 지적 능력, 성실성에 있어서 유리한 평가를 받는다.
- 특정 브랜드와 캐릭터의 호의적인 이미지가 해당 브랜드, 캐릭터와 관련이 없는 가상 제품에 대한 소비자의 신념, 태도, 구매 의사에 영향을 미친다.

⑤ 악마 효과
- 부정적인 모습, 열등한 외모 때문에 그 사람의 다른 측면까지도 부정적으로 평가되는 현상이다.
- 후광 효과의 반대라고 볼 수 있으며, 편견이 이미지 형성에 영향을 미치는 효과이다.
  > 예 마른 사람은 성격이 예민할 것이다.

⑥ 현저성 효과(독특성 효과)
- 한 가지 두드러진 특성을 가진 정보가 인상 형성에 많은 영향을 미치는 현상이다.
- 상대방이 제시하는 여러 정보에 대해 공평하게 주의를 기울이는 것이 아니라 현저하게 주목받는 면에 의지하는 것을 말한다.
  > 예 튀는 사람이 눈에 더 잘 들어오고 그 사람이 가장 영향력 있어 보인다.

⑦ 부정성 효과
- 부정적인 특징이 긍정적인 특징보다 인상 형성에 더 강력한 영향을 주는 현상이다.
- 사람들은 타인의 인상을 평가할 때 긍정적인 정보보다는 부정적인 것에 더 비중을 둔다.
  > 예 열 번 좋은 일을 하고도 한 번 나쁜 행동을 하면 그 사람을 나쁘게 생각한다.

⑧ 호감 득실 효과
- 상대방이 자신을 싫어하다가 좋아하게 되면 자신이 이득을 얻은 것 같아 더 좋아지고, 좋아하다가 싫어하게 되면 많은 것을 잃은 것 같아 더 싫어진다는 현상이다.
- 자신을 처음부터 좋아해 주던 사람보다 자신을 싫어하다가 좋아하는 사람을 더 좋아하게 된다.
- 자신을 처음부터 계속 싫어하던 사람보다 자신을 좋아하다가 싫어하는 사람을 더 싫어하게 된다.
  > 예 평소에는 무심하지만, 뒤에서는 세심하게 마음을 써 주고 가끔 자상한 면모를 보이는 사람에게 더 마음이 간다.

2. 이미지 회복을 위한 3가지 효과

① **수면자 효과**: 기분 나쁜 일도 잠을 자고 나면 한결 가벼워지는 것처럼 시간이 흐르면 처음 각인되었던 정보가 흐려지고, 잘못 제시된 정보라도 시간이 흐르면 점차 잊혀지는 현상을 말한다.
  > 예 비전문가의 의견, 출처가 불분명한 내용에 대해서 처음에는 동의하지 않지만 시간이 지나면서 자연스럽게 신뢰하는 현상(음모론, 흑색선전)

② **빈발 효과**: 첫인상이 좋지 않더라도 반복해서 제시되는 행동이나 태도가 첫인상과 다르게 진지하고 솔직하다면 점차 좋은 인상으로 바뀌는 현상을 말한다.
  > 예 삼고초려(三顧草廬, 인재를 맞아들이기 위하여 참을성 있게 노력함), 열 번 찍어 안 넘어가는 나무 없다.

③ **충격 효과**: 평상시에는 전혀 느끼지 못했던 충격적인 일이나 예상 밖의 행위로 인해 개인에 대한 인상이 바뀌게 되는 현상을 말한다. 상대방의 인식을 바꾸는 방법이 파격적인 만큼 위험도 따르게 되므로 마지막 수단으로 활용하는 것이 좋다.

CHAPTER 02 첫인상 관리(표정/용모·복장)

| 빈출 키워드 |

\# 메라비언 차트   \# 표정 연출   \# 시선 처리   \# 퍼스널 컬러

1 첫인상

1. 첫인상의 정의
① 첫인상의 사전적인 의미는 '첫눈에 느껴지는 인상'이다.
② 첫인상은 관계의 출발점으로 처음 만난 사람에게 느껴지고 감지된 주관적인 자료이다.
③ 일반적으로 첫인상은 2~10초 사이의 짧은 시간 내에 결정되며, 전체 이미지 구성에 강한 영향을 준다.

> **PLUS+ 콘크리트의 법칙**
>
> 한번 이미지화된 첫인상을 바꾸는 것은 40시간 이상의 재만남이 이루어져야 가능하다. 즉, 한번 결정된 좋지 않은 첫인상을 바꾸는 데에는 많은 노력과 시간이 소모된다.

2. 첫인상의 영향 요인
① 시각적 요소: 표정이나 시선, 자세, 옷차림 등이 해당하며 가장 영향력이 크다.
② 청각적 요소: 목소리의 고저, 음색, 억양 등이 해당한다.
③ 언어적 요소: 말의 내용, 전문 지식 등이 해당한다.

> **PLUS+ 앨버트 메라비언(Albert Mehrabian)의 실험** 빈출
>
> 미국 UCLA 명예교수 앨버트 메라비언은 두 가지 실험을 통해 사람 간의 의사소통에서 언어적 요소의 중요성은 7%에 불과하고, 청각적 요소는 38%, 시각적 요소는 55%를 차지한다는 것을 알아냈다.
> - 첫 번째 실험: 어떤 메시지를 상대편에게 전하려 할 때 말의 의미와 목소리 톤, 즉 음색이 얼마나 중요한지에 대해 조사했더니 말 자체의 의미보다 음색이 훨씬 중요하다는 결과가 나왔다. 예를 들어, 가라앉은 목소리로 상대편을 반기는 인사말을 했다면 상대편은 이 사람이 진정으로 자신을 반기는 것이 아니라는 것을 직감할 수 있다.
> - 두 번째 실험: 음색, 표정과 같은 비언어적 요소의 중요성을 조사하여 음색과 표정의 중요성이 2:3이라는 결과를 얻었다. 예를 들어, 상대가 당신과 나 사이에는 특별한 문제가 없다고 말하면서 서로 눈을 맞추는 것을 기피한다거나 얼굴에 불안감을 보인다면 상대의 진심은 나와의 관계에 문제가 있음을 보여 준다는 것이다.
>
>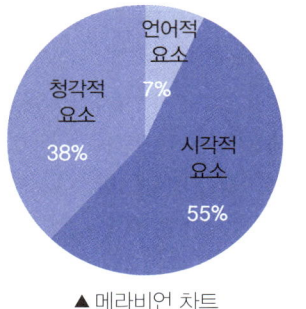
>
> ▲ 메라비언 차트

3. 첫인상의 주요 특징 빈출
① 신속성: 첫인상이 전달되는 시간은 매우 짧으며 한 번에 전달되고 각인된다.
② 일회성: 한 번 전달되고 각인된 정보는 평생 기억에 남으며 변하지 않는다.

③ **일방성**: 첫인상은 보이는 모습만을 통해 평가하는 사람의 판단과 가치관에 따라 일방적으로 인식되고 형성된다.
④ **연관성**: 첫인상은 개인의 연상을 통해 형성되므로 불확실하다. 이미 익숙한 사물이나 사람을 연상하거나 혼동하여 잘못 인식하기도 한다.
⑤ **영향력**: 첫인상은 머릿속에 오래 남으며 좋지 않은 첫인상을 바꾸는 데에는 많은 시간과 노력이 필요하다.

2 표정 연출

1. 표정 연출의 정의

① 표정 연출이란 '마음속에 품은 감정이나 정서 따위의 심리 상태가 겉으로 드러나는 것, 혹은 그런 모습'을 말한다.
② 표정만으로 자신의 마음과 심리 상태를 표출하는 것으로 상대에게 심리적 영향을 미친다. 또한 의중을 묻지 않고 상대방의 마음을 읽을 수 있다.
③ 일반적으로 얼굴 표정에서 행복, 슬픔, 경악, 공포, 분노, 증오 등의 감정을 읽을 수 있다.
④ 얼굴 표정이 바뀌면 그 사람의 감정도 실제로 바뀐다. 즉, 의도적으로 밝고 건강한 표정을 지으면 실제 감정도 밝고 건강해진다는 것이다.

> **PLUS⁺ 프리츠 스트랙(Fritz Strack)의 안면 피드백 효과 실험**
>
> 독일 심리학자 프리츠 스트랙은 실험 참가자를 두 집단으로 나누어 A집단에게는 볼펜을 이로 물게 하여 인위적으로 미소 짓는 표정을 만들고, B집단에게는 볼펜을 입술로 물게 하여 불만 있는 표정을 만든 채 만화책을 보게 했다.
> 참가자들이 만화책을 다 읽은 후 얼마나 재미있었는지를 질문하자 볼펜을 이로 물었던, 즉 웃음을 띤 표정으로 만화책을 본 A집단 참가자가 B집단 참가자들보다 만화가 더 재미있었다고 대답했다.

2. 밝은 인상의 중요성

얼굴은 그 사람의 얼이 살아 있는 곳이며, 인상은 그 사람이 주로 어떤 표정을 짓느냐에 따라 달라진다. 자주 사용하는 근육과 그렇지 않은 근육이 서로 다르게 발달하여 얼굴 형태에도 영향을 준다.

① **인상은 그 사람의 삶을 반영한다**: 선천적인 얼굴의 형태는 20% 정도이고, 80%는 후천적으로 자신이 만들어 가는 얼굴이다. 즉 그 사람의 인상은 자신의 삶을 반영하는 거울이 된다.
② **좋은 인상은 마음에서부터 시작된다**: 나쁜 인상은 선천적인 것이 아니라 성장 과정에서 부정적인 사고나 자신감의 상실로 인하여 굳어진 것이라고 할 수 있다.
③ **좋은 인상은 하루아침에 만들어지지 않는다**: 좋은 인상을 갖기 위해서는 생활 습관으로 굳어지기까지 지속적인 훈련을 해야 한다. 좋은 일만 생각하고, 아름다운 것을 보고, 긍정적인 마음가짐과 꾸준한 노력이 필요하다.
④ **외모보다는 표정에 투자하라**: 호감 가는 밝은 표정은 마음가짐의 표현이기 때문에 필요에 따라 일시적으로 만들 수도 있다. 하지만 좋은 표정을 지속적으로 유지하기 위해서는 자기 관리를 위한 훈련이 꾸준히 필요하다.

3. 밝은 표정의 효과 〔빈출〕

① 건강 증진 효과: 웃는 근육을 많이 사용하면 과학적으로 건강에 유익한 영향을 준다.
② 감정 이입 효과: 밝고 환한 표정을 보면 주변 사람도 기분이 좋아진다.
③ 마인드 컨트롤 효과: 훈련에 의한 웃음이라도 밝고 환한 표정을 지으면 실제로 기분이 좋아진다.
④ 신바람 효과: 웃는 모습으로 생활하다 보면 기분 좋게 일을 할 수 있다.
⑤ 실적 향상 효과: 밝은 표정으로 일을 하다 보면 업무가 효율적으로 진행되어 능률이 오른다.
⑥ 호감 형성 효과: 표정은 상대방이 보고 느끼며 판단하는 것으로 밝은 표정은 나에 대한 좋은 이미지를 형성한다.

4. 표정에 대한 상대방의 해석

환하게 미소 짓기	반가움, 호감 등의 긍정	위아래로 훑어보기	불신, 경멸
곁눈질로 보기	불만, 의심, 두려운 마음 상태	잠깐 미소를 짓다가 다시 무표정 유지	자신에게 유리한 것을 계산하는 중
미소를 갑자기 멈춤	말 또는 행동에 대한 불쾌함	눈살을 찌푸림	거절, 반대
특별한 반응 없는 무표정	거부, 귀찮음	눈을 치켜뜸	거부, 항의
눈을 마주치지 않음	거부, 부담감, 숨기는 느낌 집중하지 않은 상태	눈을 내리뜸	거만함
눈을 크게 뜨고 계속 바라보기	흥미, 관심		

5. 올바른 시선 처리 〔빈출〕

눈은 사람의 심성을 가장 잘 나타내는 신체 부위로 많은 사람들이 눈빛을 보고 착하다, 나쁘다, 총기가 있다, 둔하다 등의 표현으로 상대방을 평가한다. 눈빛, 눈동자의 움직임, 눈길의 방향, 눈을 맞추는 자세와 시간 등을 통해 사람들의 내면이 겉으로 표현되기도 한다.

① 상대방을 지나치게 오래 쳐다보지 않는다.
  - 처음 대면하거나 대화할 때 상대에게 초점을 둔다.
  - 상대방을 지나치게 오래 바라보면 불편함을 줄 수 있으므로 대화 시간의 40~60% 정도, 한 번에 약 5~10초 정도 응시하도록 한다.
② 부드러운 시선으로 상대방과 눈을 맞춘다.
  - 지나치게 강한 눈빛은 상대방에게 불쾌감을 줄 수 있다.
  - 자연스러운 눈맞춤을 위해서는 눈이나 미간, 콧등 사이를 번갈아 가며 본다.
③ 상대방의 눈높이에 맞추어 시선을 둔다.
  - 시선은 완만한 각도로 상대방의 눈높이에 맞춘다.
  - 시선과 몸의 방향이 일직선이 되도록 몸을 상대방 쪽으로 약간 숙여 자신이 상대방의 이야기에 주의를 기울이고 있음을 느끼게 한다.

④ 대화의 상황에 따라 눈의 크기를 조절한다.
- 시선을 일관되게 유지하는 것은 괜한 오해를 불러일으킬 수 있다.
- 기쁨, 놀람, 안타까움 등 여러 상황에 따라 눈의 크기를 조절한다.

6. 올바른 입의 모양
웃는 표정은 입의 모양에 의해 결정되므로 밝은 인상에서 웃는 입의 모양은 매우 중요하다.
① 입은 자연스럽게 다물고 살짝 미소 짓는다. 너무 힘을 주어 입을 다문 모양이 일직선이 되지 않도록 한다.
② 입을 쑥 내밀면 불만의 표현으로 비칠 수 있다.
③ 입을 너무 크게 벌려 입안이 보이는 것은 예의에 어긋나므로 주의한다.
④ 상대방이 등을 돌려 돌아설 때까지 미소를 유지한다.
⑤ 개인적인 감정을 드러내지 않고 서비스 전문가로서의 공적인 표정을 익힌다.

> **PLUS+ 자연스러운 미소를 위한 체크 리스트**
> - 눈도 같이 웃고 있는가?
> - 표정 전체가 밝고 자연스러운가?
> - 윗니가 지나치게 드러나 있지는 않은가?
> - 입술 모양이 초승달처럼 입술 양끝이 위로 올라갔는가?
> - 억지스러운 웃음이나 경직된 미소를 짓고 있지는 않은가?

3 용모·복장

1. 용모·복장의 중요성
① 사전적 의미로 용모(容貌)란 '사람의 얼굴 모양'을 뜻한다. 비슷한 말로 얼굴과 몸매 모두를 의미하는 외모(外貌)가 있다.
② 복장(服裝)은 옷차림을 의미하며, 잘 갖추어진 옷차림은 그 사람에 대한 관심을 유발한다.
③ 자신의 외양을 잘 꾸미는 것은 스스로에 대한 존중의 뜻이며 자신의 이미지를 강화시켜 준다.
④ 용모·복장은 첫인상에 영향을 미칠 수 있으며, 단정한 용모·복장은 타인과의 신뢰 형성과 업무 성과, 일의 능률에도 영향을 미친다.

2. 용모·복장의 원칙
① 나의 기준이 아니라 비즈니스 상황에 맞아야 한다.
② 자신의 전문성이 잘 드러날 수 있어야 한다.
③ 새로운 상황이나 고객과의 만남에서는 가급적 보수적인 옷차림이 좋다.
④ 복장 선택의 기준은 소속된 조직문화를 따르며 상사의 옷차림 등을 참고하는 것도 좋다.

3. 용모·복장의 필수 요소
① **청결**: 머리부터 발끝까지 깨끗이 하고, 복장은 구김 없이 착용한다.
② **품격**: 자신의 마음가짐이나 태도를 품위 있게 표현할 수 있어야 한다.
③ **조화**: T.P.O.(시간, 장소, 상황)에 맞게 갖추어야 한다.

4. 서비스 전문가의 용모·복장

① 남성

얼굴	• 턱수염과 콧수염은 기르지 않고 매일 깨끗이 면도한다. • 얼굴에 분비물이 많은 곳을 중심으로 깨끗이 세안하고 블랙 헤드가 생기지 않도록 한다. • 입술이 건조해지지 않도록 입술 보호제를 꾸준히 사용하여 생기 있게 연출한다. • 지저분한 귀, 입 냄새 등은 좋은 인상을 줄 수 없으므로 청결하게 관리한다. • 코털이 밖으로 보이지 않도록 관리한다.
헤어	• 머리카락이 이마, 귀, 셔츠 깃을 덮지 않도록 깔끔하게 자른다. • 밝은 느낌을 줄 수 있도록 머리카락이 이마를 가리지 않게 관리한다. • 머리에 윤기가 있으면 건강하고 힘이 있어 보이므로 에센스, 헤어 왁스, 젤 등을 활용하여 고정하되, 지나치게 많이 바르면 오히려 부담스러울 수 있으니 주의한다. • 지나치게 화려한 염색이나 탈색은 서비스 전문가의 신뢰도를 떨어뜨릴 수 있다.
정장	• 지나치게 유행을 따르기보다는 회사의 문화를 해치지 않는 선에서 품위 있고 단정한 정장을 입는다. • 정장의 컬러는 검은색이나 짙은 감색, 회색이 기본이며, 화려한 원색이나 체크 무늬가 큰 것, 독특한 옷감 등은 피한다. • 정장은 너무 크거나 작지 않게 체형에 맞춰 입는다. • 정장 단추의 경우 투버튼 재킷은 위의 단추 하나만 채우고, 쓰리버튼 재킷은 위의 단추 두 개나 가운데 단추 한 개만 채운다. • 바지는 한두 번 주름이 생길 정도로 구두의 등을 덮는 정도의 길이가 좋으며, 양말이 보이지 않아야 한다. 다림질이 잘되어 줄이 잘 서 있는 것이 좋다.
드레스 셔츠	• 드레스 셔츠는 흰색에 긴팔이 기본이다. • 일반적으로 재질이 얇아 속이 비치는 여름용 셔츠를 제외하고 셔츠 안에는 속옷을 입지 않는다. • 깃 부분과 손목 부분이 1~1.5cm 정도 나오도록 입는다.
넥타이	• 넥타이의 길이는 벨트 버클 윗부분에 닿거나 약간 덮을 정도가 적당하다. 넥타이가 너무 짧으면 인색해 보이고, 너무 길면 느슨한 느낌을 준다. • 남성들은 넥타이로 개성을 표현할 수 있지만, 일반적으로 정장과 비슷한 계통의 컬러가 무난하다. • 상의의 깃 폭이 넓으면 넥타이 폭도 넓어야 하고, 상의의 깃 폭이 좁으면 넥타이의 폭도 좁아야 한다. • 조끼를 입을 때는 넥타이가 조끼 밑으로 나와서는 안 된다.
벨트	• 벨트는 정장용과 캐주얼용을 구분하여 착용한다. • 버클이 지나치게 두껍거나 화려하지 않은 것이 좋다. • 벨트의 색상은 검정이나 갈색이 무난하며, 장식이 많지 않고 단순한 것이 좋다. • 벨트와 서스펜더는 함께 착용하지 않는다.
양말	• 양말은 양복색과 같은 색이나 짙은 색을 착용하여 구두 끝까지 전체 흐름을 통일한다. • 목이 짧은 양말은 품위를 떨어뜨린다. 앉거나 다리를 꼬았을 때 바지 속으로 피부가 보이므로 착용에 주의한다.
구두	• 구두는 정장용과 캐주얼용을 구분하여 착용하고, 직장에서는 가급적이면 캐주얼화를 피한다. • 구두는 정장 컬러와 맞춰 검은색, 갈색이 무난하며, 장식이 요란하지 않고 심플한 것이 좋다. • 에나멜 구두보다는 자연스러운 광택이 나는 가죽 구두가 품위 있어 보인다. • 구두는 깨끗하게 잘 닦아서 신고 굽은 주기적으로 관리한다.

액세서리	• 지나치게 화려한 시계나 안경은 피한다. • 지갑은 상의 안주머니에 넣을 수 있도록 너무 크지 않은 것을 사용하는 것이 좋다.

② 여성

얼굴	• 정장 혹은 유니폼 착용 시 자연스러운 메이크업을 한다. • 피부 화장은 너무 어둡지 않고 밝으면서 건강해 보이도록 자연스럽게 한다. • 눈썹은 인상을 크게 좌우하므로 자연스럽게 그린다. 일반적으로 눈썹이 시작되는 부분은 눈망울과 일직선이 되도록 하고 눈썹산은 눈에서 2/3가 되는 지점에 위치하도록 그린다. • 립스틱 색상은 유행을 따르는 색이나 번들거리는 제품은 피한다. 붉은색 계통이 가장 무난하며, 갈색이나 검정, 보라 계통의 색, 펄이 지나치게 많이 들어가 있는 립스틱은 피한다. • 화장을 수정하는 경우 공공장소를 피해 화장실이나 개인 공간에서 한다. • 화장품의 향취가 진한 것은 타인에게 불쾌감을 줄 수 있으므로 주의한다.
헤어	• 여성 헤어의 핵심은 청결함과 단정함이다. • 머리는 깔끔한 인상을 줄 수 있도록 앞머리로 이마나 눈을 가리지 않는 것이 좋다. • 머리카락이 귀를 덮지 않고, 긴 머리는 머리끈이나 헤어핀으로 고정하여 묶은 후 잔머리는 헤어 제품으로 고정한다. • 커트, 단발, 긴 머리 중 자신의 얼굴형에 맞는 스타일을 선택한다. • 이마를 내놓으면 밝은 느낌을 준다. • 헤어 액세서리가 눈에 띄면 서비스 전문가로서의 신뢰도가 떨어질 수 있다. • 지나치게 화려한 염색, 과도한 웨이브는 피한다.
정장	• 여성 정장은 남성보다는 덜 까다롭지만 옷 색상, 스타일, 옷감 선택에 주의해야 한다. • 일반적으로 여성 정장의 컬러는 검은색, 회색, 베이지색, 감색, 파스텔톤 등이 있다. • 개인이 선호하는 컬러의 조화를 살려 개성을 표현하기도 하나, 직장에서는 지나치게 화려한 색상을 입지 않는다. • 여성은 원피스, 투피스, 바지 정장을 주로 입는다. 공식적인 모임일 경우 바지 정장보다는 치마 정장을 입는 것이 적합하다. • 지나치게 체형이 드러나는 옷이나 노출이 심한 옷은 삼간다. • 치마의 길이는 서 있을 때의 기준이 아닌 활동할 때 또는 앉았을 때를 기준으로 무릎 높이 정도가 적절하며, 바지는 9부 이상의 길이부터 정장에 속한다. • 소매가 없는 옷, 반바지, 속이 비치는 블라우스 등의 착용은 자제한다.
스타킹	• 옷, 구두의 색상과 조화를 이루는 것이 좋으며, 무늬나 색상이 화려한 제품은 피하여 무난한 것으로 착용한다. • 색상은 살구색이 기본이나 계절에 따라 커피색 혹은 검은색을 착용할 수 있다. • 올이 나가거나 늘어진 스타킹은 착용하지 않고 착용 중 손상에 대비해 여분을 준비해 두는 것이 좋다.
구두	• 정장에 어울리는 심플한 구두를 선택하며, 검정색이 가장 무난하다. • 굽이 지나치게 높거나 굽이 없는 구두는 피한다. • 앞이 트인 오픈형이나 샌들 타입, 슬리퍼 등 뒤축이 없는 신발은 신지 않는다.
액세서리/네일	• 지나치게 크고 화려한 액세서리는 하지 않는다. • 반지는 작은 보석이 박히고 심플한 디자인으로 한 손에 한 개만 착용한다. • 귀걸이는 부착형으로 한쪽에 한 개씩만 착용한다. • 브로치는 가슴선보다 위쪽에 어깨와 가깝게 달아 자연스럽고 단정해 보이도록 연출한다. • 핸드백은 정장, 구두와 어울리는 색과 스타일을 선택하고, 핸드백 속 소지품을 잘 정리해서 가지고 다닌다. • 손톱은 깨끗하게 정리된 상태를 유지하며 화려한 네일아트는 피하는 것이 좋다.

> **PLUS⁺ 올바른 향수 사용법** 빈출
> - 은은한 향으로 소량만 뿌리는 것이 좋다.
> - 균일하게 섞여 있으므로 흔들어 쓰지 않아도 된다.
> - 향수는 손목에 뿌린 후 비비지 않고 자연스럽게 마르게 둔다.
> - 머리, 겨드랑이, 팔·다리 안쪽에 향수를 뿌리면 체향 때문에 향이 변질되거나 피부 마찰 때문에 피부 트러블이 생길 수 있으므로 주의한다.
> - 향수는 아래에서 위로, 안쪽에서 바깥쪽으로 퍼지는 특성이 있으므로 바지나 치마 밑단, 재킷 안쪽에 뿌린다.
> - 유통 기한이 있으므로 확인하고 사용한다.
> - 가죽, 모피, 실크, 흰옷에 직접 분사하면 얼룩이 질 수 있다.
> - 진주나 산호 같은 보석에 향수가 닿으면 변색될 수 있으므로 향수를 먼저 뿌리고 액세서리를 착용하는 것이 좋다.
> - 여름에는 보통 시원한 느낌의 아쿠아 계열을, 겨울에는 달콤한 플로럴 부케 향을 사용하는 것이 좋다.

4 서비스 전문가의 유니폼

1. 유니폼의 정의
① 유니폼은 학교나 관청, 회사에서 정해진 규정에 따라 입는 복장이다.
② 제복, 영어 표현으로 커리어 웨어(Career Wear)라고 지칭하기도 한다.
③ 최근에는 은행, 항공사 등 서비스 직종의 유니폼 제작에 유명 디자이너가 참여하면서 감각 있는 유니폼 디자인의 변화를 시도하는 사례가 있다.

2. 유니폼의 의의
① 내부적으로 회사에 대한 소속감과 동료 의식을 가지게 하는 동시에 자부심과 프로 의식을 가지게 한다.
② 외부적으로 조직을 나타내는 상징이며, 직장의 문화를 표현하는 도구가 되기도 한다.
③ 유니폼의 착용은 업무에 임하는 태도, 마음가짐, 열의와 관련이 있으므로 개인의 취향대로 변형하기보다는 규정에 맞게 착용하는 것이 중요하다.

3. 유니폼의 착용 방법 빈출
① 착용 전에 소매 끝, 치맛단, 뒤트임, 단추 등 손상된 곳이 없는지 확인하고, 전체적인 청결과 다림질 상태를 점검한다.
② 자신의 체형에 맞는 유니폼을 입어야 하며, 활동이 자유로우면서도 품위를 갖출 수 있어야 한다.
③ 개인의 취향에 따라 유니폼을 변형하여 입지 않는다.
④ 개인적인 액세서리(코르사주, 브로치 등)는 착용하지 않는다.
⑤ 명찰이나 신분증은 정 위치에 부착한다.
⑥ 주머니에 볼펜, 수첩 등을 넣어 유니폼이 변형되지 않도록 주의한다.
⑦ 소매를 걷어 붙이거나 바지를 접어 입지 않는다.
⑧ 여성 유니폼의 경우 블라우스 속이 비치지 않도록 주의하고, 스커트의 길이는 무릎 바로 위까지 올 수 있도록 한다.
⑨ 유니폼은 직장 내에서만 착용하며 유니폼 차림으로 출퇴근을 하지 않는다.

5 퍼스널 컬러

1. 퍼스널 컬러의 정의

① 퍼스널 컬러(Personal Color)란 타고난 개인의 신체 컬러를 뜻한다. 이는 자신이 가지고 있는 신체의 색과 조화를 이루어 활기차 보이고 생기가 있어 보이게 하는 것을 의미한다.
② 사람마다 각자에게 잘 어울리는 색깔이 존재하는데 자신에게 가장 잘 어울리는 색깔을 베스트 컬러(Best Color)라고 하고, 자신과 잘 어울리지 않는 색깔을 워스트 컬러(Worst Color)라고 한다.
③ 색채 전문가들은 컬러 감각을 키우기 위해 자연에서 배우는 색채 감각을 추천하는데, 봄-웜(Warm)톤, 여름-쿨(Cool)톤, 가을-웜(Warm)톤, 겨울-쿨(Cool)톤 4가지로 분류한다.

2. 퍼스널 컬러의 효과

① 피부톤이 개선된다.
② 얼굴형이 보완된다.
③ 눈동자가 선명해진다.
④ 경제적으로도 효율적이다.
⑤ 세련된 이미지를 연출할 수 있다.

3. 퍼스널 컬러의 구분

① **웜톤과 쿨톤**: 피부색, 눈동자 색, 머리카락 색 등을 기준으로 웜톤과 쿨톤을 구분한다.

웜톤	• 계열: 봄과 가을의 따뜻한 색으로 노란색과 황색이 기본이다. • 특징: 주로 선명하거나 짙은 톤이며, 풍요롭고 생동감을 주는 이미지를 전달한다. • 대표 색: 레드, 오렌지, 옐로, 옐로 그린, 그린, 올리브 그린, 카키, 피치, 브라운 등
쿨톤	• 계열: 여름과 겨울의 차가운 색으로 푸른색, 흰색, 검은색이 기본이다. • 특징: 흰빛을 가진 부드러운 톤과 짙고 선명한 톤이 정적이면서도 모던한 이미지와 깨끗하고 부드러운 이미지를 연출한다. • 대표 색: 블루, 바이올렛, 마젠타, 핑크, 와인, 레드, 네이비 블루, 다쿠아 블루, 그레이 등

② **봄, 여름, 가을, 겨울**: 봄과 가을 유형은 웜톤, 여름과 겨울 유형은 쿨톤으로 분류된다.

봄 유형	• 온화하고 부드러운 것이 특징이며, 따뜻한 톤이다. • 얼굴색은 맑은 노란빛을 띠고 있다. • 눈동자 색은 푸른색 또는 녹색(아쿠아 그린), 황금 갈색이고, 모발색은 따뜻하고 부드러운 느낌을 주는 갈색이다. • 전체적인 이미지는 발랄하고 젊으며, 따뜻하고 밝은 투명한 이미지를 가지고 있다. • 어울리는 색상: 아이보리, 파스텔 옐로, 그린, 피치, 라이트 웜 아쿠아 등의 노란색이 가미된 색상이 어울린다. • 어울리지 않는 색상: 흰빛과 푸른빛이 감도는 색상과 찬 느낌의 무겁고 칙칙한 색, 흰색 계열, 무채색, 은색, 와인색 등은 피해야 한다.

여름 유형	• 차가우면서도 부드러운 느낌을 겸비한 이지적인 분위기로 친근감을 준다. 계절적으로 시각적인 시원함을 가지고 있다. • 얼굴색은 기본적으로 흰빛과 푸른빛이 감도는 색 또는 노르스름한 피부에 흰빛이 감도는 색, 희고 붉은 톤에 푸른빛이 감도는 색이다. • 눈동자 색은 부드럽고 흐린 푸른빛이나 회색빛, 부드러운 갈색이다. • 모발색은 기본적으로 회색 기미를 띤 부드러운 검은색에 속하며, 청초하고 신선한 차가운 이미지를 지니고 있다. • **어울리는 색상**: 소프트 화이트, 라이트 블루 그레이, 파스텔 아쿠아, 파스텔 핑크, 라벤더, 부드럽고 차가운 느낌의 핑크, 연보라 등 색상이 튀지 않는 파스텔 계열로 전체적으로 흰빛을 지닌 색상이 잘 어울린다. • **어울리지 않는 색상**: 검은색과 너무 어두운 색, 금속성의 반사적인 색, 노란 기미가 있는 색은 피해야 한다.
가을 유형	• 황색빛을 띠면서 차분하고 부드러운 느낌을 준다. • 얼굴색은 탁하고 노란빛을 띠고 있으며, 상아색인 경우가 많다. • 눈동자 색은 황갈색이나 어두운 갈색이며 녹색빛이 감도는 깊고 어두운 색이 많다. • 모발색은 대부분 밝은 갈색이나 오렌지색을 띠는 붉은 갈색이다. • **어울리는 색상**: 모든 색에 노랑과 검정이 섞여 있는 오이스트 화이트, 웜 베이지, 마호가니, 오렌지, 모스그린, 틸 블루 등의 색상이 어울린다. • **어울리지 않는 색상**: 불투명하거나 파스텔 톤의 옅은 색, 찬 계열의 색, 선명한 원색 등은 피해야 한다.
겨울 유형	• 강하면서 선명하고 다소 날카로운 느낌을 준다. 푸른빛이 감도는 색 중에서도 강하고 가라앉는 느낌을 준다. • 얼굴색은 붉은 기가 비치고 투명한 기를 띠고 있으며 전체적으로 푸른빛이 감돈다. 주로 창백하거나 핑크빛을 띤다. • 눈동자 색은 짙으며 홍채 주위에 회색이 가미되면서 청색이나 녹색이 혼합되어 있다. 눈동자 색의 대비가 강해 뚜렷하고 선명하다. • 모발색은 선명한 검은색으로 푸른빛이 돈다. • **어울리는 색상**: 푸르면서 흰색이 어울린다. 검정과 흰색, 흰빛을 지닌 색과 푸른빛을 지닌 원색, 레드나 와인, 자주 계열, 청블루, 청보라 등의 강렬하면서 대조되는 색이 잘 어울린다. • **어울리지 않는 색상**: 퓨어 화이트, 라이트 트루 그레이, 블랙, 그린, 네이비, 블루, 레몬 옐로, 마젠타, 블루 레드 등과 황금색 계열의 색은 피해야 한다.

PLUS+ 퍼스널 브랜딩(Personal Branding) 빈출

퍼스널 브랜딩은 자신을 브랜드화하여 특정 분야에서 자신을 먼저 떠올릴 수 있도록 만드는 과정이다. 이미지 메이킹(Image Making)보다 적극적이고 목표 지향적인 개념의 활동으로 자신만의 장점, 능력, 열정 등을 이해하고 활용하여 자신을 차별화시켜 이를 경력 개발이나 자기 계발 등의 지침이 되도록 하는 것이다.

CHAPTER 03 기본 자세와 동작 이미지

| 빈출 키워드 |

\# 선 자세   \# 걷는 자세   \# 방향 안내 자세

1 자세

1. 자세의 정의
자세란 '몸을 움직이거나 가누는 모양, 사물을 대할 때 가지는 마음가짐'을 뜻한다.

2. 자세의 중요성
① 좋은 자세는 상대방에게 좋은 느낌을 전달하는 방법 또는 기회가 될 수 있다.
② 올바른 자세는 상대방에게 신뢰감을 주어 자신에 대한 긍정적인 이미지를 형성하는 데 중요한 역할을 하고, 자신감 있고 당당한 인상과 함께 품위 있고 안정된 분위기를 연출한다.
③ 바른 자세를 유지하면 몸과 머리를 자극하고 근육에 힘이 들어가면서 수축과 이완을 반복하여 혈액 순환 등 대사 활동에 도움을 준다.

2 기본 자세 빈출

1. 선 자세
① 발꿈치는 붙이고, 발의 앞은 V자형으로 살짝 벌린 상태로 허리, 엉덩이와 무릎을 곧게 펴고 자연스럽게 선다.
② 몸이 한쪽으로 기울어지지 않도록 두 다리에 체중을 고르게 두고, 두 팔은 손바닥이 몸 쪽을 향하도록 한다.
③ 남자의 경우 일반적으로 바지 재봉선 옆에 손을 내려 차려 자세를 유지하지만, 고객 응대를 하는 업무에서는 남성도 여성과 같이 공수 자세를 한다.
④ 공수 시 남좌여우(男左女右)이기 때문에 남성은 왼손이 위로, 여성은 오른손이 위로 가게 한다.
⑤ 등과 가슴을 펴 허리와 가슴이 일직선이 되도록 한다. 어깨를 수평으로 펴서 앞으로 굽히거나 뒤로 젖혀지지 않도록 한다.
⑥ 아랫배에 힘을 주어 단전을 단단하게 한다.
⑦ 고개와 턱을 살짝 당기고 눈은 부드러운 시선으로 상대방을 바라보고 표정을 밝게 한다.

2. 앉은 자세
① 앉은 자세는 면접 상황 또는 고객이나 동료와의 만남 시 상대를 평가하는 중요한 요소가 된다.
② 앉을 때 의자가 밀려 흔들리지 않도록 잘 잡고 앉고, 여성은 오른손으로 치마 뒤폭을 정리해서 앉는다.
③ 의자에 앉을 때에는 등과 등받이 사이에 주먹 하나가 들어갈 정도의 간격을 두고 깊숙이 앉는다.

④ 어깨와 턱에 지나치게 힘을 주지 않고, 턱은 살짝 당기면서 시선은 정면을 응시한다.
⑤ 남성은 다리를 약간 벌리고 두 손을 무릎 위에 나란히 놓는다.
⑥ 여성은 무릎을 붙여서 한쪽으로 모으고 두 손은 무릎 위에 나란히 놓는다.
⑦ 일어설 때는 한 발을 반걸음 비껴 놓고 수직으로 일어선다.

3. 걷는 자세 빈출

① 경쾌하고 활기찬 걸음걸이는 일에 대한 자부심을 느끼게 하고 신뢰감을 형성한다.
② 어깨에 힘을 빼고 등을 곧게 세워 가슴을 편다.
③ 무릎을 곧게 펴고 배를 당기며 몸의 중심을 허리에 둔다.
④ 시선은 정면을 응시하고 턱은 가볍게 당긴다.
⑤ 머리와 몸은 지나치게 흔들지 않으며 손은 가볍게 주먹을 쥐고 걸음에 맞게 양팔을 약간 흔들어 준다.
⑥ '발뒤꿈치 → 발바닥 → 발끝'의 순서로 발이 지면에 닿게 일직선으로 걷는다.
⑦ 보폭은 자신의 체격에 맞도록 걷되, 실내인 경우 실외보다 보폭을 더 좁게 하고 발소리에 주의한다.
⑧ 이동 중에는 다른 사람의 통행에 방해가 되지 않도록 한다.

3 서비스 전문가의 동작 이미지

1. 방향 안내 자세 빈출

① 방향 안내 시 상체를 가볍게 10° 정도 구부린 상태로 손가락을 가지런히 모아서 가리키는 방향으로 손과 팔을 올린다.
② 손목이 꺾이지 않도록 하고 손바닥이나 손등이 정면으로 보이지 않도록 45°로 눕힌다.
③ 시선은 '상대방의 눈 → 가리키는 방향 → 상대방의 눈(삼점법)' 순으로 옮긴다.
④ 오른쪽을 가리킬 때는 오른손을, 왼쪽을 가리킬 때는 왼손을 사용한다.
⑤ 사람을 가리킬 때는 두 손을 모두 사용하고, 방향을 가리킬 때는 한 손은 방향을, 다른 한 손은 아랫배 위에 올려 놓는다.
⑥ 직원의 입장이 아닌 상대방의 입장에서 구체적이고 정확하게 위치를 안내한다.
⑦ 손가락이나 턱으로 지시하거나 상대방을 응시하지 않고 안내하는 무례한 행동은 하지 않는다.

▲ 방향 안내 자세

2. 물건을 주고받을 때 자세

① 물건을 주고받을 때에는 가슴과 허리 사이에서 두 손으로 건넨다.
② 물건을 건넬 때에는 밝게 웃으며 상대방의 시선을 바라본다.
③ 물건을 건넬 때에는 상체를 10° 정도 가볍게 굽힌다.
④ 받는 사람의 입장을 고려하여 받는 사람 방향으로 돌려서 준다. 문서를 줄 때에는 상대방이 글을 바로 읽을 수 있는 방향으로 건네고, 펜 등은 바로 사용하기 편하도록 건넨다.
⑤ 큰 물건은 양손으로 건네고, 작은 물건은 한 손을 다른 한 손으로 받쳐서 공손히 건네도록 한다.

▲ 큰 물건을 건넬 때

▲ 작은 물건을 건넬 때

3. 물건을 주울 때 자세

① 떨어진 물건의 오른쪽에서 무릎을 굽히고 등과 허리는 편 채 줍는다.
② 엉덩이를 위로 올리거나 엉거주춤한 자세는 삼간다.
③ 물건을 줍는 순간에 주변을 살피지 못하여 지나가는 사람과 부딪히거나 주머니에 있는 소지품이 떨어지지 않도록 주의한다.

CHAPTER 04 음성 이미지

| 빈출 키워드 |

\# 음성의 중요성   \# 좋은 목소리   \# 음성 훈련   \# 음성 결점 극복 방법

1 음성

1. 음성의 중요성

① 음성이란 사람의 목소리나 말소리를 의미하는 것으로 외모와 함께 이미지를 만드는 데 매우 중요한 역할을 할 뿐만 아니라 사람의 마음을 움직일 수도 있다.
② 사람의 타고난 음성의 질은 바꿀 수 없지만, **음성의 분위기는 훈련을 통해서 얼마든지 바꿀 수 있다.** 음성이 좋은 사람은 70% 이상이 선천적이지만 발성 연습 등의 노력을 통해 개선하는 경우도 많다.
③ 목소리는 육체적인 영역뿐만 아니라, 내면적인 인격의 완성도를 나타내는 척도의 기능도 한다. 목소리를 통해 어느 정도 개인의 품성이나 성격을 짐작할 수 있다.
④ **사람의 목소리만으로도 상대의 성격, 인격, 직업까지 파악이 가능하다.**

2. 좋은 목소리 `빈출`

① 선천적으로 타고난 건강함이 느껴지는 목소리
② 또렷하게 들리는 목소리
③ 톤(음조)이 낮으면서 떨림이 없는 목소리
④ 자신 있고 당당하며 씩씩한 목소리
⑤ 다양한 감정을 표현할 수 있는 음색을 갖춘 목소리

> **PLUS⁺ 음성의 구성 요소**
>
> | | |
> |---|---|
> | 음질 | • 목소리가 맑고 깨끗한지, 답답하고 탁한지의 정도
• 음질이 탁하면 듣는 이에게 불쾌감을 줄 수도 있고, 스피치에 흥미를 주지 못함
→ 음질이 좋지 않은 사람은 'ㄹ' 연습이 필요함 |
> | 음량 | • 목소리의 크고 작음
• 풍부한 음량은 스피치에 있어 매우 중요함
→ 음량이 약하면 갈라지거나 쉰 음을 낼 수 있으므로 복식 호흡과 고성 연습이 필요함 |
> | 음폭 | • 소리의 높낮이
• 사용할 수 있는 음역의 정도
→ 음폭이 높은 사람은 파열음 'ㄱ, ㄲ, ㅋ, ㄷ, ㅌ, ㄸ, ㅂ, ㅃ, ㅍ'의 연습이 필요함 |
> | 음색 | • 음질의 색으로 듣기 좋고 나쁨을 구별함
• 음색이 나쁘면 부정적인 이미지가 생겨 스피치에 좋지 않은 영향을 미침
→ 음색을 좋게 하려면 어미 처리 연습이 필요함 |

2 음성 이미지의 구성 요소

속도	• 너무 빠른 속도는 정확한 내용 전달이 어렵고, 산만한 느낌을 주어 신뢰하기 어렵다. 반면 너무 느린 속도는 지루한 느낌이 들고 대화에 집중하는 데 어려움을 준다. • 상대에 따라 말의 속도를 다르게 하여 상대방이 충분히 이해할 수 있도록 한다.
억양	• 억양이란 말에 얹혀 나타나는 소리의 높낮이 또는 말의 멜로디를 말한다. • 억양은 상대가 원하는 내용에 대해 나의 관심의 정도를 나타낼 수 있으며, 집중도를 높이고 대화 분위기에 활기를 줄 수 있다. • 높음과 낮음이 적당하면 자연스럽고 정중한 이미지를 주고, 습관적인 억양은 상투적이고 의례적인 느낌을 준다.
리듬감	• 빠른 리듬으로 말하다가 조금 느리게, 더 느리게, 갑자기 빠르게 등의 변화를 주면서 말하는 것은 내용을 효과적으로 전달하는 방법이다. • 말의 가락에 변화를 주면 전달 능력을 향상시킬 수 있다. • 리듬 없이는 전달력이 떨어지고 감정이나 느낌을 전달하기 어렵다.
강약 조절	• 말은 핵심 메시지와 이를 보완하는 부분으로 구성된다. 핵심적인 부분에서는 힘을 주었다가 보완하는 부분에서는 약하게 조절하면 좋다. • 강약 조절은 의사 전달의 효과를 높이며, 어디에 강약을 두느냐에 따라 말의 주 의미가 변하기도 한다.
띄어 읽기	• 어디서, 어떻게 띄어 읽느냐에 따라 명확성, 논리성 등의 이미지에 영향을 미친다. • 효과적인 띄어 읽기는 상대방이 생각할 수 있는 사이를 주는 것이다. • 말을 잘하기 위해서는 사이를 어디에 두느냐가 중요하다.
명확한 발음	• 불명확한 발음은 상대방에게 혼란을 주어 잘못된 내용으로 전달될 수도 있다. • 명확한 발음은 전문가다운 자신감과 명료성의 이미지를 줄 수 있다. • 낱말 하나하나를 분명히 발음하려는 의식적인 노력을 해야 한다.

3 음성 훈련

1. 서비스 전문가의 음성 훈련

목소리의 색깔	인사말
빨강(밝음): 밝고 정열적인 기분	• 어서 오십시오, 안녕하십니까? • 감사합니다. • 안녕히 가십시오.
황색(따뜻함): 따뜻한 마음	• 무엇을 도와드릴까요? • 잠시만 기다려 주시겠습니까? • 오랫동안 기다리셨습니다.
녹색(진지함): 신뢰의 느낌	• 네, 잘 알겠습니다. • 죄송합니다만.

2. 올바른 음성 관리법

① 자세를 바르게 한다.
② 음주나 흡연, 탄산음료, 카페인 섭취를 피하고, 목이 피로하지 않게 관리한다.
③ 성대를 따뜻하게 유지하고, 목에 좋은 따뜻한 차나 물을 자주 마신다.
④ 복식 호흡을 반복 연습하면 목에 부담을 줄일 수 있다.
⑤ 비염, 위염, 식도염이 발견되면 신속히 치료를 받는다.
⑥ 갑자기 큰 소리를 지르거나 장시간 말을 하는 것을 삼간다.
⑦ 먼지, 매연, 담배 연기가 많은 탁하고 건조한 환경에서 장시간 생활하지 않는다.
⑧ 헛기침이나 목청을 가다듬는 행동을 반복하지 않는다.
⑨ 등을 곧게 펴고 가슴을 올려 배에 힘을 주며 말한다.

3. 음성 이미지 연출 방법

① 천천히, 또박또박 발음한다.
② 장·단음을 분명하게 발음한다.
③ 모음에 따라 입 모양을 다르게 한다.
④ 숨을 들이 마신 후에 말하면 목소리가 더 풍성해진다.

4 음성 결점 극복 방법 빈출

작은 목소리	원인	성대가 진동을 하지 않아 호흡이 성대를 진동시키지 못하고 그대로 빠져나가기 때문이다.
	단점	소극적인 이미지를 줄 수 있다.
	극복 방법	• 복식 호흡, 발성 연습으로 성대 진동, 교정, 끊어 읽기를 통해 분명한 발음 연습을 한다. • 짧은 발음으로 호흡을 조절한다. • 손가락 끝으로 턱을 누르며 턱 아래 근육을 손가락 위쪽으로 되민다.
콧소리가 나는 목소리	원인	목 안쪽의 공간이 좁아 호흡이 입 밖으로 빠져나가지 못하거나 코로 원활하게 빠져나가지 못해 호흡이 코에 걸려서 콧소리가 난다.
	극복 방법	• 목에 힘을 뺀다. • 탁구공을 입에 물고 탁구공이 진동할 때까지 힘을 빼고 입술 주변을 진동시킨다는 생각으로 호흡을 자연스럽게 내쉰다.
딱딱한 목소리	원인	턱을 빠르게 움직이는 경향이 있거나 너무 정확하게 끊어 말하는 습관에 의해 발생한다.
	단점	감정 표현이 서툴러 보여 차가운 인상을 줄 수 있다.
	극복 방법	• 젓가락을 입의 양쪽으로 몰아 넣고 발음 연습을 한다. • 턱은 움직이지 않고 입술과 혀만 움직여서 발음하도록 연습한다. • 여유를 갖고 말할 수 있도록 반복해서 말하는 연습을 한다.

SUBJECT 02 | 이미지 메이킹
적중 예상문제

PART 1 일반형

01 다음 중 이미지의 정의 및 속성에 대한 설명으로 옳지 <u>않은</u> 것은?
① 이미지는 주관적인 것이라기보다 객관적인 것이다.
② 이미지는 마음속에 그려지는 사물의 감각적 영상 또는 심상이다.
③ 이미지는 시각적인 요소 이외의 수많은 감각에 의한 이미지도 포함한다.
④ 라틴어의 Imago에서 유래된 '모방하다'라는 뜻을 지닌 'Imitari'와 관련 있다.
⑤ 이미지는 인식 체계와 행동의 동기 유인 측면에 있어 매우 중요한 역할을 한다.

02 다음 중 표정 이미지에 대한 설명으로 옳지 <u>않은</u> 것은?
① 표정만으로 자신의 마음을 표현할 수 있다.
② 좋은 인상은 하루아침에 만들어지지 않는다.
③ 얼굴 표정이 바뀌면 그 사람의 감정도 실제로 바뀐다.
④ 상대의 눈을 몰입감 있게 10초 이상 쳐다보며 경청하고 있음을 보여 준다.
⑤ 개인적인 감정을 드러내기보다는 서비스 전문가로서의 공적인 표정을 익혀야 한다.

03 다음 중 이미지 심리 효과와 예시가 바르게 연결되지 <u>않은</u> 것은?
① 악마 효과: 약속 시간을 지키지 않는 직원은 일에 대한 전문성도 없다고 판단한다.
② 맥락 효과: 첫인상이 매우 좋은 직원이 실수하면 사람이 하는 일이니 그럴 수 있다고 생각한다.
③ 빈발 효과: 열 번 친절하던 사람이 한 번 불친절하면 늘 불친절했던 사람보다 더 불친절하게 느껴진다.
④ 최근 효과: 고객에게 제품 사용법을 설명할 때 처음에 이야기한 것보다 나중에 이야기한 것을 더 잘 기억한다.
⑤ 후광 효과: 용모복장이 단정하며 잘 웃고 친절한 직원일수록 성실하고 꼼꼼하게 일처리를 할 것이라고 판단한다.

04 서비스 전문가로서 자신을 연출할 때 적절하지 <u>않은</u> 것은?

① 서비스 전문가는 가능하면 앞머리로 이마나 눈을 가리지 않는 헤어스타일이 좋다.
② 스타킹은 살구색이나 커피색 등으로 착용하며 화려한 무늬나 망사 제품은 피하는 것이 좋다.
③ 머리는 헤어 제품을 사용하여 흘러내리지 않도록 고정하고 단정한 모양을 유지하는 것이 좋다.
④ 제복이나 유니폼을 입더라도 액세서리, 코르사주 등으로 개인의 개성을 표현하여 세련되게 입는 것이 좋다.
⑤ 유니폼이나 정장을 입을 때는 흰색 양말보다 옷과 같은 색의 양말을 착용하여 구두 끝까지 전체 흐름을 같게 하는 것이 좋다.

05 다음 중 물건을 주고받을 때의 자세에 대한 설명으로 옳지 <u>않은</u> 것은?

① 물건은 양손으로 건네는 것이 예의이다.
② 물건을 건넬 때에는 가슴과 허리 사이에서 건넨다.
③ 물건을 전달할 때에는 받는 사람이 보기 편하도록 건넨다.
④ 물건을 건넬 때에는 밝게 웃으며 상대방의 시선을 바라본다.
⑤ 물건이 작아 두 손으로 건네기 힘든 경우에는 양해를 구하고 한 손으로 건넨다.

해설

01 이미지는 객관적인 것이 아니라 주관적인 것이다.
02 경청 시 상대를 지나치게 오래 응시하는 것은 불편함을 줄 수 있으므로 대화 시간의 40~60% 정도, 한 번에 약 5~10초 정도 응시하도록 한다.
03 빈발효과란 첫인상이 좋지 않더라도 반복해서 제시되는 행동이나 태도가 첫인상과는 달리 진지하고 솔직하다면 점차 좋은 인상으로 바뀌는 현상을 말한다.
04 같은 유니폼을 입은 직원들과의 통일감을 형성하는 것이 가장 중요하므로 개인의 개성을 드러내는 화장, 액세서리 등의 연출은 자제하도록 한다.
05 물건이 작아 두 손으로 건네기 힘든 때는 왼손을 받쳐서 오른손으로 건네고 공손한 자세로 건넨다.

정답

01 ①   02 ④   03 ③   04 ④   05 ⑤

06 다음 중 첫인상에 대한 설명과 그 특징으로 옳지 <u>않은</u> 것은?
① 첫인상은 짧은 시간 내에 결정된다.
② 첫인상은 한 번에 전달되고 각인된다.
③ 첫인상은 첫눈에 느껴지는 인상을 말한다.
④ 첫인상은 평가하는 사람의 객관적인 판단에 따라 인식한다.
⑤ 첫인상은 이미 익숙한 사물을 연상하거나 혼동하여 잘못 인식하기도 한다.

07 다음 중 초두 효과(primacy effect)에 대한 설명으로 옳은 것은 무엇인가?
① 최근에 제시된 정보가 더 강력한 영향을 미쳐 마지막에 배운 내용이 더 잘 기억되는 현상이다.
② 첫인상이 전반적인 인상 형성에 큰 영향을 미치며, 앞부분에 제시된 정보가 더 잘 기억되는 경향을 말한다.
③ 정보가 제시되는 순서와 상관없이 긍정적인 정보는 항상 부정적인 정보보다 더 오래 기억된다.
④ 학습 상황에서 나중에 배운 내용이 앞서 배운 내용을 간섭하여 더 잘 기억되는 현상을 말한다.
⑤ 정보의 양이 많을수록 앞부분과 뒷부분 모두 잘 기억되고 중간 부분만 잘 기억되지 않는 현상을 말한다.

08 다음 중 목소리에 대한 설명으로 옳지 <u>않은</u> 것은?
① 사람의 타고난 음성의 질은 바꿀 수 없다.
② 좋은 목소리란 톤이 낮고 떨림이 없는 소리이다.
③ 너무 빠른 속도는 정확한 내용 전달이 어렵고 산만한 느낌을 준다.
④ 올바른 목소리 관리를 위해서 시원한 물을 자주 마시는 것이 좋다.
⑤ 목소리는 육체적인 영역뿐만 아니라 내면을 판단하는 척도로도 활용할 수 있다.

09 좋은 목소리를 만드는 방법으로 적절하지 않은 것은?

① 복식 호흡을 반복적으로 연습한다.
② 목에 좋은 따뜻한 차나 물을 자주 마신다.
③ 항상 밝은 생각으로 긍정적인 말을 자주 한다.
④ 등을 곧게 펴고 가슴을 올려 배에 힘을 주어 말한다.
⑤ 음주, 흡연은 좋은 목소리를 만드는 방법과 관련이 없다.

10 다음 중 음성 결점 극복 방법에 대한 설명으로 옳지 않은 것은 무엇인가?

① 작은 목소리를 극복하기 위해서는 복식 호흡과 성대 진동 연습을 통해 분명한 발음을 연습한다.
② 콧소리가 나는 목소리는 목에 힘을 주어 탁구공이 진동할 때까지 버티며 발음을 하면 교정된다.
③ 딱딱한 목소리는 턱을 빠르게 움직이는 습관에서 비롯되며, 여유 있게 반복적으로 말하는 연습을 통해 개선할 수 있다.
④ 작은 목소리는 호흡이 성대를 진동시키지 못하고 빠져나가기 때문에 발생한다.
⑤ 콧소리가 나는 목소리는 호흡이 코에 걸려서 발생하며, 입술 주변을 진동시키며 호흡을 자연스럽게 내쉬는 방법으로 교정할 수 있다.

해설
06 첫인상은 평가하는 사람의 주관적인 판단에 따라 이루어진다.
07 초두 효과란 먼저 제시된 정보가 이후의 정보보다 강한 영향을 주는 현상이다.
08 좋은 목소리를 위해서는 성대를 따뜻하게 유지하고, 목에 좋은 차나 따뜻한 물을 자주 마셔야 한다.
09 음주나 흡연, 탄산음료, 카페인 섭취는 목에 무리를 주고 피로하게 만들 수 있으므로 자제한다.
10 콧소리가 나는 목소리는 목에 힘을 주는 것이 아닌, 목에 힘을 빼는 연습이 필요하다.

정답
06 ④   07 ②   08 ④   09 ⑤   10 ②

11 이미지에 있어서 밝은 표정이 주는 효과에 대한 설명으로 옳지 <u>않은</u> 것은?

① 웃는 표정은 나에 대한 좋은 이미지를 형성하게 한다.
② 웃는 근육을 많이 사용하면 건강에 유익한 영향을 준다.
③ 웃는 모습으로 생활을 하면 기분 좋게 일을 할 수 있다는 것은 신바람 효과에 대한 설명이다.
④ 나의 밝고 환한 웃는 표정을 보면 타인도 기분이 좋아지게 된다는 것은 감정 이입 효과에 대한 설명이다.
⑤ 내면에서 우러나온 밝은 표정은 타인의 감정도 조절하여 긍정적일 수 있다는 것은 마인드 컨트롤 효과에 대한 설명이다.

12 다음 중 걷는 자세에 대한 설명으로 옳지 <u>않은</u> 것은?

① 일직선으로 걷는다.
② 어깨에 힘을 빼고 등을 곧게 세운다.
③ 시선은 정면을 향하도록 하고 턱은 가볍게 당긴다.
④ 손은 가볍게 주먹을 쥐고 양팔은 자연스럽게 흔들어 준다.
⑤ 무릎은 곧게 펴고 배에 힘을 주어 당기며 몸의 중심을 가슴에 둔다.

13 표정에 대한 상대방의 해석으로 적절하지 <u>않은</u> 것은?

① 곁눈질로 본다 → 불만, 의심
② 위아래로 훑어본다 → 불신, 경멸
③ 환하게 미소 짓는다 → 반가움, 호감
④ 눈을 마주치지 않는다 → 거부, 부담감
⑤ 특별한 반응 없이 무표정하다 → 자신에게 유리한 것을 계산 중

PART 2 O/X형

[14~16] 다음 문항을 읽고 옳고(O), 그름(X)을 선택하시오.

14 표정 이미지 메이킹에 있어 시선 처리는 상대방의 눈을 지나치게 오래 보게 되면 불편함을 느끼므로 눈과 미간, 코 사이를 번갈아 보며 대화를 자연스럽게 이어가는 것이 좋다.　　　(① O　② X)

15 이미지 관리 과정은 '이미지 점검하기 → 이미지 콘셉트 정하기 → 좋은 이미지 만들기 → 이미지 내면화하기'의 순으로 이루어진다.　　　(① O　② X)

16 서비스 전문가의 기본 자세 중 올바르게 앉는 자세는 등과 의자 사이에 공간을 두지 않고 등을 기대어 편안히 앉는 것이다.　　　(① O　② X)

해설
11 마인드 컨트롤 효과는 훈련에 의한 웃음이더라도 밝고 환한 표정을 지으면 실제로 기분이 좋아진다는 것이다.
12 무릎은 곧게 펴고 배에 힘을 주어 당기며 몸의 중심을 허리에 둔다.
13 특별한 반응 없이 무표정한 것은 거부, 귀찮음으로 해석할 수 있다.
14 O
15 O
16 X 의자에 앉을 때에는 등과 등받이 사이에 주먹 하나가 들어갈 정도로 간격을 두고 깊숙이 앉는다.

정답
11 ⑤　12 ⑤　13 ⑤　14 ①　15 ①　16 ②

PART 3 연결형

[17~20] 다음 설명에 적절한 〈보기〉를 찾아 각각 선택하시오.

| 보기 |
① 삼점법   ② 현저성 효과   ③ 퍼스널 컬러   ④ 후광 효과

17 타고난 개인의 신체 컬러를 뜻하며, 이를 잘 활용하면 피부톤이나 얼굴형을 보완하는 등의 효과를 줄 수 있다.

(   )

18 방향 안내 동작을 할 때 시선은 상대방의 눈을 먼저 보고, 손과 함께 가리키는 방향을 본 후 다시 상대방의 눈을 보는 방법이다.

(   )

19 한 가지 두드러진 특성을 가진 정보가 인상 형성에 많은 영향을 미치는 현상이다. (   )

20 어떤 대상이나 사람에 대한 일반적인 견해가 그 대상이나 사람의 구체적인 특성을 평가하는 데 영향을 미치는 현상이다.

(   )

PART 4 사례형

21 다음 병원 직원과 환자의 대화를 통해 알 수 있는 이미지 형성 효과로 옳은 것은?

> 직원: 안녕하십니까? 어디가 불편하신가요?
> 환자: (직원의 지저분한 유니폼과 손톱을 바라보며) 왼쪽 아래 어금니에 충치가 생겨서요…….
> 직원: (접수를 마치고 진료실로 안내하여 환자를 진료 의자에 앉힌다.)
> 환자: 여기……. 진료 기구는 소독을 잘하나요?
> 직원: 그럼요. 저희 치과는 철저한 청결과 소독을 최우선으로 생각합니다.
> 환자: (직원을 관찰하며) 저기요……. 저 다음에 올게요.
> (그 이후 고객은 나타나지 않았다.)

① 최근 효과
② 맥락 효과
③ 초두 효과
④ 호손 효과
⑤ 노시보 효과

해설

17 퍼스널 컬러
18 삼점법
19 현저성 효과
20 후광 효과
21 먼저 들어온 정보(지저분한 유니폼과 손톱)가 나중에 들어온 정보(철저한 청결과 소독)보다 더 강력한 영향을 미치고 있으므로 초두 효과로 볼 수 있다.

정답

17 ③   18 ①   19 ②   20 ④   21 ③

22 다음에 해당하는 정의로 옳은 것은?

> 자신을 브랜드화하여 특정 분야에서 자신을 먼저 떠올릴 수 있도록 만드는 과정이다. 적극적이고 목표 지향적인 개념의 활동으로 자신만의 장점, 능력, 열정 등을 이해하고 활용하여 자신을 차별화시켜 이를 경력 개발이나 자기 계발 등의 지침이 되도록 하는 것이다.

① 퍼스널 브랜딩
② 이미지 메이킹
③ 이미지 브랜드화
④ 강점 개발
⑤ 프론티어 커리어

23 다음 사례에서 나타나는 이미지 형성과 관련한 효과 중 가장 적절한 효과는?

> 직원: 고객님, 이번에 새로 들어온 향수인데 이 제품은 어떠십니까?
> 고객: (향수병을 유심히 보며 마음에 들지 않는 듯) 향수병 디자인도 별로이고 본 적이 없는 브랜드인데요.
> 직원: 이 제품은 프랑스 브랜드인데 아직 국내에 수입이 많이 되지 않았습니다. 향기를 테스트해 보시면 좋을 듯합니다.
> 고객: (약간의 관심을 보이며) 그래요? 프랑스라… 테스트해 볼게요.
> 직원: (테스트를 도와주며) 이 제품은 프랑스 현지에서 물량이 부족할 정도로 인기를 끌고 있는 제품입니다. 향기가 어떠신지요?
> 고객: 맡아 보지 않은 향이지만 그 정도로 인기가 있는 향수라니 한번 써 보죠. 이거 50ml로 구입할게요.

① 맥락 효과
② 최근 효과
③ 악마 효과
④ 후광 효과
⑤ 초두 효과

PART 5　통합형

[24~25] 다음의 은행을 방문한 고객의 컴플레인 사례를 읽고 물음에 답하시오.

> 안녕하세요, ○○은행을 오랫동안 이용해온 고객입니다. 하지만 이번에 정말 당황스럽고 기분 나쁜 경험을 해서 이렇게 글을 남깁니다.
> 며칠 전 ○○은행 지점을 방문했는데, 창구에서 저를 응대한 직원의 표정과 복장이 너무 불성실해서 놀랐습니다.
> 셔츠도 제대로 다림질하지 않아 매우 구겨져 있었고, 단추도 두 개 풀린 상태로 속이 훤히 들여다보였습니다. 복장만 문제가 아니라 표정도 정말 불쾌했습니다. 제가 인터넷뱅킹 로그인이 되지 않음을 설명을 하였더니 위아래로 저를 훑어보면서 정말 제대로 로그인한 것이 맞는지를 물었습니다. 심지어 제 돈을 맡기러 온 은행에서 이런 대접을 받다니, 황당하더군요.
> 은행 서비스의 기본은 신뢰라고 생각합니다. 하지만 직원의 태도와 복장이 이렇게 고객을 무시하는 듯하다면, 고객 입장에서는 그 은행에 대한 신뢰가 무너질 수밖에 없습니다. ○○은행은 이런 부분에 대해 좀 더 신경을 써야 하지 않을까요? 앞으로도 ○○은행을 계속 이용해야 할지 고민 중입니다.

24 위 글을 참고할 때 이미지의 속성에 대한 내용으로 옳지 <u>않은</u> 것은?

① 이미지는 시각적인 요소가 차지하는 비중이 크다.
② 이미지는 지각과 감정의 결합으로 객관적인 경우가 많다.
③ 이미지는 학습, 정보, 커뮤니케이션에 의해 수정되고 변형될 수 있다.
④ 이미지는 개인의 사고와 취향에 따라 편집되고 만들어진 생각의 덩어리이다.
⑤ 이미지는 마케팅 분야에도 활용되면서 기업 이미지나 브랜드 이미지로도 활용되고 있다.

22　퍼스널 브랜딩에 대한 설명이다.
23　후광 효과는 어떤 대상이나 사람에 대한 일반적인 견해가 그 대상이나 사람의 구체적인 특성을 평가하는 데 영향을 미치는 것이다.
24　이미지는 지각과 감정의 결합으로 주관적인 경우가 많다.

22 ①　　23 ④　　24 ②

25 위 글에서 직원의 시선 처리에 대한 고객의 의미 해석으로 적절한 것은?

① 반가움, 호감
② 불신, 경멸
③ 거절, 반대
④ 거부, 항의
⑤ 불만, 의심

25 위아래로 훑어보는 시선 처리는 불신, 경멸로 해석될 수 있다.

25 ②

에듀윌이
너를
지지할게
ENERGY

인생은 끊임없는 반복.
반복에 지치지 않는 자가 성취한다.
– 윤태호 「미생」 중

SUBJECT 03

고객 심리의 이해

CHAPTER 01　고객 심리의 이해
CHAPTER 02　고객 분류
CHAPTER 03　고객의 의사 결정 과정
CHAPTER 04　고객의 성격 유형에 대한 이해

학습방법

- ☑ 고객의 의미와 고객 욕구에 대해 이해하고 제시된 사례에서 고객의 심리를 분석할 수 있다.
- ☑ 고객의 다양한 반응을 이해하여 서비스 커뮤니케이션의 효과를 높인다.
- ☑ 고객의 의사 결정 프로세스와 각 단계별 특징과 용어에 대해 정확히 이해한다.
- ☑ 고객의 성격 유형 DiSC, MBTI, TA의 개념과 특징을 이해하고 이를 통해 고객의 심리와 행동을 객관적인 시선으로 분석한다.

무료강의
바로보기

고객 심리의 이해

| 빈출 키워드 |

\# 고객의 기본 심리   \# 고객 요구의 변화   \# 고객 기대
\# 고객 의사 결정 프로세스

1 고객의 이해

1. 고객의 의미
① 좁은 의미: 단순히 자사의 상품과 서비스를 구매하거나 이용하는 사람을 말한다.
② 넓은 의미: 상품을 생산하고 이용하며 서비스를 제공하는 일련의 과정과 관련 있는 모든 사람을 말한다.

2. 고객의 구분

내부 고객	가치 생산에 직접 참여하는 고객 예 종업원
중간 고객	기업과 최종 고객이 되는 소비자 사이에서 그 가치를 전달하는 고객 예 도매상, 중간상, 대리점, 거래처, 하청업자 등
외부 고객	기업이 생산한 가치를 사용(소비)하거나 사용할 가능성이 있는 고객

3. 고객의 기본 심리 빈출

환영 기대 심리	고객은 자신을 왕으로 대접해 주기보다 자신을 환영해 주고 반가워해 주기를 바란다. 그러므로 항상 밝은 미소로 고객을 맞이해야 한다.
존중 기대 심리	고객은 상대방이 자신을 중요한 사람으로 인식하고, 기억해 주기를 바란다.
독점 심리	고객은 서비스를 독점하고 싶어 하는 심리가 있다. 그러나 일부 고객의 독점 심리를 만족시키다 보면 다른 고객의 불만을 야기할 수 있기 때문에 모두에게 공정한 서비스가 전달되도록 해야 한다.
우월 심리	고객은 자신이 서비스 직원보다 우월하다고 생각한다. 그러므로 직원은 고객이 가진 우월 심리를 잘 이해하여 고객의 자존심을 인정하고 자신을 낮추는 겸손한 자세로 임해야 한다.
모방 심리	고객은 다른 고객을 닮고 싶어 하는 심리가 있다. '가장 많이 팔리는 상품이 무엇입니까?'와 같이 질문하는 고객의 심리가 이에 해당한다.
보상 심리	고객은 비용을 지불한 만큼 그에 맞는 서비스를 기대한다. 또한 다른 고객보다 손해를 보고 싶어 하지 않는다.
자기 본위 심리	고객은 각자 자신의 가치 기준을 가지고 있으며 이를 바탕으로 모든 상황을 자기 위주로 판단한다.

2 고객 요구 의식의 변화

1. 고객 요구의 변화

과거와 달리 고객의 요구(Needs)가 더욱 다양하고 복잡해지고 있다. 서비스 담당자가 기억해야 할 고객 요구의 5가지 변화는 다음과 같다.

의식의 고급화	• 질적, 양적으로 풍부해진 생활 환경으로 고객들은 고급화된 서비스 의식을 원한다. • 서비스 선택의 폭이 넓어짐에 따라 고객들은 점점 인적 서비스의 질을 중요하게 생각하고, 자신의 가치에 합당한 서비스를 요구하고 있다.
의식의 복잡화	고객의 유형이 다양하고 복잡해짐에 따라 요구 또한 다양하고 복잡해지고 있다.
의식의 존중화	• 고객은 과거와 달리 '존중과 인정' 같은 진화된 심리적 욕구를 가지고 있다. • 존중과 인정에 대한 욕구가 많아지면서 고객들은 자신을 최고로 우대해 주기를 바란다.
의식의 대등화	경제 성장과 물질 만능주의로 서로에 대한 존중 및 신뢰가 부족하게 되어, 서로 대등한 관계를 형성하려 하고 이러한 상황에서 많은 갈등이 발생하고 있다.
의식의 개인화	고객은 타인과 다르게 특별히 대우해 주기를 바라며, 자신만의 개별적인 서비스를 제공받고자 한다.

> **PLUS+** 고객 요구, 고객 욕구, 고객 수요
>
> • **고객 요구(Needs)**: 고객이 현재와 이상적인 상태를 비교해 둘의 차이를 채워야만 해소할 수 있는 부족의 상태를 의미한다.
>   예) 목이 마르다. → 추상적인 부족 상태
> • **고객 욕구(Wants)**: 고객 요구가 생겼을 때 이를 해소할 수 있는 대상을 발견하는 것이 고객 욕구이다.
>   예) 음료수를 마시고 싶다. → 구체적인 의사
> • **고객 수요(Demands)**: 고객이 욕구 충족을 위하여 자신의 상황을 고려하여 선택한 특정 상품 또는 서비스를 실제로 구매하는 과정을 의미한다.
>   예) 음료수를 선택하고 구매하여 마신다. → 구체적인 선택

2. 고객 니즈

잠재 니즈	• 인간의 기본적인 욕구에서 해석되는 니즈 • 무의식적으로는 있었으면 좋겠다는 느낌이 있지만 필요하다는 인식을 못하거나 어떤 장애 요소로 인해 욕구가 발전하지 못한 상태
보유 니즈	• 어떤 자극이나 정보에 의해 잠재 니즈가 조금 구체화되어 표현된 상태 • 구체적으로 니즈가 강화되지는 않았으며 약간의 구매 의욕과 필요성을 보유함 • 니즈의 개발 유무에 따라 현재 니즈로 성장 혹은 잠재 니즈로 후퇴할 수 있음
핵심 니즈	• 고객 개인의 특수한 상황으로 인해 특별히 집중되어 있는 특수한 니즈 • 개별 고객의 특수한 상황을 해결하고자 하는 개별적인 니즈로 유연하고 다양한 니즈
현재 니즈	• 필요를 인지하고 구체적인 결정의 과정에 있음 • 니즈를 구체적으로 실현하고자 하는 실행의 단계에 있는 니즈
가치 니즈	• 고객의 만족이 극대화된 단계에서의 니즈 • 서비스 제공자와 고객이 함께 과정과 결과에 만족을 느끼는 가장 이상적인 고객 니즈의 단계

3 고객 욕구에 대한 이해 [빈출]

미국의 심리학자 매슬로우(Maslow)는 1943년에 동기 부여와 인간의 욕구를 5단계로 구분하였다. 그는 인간 행동이 각자의 필요와 욕구에 바탕을 둔 동기에 의해 유발되고, 하위 단계의 욕구가 충족되어야만 상위 단계의 욕구를 충족할 수 있다고 보았다.

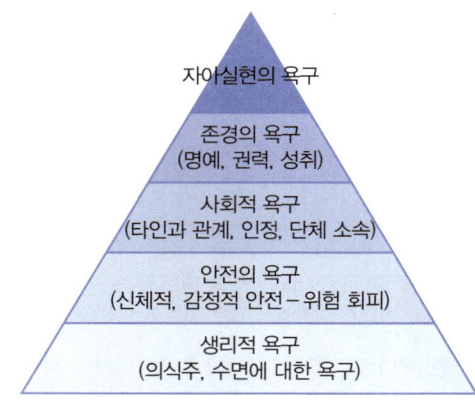

▲ 매슬로우의 욕구 5단계

단계	욕구	의미	서비스 욕구의 예
1단계	생리적 욕구	의식주 등 생존을 위한 본능적인 욕구	• 가격이 적당한가? • 양은 충분한가?
2단계	안전의 욕구	위험으로부터 신체적, 감정적으로 안전하고자 하는 욕구	• 교환/환불이 가능한가? • 사용이 안전한가? • 먹어도 괜찮은가?
3단계	사회적 욕구	사회적 존재로서 소속감을 느낄 수 있는 애정의 욕구	• 나에게 친절한가? • 나의 행동에 상호 작용하는가?
4단계	존경의 욕구	다른 사람에게 존경받고자 하는 욕구	나의 의견을 존중하고 관심을 가져 주는가?
5단계	자아실현의 욕구	자신의 자아를 완성하고자 하는 욕구	나에게 질적으로 우수하고 차별화된 서비스를 제공하는가?

4 고객의 기대 영향 요인

1. 고객 기대의 중요성

① 고객의 서비스에 대한 요구와 기대는 날로 커지고 있다. 성공적인 서비스를 제공하기 위해서는 고객의 기대를 파악하고, 그에 따라 차별화된 서비스를 제공하여 고객 만족을 이루어야 한다.
② 서비스에 대한 고객의 기대에는 많은 영향 요인이 있다. 특히 기업에서 강조되는 고객 만족이란 '고객의 기대 대비 인식된 가치의 크기'를 말한다.
③ 인식된 가치가 크다고 무조건 고객이 만족하는 것은 아니다. 고객이 무엇을 기대하는지, 기대의 요인이 무엇인지를 파악하고 그보다 더 큰 가치를 제공해야 고객이 만족한다는 것을 유념해야 한다.

2. 고객 기대의 영향 요인 빈출

구분	내용	예
내적 요인	고객 자신의 감정이나 경험으로부터 기인하는 기대이다.	• 개인적 욕구 • 상품에 대한 관여도 • 과거의 서비스 경험
외적 요인	고객 내부의 감정이나 경험이 아닌, 외부에서 주어지는 기대에 영향을 줄 수 있는 요인이다.	• 고객이 선택할 수 있는 경쟁 대안 • 타인과의 상호 관계로 인한 사회적 상황 • 구전 커뮤니케이션
상황적 요인	같은 상품에 대해서도 고객이 처한 상황에 따라 기대가 달라질 수 있다.	• 정서적 상태 • 환경적 조건 • 시간적 제약
기업 요인	개인이나 사회적 수준이 아닌, 서비스를 제공하는 기업 수준에 대한 고객 기대 요인이다.	• 기업의 촉진 전략 • 가격 • 유통 구조에 의한 편리성 • 서비스 수준 기대 • 직원의 역량, 유형적 단서의 제공 • 기업 이미지(기업의 CI, BI, 로고) • 브랜드 이미지 • 점포의 외관 및 인테리어

5 고객 의사 결정 프로세스의 변화

1. 고객 의사 결정

고객 의사 결정이란 상품, 브랜드, 서비스의 속성들을 주의 깊게 관찰하여 인식된 요구를 해결해 주는 합리적 대안을 선택하는 과정을 의미한다.

2. AIDMA(전통적 구매 결정 프로세스 모델) 빈출

1920년대 미국의 경제학자 롤랜드 홀(Rolland Hall)이 제시한 소비자의 심리적 단계에 대한 법칙을 나타내는 전통적인 소비자 행동 모델이다. 소비자는 '주의(Attention) → 관심(Interest) → 욕구(Desire) → 기억(Memory) → 행동(Action)'의 단계를 거친다.

주의(Attention) → 관심(Interest) → 욕구(Desire) → 기억(Memory) → 행동(Action)

주의(Attention)	고객의 주의를 끌어 제품 또는 서비스를 인지하는 단계
관심(Interest)	제품에 대해 관심을 가지고 장단점을 인식하는 단계
욕구(Desire)	여러 판매 촉진 활동 등으로 제품에 대한 구매 욕구를 불러일으키는 단계
기억(Memory)	욕구의 단계를 넘어 제품에 대한 기억으로 구매 의사를 결정짓는 단계
행동(Action)	구매 욕구를 행동으로 옮겨 실제 구매가 일어나는 단계

3. AISAS(진화한 구매 결정 프로세스 모델) 빈출

인터넷과 스마트폰 등이 발달하면서 소비자는 더 이상 기업이 일방적으로 전하는 메시지에만 의존하지 않게 되었다. 이에 일본의 광고 대행사 덴츠는 2005년에 AISAS라는 새로운 구매 행동 이론을 만들었다. AISAS 모델에서 소비자는 '주의(Attention) → 관심(Interest) → 검색(Search) → 행동(Action) → 공유(Share)'의 단계를 거친다.

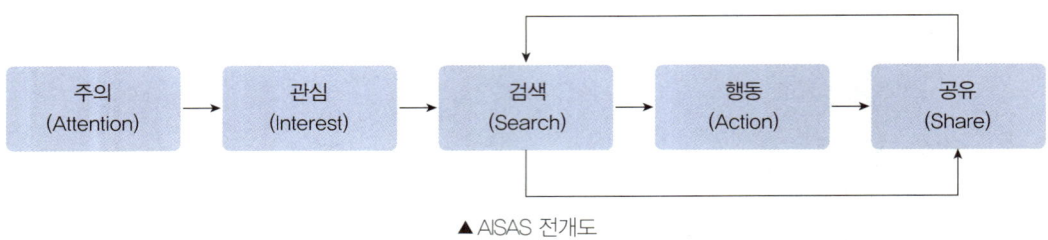

▲ AISAS 전개도

주의(Attention)	고객의 주의를 끌어 제품 또는 서비스를 인지하는 단계
관심(Interest)	제품에 대해 관심을 가지고 장단점을 인식하는 단계
검색(Search)	인터넷으로 해당 제품을 검색하고 경쟁사와 비교·분석하는 단계
행동(Action)	검색 결과를 바탕으로 실제 구매가 일어나는 단계
공유(Share)	SNS(블로그, 페이스북 등)를 통해 구매한 제품에 대한 사용 후기나 다양한 정보를 공유하며 자연스럽게 구전 마케팅으로 진행되는 단계

4. AIDMA와 AISAS의 비교

주의와 관심 단계까지는 동일하나 현대인은 관심을 느끼면 검색을 해 보는 형태로 변화하였다. 그 제품에 대해 온라인상의 후기, 가격 정보 등을 검색하고 구매를 결정한다. 또한 제품을 사용한 후 그에 대해 블로그나 SNS에 후기를 올린다. 이렇게 공유된 정보는 또 다른 누군가가 검색할 때 노출되고, 그 사람에게 영향을 미치게 된다.

CHAPTER 02 고객 분류

| 빈출 키워드 |

\# 관점에 의한 고객의 분류   \# 특성에 따른 고객의 분류
\# 사회 계층에 따른 고객의 분류

1 고객의 분류

1. 관계 진화적 관점에 의한 분류 빈출

관계 진화적 관점에서의 고객은 다음 5가지 단계를 거치며 단계마다 해당 상품과 서비스에 대한 다른 구매 행동을 보인다. 모든 고객이 잠재 고객에서 충성 고객까지 이르지는 않고, 중간 단계에서 멈출 수도 있다.

잠재 고객	기업의 제품을 구매하지 않은 사람들 중에서 이후에 고객이 될 수 있는 잠재력을 가진 집단 또는 아직 기업에 관심이 없는 고객
가망 고객	기업에 관심을 보이고 있어 신규 고객이 될 가능성이 있는 고객
신규 고객	기업과 처음 거래를 시작한 고객
기존 고객	2회 이상 반복 구매를 한 고객으로 안정화 단계에 들어간 고객
충성 고객(로열 고객)	제품이나 서비스를 반복적으로 구매하고 기업과 강한 유대 관계를 형성하는 고객

PLUS⁺ 충성 고객의 특징

- **관대함**: 기업과 브랜드에 대한 애착심으로 가격 상승까지 수용
- **교차 구매**: 현재 사용하고 있는 상품을 생산하는 기업의 다른 상품 구매
- **상승 구매**: 동일한 기업의 상위 제품을 구매
- **구전 활동**: 고객 스스로 지인에게 소개하는 활동
- **반복 구매**: 반복적인 구매 행동

2. 참여적 관점에 의한 분류

구매 과정에 참여하는 형태에 따라 고객을 분류하기도 한다.

직접 고객	제품과 서비스를 직접 구매하는 고객
간접 고객	최종 소비자 또는 2차 소비자
내부 고객	기업 내부의 직원, 주주, 종업원의 가족
의사 결정 고객	직접 고객의 선택에 큰 영향을 미치나, 직접 구매하거나 금전적 지출은 하지 않는 고객
의견 선도 고객	제품의 평판, 심사, 모니터링 등에 영향을 미치는 고객 예 소비자 보호 단체, 기자, 평론가, 전문가 집단 등
경쟁자	전략이나 고객 관리 등에 중요한 인식을 심어 주는 고객

옹호 고객	상품을 다른 사람에게 추천할 정도의 충성도를 가지고 있는 고객
한계 고객	• 기업의 이익 실현에 방해가 되며 마케팅 활동 등 기업의 여러 활동을 저해하는 고객 • 고객 명단에서 제외하거나 해약을 유도하여 고객 활동을 중지하는 편이 좋은 고객
체리피커	• '케이크 위의 체리만 골라 먹는다.'는 의미의 명칭 • 이벤트 기간에 가입해서 혜택만을 취하고 해약하거나 잠시 사용할 목적으로 구매하여 반품하는 등 자신의 실속만 챙기고 기업에 피해를 주는 고객 • 기업의 서비스, 유통 체계 등의 약점을 이용해 자신의 이득만을 취하는 서비스 이용 의도가 나쁜 고객

3. 현대 마케팅 측면에 의한 분류

소비자	제품이나 서비스를 최종적으로 사용하는 사람
구매자	물건을 사는 사람
구매 승인자	구매자가 구매하는 것을 허락하는 사람
구매 영향자	구매자의 의사 결정에 영향을 주는 사람

4. 유통 프로세스 측면에서의 분류

외부 고객	기업이 생산한 가치를 최종 소비하고 구매하는 고객
중간 고객	도매상, 소매상
내부 고객	동료, 상사 등 기업 내 직원

5. 그레고리 스톤의 고객 분류

1954년 그레고리 스톤(Gregory Stone)은 상품 구매 고객을 4가지로 분류하였다. 이는 고객의 쇼핑 태도에 대한 가장 널리 알려진 분류법이다.

구분	내용	예시
경제적 고객 (절약 추구)	• 자신이 투자한 돈과 시간, 노력에 대해 최대의 효용을 얻으려 한다. • 자신이 얻을 수 있는 효용을 계산하여 기업 간 정보를 비교하며 때로는 변덕스러운 모습을 보인다. • 경제적 고객의 상실은 서비스 품질에 대한 경고 신호를 의미한다.	• 자신이 사용한 시간, 노력, 금전으로부터 획득할 수 있는 가치를 극대화하려 한다. • 백화점에서 옷을 직접 입어 본 후 인터넷으로 검색하여 더 저렴하게 판매하는 곳에서 구입한다.
윤리적 고객 (도덕성 추구)	• 구매 의사 결정에 있어 기업의 윤리성이 큰 비중을 차지하며, 윤리적인 기업의 고객이 되는 것을 책무라고 생각한다. • 기업에 깨끗하고 윤리적인 사회적 이미지를 요구한다. • 기부 또는 환경을 위해 노력하는 이미지를 강조하는 마케팅이 필요하다.	사회적으로 신뢰할 수 있는 기업의 단골이 되는 것을 선호한다.

개인적 고객 (개별화 추구)	• 개인 대 개인 간의 교류를 선호하는 고객을 말한다. • 일관된 서비스보다 자기를 인정해 주는 맞춤형 서비스를 원하기 때문에 고객 관리(CRM) 등을 통한 고객 정보 활용이 선행되어야 한다.	누구에게나 하는 통상적인 서비스보다는 '나만을 위한 서비스'의 느낌을 선호한다.
편의적 고객 (편의성 추구)	• 서비스를 받는 데 있어서 편의성을 중시하는 고객이다. • 편의를 위해서라면 추가 비용을 지불할 의사가 있다.	실시간 배달 서비스를 제공하는 마트와 같은 시스템을 선호한다.

PLUS+ 소비자

- 소비자란 일반적으로 소비 활동을 하는 모든 주체를 말한다.
- 소비자는 구매자, 사용자, 구매 결정자의 역할을 각각 다르게 하는 경우와 1인 2역, 3역을 수행하는 경우가 있다.

2 일반적 특성에 따른 고객 분류

1. 직업에 따른 특성

고객은 직업에 따라 서로 다른 구매 행동 특성을 보인다. 예를 들어, 미래 소득이 어느 정도 예측 가능한 봉급 생활자에 비하여 그렇지 않은 사업가는 미래를 대비하는 구매 성향을 갖는다.

봉급 생활자	일상생활과 밀접한 정보에 민감하고, 친화적인 특성이 있다.
전문직 종사자	자신의 의견을 잘 제시하고 자존감이 높아 개성적인 성향의 고객이 많다.
(개인) 사업가	사업에 중요한 자금 운용과 근검에 중점을 두고 사업 자금 조달이나 재테크, 자녀 교육 등에 많은 관심을 갖는다.

2. 연령에 따른 특성

연령에 따라서 고객들이 추구하는 목표가 다르다. 청소년층이나 청년층은 자신의 만족감을 위한 구매를 추구하는 반면에, 중년층이나 노년층은 현실적이고 보수적인 성향의 구매를 추구한다.

청소년층	• 자유로운 성향을 가지고 있으며, 외모와 관련된 상품이나 새로운 상품에 관심을 두고 소비하는 경향이 있다. • 또래에게 인정받고 싶은 욕구가 있어 이에 따라 제품을 구매한다.
청년층	• 자신의 생활을 즐길 수 있는 제품을 선호한다. • 감성, 모험심, 봉사 정신 등이 있으며, 자신의 만족감을 위한 제품을 구매한다. • 사회적 대의에 적합한 제품이나 사회적 기업의 제품 등 가치를 기반으로 한 제품을 구입한다.
중년층	• 자신의 생활과 취미에 대한 관심이 높고 현실적인 성향이 강하다. • 생활과 밀접한 제품을 구매한다.
노년층	• 과거 지향적이며, 건강 제품의 구매 비율이 늘어난다. • 삶의 가치를 중시하며, 보수적인 소비 성향을 가지고 있다.

3. 성별에 따른 특성

성별에 따라서도 고객은 다른 구매 행동을 보인다. 여성은 남성보다 상대적으로 관계와 감정을 중요시하는 편이다.

구분	남성	여성
이미지	여성보다 상대적으로 독립적, 객관적, 공격적, 경쟁적, 동적인 이미지를 선호한다.	남성보다 상대적으로 정서적, 정적, 감정적, 협동적인 이미지를 선호한다.
관점	조직과 규율을 지키기 위해 노력한다.	관계와 감정을 조율하기 위해 노력한다.
사고	분석적이고 수직적인 사고에 익숙하다.	종합적이고 수평적인(동등한) 사고에 익숙하다.
구매 행동	자신이 목표하는 바에 따라 구매한다.	남성보다 타인을 의식하여 구매한다.
가치	합리성과 필요성을 우선시하는 경향이 있다.	외관이나 디자인을 우선시하는 경향이 있다.
흥미	이론적, 업무와 관련된 내용에 흥미를 갖는다.	감성적, 일상생활과 관련된 내용에 흥미를 갖는다.
정보의 원천	일반적인 정보(사양 등의 객관적인 정보)를 직접 수집하는 경향이 있다.	다른 사람의 구매 후기나 직원에 의한 정보 등 사람을 통한 정보를 이용하는 경향이 있다.

3 사회 계층에 따른 고객 분류

1. 사회 계층의 이해

사회 계층이란 재산, 수입, 직업, 교육 수준, 종교, 혈연 등 객관적 조건이 비슷한 사람들의 집단이다. 여기서 계층은 사회 구조를 권력의 차등에 의해 형성되는 계급으로 보는지 아니면 기능의 분화로 보는지에 따라 사회에 대한 인식이 크게 달라진다. 가령 직업의 지위에 따라 구분하기도 하고 소득이나 직업의 종류, 교육 수준을 복합적으로 고려하여 구분하기도 한다.

2. 계층 구조의 유형 빈출

계층을 결정하는 요인은 소득(재산), 권력, 명예 등 다양하지만, 주로 소득에 의해 결정된다. 과거에서 근대로, 또 현대로 올수록 선천적 요인보다 후천적 노력이 개인별 계층 위치에 많은 영향을 미친다.

① 사회 이동 가능성에 따른 분류

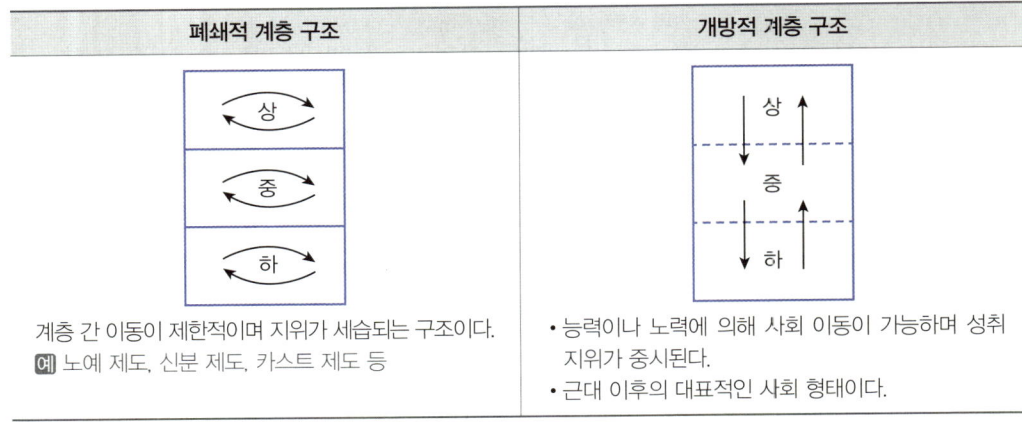

② 계층 구성원의 비율에 따른 분류

피라미드형 계층 구조	다이아몬드형 계층 구조
상/중/하 (피라미드)	상/중/하 (다이아몬드)
• 하층의 비율이 상층에 비해 훨씬 높은 경우이다. • 후진국의 대표적인 계층 구조이다.	• 중층의 비율이 상층이나 하층에 비해 높은 구조이다. • 현대 복지 국가의 계층 구조이다.
모래시계형 계층 구조	타원형 계층 구조
상/중/하 (모래시계)	상/중/하 (타원)
• 디지털 정보를 제대로 활용하여 지식과 소득이 증가하는 부유층이 20%이고 이를 잘 이용하지 못하는 빈곤층이 80%인 20 : 80의 계층 구조를 말한다. • 비관론적이며 세계화를 반대하는 사람들이 많다.	• 정보가 한 계층에 치우치지 않고 대칭적으로 활용되면서 생긴다. • 선진국과 후진국, 상층과 하층의 소득 격차가 줄어들어 중층의 비율이 증가하는 계층 구조이다.

CHAPTER 03 고객의 의사 결정 과정

| 빈출 키워드 |

\# 문제 인식   \# 대안 평가의 심리적 요인   \# 구매 행동의 영향 요인

1 고객 구매 의사 결정의 의미

고객의 구매 의사 결정 과정이란 고객이 인식한 욕구를 해결하기 위하여 특정한 의사 결정을 하고 이를 진행하는 과정으로 자신의 욕구를 충족시키기 위하여 상품 및 서비스를 구매하는 순서와 관련된 모든 과정을 말한다.

2 고객의 의사 결정 5단계 빈출

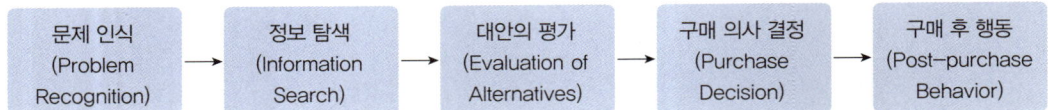

1. [1단계] 문제 인식

① **의미**: 문제 인식이란 현재의 상태와 자신이 바라는 이상적인 상태의 불일치를 의미한다. 고객은 이 불일치를 제거 또는 줄이기 위해 어떤 제품이나 서비스에 대한 욕구를 갖게 된다.

② **문제 인식에 투입되는 변수**

내부 요인	과거 경험, 특성(인구 통계적, 생활 양식, 개성 등), 동기 등과 같이 고객 내부로부터 생기는 요인에 의해 발생하며, 생리적인 요인(배고픔, 목마름 등)도 이에 해당한다.
외부 요인	소비자의 외부에서 발생하는 요인을 말한다. 예 소비자의 환경, 광고, 판촉 활동 등
문제의 인식	환경 여건이나 재정 여건이 변한 경우, 기업 마케팅 활동(신제품의 개발, 광고, 판매 촉진 활동 등)이 발생하는 상황을 의미한다. 예 노후된 가전제품의 고장 및 품질 저하로 새 가전제품이 필요한 경우

③ **지각**: 사람들은 자신이 살아온 환경, 현재의 상황, 개성에 따라서 문제를 인식하고 판단하기 때문에 동일한 문제임에도 불구하고 개인마다 전혀 다른 결과를 도출한다. 소비자는 제품을 있는 자체로 이해하지 않고 그 대상을 자신에게 맞춰서 이해한다. 때문에 소비자 지각이 제품, 시장 정보, 구매 패턴 등의 사항보다 중요하게 여겨진다.

지각의 주관성	개인의 사고 체계는 다양하기 때문에 두 명의 소비자가 같은 상품에 대해 반드시 동일하게 지각하는 것은 아니다. 개인은 각각 보고 싶은 것을 보고, 듣기 좋은 것을 듣는 경향이 있다. 즉, 소비자는 자기의 신념, 태도, 편견을 구체화시키고 이런 요소에 역행하지 않는 구매 형태를 갖는다.

지각의 선택성	개인은 주어진 시간 내에 모든 자극을 받아들일 수 없기 때문에 가급적 관심이 있는 자극만을 지각하려고 한다. 지각과 관련하여 다음 세 가지 작용이 지각의 선택성을 결정한다. • **지각의 과부하**: 지각을 통해 들어온 수많은 자극 중에서 자기에게 필요한 일부분만을 구분해 낸다. 이는 인간의 주관성과 감각기관 용량의 한계 때문에 발생한다. • **선별적 감지**: 사람들이 자기의 가치 체계와 일치하는 자극을 더 정확하고 빠르게 지각하는 현상을 말한다. 인지 능력은 제한되어 있으나 외부에서 유입되는 자극은 무수하기 때문에 선별적 감지가 필요하다. • **지각적 방어**: 개인의 가치 체계에 따라 개인의 가치에 역행하는 자극을 막는 데 도움을 줄 때 생긴다. 따라서 지각적 방어는 구매 상황에 존재하는 지각 편의의 한 형태라고 볼 수 있다.
지각의 일시성	개인이 지각하는 자극의 대부분은 오래 기억되지 않는다. 때문에 계속 판매에 성공하기 위해서는 일시적으로 장시간의 광고를 하는 것보다 일정 간격으로 짧은 광고(선전)를 반복하는 것이 더 효율적이다.
지각의 통합성	소비자는 거의 즉각적으로 자극을 받아들이고, 자극을 통일된 하나의 형태로 통합하여 지각한다. 예를 들면 소비자는 광고, 점포 로고, 제품 디자인과 같이 개별적으로 주어지는 자극을 통합하여 기업 전체의 이미지로 받아들인다.

2. [2단계] 정보 탐색

① 의미: 고객은 욕구나 문제가 인식되면 이를 해결하기 위한 대안을 떠올리게 되고 각 대안들을 평가하기 위한 정보를 탐색, 수집하게 된다.

② 유형

내부 탐색 (Internal Search)	과거 경험이나 광고 등을 통해 이미 알고 있는 정보를 기억으로부터 회상하는 것
외부 탐색 (External Search)	준거 집단, 판매원, 광고 등의 정보원을 통해 외부 정보를 적극적으로 탐색하거나 구매 의사 결정 관련 정보에 특별한 주의를 기울이는 것

③ 정보의 원천 빈출

기업 제공 원천 (Marketer-controlled Sources)	광고, 판매원, 포장, 매장 내 정보 등 기업이 제공하는 정보
개인적 원천 (Personal Sources)	가족, 친지, 동료가 공유하는 정보
경험적 원천 (Experiential Sources)	고객이 직접 제품을 써보거나 서비스를 경험함으로써 얻는 정보
중립적 원천 (Neutral Sources)	언론 보도 자료, 소비자원에서 발행하는 정보, 정부 기관의 발행물 등 중립적 원천을 통한 정보

3. [3단계] 대안의 평가 빈출

① 과정: 고객은 가지고 있는 지식이나 믿음, 상황과 조건, 그리고 선호도 등을 기준으로 수집된 정보를 활용하고, 가격 이외의 다양한 기회비용까지 포함하여 자신에게 얼마나 가치가 있는지 환산한다. 정리된 각 대안들을 비교한 후 고객은 '평가 기준'과 '평가 방식'을 결정하여 평가한다.

② 방법
- 보완적 평가 방식: 대안 평가 시 몇 개의 속성을 선택하여 각 대안을 비교·평가하고 최종적으로 높은 평가를 받은 제품을 선택하는 방식이다. 어떤 속성의 단점을 다른 속성의 장점으로 보완하여 전반적인 평가를 하게 된다.

항목별	브랜드명을 기준으로 명성 등을 평가
속성별	위치 및 접근성, 서비스 품질, 가격, 인테리어 등을 속성별로 평가

예 식당의 맛 평가

구분	맛(50%)	가격(30%)	종업원 서비스(20%)	평가 결과
A식당	9	5	3	9×0.5+5×0.3+3×0.2=6.6
B식당	7	7	2	7×0.5+7×0.3+2×0.2=6
C식당	8	3	5	8×0.5+3×0.3+5×0.2=5.9

- 비보완적 평가 방식: 다른 속성의 장점이 단점을 보완시키지 않는 방식이다.

결합식 평가	모든 속성에 최소 기준을 마련하여 만족 여부로 평가
분리식 평가	• 고객이 정한 기준을 초과하는 항목이 하나라도 있으면 선택 • 특히 중요한 한두 가지 속성에서 최소 수용 기준을 정하여 그 기준을 만족시키는 대안들을 모두 선택하는 방식
사전 편집식 평가	평가 기준을 가장 중요한 순서대로 비교·평가
순차적 제거식 평가	• 중요한 속성부터 허용 수준을 설정하여, 그 기준에 미치지 않는 것을 차례로 제거하며 평가 • 마지막까지 남는 상표 대안을 선택

③ **대안 평가의 심리적 요인**: 대상 자체의 속성과는 관련이 없지만, 대안 평가 및 상품 선택에 영향을 미치는 심리적인 요인들도 있다.

후광 효과	상품 평가 시 일부 속성에 의해 형성된 전반적인 평가가 그 속성과는 직접적인 관련이 없는 다른 속성의 평가에 영향을 미치는 효과 **예** 유명 연예인이 광고하는 제품이 동질의 다른 제품보다 더 뛰어나 보이는 경우
유사성 효과	새로운 대안 상품이 나타난 경우, 유사한 성격의 기존 상품을 잠식할 확률이 높은 현상
유인 효과	고객에게 기존 대안이 우월하게 보이도록 열등한 대안을 내놓음으로써, 기존 대안을 상대적으로 돋보이게 하는 효과
프레이밍 효과	• 대안들의 준거점에 따라 평가가 달라지는 효과 • 고객이 선택하고자 하는 여러 대안도 어떻게 구성하느냐에 따라 이득으로 보기도 하고 손실로 여겨지기도 하는 현상
손실 회피	동일한 수준의 혜택과 손실이 발생하는 상황이면 손실에 더 민감하게 반응하여 이를 회피하는 선택을 하는 효과

심리적 반발 효과 (로미오와 줄리엣 효과)	자신의 자유를 침해당하면 원상태로 회복하기 위해 더 강하게 저항하는 심리로 사람들의 보고 싶은 자유를 억제하여 오히려 더 판매를 자극하는 효과
대비 효과	어떤 제품을 먼저 보여 주는지에 따라 평가가 달라지는 효과 예 고가의 상품을 먼저 보여 주고 저렴한 상품을 보여 주면 상대적으로 저렴한 상품을 구매하려는 경향
최고 효과, 최초 효과	한정(리미티드) 상품, 신상품 등은 고객의 상품 선택에 영향을 미침

4. [4단계] 구매 의사 결정

평가한 상품 중 가장 선호하는 상품을 구매하고자 하는 구매 의도가 형성되는 단계이다. 만약 구매가 지체된다면 고객의 마음이 변하거나 주변 상황에 의해 구매 의도가 변하는 경우도 있다.

① 고객 구매 행동의 유형

복합 구매 행동	자동차, 고가의 명품, 아파트와 같이 관여도가 높고 사전 구매 경험 없이 최초로 구매하는 경우
충성 구매 행동	고관여 고객이 구매한 상표에 만족하면 그 상표에 대해 충성도가 생겨 반복적으로 구매 행동을 하게 되는 경우
다양성 추구 행동	저관여 고객이 여러 가지 상표를 시도하는 행동
관성적 구매 행동	저관여 고객이 습관적으로 동일 상표를 반복 구매하는 행동

PLUS+ 관여도

관여도란 '특정 상황에서 자극에 의하여 유발되어 지각된 개인적인 중요성이나 관심도의 수준'을 뜻한다. 소비자들의 경우 어떤 제품은 선택에 많은 관심을 기울이고 정보 탐색에도 많은 시간을 투입하지만 어떤 경우에는 여러 대안들 간의 차이에 대한 심각한 고민 없이 빠르게 결정을 내리기도 한다. 이러한 구매 행동 간에 차이가 생기는 것이 바로 '관여'라는 개념이다.

저관여	고관여
• 저관여는 개인적 관심도가 별로 없는 상황으로 소비자들의 자아 개념이나 의지와는 무관하게 구매 행위가 일어난다. • 구매 결정을 잘못 내리더라도 지각된 위험이 거의 없어 구매 결과에 대해서 불안감이 없고 구매 제품과 자아 개념 사이의 관계가 매우 희박하다. • 소비자들이 깊게 생각하지 않고 간단하며 신속하게 구매 결정을 하는 경우가 많다. • 값이 싸고 구매 중요도가 낮으며, 상표 간 차이가 별로 없어 잘못 구매해도 큰 피해를 입지 않는 제품이 해당된다. • 구매 결정 과정과 정보 처리 과정이 간단하고 신속하다는 특징이 있다. 예 라면, 아이스크림, 음료수 등과 같은 간단한 식료품, 세제, 샴푸, 면도기 등과 같은 생필품	• 일반적으로 고관여는 소비자가 높은 관심도를 가지고 있다. • 구매 결정을 잘못 내렸을 경우 지각되는 위험이 높고, 여러 대안들 사이에 큰 차이가 있다. • 복잡한 특성을 가지고 있는 경우가 많다. • 소비자가 구매 과정에 많은 시간과 노력을 투입하며 깊게 관여하는 경우가 많다. • 고관여 제품들은 강한 브랜드 충성도와 선호도를 형성하는 경우가 많다. • 값이 비싸고 구매 결정 과정과 정보 처리 과정이 복잡하며 구매 결정이 소비자에게 중요한 의미를 가진다. 예 의료 서비스, 자동차, 보석, 보험, 주택, 여행 등 • 대부분의 사람들에게 저관여 제품이지만 개인적 특성에 따라 일부 사람들에게는 고관여 제품일 수 있다. 예 일반인에게 러닝화는 저관여지만 운동선수에게는 고관여

② **구매 행동의 영향 요인** 빈출

사회적 환경	직접적으로 주변인이나 판매원에게 질문하거나, 간접적으로 같은 제품을 사용하는 타인을 관찰하여 구매 결정에 반영
물리적 환경	제품, 상표, 상점, 실내 디자인, 조명 등 환경적 요인
소비 상황	제품을 사용하는 과정에서 발생 가능한 상황적 요인
구매 상황	제품 구매 가능성, 가격 변화, 경쟁 상표의 판매 촉진 등 제품을 구매하게 되는 시점의 여러 가지 상황적 요인
커뮤니케이션 상황	고객 주변의 구전이나 광고, 점포 내 디스플레이 등에 저품 정보가 노출되었을 때의 커뮤니케이션 상황

③ **구매 행동 시 지각적 위험에 따른 영향 요인**: 잠정적 구매 결정이 구매 행동으로 이어질 때도 고객은 다음의 위험 요소들을 인식하며 최종 점검하려 하는 경향을 보인다. 이는 결정 과정에서 위험 회피 심리(손실 회피)에 해당되는 과정이며, 각 위험들의 인지 수준이 높아지면 구매 결정이 미뤄지거나 실패할 수 있다.

기능적 위험	구매 제품이 소비자가 기대한 성능을 발휘하지 못할 경우
신체적 위험	사용자나 타인의 신체에 건강상의 문제나 위험을 초래할 경우
재정적 위험	지불한 가격만큼의 가치가 없다고 느끼거나 재정적 손실 또는 예상 밖의 비용 발생이 두려운 경우
사회적 위험	소비자의 구매가 자신이 속한 준거 집단의 기준과 부합하지 않다고 생각하여 느끼는 위험
심리적 위험	소비자가 구매한 제품이 소비자 자신의 자아 이미지와 일치하지 않는다고 지각할 때 생기는 위험
시간적 위험	불만족이 다른 만족스러운 제품을 찾아야 하는 기회비용을 초라할 경우

5. [5단계] 구매 후 행동 빈출

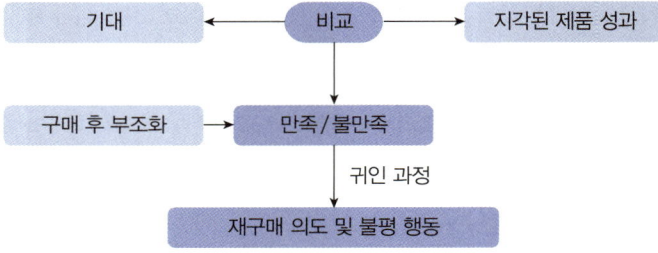

① **구매 후 부조화**: 구매를 하고 나서 자신이 결정한 구매에 대하여 옳은 결정을 하였는가에 대한 구매 고객의 심리적 갈등을 말한다. 이는 지각된 제품의 성과와 고객의 기대 차이에 따라 만족이나 불만족의 형태로 나타나며 고관여 소비자일수록 부조화 현상이 크게 나타난다.

구매 후 부조화 발생 사유	• 약관 등 여러 가지 이유로 구매를 취소할 수 없을 때 • 자신이 인지한 장점을 다른 대안이 가지고 있을 때 • 좋은 대안이 여러 개일 때 • 전적으로 자신이 결정하였을 때

구매 후 부조화 감소를 위한 기업의 전략	• 제품의 장점을 강조하는 광고 강화 • 거래 이후 안내 책자, 전화 등으로 고객의 선택에 대한 확신 부여 • 품질 향상을 통해 불만 사항을 사전에 예방 • 제품 보증과 친절한 A/S로 고객 서비스 강화
구매 후 부조화 감소를 위한 고객의 전략	• 자신의 선택을 지지하는 정보 탐색 • 자신이 선택한 대안의 장점을 강화시킴 • 의사 결정 자체를 그리 중요하지 않다고 생각함 • 자신이 선택하지 않은 대안의 장점을 약화시킴

② **기대 불일치 이론**: 고객이 느끼는 서비스에 대한 만족과 불만족은 고객이 제품이나 서비스를 경험하기 전의 기대와 실제 경험한 후의 성과 간의 차이에 의해 형성된다는 이론이다. 실제 성과가 기대보다 못한 경우 부정적 불일치, 성과가 기대보다 좋았을 경우 긍정적 불일치, 기대했던 수준이라면 단순한 일치라고 한다. 이때 기대 수준보다 낮은 수준의 서비스를 경험하면 불만족하고, 기대 수준 이상의 서비스를 받으면 만족하게 된다.

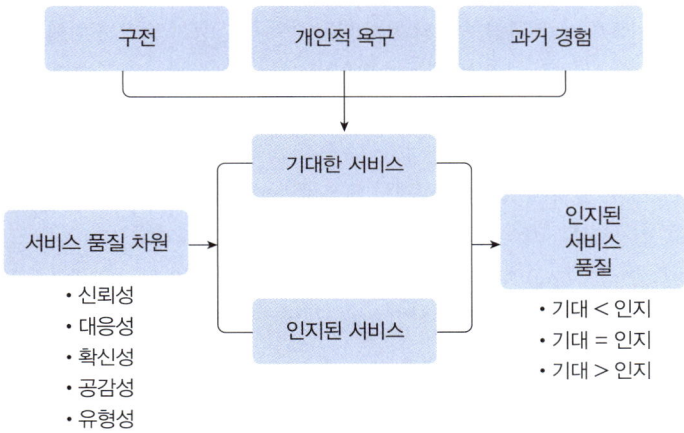

③ **구매 후 행동**

만족 행동	• 재구매 행동 • 긍정적 구전
불평 행동	• 무(無) 행동 • 사적 행동: 부정적 구전, 재구매 거절 등 • 공적 행동: 제품 교환 및 환불 요구, 고발, 법적 조치 등의 강력한 불만 표출

> **PLUS+ 인지 부조화 이론**
>
> 인지 부조화 이론은 미국의 사회 심리학자 레온 페스팅거(Leon Festinger)의 이론으로 사람이 모순되는 인지 요소를 가질 때 나타나는 불균형 상태를 뜻한다. 이러한 불균형 상태는 심리적 긴장을 유발하며 사람들은 이를 해소하여 심리적 안정을 찾고자 한다. 인지 부조화를 해소하기 위하여 사람들은 자신의 잘못을 인정하기보다는 자신의 결정을 극단적으로 합리화하는 형태로 나아가며, 자신이 알고 싶지 않은 정보를 스스로 차단하여 알고 싶은 것만 받아들이게 된다.

CHAPTER 04 고객의 성격 유형에 대한 이해

| 빈출 키워드 |

\# DiSC   \# MBTI   \# 교류 분석(TA)

1 DiSC

1. DiSC의 개념

① 1928년 미국 컬럼비아 대학의 심리학 교수인 윌리엄 몰튼 마스턴(William Moulton Marston) 박사에 의해 개발된 행동 유형이다.

② 사람들은 서로 다른 행동 경향을 가지고 있으며, 각자 다른 방식으로 사물을 이해하고 판단한다. 환경을 어떻게 인식하는가 또는 그 환경 속에서 자기 나름의 독특한 동기 요인에 의해 행동을 취하게 되는데 이를 행동 패턴(Behavior Pattern) 또는 행동 스타일(Behavior Style)이라고 한다.

③ 자기 주장의 표현 정도인 사고 개방도와 감정형의 정도인 감정 개방도에 따라 주도형, 사교형, 안정형, 신중형으로 구분된다.

④ DiSC는 인간의 행동 유형을 구성하는 4개의 핵심 요소인 주도형(Dominance), 사교형(Influence), 안정형(Steadiness), 신중형(Conscientiousness)의 앞 글자를 딴 약자이다.

⑤ DiSC는 서비스 현장에서 고객의 성향을 구분하는 가장 보편적인 지표로 활용도가 매우 높다.

⑥ 고객의 유형을 파악하고 성향에 맞는 서비스를 제공하여 고객 만족을 높일 수 있는 중요한 기반이 된다.

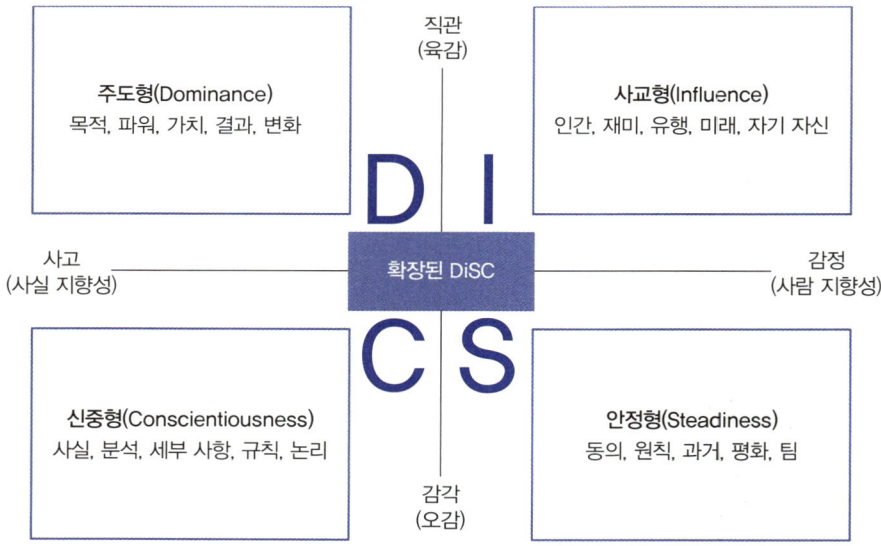

▲ DiSC 유형별 주요 관심사

2. DiSC의 유형별 특징

① 주도형(D)

강점	약점
• 신속한 결정을 내린다. • 다른 사람의 행동을 유발한다. • 변화를 좋아한다. • 위험 부담에 적극적으로 대응하고 포기하지 않는다. • 자신감이 있다. • 열심히 일한다. • 문제를 피하지 않고 해결하려고 한다.	• 타인에 대해 무관심하고 너무 많은 요구를 한다. • 조급하고 위험 부담과 경고를 간과한다. • 융통성이 없고 고집이 세다. • 지나치게 많은 일을 떠맡는다. • 세부 사항을 무시한다. • 제한받는 것을 참지 못한다. • 질문보다는 자기 입장에서 말하는 경우가 많다.
고객 응대 전략	
• 즉시 대답할 수 있도록 준비하고, 핵심만 간략하게 설명한다. • 고객이 원하는 결과에 초점을 맞춘다. • 의사를 결정하기 위한 핵심적인 대안과 선택안을 준비한다. • 동의할 때에는 사람보다 사실이나 아이디어에 동의한다.	

② 사교형(I)

강점	약점
• 다른 사람의 동기를 유발한다. • 열정적이다. • 표현력이 좋고 설득을 잘한다. • 호의적, 낙관적이다. • 즐거운 분위기를 만들고, 사람들을 잘 사귄다. • 외향적이고 그룹 활동을 좋아한다.	• 일의 끝마무리가 부족하다. • 말을 너무 많이 한다. • 충동적으로 행동하고 급하게 결론을 내린다. • 무리하게 약속을 한다. • 교묘한 말로 설득한다. • 결과에 지나치게 낙관적이고 능력을 과대 평가한다.
고객 응대 전략	
• 호의적이며 친숙한 환경을 조성한다. • 제품이나 서비스에 대한 다른 사람의 증언을 언급한다. • 감정, 직관, 기대 등을 나눈다. • 상세히 메모하여 전달하되, 장황하게 쓰지 않는다.	

③ 안정형(S)

강점	약점
• 예측 가능하고 일관성 있게 일을 수행하여 안정적이고 조화로운 업무 환경을 만든다. • 전문적인 기술을 개발한다. • 협조적이고 충성스럽다. • 꾸준하고 참을성이 있다. • 대인 관계가 원만하며 타인의 의견을 잘 들어준다.	• 급격한 변화를 꺼리며 갈등을 회피한다. • 지나치게 관대하다. • 일을 미루어 정해진 기간에 일을 마치기 어렵다. • 우유부단하다. • 감정을 잘 표현하지 않는다. • 피동적이다.
고객 응대 전략	
• 인간적으로 진지하게 관심을 보이고 동의할 수 있는 환경을 제공한다. • 고객의 의견을 얻기 위해 '어떻게'라는 질문을 사용하고 확신을 준다. • 사후 지원에 대한 개인적인 보장을 제시한다. • 위험을 최소화할 수 있는 방법을 강조한다.	

④ 신중형(C)

강점	약점
• 사실과 데이터를 강조하고 세부 사항에 초점을 둔다. • 분석적으로 생각하고 찬반, 장단점 등을 고려한다. • 갈등에 대해 간접적이고 우회적으로 접근한다. • 정리정돈을 잘한다. • 자기 훈련을 잘한다. • 정확하고 철저하며 높은 기준을 가지고 있다. • 외교적 수완이 있다.	• 세부적인 일에 얽매인다. • 일하는 방법에 융통성이 없다. • 비판하기를 좋아하고, 비판에 예민하게 반응한다. • 자발성이 약하다. • 의심이 많고 비관적이며 지나치게 조심스럽다. • 타인의 요구에 반응이 늦다.
고객 응대 전략	
• 정확한 자료에 근거한 의견을 제시한다. • 일관성 있게 예의 바른 태도로 끈기 있게 설명할 수 있도록 준비한다. • 예상 외의 일이 생기지 않는다는 것을 보장한다. • 목표를 달성하기 위한 단계적인 접근 방식을 제시한다.	

2 MBTI

1. MBTI의 개념

① MBTI(Myers-Briggs Type Indicator)는 마이어스(Myers)와 브릭스(Briggs)가 스위스의 정신 분석학자인 칼 융(Carl Jung)의 심리 유형론을 토대로 75년간 3대에 걸쳐 연구·개발한 자기 보고식 성격 유형 검사 도구이다.

② 태도와 인식, 판단 기능에서 각자 선호하는 방식의 차이를 나타내는 4가지 선호 지표로 구성되어 있다.

③ MBTI는 정신적 에너지의 방향성을 나타내는 외향(E)-내향(I) 지표, 정보 수집을 포함한 인식의 기능을 나타내는 감각(S)-직관(N) 지표, 수집된 정보를 토대로 합리적으로 판단하고 결정하는 사고(T)-감정(F) 지표, 인식 기능과 판단 기능이 실생활에서 드러난 생활 양식을 보여 주는 판단(J)-인식(P) 지표로 구성되어 있다.

2. MBTI의 목적

① MBTI 검사는 자신의 성향과 타인의 성향 간의 잠재적 공통점 및 차이점을 찾고 각자가 서로 다를 수 있음을 알아보는 검사 도구이다. 이를 통해 다양한 성향의 사람들을 이해하여 보다 나은 관계를 형성하는 데 목적이 있다.

② 서비스에서는 성격 유형별 구매 행동의 특성을 밝히기 위해 MBTI 검사를 한다. 개인의 인식과 판단 과정에서 나타나는 특성들을 분석하여 사람들의 근본적인 선호를 알아내고 예측하여 이를 서비스 경영에 활용하고자 한다.

③ 서비스 종사자로서 자신의 성격을 이해하고 동료, 고객과의 갈등 요소를 찾아내 적절한 응대로 서비스의 질을 향상시킬 수 있다.

3. MBTI 4가지 선호 경향의 기준

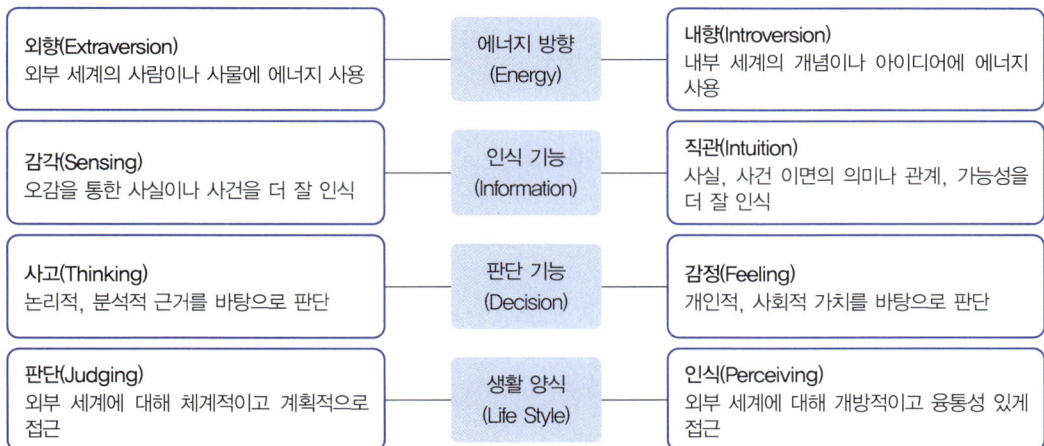

① **에너지 방향**: 외향-내향 지표는 심리적 에너지와 관심의 방향이 자신의 내부와 외부 중 주로 어느 쪽으로 향하느냐를 보여 주는 지표이다.

외향형(Extraversion)	내향형(Introversion)
• 주로 외부 세계에 더 주의를 기울인다. • 사교적, 활동적이고 말로 표현하기를 즐긴다. • 외부의 자극을 통해 배우는 방식을 선호하기 때문에 경험한 후 이해하는 경향이 있다. • 자신을 숨기기보다는 드러낸다.	• 자신의 내면에 더 주의를 기울인다. • 조용하고 내적 활동을 즐기는 경향이 있다. • 생각이 많고, 말보다는 글로 표현하는 것을 편하게 느낀다. • 이해한 다음에 경험하는 방식을 선호하여 생각을 마친 후에 행동하는 경향이 있다.

② **인식 기능**: 감각-직관 지표는 사람이나 사물 등의 대상을 인식하고 지각하는 방식에서 감각과 직관 중 주로 어느 쪽을 사용하는지에 관한 지표이다.

감각형(Sensing)	직관형(Intuition)
• 일반적으로 오감에 의존하고, 현재에 집중하는 경향이 있다. • 일 처리가 철저하고, 실질적인 것을 중시한다. • 사건을 사실적으로 묘사하는 경향이 있고, 세심한 관찰 능력이 뛰어나다.	• 상상력이 풍부하고 창조적이며, 보이는 것 그대로를 보기보다 육감에 의존하려고 한다. • 나무보다 숲을 보려는 경향이 있고, 가능성을 중요시한다. • 비유적인 묘사를 선호하는 경향이 있다.

③ **판단 기능**: 사고-감정 지표는 수집한 정보를 바탕으로 판단하고 결정을 내릴 때 사고와 감정 중 어떤 것을 더 선호하는지 알려 준다.

사고형(Thinking)	감정형(Feeling)
• 객관적인 사실에 주목하며, 분석적으로 판단하고자 한다. • 공정성을 중요한 가치로 여기고, 원칙과 규범을 지키는 것을 중요시한다. • 비판적이고, 맞다-틀리다 식의 사고를 하는 경향이 있다.	• 판단을 내릴 때 원리·원칙에 얽매이기보다 인간적인 관계나 상황을 고려하여 판단하고 결정을 내리고자 한다. • 좋다-나쁘다 식의 사고를 하며 정서적 측면에 집중한다. • 논리적인 판단이나 원칙보다는 사람들에게 어떤 결과를 가져올지 등을 더 중요시한다.

④ 생활 양식: 판단-인식 지표는 인식 기능과 판단 기능을 바탕으로 실생활에 대처하는 방식에 있어 판단과 인식 중 주로 어느 쪽을 선호하는지에 관한 경향성을 나타내는 지표이다.

판단형(Judging)	인식형(Perceiving)
• 빠르고 합리적이며 옳은 결정을 내리고자 한다. • 목적 의식이 뚜렷하며, 조직적이고 체계적으로 행동하는 경향이 있다.	• 매사에 호기심이 많으며, 사전에 계획을 세워도 상황에 따라 유연하게 행동하는 경향이 있다. • 판단형의 사람들보다 상황에 맞추어 활동하고, 모험이나 변화에 대한 열망이 높다.

4. MBTI에 의한 성격 유형별 특징

MBTI의 4가지 축을 조합하여 16개의 성격 유형으로 분류한다. 16가지 성격 유형은 모두 각자 나름의 사회적 가치가 있으며, 나와 상대방이 어떤 유형인지를 잘 알고 대응하는 것이 중요하다.

구분		감각형(S)		직관형(N)	
		사고형(T)	감정형(F)	사고형(T)	감정형(F)
외향형(E)	판단형(J)	ESTJ(사업가형) 사무적, 실용적, 현실적으로 일을 많이 하는 사람들	ESFJ(친선도모형) 친절과 현실감을 바탕으로 타인에게 봉사하는 사람들	ENTJ(지도자형) 비전을 가지고 사람들을 활력적으로 이끌어가는 사람들	ENFJ(언변능숙형) 타인의 성장을 도모하고 협동하는 사람들
	인식형(P)	ESTP(활동가형) 친구, 운동, 음식 등 다양한 활동을 선호하는 사람들	ESFP(사교형) 분위기를 고조시키는 우호적인 사람들	ENTP(발명가형) 풍부한 상상력을 가지고 새로운 것에 도전하는 사람들	ENFP(스파크형) 열정적으로 새로운 관계를 만드는 사람들
내향형(I)	판단형(J)	ISTJ(소금형) 한번 시작한 일은 끝까지 해내는 사람들	ISFJ(권력형) 성실하고 온화하며 협조를 잘하는 사람들	INTJ(과학자형) 전체적인 부분을 조합하여 비전을 제시하는 사람들	INFJ(예언자형) 사람과 관련된 뛰어난 통찰력을 가지고 있는 사람들
	인식형(P)	ISTP(백과사전형) 논리적이고 뛰어나게 상황에 적응하는 사람들	ISFP(성인군자형) 따뜻한 감성을 가진 겸손한 사람들	INTP(아이디어형) 비평적인 관점을 가지고 있는 뛰어난 전략가들	INFP(잔다르크형) 이상적인 세상을 만들어 가는 사람들

3 교류 분석(TA; Transactional Analysis - 인간관계 교류 분석)

1. 교류 분석의 개념

① 미국의 정신과 의사인 에릭 번(Eric Berne) 박사에 의해 개발된 교류 분석은 임상 심리학에 기초를 둔 인간 행동에 관한 분석 체계 또는 이론 체계이다.
② 인간 자신 또는 타인 그리고 관계의 교류를 분석하는 심리학으로 개인의 변화와 성장을 위한 심리 치료법이다.
③ 교류 분석은 정신 분석 이론과 인본주의적 가치를 지닌 긍정 심리 이론으로 성격 이론, 의사소통 이론, 아동 발달 이론, 심리적 병리 이론을 제공하고 있다.

④ 사람의 성격이나 행동을 명확히 이해함으로써 일상적인 행동이나 태도를 즉각 바꾸어 조직 생활, 사회생활, 가정생활 등 인간관계를 풍성하게 하기 위한 기법이다.

2. 교류 분석의 목적

① 자신에 대한 깊은 지각을 바탕으로 심신의 자기 통제를 가능하게 하며, 자율성을 높여 자신의 사고방식, 느낌 방식 및 행동에 대한 책임감을 갖는 데까지 성장할 수 있다.
② 왜곡된 인간관계에 빠지지 않고 서로 친밀한 마음의 접촉을 경험할 수 있도록 한다.
③ 커뮤니케이션 능력을 향상시켜 원만한 인간관계를 만들어 갈 수 있다.
④ 서비스 현장에서 고객 및 상사, 동료와의 관계에서 감정 조절이 필요하다. 교류 분석을 통해 기초적인 자기 감정을 이해 및 조절하고, 타인과 교감하는 감성 지능 능력을 기를 수 있다.
⑤ 교류 분석은 '나의 인생도, 당신의 인생도 OK'라는 입장을 중시한다. 서비스 제공자의 자기 통찰과 고객과의 바람직한 대화와 교류를 통해 OK-OK 관계를 구축할 수 있는 실천적인 방법을 제공한다.

3. 교류 분석의 4가지 삶의 태도

구분		타인	
		긍정	부정
자기	긍정	I'm OK. / You're OK. • 자신과 타인의 조화와 공존을 통해 인간 존중을 실현한다. • 협력적이고 평화적이며, 참다운 자기 실현을 달성할 수 있다.	I'm OK. / You're not OK. • 자신만을 긍정하므로 자기애가 강하다. • 배타주의로 이어지기도 하며 독선적인 모습을 보이기도 한다.
	부정	I'm not OK. / You're OK. • 자신을 경시하는 경향이 있다. • 대인 공포, 열등감, 우울감 등으로 인해 교류를 회피한다.	I'm not OK. / You're not OK. • 기본적으로 모두에 대한 불신을 가지고 있으며, 쉽게 포기하고 절망한다. • 타인을 거절하며 자신을 가두기도 한다.

4. 성격의 구조 분석과 자아 상태

에릭 번(Eric Berne)은 부모 자아, 성인 자아, 아동 자아의 세 가지 자아 상태 구조를 다섯 가지 기능적 행동 유형으로 나누어 마음의 존재 양식을 분석했다.

① 부모 자아(P; Parent)

비판적 부모 자아(CP; Critical Parent)	양육적 부모 자아(NP; Nurturing Parent)
• 이상, 양심, 책임, 비판 등의 가치 판단이나 윤리관 등 부친적인 엄격한 부분이다. • 창조성을 억제하고 엄한 면이 많지만 사회 질서 유지나 이상 추구 등 긍정적인 면도 있다. • CP가 강한 사람은 태도나 자세가 교만하고 잘난 체하며 상대를 바보 취급하는 경우가 있다. • 보수적이기 때문에 결정된 것은 확실히 지키며 일도 매우 진실되게 해내는 사람이다.	• 공감, 동정, 보호, 수용 등의 아동기 성장을 촉진하는 모친적인 부분이다. • 타인에 대하여 수용적이고 상대의 이야기에 귀를 기울이려고 한다. • 부모와 같이 잘 돌보고 친절한 말을 걸어 상대를 쾌적한 기분으로 만든다. • NP가 지나치면 친절을 강매하는 것이 되어 상대의 독립심이나 자립을 억제할 가능성이 있다.

② 성인 자아(A; Adult)
- 사실에 입각해서 사물을 판단하려는 경향이 있어 현실을 객관화하고, 여러 각도에서 정보를 수집한다.
- 언제, 어디에서, 무슨 일에나 명확히 결론을 내리는 합리주의자는 A일 가능성이 높다.
- 일상생활에서 매우 필요하지만 과할 경우 정서가 결여되거나, 무미건조한 인간이 될 위험성이 높다.
- A가 주도권을 장악하고 있을 때에는 P의 편견, C의 감정이 통제되며, 통합적으로 적응성이 풍부하고 창조력이 높다.

③ 아동 자아(C; Child)

자유로운 아동 자아(FC; Free Child)	순응하는 아동 자아(AC; Adapted Child)
• 어떤 것에도 구속되지 않는 자발적인 부분이며 창조성의 원천이라고 할 수 있다. • '와! 멋지다', '훌륭하다' 등의 감탄사를 많이 사용하고, 잘 웃거나 울어서 큰 소동을 내는 사람은 FC가 높은 사람이다. • FC가 너무 강하면 자기 중심적일 수 있으며 주위와 협조성이 부족해 갈등을 일으키기 쉽다.	• AC가 지나치게 높을 경우 주체성이 결여되어 타인의 비위를 맞추며 본래의 자신을 완전히 살릴 수 없다. • 항상 본의 아니게 욕구 불만이 생겨 열등감을 품거나 현실을 회피하게 된다. • '~해도 좋을까요?', '어차피 나 같은 것은…' 등의 말을 자주 하고 주위의 동정을 얻으려고 하거나 주저하며 확실하게 말하지 못하는 경우가 있다. • AC가 지나치게 낮을 경우 매우 공격적이고 반항적이며 독단적인 행동을 보일 수도 있다.

PLUS+ 교류 분석의 기본적 사상

자기 이해 및 타인 이해를 바탕으로 조직 관계라는 인간관계를 깊게 이해하고 그것에 의해 사고 혁신 및 감정 혁신, 행동 혁신의 삼위일체적인 인간 행동의 변화를 도모하도록 한다.

SUBJECT 03 | 고객 심리의 이해

적중 예상문제

PART 1 일반형

01 고객은 타인과 다르게 특별히 대우해 주기를 원하며, 자신만의 개별적인 서비스를 제공받고자 한다. 이에 해당하는 고객 요구 변화의 특징으로 적절한 것은?
① 의식의 고급화
② 의식의 복잡화
③ 의식의 개인화
④ 의식의 대등화
⑤ 의식의 존중화

02 다음 중 고객에 대한 정의로 옳지 않은 것은?
① 주주(株主)를 고객으로 보기는 어렵다.
② 한 회사의 거래처 혹은 하청업체는 고객이라고 봐야 한다.
③ 이미 상품 및 서비스를 구입하여 사용하는 사람은 고객이다.
④ 앞으로 상품 및 서비스를 구입, 사용할 가능성이 있는 사람도 고객의 범위에 포함된다.
⑤ 고객은 기업과 직접적 혹은 간접적으로 거래하고 관계를 맺는 모든 사람들이라고 할 수 있다.

03 다음 중 고객 의사결정 프로세스(AIDMA, AISAS)에 대한 설명으로 옳지 않은 것은?
① AIDMA 모델은 주의 → 관심 → 욕구 → 기억 → 행동의 단계를 거친다.
② AISAS 모델은 주의 → 관심 → 검색 → 행동 → 공유의 단계를 따른다.
③ AIDMA 모델에서 '기억(Memory)' 단계는 욕구를 넘어 구매 의사 결정을 준비하는 단계이다.
④ AISAS 모델은 인터넷과 SNS의 발달로 '검색'과 '공유' 단계가 추가된 현대적 구매 행동 모델이다.
⑤ AISAS 모델에서도 구매 의사 결정은 '기억(Memory)' 단계를 거쳐 이루어진다.

해설
01 의식의 개인화에 대한 설명이다.
02 고객은 상품을 생산하고 이용하며 서비스를 제공하는 일련의 과정과 관련이 있는 모든 사람을 말한다. 주주(株主) 역시 내부 고객에 해당한다.
03 AISAS 모델은 기억(Memory) 단계를 거치지 않고, 주의-관심-검색-행동-공유의 단계를 따른다.

정답
01 ③   02 ①   03 ⑤

04 상품 평가 시 일부 속성에 의해 형성된 전반적인 평가가 그 속성과는 직접적인 관련이 없는 다른 속성의 평가에 영향을 미치는 효과는?

① 후광 효과
② 빈발 효과
③ 유인 효과
④ 프레이밍 효과
⑤ 유사성 효과

05 다음은 구매 의사 결정 과정 중 어느 단계에 해당하는 내용인가?

> 현재의 상태와 자신이 바라는 이상적인 상태의 불일치로 이를 제거 또는 감소시키기 위해 어떤 제품이나 서비스에 대한 욕구를 갖게 되는 단계

① 문제 인식
② 정보의 탐색
③ 대안의 평가
④ 구매
⑤ 구매 결과의 평가

06 매슬로우의 욕구 5단계 이론을 서비스 욕구의 관점으로 적용했을 때 '교환, 환불'에 해당하는 단계는?

① 생리적 욕구
② 안전의 욕구
③ 사회적 욕구
④ 존경의 욕구
⑤ 자아실현의 욕구

07 고객의 기대에 대한 영향 요인 중 '고객의 내적 요인'에 해당하는 것은?

① 고객의 정서적 상태 및 환경적 조건
② 개인적 욕구 및 과거의 서비스 경험
③ 타인과의 상호관계로 인한 사회적 상황
④ 유통 구조에 의한 편리성과 서비스 수준 기대
⑤ 고객이 이용할 수 있는 경쟁적 대안들 및 구전 커뮤니케이션

08 다음 중 고객의 기본 심리에 대한 설명으로 옳지 <u>않은</u> 것은?

① 고객은 자신을 환영해 주기를 바라므로 밝은 미소와 긍정적 태도로 맞이해야 한다.
② 고객은 자신의 의견이 존중받고 기억되기를 바란다.
③ 일부 고객은 독점 심리를 가지므로 특정 고객만 우대하면 전체 고객 만족이 높아진다.
④ 고객은 직원보다 우월하다고 생각하므로 직원은 겸손한 태도로 자존심을 존중해야 한다.
⑤ 고객은 다른 고객을 닮고 싶어 하는 모방 심리를 가지므로 '가장 많이 팔리는 상품'을 묻는 경우가 있다.

09 서비스 상품의 구매와 소비 과정에 고객 참여와 영향력이 확대되면서 고객 유형별 관리가 더욱 중요해졌다. 다음 고객 분류별 설명 중 가장 적절한 것은?

① 체리피커: 상품 및 서비스를 지속적으로 구매하는 고객
② 단골 고객: 다른 고객을 추천할 정도의 충성도가 있는 고객
③ 의견 선도 고객: 직접 고객의 선택에 큰 영향을 미치는 고객
④ 한계 고객: 기업의 수익성에 의미가 없거나 손실이 되는 고객
⑤ 의사 결정 고객: 상품의 평판, 심사, 모니터링에 영향을 미치는 고객

10 고객이 구매 후 부조화를 감소시키는 방법으로 적절하지 <u>않은</u> 것은?

① 자신의 선택을 지지하는 정보를 탐색한다.
② 자신이 선택한 대안의 장점을 의식적으로 강화시킨다.
③ 자신이 선택한 대안의 단점을 다시 한 번 평가해 본다.
④ 의사결정 자체를 그리 중요하지 않은 것으로 생각한다.
⑤ 자신이 선택하지 않은 대안의 장점을 의식적으로 약화시킨다.

해설

04 ② 빈발 효과: 첫인상이 좋지 않더라도 반복해서 제시되는 행동이나 태도가 첫인상과는 달리 진지하고 솔직하다면 점차 좋은 인상으로 바뀌게 되는 현상
③ 유인 효과: 고객에게 기존 대안이 우월하게 보이도록 열등한 대안을 내놓음으로써, 기존 대안을 상대적으로 돋보이게 하는 효과
④ 프레이밍 효과: 대안들의 준거점에 따라 평가가 달라지는 효과
⑤ 유사성 효과: 새로운 대안 상품이 나타난 경우, 그와 유사한 성격의 기존 상품을 잠식할 확률이 높은 현상

05 상품이나 서비스의 필요성을 느끼는 단계는 구매 의사 결정 과정의 첫번째 단계로, 문제 인식 단계이다.

06 ① 생리적 욕구: 가격, 양
③ 사회적 욕구: 친절, 상호작용
④ 존경의 욕구: 의견 존중
⑤ 자아실현의 욕구: 차별화된 서비스

07 ① 상황적 요인, ③, ⑤ 외적 요인, ④ 기업 요인에 해당한다.

08 독점 심리는 일부 고객에게 나타나지만 특정 고객만 우대하면 다른 고객의 불만을 초래한다.

09 ① 단골 고객, ② 충성 고객, ③ 의사 결정 고객, ⑤ 의견 선도 고객에 해당하는 설명이다.

10 고객은 구매 후 부조화를 감소시키기 위해 자신이 선택한 대안의 약점을 약화시킨다.

정답

04 ①   05 ①   06 ②   07 ②   08 ③   09 ④   10 ③

PART 2 O/X형

[11~13] 다음 문항을 읽고 옳고(O), 그름(X)을 선택하시오.

11 참여적 관점의 고객 분류에 의하면, 고객은 '잠재 고객 – 가망 고객 – 신규 고객 – 기존 고객 – 충성 고객' 순으로 진화한다. (① O ② X)

12 DiSC는 윌리엄 몰턴 마스턴 박사에 의해 개발된 행동 유형 모델로, 환경을 어떻게 인식하고 그 환경 속에서 자기 개인의 힘을 어떻게 인식하느냐에 따라 주도형, 사교형, 안정형, 신중형으로 구분한다. (① O ② X)

13 서비스 전문가는 고객이 가진 보상 심리를 잘 이해해야 한다. 즉, 고객은 자신이 서비스 직원보다 우월하다는 심리를 가지고 있으므로 직업의식을 가지고 고객의 자존심을 인정하고 자신을 낮추는 겸손한 자세가 필요하다는 것이다. (① O ② X)

PART 3 연결형

[14~17] 다음 설명에 적절한 〈보기〉를 찾아 각각 선택하시오.

보기
① 경제적 고객   ② 윤리적 고객   ③ 개인적 고객   ④ 편의적 고객

14 편의를 위해서라면 추가 비용을 지불할 의사가 있는 고객 (   )

15 일괄된 서비스보다 자기를 인정해 주는 맞춤형 서비스를 원하는 고객 (   )

16 자신이 투자한 시간, 돈, 노력에 대해 최대의 효용을 얻으려는 고객　　　　(　　　　)

17 기업에 깨끗하고 윤리적인 사회적 이미지를 요구하는 고객　　　　(　　　　)

> **PART 4**　사례형

18 다음 사례에 등장하는 고객의 걱정은 서비스 구매 시 발생할 수 있는 지각된 위험이다. 여러 유형 중 사례에 적합한 지각된 위험의 유형은?

> 재테크를 통해 노후 준비를 하려고 한다. 은행 저축보다는 주식이나 채권에 관심이 있지만 지식이나 경험이 부족해서 증권사 직원의 지식과 조언에 의존해야 한다. 그런데 그 직원이 추천한 대로 투자를 했다가 오히려 손해를 볼까 봐 걱정이다.

① 기능적 위험　　　　② 사회적 위험
③ 신체적 위험　　　　④ 심리적 위험
⑤ 재정적 위험

해설
11 X 관계 진화적 관점에 의한 분류에 따르면 고객은 '잠재 고객–가망 고객–신규 고객–기존 고객–충성 고객'의 순으로 진화한다.
12 ○
13 X 우월 심리에 대한 설명이다. 보상 심리는 고객이 비용을 지불한 만큼 그에 맞는 서비스를 기대하고 다른 고객보다 손해를 보고 싶어 하지 않는 심리이다.
14 편의적 고객
15 개인적 고객
16 경제적 고객
17 윤리적 고객
18 재정적 위험은 지불한 가격만큼의 가치가 없다고 느끼거나 재정적 손실 또는 예상 밖의 비용 발생이 두려운 경우이다.

정답
11 ②　**12** ①　**13** ②　**14** ④　**15** ③　**16** ①　**17** ②　**18** ⑤

19 다음은 해외여행 상품을 예약하려는 고객과 여행사 직원의 상담 내용이다. 이 사례를 통해 알 수 있는 고객의 기본 심리로 적절한 것은?

> 고객: 12월 22일부터 5일간 1인당 100만 원 정도의 예산으로 가족 4명이 싱가포르 여행을 가려고 하는데 좋은 상품을 추천해 주셨으면 합니다.
> 직원: 저희 회사의 싱가포르 상품 10가지 중에서 말레이시아, 인도네시아까지 함께 여행할 수 있는 '실속형 3국 3색 패키지'가 좋을 것 같습니다.
> 고객: 5일 동안에 3개국이나 관광을 할 수 있나요?
> 직원: 가능합니다. 다녀오신 분들이 대단히 만족하는 상품입니다.
> 고객: 그래도 저는 쉽게 이해가 되지 않는데요?
> 직원: 제가 동남아 관광 상품을 담당한 지 7년째인데 이 상품만큼 인기 있는 상품을 찾기가 쉽지 않습니다. 제가 자신있게 추천해 드립니다.
> 고객: 10가지 상품 중에서 가장 많이 팔리는 상품인가요?
> 직원: 물론입니다. 이 상품을 선택하시면 절대로 후회하지 않을 것입니다.
> 고객: 다녀온 사람들이 그렇게 좋은 반응을 보이고 있다니 안심은 됩니다.
> 직원: 직접 다녀온 분들의 반응이 가장 정확한 것이지요.
> 고객: 그럼, 그 상품으로 계약하겠습니다.
> 직원: 잘 결정하셨습니다. 탁월한 선택이십니다!

① 고객은 서비스 직원보다 우월하다는 심리를 가지고 있다.
② 고객은 모든 서비스에 대하여 독점하고 싶은 심리가 있다.
③ 고객은 중요한 사람으로 인식되고, 기억해 주기를 바란다.
④ 고객은 다른 고객을 닮고 싶어 하는 모방 심리를 가지고 있다.
⑤ 고객은 언제나 환영받기를 원하는 환영 기대 심리를 가지고 있다.

20 고객과 상담자가 대화를 하고 있다. 이 대화에 대한 설명으로 가장 적절한 것은?

> 고객: 지난 달 사용 요금이 너무 많이 나왔는데, 이게 어떻게 된 거죠?
> 상담자: (바쁜 목소리로) 네. 주민등록번호 불러주세요.
> 고객: 정보를 요구하기 전에 내 물음에 먼저 답변하는 것이 순서 아닌가요?

① 사실, 정보, 생각, 감정은 비언어적인 경청의 대상이다.
② 고객의 말에 대해 상담자가 잘 듣고 있다는 점을 굳이 전달할 필요까지는 없으므로 상담자의 커뮤니케이션은 바람직하다.
③ 위의 대화에서 고객은 자신의 감정을 직접적으로 표현하고 있으므로 자신을 잘 드러내는 솔직하고 개방적인 사람으로 보인다.
④ 상담자는 고객의 사실 정보에 대해서만 관심을 갖고 상담에 임하고 있으므로 바람직한 고객 커뮤니케이션의 사례로 보아야 한다.
⑤ 상담자는 겉으로 드러나는 고객의 예민하고 공격적인 태도에 과민반응 하지 않고 고객 내면의 마음을 읽는 커뮤니케이션 스킬이 필요하다.

해설

19 고객은 구매 리스크를 줄이고 심리적 안정을 찾기 위해 구매 의사 결정 시 다른 고객을 닮고 싶어 하는 모방 심리를 가지고 있다.
20 ① 언어적 경청의 대상이다.
② 고객의 말에 대해 상담자가 잘 듣고 있다는 것을 전달해야 한다.
③ 고객은 자신의 감정을 직접적으로 드러내고 있지 않다.
④ 고객의 사실 정보뿐만 아니라 생각과 감정까지 모두 관심을 가지고 상담에 임해야 한다.

정답

19 ④   20 ⑤

21 다음 사례는 아들과 어머니의 제품 구매 과정과 구매 후 평가에 대한 대화 내용이다. 둘의 대화를 의사 결정 과정 5단계 순서대로 바르게 연결한 것은?

> 가. 아들: 어머니! 제 자전거가 오래돼서 체인도 녹슬고 속도가 나지 않아요. 디자인도 요즘 자전거에 비하면 너무 촌스러운데 이번 기회에 바꿔 주시면 안 돼요? 새 자전거로 운동하고 싶어요.
> 나. 아들: 알아본 것 중에서 가격, 제조 회사, 품질, A/S 등을 고려해 보면 저는 A사 것이 제일 좋아요.
> 다. 어머니: 그래, 이참에 바꿔 줄게. 그럼 네가 시간 내서 자전거 정보를 수집해 가지고 와서 내게 설명해 줄래?
> 라. 아들: 역시 자전거는 A사 제품이 제일 좋은 것 같아요. 친구들에게도 A사 제품을 추천하고 싶어요.
> 마. 어머니: 너의 생각처럼 나도 A사 제품이 괜찮은 거 같구나. 지금 인터넷으로 구매할게.

① 가-나-다-라-마 ② 다-가-나-라-마
③ 가-다-나-마-라 ④ 나-가-다-라-마
⑤ 가-다-나-라-마

22 다음 사례는 팀장이 팀원들에게 이번에 출시한 신제품에 대한 고객의 반응과 향후 고객 관리에 대하여 간략하게 설명한 내용이다. 관계 진화 과정에 따라 고객 유형을 5단계로 분류할 때 순서대로 바르게 연결한 것은?

> 가. 특히 경쟁사 제품보다 우리 신제품에 대해서 관심을 보이는 소비자들이 더 많아서 사장님도 큰 기대를 하고 계십니다.
> 나. 반복적으로 구매하고 우리 회사와 강한 유대 관계를 형성하는 충성스러운 고객들이 더 많아질 수 있도록 우리 팀이 앞장섭시다.
> 다. 지금까지 이러한 제품을 구매하지 않았던 소비자들 중에서 향후 우리의 고객이 될 수 있는 잠재력을 가지고 있는 소비자들이 많습니다.
> 라. 처음 거래를 시작한 고객들의 숫자가 계속 늘어나고 있는 것은 매우 고무적인 일입니다.
> 마. 우리가 조금만 더 노력하면 고객 만족도가 높아지고, 이는 2회 이상 반복 구매를 하는 고객의 증가로 이어질 수 있습니다.

① 다-나-마-라-가 ② 다-가-라-마-나
③ 다-라-나-마-가 ④ 다-라-마-나-가
⑤ 다-나-가-라-마

PART 5 통합형

[23~24] 한 부부가 국내 유명 호텔의 수영장을 가기로 결정하고 호텔 수영장 입구에 도착하였다. 다음을 읽고 답하시오.

> 아내: 와! 오늘 사람 엄청 왔나 봐! 들어가지도 못하고 다들 줄을 서 있네!
>   (A) 이게 뭐야, 입구에 안내하는 사람도 없고…….
> 남편: 그러게, 하긴 우리가 너무 여름 성수기에 맞춰 왔나 봐…… 어쩌지? 돌아갈까?
> 아내: 글쎄.
> 남편: (B) (사람들이 기다리는 것을 보고) 일단 우리도 기다려보자.
> 아내: 근데 줄이 두 줄이네? 내가 직원한테 물어보고 올게.
>   (직원에게) 이 줄은 뭐고, 이 줄은 뭐예요?
> 직원: 아 네, 오늘 수영장 입장객이 많아서 입장 후 선베드를 이용하실 고객과 선베드 없이 수영만 하실 고객을 구분하고 있습니다. 이 쪽이 선베드 이용 고객분들입니다. 고객님.
> 아내: 아, 그래요?
>   (C) (객실 열쇠를 보여 주며) 저희는 패키지로 와서 투숙객인데도 혜택 없이 기다려야 하나요?
> 직원: 네, 죄송합니다. 저희도 혜택을 드리고 싶지만 지금은 예외가 없습니다…….
> 아내: (D) 아니, 비용을 더 지불하고 이 호텔을 이용하는데 그런 서비스도 없나요?
> 직원: 일단, 줄을 서 계시다가 순서가 되면 좀 더 자세히 도와드리겠습니다. 지금 뒤에 먼저 오신 분들이 있으셔서 죄송합니다. 고객님…….
> 아내: (E) (남편에게) 나는 다른 것보다 이 호텔의 대응이 마음에 안 든다. 근데 어쩜 다른 사람들은 이렇게 차분히 기다리고 있을 수 있지?

23 제시된 대화 중 여자와 남편이 보인 고객 심리의 연결이 옳지 <u>않은</u> 것은?

① (A) 환영 기대 심리
② (B) 모방 심리
③ (C) 보상 심리
④ (D) 우월 심리
⑤ (E) 자기 본위 심리

해설
21 고객의 의사 결정 과정은 '문제 인식 – 정보 탐색 – 대안의 평가 – 구매 의사 결정 – 구매 후 행동'의 5단계를 거치게 된다.
22 고객은 관계 진화 과정에 따라 '잠재고객 – 가망고객 – 신규고객 – 기존고객 – 충성고객'으로 분류할 수 있다.
23 (D)에서 고객은 비용을 들인 만큼 서비스를 기대하며, 다른 고객과 비교해 손해를 보고 싶지 않은 보상 심리를 드러내고 있다.

정답
21 ③   22 ②   23 ④

24 위 대화의 밑줄 친 직원의 말을 DiSC의 주도형 고객을 응대하는 답변으로 수정한다고 할 때 가장 적절한 것은?

① 고객님, 죄송합니다. 오늘은 저희도 예상을 못했던지라 양해 부탁드립니다.
② 고객님, 투숙객이시라면 내일 다시 이용해 주시는 것은 어떠신지요? 오늘보다는 내일이 훨씬 한산할 겁니다.
③ 아, 그러십니까? 그럼 지금 바로 입장을 도와드리고, 선베드가 나는 즉시 바로 말씀드리겠습니다.
④ 네, 지금은 도와드릴 방법이 없습니다. 다만, 다음에 다시 이러한 문제없이 이용하실 수 있게 고객 사항에 메모해 두겠습니다.
⑤ 고객님, 그러시다면 저희가 특별히 투숙 기간 동안 호텔 라운지에서 팥빙수를 무료로 드실 수 있는 쿠폰을 제공해 드리겠습니다.

해설
24 DiSC의 주도형 고객은 목적에 따른 결과를 빠르게 얻기를 원하며, 깔끔한 업무 처리와 해결을 필요로 한다.

정답
24 ③

에듀윌이
너를
지지할게
ENERGY

계획하지 않는 것은
실패를 계획하는 것과 같다.

– 에피 닐 존스(Effie Neal Jones)

SUBJECT 04

고객 커뮤니케이션

CHAPTER 01 커뮤니케이션의 이해
CHAPTER 02 커뮤니케이션의 이론
CHAPTER 03 커뮤니케이션의 기법
CHAPTER 04 설득과 협상

학습방법

- ☑ 비언어 커뮤니케이션의 유형과 발신자, 수신자의 문제로 발생하는 오류에 대해 학습한다.
- ☑ 고객과의 커뮤니케이션을 원활하게 하기 위한 다양한 이론을 학습하고 적용한다.
- ☑ 경청 기법, 질문 기법, 서비스 화법에 대해 알고, 구체적인 스킬을 익힌다. 또한 감성 지능의 5가지 구성 요소와 단계별 감성 지능의 활용 방법에 대하여 학습한다.
- ☑ 기업과 고객 모두 원하는 것을 얻기 위해 고객의 태도와 행동의 변화를 이끌고 비즈니스 현장에서의 설득과 협상에 필요한 개념과 준비, 다양한 기법을 익힌다.

무료강의
바로보기

CHAPTER 01 커뮤니케이션의 이해

| 빈출 키워드 |

\# 언어 커뮤니케이션   \# 비언어 커뮤니케이션   \# 커뮤니케이션 문제
\# 조직 커뮤니케이션

1 커뮤니케이션

1. 커뮤니케이션의 정의
① 커뮤니케이션(Communication)의 어원은 라틴어 'Communis'에서 유래한다. 'Communis'는 '공통되는(Common)' 혹은 '공유하다(Share)'라는 뜻을 지니고 있으며, 여기서 파생된 단어로는 '공동체'를 의미하는 'Community'가 있다.
② 커뮤니케이션이란 사람의 의사나 감정의 소통으로 '가지고 있는 생각이나 뜻이 서로 통함'이라는 의미가 있으며, 인간이 사회생활을 하기 위해서 필수로 가지고 있어야 하는 능력이다.
③ 상호 간 소통을 위해 사용되는 매체로는 말과 글은 물론 몸짓, 자세, 표정, 억양, 춤 등과 같은 비언어적인 요소까지 포함된다.
④ 커뮤니케이션은 시작과 끝이 보이는 선형적인 것이 아니라 순환적이고 역동적이며 연속하는 하나의 과정이다.

2. 커뮤니케이션의 중요성
① 커뮤니케이션은 우리가 관련을 맺고 있는 사람 혹은 세상을 통해 메시지를 보내거나 받고, 해석하는 과정이다.
② 커뮤니케이션은 내가 사용하는 것뿐만 아니라 '우리'를 만들어 가는 것이기도 하다. 즉 커뮤니케이션을 통해 사람과 사람 사이가 연결된다.
③ 커뮤니케이션은 비판적 사고, 언어 능력, 대인 능력을 길러 준다.
  - 비판적 사고: 커뮤니케이션 상황을 해석할 수 있다.
  - 언어 능력: 메시지를 만들어 보내거나 해석할 수 있다.
  - 대인 능력: 작업 현장에서 효율적으로 일할 수 있다.

3. 커뮤니케이션 과정
커뮤니케이션의 본질은 발신자가 수신자에게 메시지를 전달하는 것이다. 이때 발신자의 의도를 메시지로 만드는 것을 부호화(Coding), 수신자가 메시지를 듣고 그 뜻을 아는 것을 해독화(Decoding)라고 한다. 그런데 메시지의 부호화 및 해독화는 메시지를 전달하는 채널(Channel)에 의해 많은 영향을 받게 된다. 메시지가 수신자에게 접수된 후 커뮤니케이션의 결과와 효과가 나타나며, 수용자의 반응 및 커뮤니케이션 반복 과정으로써 피드백을 하기도 한다.

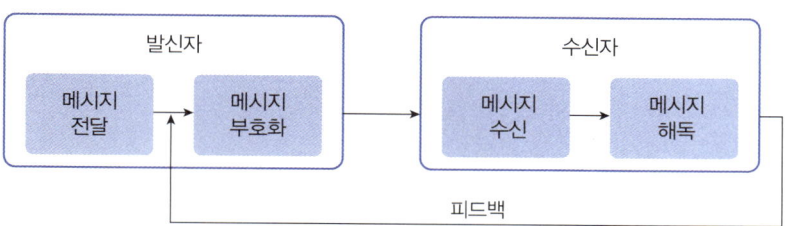

▲ 커뮤니케이션 과정

① 커뮤니케이션의 기본 요소

발신자(Sender)	메시지를 주는 사람
수신자(Receiver)	메시지를 받는 사람
부호화(Coding)	사전에 약속된 일정한 규칙에 따라 메시지 또는 신호를 부호로 변환하는 것
메시지(Message)	전달하고자 하는 내용(언어, 몸짓)을 문자 등의 기호로 바꾼 것
채널(Channel)	메시지 전달의 통로나 매체 • 매스컴: TV, 라디오, 인터넷 등 • 직접 대면하는 경우: 사람의 목소리 등
피드백(Feedback)	• 수신자의 반응 • 커뮤니케이션의 과정을 끊임없이 반복하고 순환하게 하는 중요한 요소
효과(Effect)	커뮤니케이션의 결과

잡음(Noise)	메시지를 정확하게 이해하는 데 방해가 되는 것
	• 물리적 잡음: 외부 환경에서 물리적으로 발생하는 잡음
	  예 강렬한 햇빛, 어두운 조명, 전파 장애로 인한 TV 화면의 흔들림, 불편한 의자 등
	• 심리적 잡음: 발신자와 수신자의 마음속에 일어나는 잡념
	  예 배가 고파서 수업에 집중을 못하는 것, 속상했던 일 때문에 타인의 의견에 집중을 못하는 것 등
	• 의미적 잡음: 전달되는 메시지의 의미를 몰라 커뮤니케이션을 못 하는 것
	  예 생소한 표현, 외국어 등

공간(Environment)	메시지를 발신하거나 수신하는 분위기, 물리적, 심리적 환경
맥락(Context)	메시지를 발신하거나 수신하는 공간이나 행동에서 일어난 상황

2 커뮤니케이션의 유형

1. 언어 커뮤니케이션

① 의의
- 언어란 개인이 자신의 생각이나 감정을 전달하기 위하여 사회적으로 약속된 기호 체계이다.
- 고객과의 직접적인 서비스 상황에서 다양한 정보를 주고받는 경우 언어가 활용되어야 하므로 직원과 고객의 언어적 교환은 매우 중요하다.
- 대면의 접촉 상황에서 언어를 통해 의문을 던질 경우 문제의 요점을 명확히 알 수 있고 전달 속도가 빠르기 때문에 신속하고 정확한 피드백을 받을 수 있다는 장점이 있다.

② 특성: 추상적, 추리성, 상황성, 상징성
③ 스킬
- 수신자가 정확히 받아들일 수 있도록 분명하게 메시지를 발송한다.
- 긍정적인 동조의 의미를 전달하려고 노력한다.
- 적당한 질문과 요점을 명확히 주고받는다.
- 제품과 서비스에 대해 이해하기 쉽고 명확하게 설명한다.

2. 비언어 커뮤니케이션

① 의미
- 언어 사용 없이 이루어진 생각이나 감정 소통 상태를 의미한다.
- 상대의 표정, 몸짓, 몸의 움직임, 자세, 신체 접촉, 신체 장식, 목소리, 말투, 억양 등을 통해 전달되는 정보 전달 방식이다.
- 인간은 태어나서 언어보다 비언어 커뮤니케이션을 먼저 사용한다. 아기가 몸을 바둥거리거나 팔을 흔드는 행위, 엄마의 얼굴을 뚫어져라 보는 행위, 미소 짓는 행위가 그 예이다.
- 커뮤니케이션의 93%가 비언어로 구성되어 있다.
- 비언어 커뮤니케이션은 언어와 더불어 정보가 전달되는 상황과 해석에 중요한 단서를 제공한다.
- 무의식적, 본능적, 감정적, 정서적인 정보를 전달하는 역할을 하며 언어보다 신뢰성이 더 높은 커뮤니케이션 방식이다.

② 유형
- 신체 언어: 문자 언어에 의존하지 않고 몸짓이나 손짓, 표정 등 신체의 동작으로 의사나 감정을 표현, 전달하는 행위를 말한다.

표정	개인의 인상을 결정하는 중요한 요소이다.
눈맞춤	대인 관계의 질에 결정적인 역할을 한다.
고개 끄덕임	이야기를 잘 듣고(경청) 있음을 전달하는 수단이다.
몸의 움직임	표현을 도와주는 역할을 한다.
자세	상대방의 상태를 알 수 있는 단서로 작용한다.
제스처	말의 진실함이 잘 전달되도록 한다.

- 신체적 외양: 신체상에서 나오는 외적인 모습을 뜻한다. 헤어스타일, 신체적 매력, 장신구, 의상 등을 포함한다.

두발	사람의 태도와 마음가짐, 업무 수행상의 개성 등을 표현한다.
복장	단정한 복장은 신뢰를 준다.
신체 매력	우호적인 이미지 전달과 고객의 태도 변화에 영향을 준다.

- **의사 언어**: 공식적인 언어가 아닌 인간이 발생시키는 소리를 의미한다.

말투	의미 전달에 중요한 역할을 하며, 신뢰를 쌓는 데 도움을 준다.
고저, 음량	적절한 표현은 의사 표현을 정확히 하는 데 도움을 준다.
음조의 변화	다양한 메시지와 중요도 등을 생생하게 전달하는 데 도움을 준다.
말의 속도	감정과 태도를 반영한다.
발음	정확한 의사 전달에 중요한 역할을 한다.

- **공간적 커뮤니케이션**

친밀한 거리 (0~45cm)	• 정서적으로 가장 가까운 사람만 안으로 들어올 수 있는 거리이다. • 가족, 친한 친구, 연인처럼 친밀한 유대 관계가 전제되어야 한다.
개인적 거리 (45~80cm)	• 손을 뻗으면 닿을 수 있는 정도의 공간에서 어느 정도 격식과 비격식의 관계를 넘나드는 공간이다. • 친구 모임, 동아리 모임, 파티 등과 같이 제한적인 관계의 사람들에게 허락하는 거리이다.
사회적 거리 (80cm~1.2m)	• 업무상 미팅이나 공식적인 상호 작용에서의 간격으로 대화 내용 및 행동에 보다 정중한 격식 및 예의가 요구된다. • 이 공간에서는 제3자가 개입하더라도 부담스럽지 않아 대화 도중에 참여 및 이탈이 비교적 자유롭다. • 일반적으로 친밀하지 않은 사람의 경우, 어느 정도의 거리감이 오히려 안정감을 준다.
공적인 거리 (1.2~3.7m 초과)	• 공적인 간격으로 대중 앞에 서서 편하게 연설할 수 있는 거리이다. • 강사의 입장에서는 청중 모두를 한 눈에 파악하기 위해 이 정도의 거리가 필요하고, 청중의 입장에서도 강사에게 무례한 행동을 노출시키지 않으면서 편안히 강의를 들을 수 있는 거리이다.

3 커뮤니케이션 문제의 발생 원인

1. 발신자 문제

발신자는 커뮤니케이션을 통해 자신의 메시지를 정확하게 이해시키려고 하지만 다음과 같은 경우 발신자의 의도가 제대로 전달되었다고 보기 어렵다.

목적 의식의 부족	발신자가 의사를 전달하려는 명확한 목적이 없을 때 메시지의 내용이 명확하게 나타나기 어렵다.
말하기 기술의 부족	발신자의 부적절한 단어 선택, 문법상 전달력의 문제, 부족한 화술, 불명확한 말투로 인해 의사소통의 과정을 왜곡시킨다.
대인 감수성의 부족	발신자가 타인과 인간관계적 상호 작용을 충분히 경험하지 못하였을 때, 상대방의 질문에 동문서답하거나 자신의 말만 반복하는 등의 문제가 발생한다.
혼합 메시지의 사용	언어와 비언어의 불일치로, '이중 메시지' 혹은 '혼합 메시지'로 인해 의사가 명확하지 않아 문제가 발생하는 것이다.

오해와 편견	전달자의 심리 상태와 주관적인 견해가 오해와 편견을 만들어 메시지의 정확한 전달을 방해하는 문제가 발생하는 것이다.
정보의 여과	발신자가 의도적으로 수신자가 듣고 싶어 할 정보만 전달하고 듣기 싫어할 정보는 여과하여 원활한 의사소통을 방해하는 것이다.

2. 수신자 문제

수신자는 전달되는 메시지를 단순히 수용하는 수동적인 존재가 아니라 메시지 내용을 해석하고 활용하는 적극적인 정보 처리자이다. 다음과 같은 요소들은 수신자가 메시지를 정확하게 이해하는 것을 방해하여 커뮤니케이션의 효과를 감소시킨다.

평가적 경향	수신자가 발신자로부터 메시지를 전달받기 전에 메시지의 전반적인 가치를 평가하여 메시지가 갖는 실제 의미를 왜곡시킨다.
선입견과 신뢰도 결핍	• 수신자가 발신자에 대하여 선입견을 가지고 있을 때, 상대방의 말을 건성으로 듣거나 성급한 판단을 한다. • 발신자의 신뢰도가 부족하면 수신자는 발신자의 메시지를 전적으로 신뢰하지 않는다.
선택적 청취	수신자가 자신의 욕구를 충족시키거나 신념과 일치하는 메시지는 받아들이고, 위협을 가하거나 기존의 신념과 갈등을 일으키는 메시지는 부정, 왜곡하여 정보를 거부한다.
경청의 문제와 부정확한 피드백	수신자는 메시지에 대해 무반응이나 부적절한 반응을 보임으로써 발신자를 실망하게 한다. 수신자의 무반응은 발신자의 메시지에 관심이 없거나 대화하기 싫다는 것을 암시하여 커뮤니케이션의 기회를 줄인다.
왜곡된 인지와 감정적 반응	수신자의 과거 경험에 따른 오해와 왜곡된 인지 또는 그릇된 지각 때문에 발신자의 메시지를 잘못 이해하고 수용하는 문제이다.

PLUS+ 좋은 피드백의 3가지 규칙

- **적극적이어야 함**: 다시 말하기를 통해 상대방의 말을 이해했다고 생각하자마자 명료화하고 바로 당신의 피드백을 주는 것이 좋다. 시간이 지날수록 영향력은 줄어든다.
- **정직해야 함**: 정직함은 당신이 느끼는 진정한 반응뿐만 아니라 조정하고자 하는 마음 또는 보이고 싶지 않은 부정적인 느낌까지 보여 주어야 하는 것을 의미한다.
- **지지해 주어야 함**: 당신이 정직하다고 해서 잔인해서는 안 된다는 것이다. 부정적인 의견을 표현할 때에도 상대방의 자존심을 상하게 하거나 약점을 이용하거나 위협적인 표현을 하는 대신 부드럽게 표현해야 한다.

3. 상황별 커뮤니케이션 문제의 발생 원인

커뮤니케이션은 같은 내용의 메시지라도 상황에 따라 다음과 같은 이유로 다르게 해석될 수 있다.

과중한 정보	수신자가 수용할 수 있는 범위 이상의 과중한 메시지가 전달되면 의사소통의 효과는 감소한다.
시간의 압박	시간 부족으로 대화가 피상적으로 되는 경우 커뮤니케이션의 정확도가 떨어진다.
분위기	평소에 개방성과 신뢰성이 낮은 관계에서는 커뮤니케이션의 의도가 부정적으로 왜곡되기 쉽다.
비언어적 메시지	언어적 메시지와 비언어적 메시지를 함께 사용하는 대면 의사소통에서 언어적 메시지와 비언어적 메시지의 불일치는 커뮤니케이션의 효과를 감소시킨다.

4 조직 커뮤니케이션

1. 조직 커뮤니케이션의 정의
① 조직이란 두 사람 이상이 모여 공통의 목적을 달성하기 위해 상호 작용하는 사회적 단위이다.
② 조직 내의 상호 작용은 커뮤니케이션을 통해 이루어지며, 조직에서의 커뮤니케이션이란 상호 이해에 도달하기 위해 어떠한 집단, 조직 또는 사회의 사람들이 정보를 생산하고 공유하여 공동의 목표를 추구할 수 있도록 하는 모든 과정을 말한다.
③ 즉, 개인이나 집단의 가장 기초적인 기반이자 성과를 결정하는 핵심 수단으로 사회에서 필수 요소이다.

2. 조직 커뮤니케이션의 기능 및 중요성
긍정적인 조직 커뮤니케이션은 구성원 간의 신뢰감을 형성하고 업무의 시너지 효과를 창출한다. 또한, 직장에서 동료와 선후배 간의 원활한 소통으로 구성원 간 응집력을 높일 경우 조직의 성과도 올라간다.

행동의 통제	조직에는 직원들이 따라야 할 권력 구조와 공식 지침이 있고 그것이 그들의 행동을 특정한 방향으로 움직이도록 통제한다.
동기 부여 강화	해야 하는 일을 구체적으로 알려 주어 특정 목표의 설정, 목표로의 진행에 관한 피드백, 바라는 행동의 강화, 동기 부여를 자극하는 등의 매개체 역할을 한다.
감정 표현과 사회적 욕구 충족의 표출구	조직 내에서 발생하는 커뮤니케이션은 구성원들의 좌절 또는 만족감을 보여 주는 근본적인 메커니즘으로 자신의 감정을 표출하고 다른 사람들과의 교류를 넓혀 나갈 수 있다.
정보 제공	커뮤니케이션은 의사 결정 시 대안을 확인하고 평가하기 위한 자료를 전달하는 역할을 한다.

3. 조직 커뮤니케이션의 유형
① 공식적 의사소통: 조직에서의 권한 체계와 업무 처리를 명확하게 하기 위한 의사소통을 의미한다.

하향적 의사소통 (상의하달)	• 의미: 조직의 계층 또는 명령에 따라 상급자가 하급자에게 의사와 정보를 전달하는 것이다. • 장점: 조직 내의 사정을 알리고 구성원의 사기를 높인다. • 단점: 일방적, 획일적이기 때문에 피명령자의 의견이나 요구를 참작할 수 없다. 또한 극비 사항일 경우 비밀이 누설될 위험이 있다. 예 핸드북, 매뉴얼, 뉴스레터, 게시판, 기관지, 구내방송, 강연 등
상향적 의사소통 (하의상달)	• 의미: 계층의 하부에서 상부로 정보가 전달되는 하급자 주도의 의사소통 방법이다. • 장점: 쌍방향 소통이 가능하다. • 단점: 상사의 질책을 피하고 상사의 기분을 맞추기 위하여 좋지 않은 소식이나 반대 의견을 걸러내 전달하지 않으려는 선택적 여과 현상이 나타나기 쉽다. 예 보고, 제안 제도, 의견 조사, 면접 등
수평적 의사소통 (횡적 소통)	• 의미: 동일한 계층 간 또는 상하 관계에 있지 않은 사람들 간에 이루어지는 의사소통 방법이다. • 장점: 조직 내의 협력을 촉진시키는 데 도움을 주며, 업무를 조정하거나 문제 해결 시 정보의 원활한 공유, 갈등 해소 등에 유용하다. 예 사전 심사 제도, 회의, 위원회, 회람, 통보 등

② 비공식적 의사소통: 딱딱한 권위 관계를 파괴한 커뮤니케이션으로 직무 이외에 개인적, 사회적 친분으로 조직 구성원의 욕구에 따라 자발적으로 이루어지는 커뮤니케이션을 말한다.

포도넝쿨 유형 (그레이프바인)	• 의미: 포도넝쿨처럼 복잡한 인간관계 속에서 왜곡되거나 사실과 다른 유언비어를 뜻한다. 공식적 커뮤니케이션 채널인 전선이나 전화선에 포도넝쿨이 어지럽게 얽혀 있음을 비유한 말로 메시지가 오도되어 나타나는 사실과 다른 정보나 소문과 같은 의미로 사용된다. 루머, 잡담 등도 포함된다. • 장점: 정확성이 떨어지기는 하지만 조직 변화의 필요성에 대하여 경고를 해 주고, 집단 응집력을 높이는 역할뿐만 아니라 구성원 간의 아이디어 전달의 경로가 되기도 한다. • 단점: 비생산적인 소문을 만들어 유포함으로써 조직의 사기를 저하시키거나 부서 간, 개인 간의 갈등을 불러일으킬 소지가 있다.

4. 조직 커뮤니케이션의 형태

쇠사슬형	수레바퀴형
• 공식적인 명령에 의해 수직적으로 이루어지는 형태이다. • 단순, 반복 업무에 있어서 신속성과 효율성이 높다. • 구성원 간의 커뮤니케이션이 연결되지 않고 정보가 단방향으로 움직여 왜곡 문제가 발생할 수 있다.	• 조직 안에 중심 인물 혹은 대표적 리더가 존재하는 경우에 나타난다. • 정보 전달이 중심 인물이나 리더 등 한 사람에게 집중되어 상황 파악 및 문제 해결이 신속하다. • 복잡한 문제를 해결하는 데 어려움이 있다.
Y형	**원형**
• 대다수의 구성원을 대표하는 인물이 존재하는 경우에 나타나는 형태로 라인과 스탭이 혼합되어 있는 집단에서 볼 수 있다. • 매우 관료적이고 위계적인 조직에서 전형적으로 발견된다.	• 조직 구조 안에 뚜렷한 서열이 없을 때 나타난다. • 위원회나 태스크포스의 구성원들 사이에 이루어지는 방식이다. • 업무 진행이나 의사 결정이 느릴 수 있다. • 커뮤니케이션 목적이 확고할 때 만족도가 높다.

완전 연결형
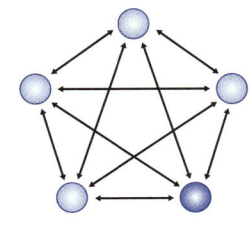 • 리더 없이 구성원 누구나 다른 사람들과의 커뮤니케이션을 주도할 수 있으며 가장 구조화되어 있지 않다. • 문제 발생 시 상황 판단이나 문제 해결이 가장 효과적이며 구성원 간의 만족도와 참여도가 높다.

5. 조직 커뮤니케이션의 상황별 장애 요인

과중한 정보	개인의 수용 범위를 초월하는 과중한 정보는 커뮤니케이션의 유효성을 하락시키는 경향이 있다. 즉, 과중한 정보는 수용과 처리 과정에서 질적으로나 관심 면에서 신경을 집중시키지 못하게 되므로, 이는 메시지 전달의 장애 요인이 된다.
어의상의 문제	개인의 표현 방법 및 교육 수준의 차이와 지각과 해석의 차이로 동일한 어의를 상이하게 해석함으로써 발생되는 문제이다.
커뮤니케이션 풍토	특정 집단이나 조직의 풍토, 즉 신뢰와 개방 정도에 따라 긍정적인 반응이 나올 수도 있고 부정적인 반응이 나올 수도 있다.
시간의 압박	한정된 시간의 부족 현상이 나타나는 것을 뜻한다. 부족한 시간으로 대면 또는 상담의 기회가 없어서 상위자와 하위자 간에 커뮤니케이션의 기회를 상실하게 되는 경우이다.
비언어적 커뮤니케이션의 오용	언어와 비언어를 대면 관계에서 병행하여 사용할 때, 두 언어가 일치하면 효과를 증대시킬 수 있지만 상호 모순 및 불일치가 나타나게 되면 유효성은 감소한다. 이 경우 개인의 언행 불일치 상태에서 말보다 얼굴의 표정과 몸가짐에서 단서를 찾으려는 경향이 있다.
지위의 차이	부하가 위협을 느끼는 경우 상사에게 보고하는 내용의 의미를 바꾸거나 지시 사항에 자신의 의견을 자연스럽게 표명하지 못하는 경우이다.

6. 조직 커뮤니케이션 활성화 방안

공동 목표 제시	• 과도한 내부 경쟁은 조직에 대한 충성심, 팀워크, 지식 공유를 저해한다. • 협력을 위해서는 조직 구성원이 동등한 위치에서 토의와 논쟁을 자유롭게 할 수 있는 건설적 대립 문화를 구축하는 것이 필요하다.
핵심 메시지로 승부	• 핵심 메시지는 반복적으로 강조하고 구성원들이 충분히 인지하며 공감할 수 있도록 구체적인 사례를 제시한다. • 구성원들이 조직 내부의 소식을 왜곡된 소문을 통해 듣기 전에 가능한 한 빨리 관련 정보를 전달해야 한다. 특히, 나쁜 소식일수록 솔직하게 전달하는 것이 필요하다.
긍정적·부정적 피드백의 활용	• 커뮤니케이션 행태에 대한 연구 결과, 긍정적 발언과 부정적 발언의 적절한 비율은 5.6 : 1이다. 따라서 긍정적 피드백과 부정적 피드백을 적절한 비율로 조합하는 것이 필요하다. • 부정적인 피드백을 해야 할 때에는 '당신은 무능해'라는 평가적 발언이 아니라 사실에 기초한 의사소통을 하는 것이 중요하다. 즉, 사람을 직접 비판하거나 공격하지 말고 문제 자체에 집중해야 한다.
경청 후 판단	• 경청이 무엇보다 중요하며, 다양한 의견을 경청하지 않는 것은 최대 실수이다. • 구성원의 다소 엉뚱한 제안이나 아이디어도 끝까지 경청한 후 판단한다.
칭찬과 격려	• 거친 말, 질책 위주의 회의 등의 공포 분위기 조성은 실제 문제를 숨기고 허위 보고를 하는 등 구성원들의 방어적인 태도를 야기하게 된다. • 구성원들은 리더의 영향을 받아 비슷한 감정을 가지게 되는 경향이 있다. 리더의 말뿐만 아니라 얼굴 표정, 감정 표현, 작은 행동의 변화에도 민감하게 반응하기 때문에 칭찬과 격려로 긍정적인 감정을 전파하는 것이 중요하다.

커뮤니케이션의 이론

| 빈출 키워드 |
피그말리온 효과   # 호손 효과   # 넛지 효과

1 커뮤니케이션 이론

1. 피그말리온 효과
① 누군가에 대한 사람들의 믿음이나 기대, 예측이 그 대상에게 그대로 실현되는 경향을 말한다.
② 다른 사람으로부터 긍정적인 기대를 받으면 그 기대에 부응하기 위하여 더 노력하게 되고, 실제로 긍정적인 성과가 나오는 것을 말한다.
③ 심리적 행동의 하나로 교사의 기대에 따라 학습자의 성적이 향상되는 것을 말한다.
④ 교사 기대 효과, 실험자 효과, 로젠탈 효과라고도 한다.

> **PLUS⁺ 피그말리온 효과의 사례**
>
> 1964년 하버드 대학교 사회 심리학과 로버트 로젠탈 교수와 초등학교 교장을 지낸 레노어 제이콥슨 등은 샌프란시스코의 한 초등학교에서 전교생을 대상으로 지능 검사를 한 후 무작위로 20% 정도의 학생을 뽑은 명단을 교사에게 주면서 IQ가 높은 학생들이라고 믿게 했다. 이후에 무작위로 선발된, 즉 평균치의 학생들은 높은 지능의 학생들이라고 믿고 교육한 선생님에 의하여 실제로 IQ가 높아졌다.

2. 낙인 효과
① 타인으로부터 부정적인 낙인을 받으면 의식적·무의식적으로 그렇게 행동하게 된다는 것이다.
② 상대방에게 부정적인 평가를 받고 무시나 치욕을 당한 경우, 즉 상대방에게 부정적인 낙인이 찍힌 경우, 당사자가 실제로 부정적으로 변해 가는 것이다.
③ 부정적인 경력은 편견을 만들고 이미지나 인간관계에도 반영되어 인상 형성에 영향을 준다.

3. 플라시보 효과
① 심리적으로 긍정적인 믿음이 신체를 자연 치유하는 데 영향을 준다는 것이다.
② 위약(僞藥) 또는 플라시보(Placebo)는 '내가 기쁘게 해 주지'라는 뜻을 가진 라틴어에서 유래되었다.
③ 사실은 효과가 없는 약임에도 불구하고 의사가 환자에게 병이 나을 거라는 믿음을 주었을 때 환자의 병이 호전되는 효과를 발휘하게 된다는 실험 결과가 있다. 예 엄마 손은 약손

4. 노시보 효과
플라시보 효과의 반대 의미로, 좋은 효능이 있는 약이라도 환자가 부정적으로 생각하고 약의 효능을 믿지 않으면 실제로 상태가 개선되지 않는 현상을 말한다.

> **PLUS+** 노시보 효과의 사례
>
> 1950년대 포르투갈 리스본의 항구에 도착한 선박의 냉동 창고에서 한 선원의 시체가 발견되었다. 그 배는 영국의 항구에서 와인을 하역한 후 되돌아온 선박이었다. 선원의 사망 원인은 냉동 창고의 벽에 상세히 기록되어 있었다. 하역 작업 후 동료 선원의 실수로 냉동 창고에 갇힌 그가 엄청난 추위와 고통 속에서 몸이 점차 얼음덩이처럼 굳어져 가는 상황을 벽에 적어 놓았던 것이다. 그런데 사건 현장을 조사하던 선장은 이상한 사실을 하나 발견하였다. 선원이 얼어 죽은 그 냉동 창고의 실내 온도가 영상 19℃였던 것이다. 영국에서 와인을 하역한 뒤 리스본으로 항할 때 냉동 창고의 전원을 꺼 놓았으며 냉동 창고는 공간이 넓어 공기도 충분했고, 심지어 식량도 있었다. 그 선원을 죽게 한 요소는 바로 자신이 추운 냉동 창고 안에 갇혔다는 부정적인 생각밖에 없었다.

5. 호손 효과

① 다른 사람이 지켜보고 있다는 사실을 의식함으로써 스스로의 본성과 다르게 행동하는 현상이다.
② 일종의 반응 현상으로 자신의 행동이 관찰되고 있음을 인지하게 되면 행동을 조정, 순화하게 되는 것이다.
③ 최근 의미가 확장되어 어떤 새로운 것에 관심을 기울이느냐에 따라 개인들의 행동과 능률에 변화가 일어나는 현상을 말하기도 한다.

> **PLUS+** 호손 효과의 유래
>
> 1955년 헨리 랜즈버거(Henry A. Landsberger)가 호손 실험(Hawthorne Experiments)의 결과를 분석하는 과정에서 지은 이름이다. 호손 실험은 작업장에서 전등 빛의 밝기가 근로자들의 생산성에 어떤 영향을 주는가에 대한 것으로, 호손 공장의 근로자들을 대상으로 1924~1927년에 진행되었다. 연구자들이 피실험자들의 작업 행태를 관찰하는 과정에서 작업장 전등 밝기를 증가시키면 생산성이 더 높아진다는 것을 발견하였다. 그러나 연구가 종결되자 생산성이 떨어지는 것을 보고, 전등의 밝기가 생산성을 증가시킨 것이 아니라 실험 과정에서 피실험자들에게 보인 실험자들의 호의와 관심이 동기 부여 효과를 일으켰기 때문이라는 결론을 내렸다. 즉, 피실험자들이 자신들이 실험 대상이며, 실험자들이 무엇을 얻고 싶어 하는지 알고 그 방향으로 무의식 중에 반응한 결과였다. 호손 효과는 여기서 유래된 말로 근로자들이 관찰되고 있을 때 실제와 다르게 행동하는 것을 의미한다.

6. 바넘 효과

① 19세기 말 미국의 사업가이자 쇼맨이었던 바넘의 이름을 따 만들어진 효과로 포러(Forer) 효과라고도 한다.
② 누구에게나 해당되는 일반적인 특성을 자신에게만 해당되는 특성으로 받아들이는 심리 상태를 말한다.
③ 사람들은 누구나 일반적으로 가지고 있는 특성이 자신의 성격인 양 묘사되면 이를 자기 혼자만의 특성이라고 믿는 경향이 있다고 한다.
④ 대표적으로 혈액형 성격론, 신년 운세, 별자리 운세 등이 있다.

7. 링겔만 효과

① 독일의 심리학자 링겔만의 이름을 따서 만들어진 효과로, 집단에 참여하는 사람의 수가 늘어날수록 성과에 대한 1인당 공헌도가 떨어지는 집단적 심리 현상을 말한다.
② 줄다리기 실험이 대표적인데, 줄다리기를 하는 참여자가 많아질수록 참여자가 적을 때보다 개인이 힘을 덜 들인다는 것이다.
③ 조직에서 개인의 가치를 발견하지 못할 때 '나는 고작 여러 명 중 단 한 사람에 지나지 않는다'는 인식이 이러한 효과로 나타날 수 있다.

④ 집단의 크기가 개인의 잠재력을 발휘하는 데 영향을 줄 수 있으며, 다수라는 익명성 뒤에 '나 하나쯤이야' 하는 인식으로 자신의 역량을 충분히 발휘하지 않는 도덕적 해이가 일어날 수 있다.

8. 잔물결 효과
① 리플 효과라고도 하며 호수에 돌을 던졌을 때 돌이 떨어진 지점부터 동심원의 물결이 일기 시작해 호수의 가장자리까지 작은 파동이 이어지는 데서 붙여진 이름으로, 하나의 사건이 연쇄적으로 영향을 미치는 것을 말한다.
② 조직 구성원 일부에게 처벌과 같은 부정적인 형태의 압력이 공개적으로 가해졌을 때 다른 조직 구성원들에게도 부정적인 영향이 전달되는 것을 말한다.

9. 카멜레온 효과
① 사람은 자기 스스로의 말과 행동을 사랑하기 때문에 누군가 자신을 모방하면 매우 좋아한다는 것이다.
② 서비스 현장에서 주문받은 종업원이 고객의 주문을 그 자리에서 다시 한번 확인할 경우, 그 종업원을 더 신뢰하게 된다. 즉, 카멜레온처럼 고객을 따라 한 경우 고객의 반응이 훨씬 더 좋다는 것이다.

10. 넛지 효과
① 타인의 행동을 유도하는 부드러운 개입을 뜻하는 말로, 팔을 잡아 끄는 것처럼 강제와 지시에 의한 억압보다는 팔꿈치로 툭 치는 것과 같은 느낌으로 특정한 행동을 유도하는 것이 더 효과적이라는 것이다.
② 2009년 출간된 리처드 탈러와 캐스 선스타인의 행동 경제학 저서 『넛지(Nudge)』에서 집중적으로 소개되어 널리 알려진 개념이다.
③ 넛지는 비용을 많이 들이지 않고 사람들의 자유 의지를 존중하면서도 이미 설정되어 있는 것을 살짝 바꿔 긍정적인 태도 변화를 이끌어 낼 수 있다.
　예 남자 화장실에 "화장실을 깨끗하게 쓰시오."라는 문구보다는 소변기에 파리 모양 스티커를 붙여 놓는 게 훨씬 효과적이다.

커뮤니케이션의 기법

| 빈출 키워드 |

\# 경청 기법   \# 질문 기법   \# 서비스 화법   \# 감성 화법

1 경청 기법

1. 경청의 정의

① 경청이란 다른 사람의 말을 주의 깊게 들으며 공감하는 능력을 말한다.
② 경청에는 '듣다, 관찰하다, 초점을 맞추다, 집중하다, 주의하다, 귀를 기울이다'와 같은 의미가 포함된다. 즉, 경청을 잘한다는 것은 단순히 '잘 듣다(Hearing)'가 아닌 '말하는 사람의 생각을 듣는 사람이 잘 이해하고 있다'는 의미이다.

> **PLUS⁺ 경청에 대한 일반적인 경향**
>
> 사람들은 보통 이야기를 들은 후 10분이 지나면 50%, 48시간이 지나면 25%만 기억한다.

2. 경청을 방해하는 요인

지레 짐작하기	상대방의 말을 듣고 받아들이기보다는 자기 생각에 맞는 단서들을 찾아 자기 생각을 확인하는 것을 말한다. 즉, 상대방이 하는 말의 내용은 무시하고 자기 생각이 옳다는 것만 확인하려는 경향을 보인다.
다음 할 말 준비하기	온전히 상대방의 말에 집중하는 것이 아닌, 말이 끝난 다음에 자신이 해야 할 말을 생각하는 데 집중하여 상대방이 말하는 것을 잘 듣지 않는 것이다.
걸러 내기	상대방이 불편한 감정을 말하더라도 그러한 감정을 인정하고 싶지 않거나, 회피 혹은 무시하고 싶을 때 자신도 모르는 사이에 상대방이 아무 문제도 없다고 생각하는 것이다.
판단하기	상대방에 대한 부정적인 판단 혹은 상대방을 비판하기 위하여 이야기를 잘 들으려 하지 않는 것이다.
다른 생각하기	상대방이 이야기하는데 현재 나의 상황에 지나치게 몰입되어 이야기를 들을 준비가 되어 있지 않은 상황이다.
조언하기	이야기를 들을 때, 다른 사람의 문제를 본인이 해결해 주기 위해 대화의 흐름을 끊거나 도중에 끼어들어 조언한다면 상대방은 제대로 말할 수 없게 된다. 또한 마음을 털어놓고 위로받고 싶었던 상대방의 바람이 좌절된다.
언쟁하기	단지 논쟁하기 위해서 상대방의 말에 귀를 기울이는 것이다. 상대가 무슨 이야기를 하든 자신의 입장을 확고히 한 채 방어한다.
자존심 세우기	자존심이 강한 사람은 지기 싫어하기 때문에 자신의 부족한 점에 대한 상대방의 말을 잘 경청하지 않는다. 자신이 잘못했다는 것을 받아들이지 않기 위하여 거짓말이나 변명을 하고, 고함을 지르기도 한다.

슬쩍 넘어가기	대화가 너무 진지하거나 불편해지면 주제를 바꾸거나 농담으로 넘기려 하는 것이다. 문제를 회피하려고 유머를 사용하거나 초점을 잘못 맞추면 상대가 마음을 털어놓기 어렵다.
비위 맞추기	상대방을 위로하거나 비위를 맞추기 위하여 너무 빠르게 동의하는 것이다. 의도는 좋지만 너무 빠른 반응은 상대가 자신의 이야기를 잘 듣고 있는가에 대하여 의심할 수 있다.

3. 효과적인 경청 방법
① 산만해질 수 있는 요소나 잡음 제거하기
② 전달자가 전하려는 메시지에 집중하기
③ 전달하려는 메시지의 요점이 무엇인지 생각하면서 듣기
④ 말하는 사람을 비판하거나 분석하지 않기
⑤ 나의 경험과 비교하기보다 전달자에게 동화되려고 노력하기
⑥ 메시지의 내용 중 동의할 수 있는 부분 찾기
⑦ 인내심을 가지고 끝까지 듣기
⑧ 내용을 정확하게 이해하기 위하여 적극적으로 질문하기
⑨ 온몸으로 맞장구치기

4. 경청 기법
① 1, 2, 3 기법: 나의 의견을 1번 말하고, 고객의 이야기를 2번 들어 주고, 고객의 이야기에 3번 맞장구를 친다.
② B.M.W. 기법
  • Body(자세): 표정이나 눈빛, 자세 등을 고객에게 집중한다.
  • Mood(분위기): 말투, 음정, 음색, 속도, 음의 고저 등을 적절하게 고려한다.
  • Word(말의 내용): 고객의 말을 다시 확인하고 고객이 원하는 것에 집중한다.
③ F.A.M.I.L.Y. 법칙
  • Friendly(친절): 친절하게 경청한다.
  • Attention(집중): 집중하며 경청한다.
  • Me, too(공감): 공감하며 경청한다.
  • Interest(관심): 관심을 갖고 경청한다.
  • Look(시선): 바라보며 경청한다.
  • You are centered(상대방 중심): 상대를 중심으로 경청한다.

> **PLUS+ 경청 능력을 높이는 맞장구 기법**
> • 치켜올리듯 가볍게 하는 맞장구: 저런! / 그렇습니까? / 아닙니다. / 잘 됐습니다. / 그렇게 하십시오.
> • 동의하는 맞장구: 과연 / 정말 그렇겠군요. / 알겠습니다.
> • 정리하는 맞장구: 말하자면 이런 것입니까? / 아~ / ~라는 것이지요?
> • 재촉하는 맞장구: 그래서 어떻게 되었습니까?

2 질문 기법

1. 질문의 정의 및 중요성
① 질문은 '듣기' 이후에 상대방과의 대화를 깊이 있게 만들기 위한 적극적인 행동이다.
② 고객의 상황에 적합한 질문을 해야 원활한 의사소통이 가능하다. 또한 질문의 유형과 내용에 따라 고객의 답변이 달라질 수 있기 때문에 질문하기 전에 질문의 유형과 내용에 대하여 생각하고 준비할 필요가 있다.
③ 적절한 질문을 하면 고객에게 말하고자 하는 중요한 부분을 다시 한번 상기시키게 된다.
④ 효과적인 질문은 정보 수집을 가능하게 하며, 대화의 초점이 흐려졌을 때 주위를 환기시키는 데에도 도움이 된다.

2. 질문의 7가지 힘

답을 얻을 수 있다	질문을 받으면 대답을 하지 않을 수 없다. 이러한 의무감을 응답 반사라고 한다.
생각을 자극한다	질문은 질문을 하는 사람과 받는 사람의 사고를 자극한다.
정보를 얻는다	적절한 질문을 하면 필요로 하는 정보를 얻을 수 있다.
통제가 된다	모든 사람은 스스로 상황을 통제하고 있을 때 편안함과 안전함을 느낀다. 질문은 대답을 요구하므로 질문을 하는 사람이 유리한 입장에 서게 된다.
마음을 열게 한다	사람들은 자신의 사연, 의견, 관점에 대한 질문을 받으면 우쭐해진다. 질문을 하는 것은 상대방과 그의 이야기에 관심을 보여 주는 것이므로 과묵한 사람이라도 자신의 생각과 감정을 드러낸다.
귀를 기울이게 한다	질문하는 능력을 적절하게 향상시키면 보다 적절하고 분명한 대답을 듣게 되고, 중요한 일에 집중하기 쉬워진다.
스스로 설득이 된다	사람들은 누가 해 주는 말보다 자기가 하는 말을 믿는다. 또한 요령 있는 질문은 사람들의 마음을 특정한 방향으로 움직일 수 있다.

3. 효과적인 질문의 방법

개방형 질문	• 고객이 자유롭게 의견이나 정보를 말할 수 있도록 묻는 질문이다. • '무엇을, 어떻게'를 포함하는 질문으로 고객에게서 많은 정보를 얻을 수 있다. 예 고객님, 저희 레스토랑의 서비스는 어떠셨습니까?
폐쇄형 질문	• 미리 준비된 선택지 혹은 항목 중에서 답을 선택하거나 제한된 수의 단어로 답하도록 구성된 질문이다. • 너무 자주 사용하면 질문자의 수준을 낮게 평가하거나 따져 묻는 듯한 인상을 줄 수 있다. 예 오늘 하루 즐거우셨습니까?
긍정형 질문	• 긍정적인 의미가 포함된 질문이다. • 고객의 의식을 긍정적이고 바람직한 방향으로 이끈다. 예 어떻게 하면 순조롭게 진행될 수 있을까요?

구분	내용
부정형 질문	• 부정적인 의미가 숨어 있는 질문으로, 질문받은 사람의 의식을 부정적이거나 바람직하지 않은 방향으로 이끌 수 있다. • 문제를 도출해야 할 때 쓰면 좋지만, 반감을 일으킬 수도 있기 때문에 조심스럽게 사용해야 한다. 예 이 제품의 문제점은 무엇입니까? / 왜 실패했다고 생각하십니까?
구체적 질문	• 어떤 문제를 조금 더 깊이 있게 물어보고 싶을 때 하는 질문이다. • 문제의 핵심을 자극하는 데 효과가 있다. 예 구체적으로 저희 회사의 어떤 서비스가 마음에 드십니까?
양자택일 질문	• 결론을 내리지 못하고 망설이는 상대를 특정 방향으로 유도하거나 약속을 얻어 내는 데 효과적인 질문이다. • 상대에게 선택권을 주어 의사를 파악하고 존중감을 더해 주는 질문이다. 예 점심은 한식으로 드시겠습니까? 양식으로 드시겠습니까?
가정형 질문	상대에게 새로운 관점을 제시하면서 간접적으로 서비스 제공자의 의견을 반영하기 좋은 질문이다. 예 만약 이제까지와는 전혀 다른 서비스를 받으실 수 있다면 어떠시겠습니까?
확인형 질문	고객의 입을 통해 의견을 최종 확인하고자 하는 질문이다. 예 네, 1월 7일 2시에 A/S 기사님 방문을 요청하셨습니다. 날짜와 시간이 맞습니까?

3 서비스 화법

구분	의미	예
쿠션 화법	고객에게 거절을 해야 하거나 미안한 상황을 표현해야 할 때, 또는 부탁할 때 기분이 나빠지는 것을 최소화할 수 있는 표현 방법이다.	• 번거로우시겠지만, 잠시만 기다려 주시겠습니까? • 죄송합니다만, 담당자가 잠시 자리를 비웠습니다. • 실례합니다만, 잠시 지나가겠습니다. • 불편하시겠지만, 3일 정도 소요됩니다. • 괜찮으시다면, 창가 자리로 옮겨 드려도 되겠습니까?
칭찬 화법	칭찬을 한마디하는 것은 시간이 오래 걸리지도 않을 뿐더러, 상대방에게 큰 호의를 심어줄 수 있다.	• **의상에 대한 칭찬**: 넥타이가 멋지네요. / 스웨터 디자인이 독특한데요? / 재킷이 잘 어울려요! • **아이에 대한 칭찬**: 아이가 정말 귀여워요. / 고객님 아이들은 컴퓨터를 정말 잘 다루는군요. • **행동에 대한 칭찬**: 원하는 것을 정확히 말씀해 주셔서 감사합니다. / 정말 꼼꼼하게 보셨군요. / 기다려 주셔서 감사합니다. • **소유한 물건에 대한 칭찬**: 차가 정말 좋은데요? 몇 년식인가요? / 텀블러를 소지하고 다니시네요? 환경을 생각하는 분이시군요! • **고객의 도움에 대한 칭찬**: 자세히 작성해 주셔서 감사합니다. 큰 도움이 될 것 같습니다. / 옷을 다시 걸어 주셔서 고맙습니다. 일이 훨씬 줄었네요.
고객 지향적 화법	직원들 사이에서 사용하는 전문 용어를 고객 관점으로 바꾸어 표현하는 방법이다.	• 저희가 해 드릴 수 있는 방법은 → 고객님께서 받으실 내용은 • 알려 드릴 수 있는 가장 가까운 지점은 → 가장 편리하게 이용하실 수 있는 지점은

화법	설명	예시
신뢰 화법	상대방에게 신뢰감을 줄 수 있는 화법으로 다까체로 끝나는 정중한 화법을 70%, 요조체로 끝나는 부드러운 화법을 30% 정도로 사용하는 것이 바람직하다.	• 정중한 다까체: 고객님, 안녕하십니까? 이곳입니다. • 부드러운 요조체: 안녕하세요? 오시는 데 많이 힘드셨죠? • 70:30의 신뢰 화법: 안녕하십니까? 지배인 홍길동입니다. 객실 안내해 드리겠습니다. 짐은 저 주시고요. 오시는 데 많이 힘드셨죠?
레이어드 화법	지시형, 명령형보다는 의뢰형, 권유형 등의 질문 형식으로 바꾸어 말하는 화법이다.	• 이쪽으로 앉으세요. → 이쪽으로 앉으시겠습니까? • 조금만 기다려 주세요. → 조금만 기다려 주시겠습니까? • 다음에 다시 오세요. → 다음에 다시 한번 방문해 주시겠습니까?
Yes, But 화법	긍정의 맞장구를 친 후에 반대 의견을 말하는 화법으로, 거절을 하더라도 그 거절이 잘못되지 않았다는 느낌을 줄 수 있다는 장점이 있다.	• 그 의견에는 동의가 안 됩니다. → 네, 무슨 말씀이신지 잘 알겠습니다. 그러나 저는 이런 의견도 제시해 보고 싶습니다. • 틀렸다고 봅니다. → 그런 경우도 있겠군요. 그렇지만 틀렸을 가능성에 대해서 한 번쯤 고려해 주시겠습니까?
I-메시지 화법 (나-전달법)	대화의 주체가 '너'가 아닌 '내'가 되어 전달하려는 화법으로 상대방에게 나의 의사를 충분히 전달하면서도 기분 나쁘지 않게 상대방의 행동을 반성하고 개선할 기회를 준다.	• 당신은 왜 나와 상의도 없이 그 문제를 결정했지? → 나는 당신이 그 문제를 나와 상의하지 않고 결정해서 매우 섭섭해. • 너는 왜 그렇게 꼼꼼하지 못하니? → 네가 꼼꼼하게 챙기지 않으니, 내가 불안하구나.
아론슨 화법	미국의 심리학자 아론슨의 연구에서 유래한 화법으로 부정의 내용과 긍정의 내용을 혼합해야 할 때, 부정적인 내용을 먼저 말하고 긍정적인 내용으로 마무리하는 것이다.	• 날씨는 맑은데(+) 너무 덥네요(-). → 날씨는 덥지만(-), 맑아서 좋네요(+). • 품질은 좋은데(+) 가격이 비싸요(-). → 가격은 비싸지만(-), 품질은 좋네요(+). • 깨끗한데(+) 장소가 좁아요(-). → 장소는 좁지만(-), 깨끗해서 좋네요(+).
맞장구 화법	상대방의 이야기에 관심이 있다는 것을 표현하기 위하여 귀담아 들어 주고 반응해 주는 화법이다.	• 동의형 맞장구: 알겠어요. / 그렇군요. • 공감형 맞장구: 그런 일이 있었군요. / 저런, 많이 황당하셨겠어요. • 격려형 맞장구: 정말요? 그래서요? / 뒷이야기가 궁금한데요? • 정리형 맞장구: 네, 한마디로 이렇다는 말씀이군요. • 부정형 맞장구: 아직도 그걸 모르는 사람이 있어요? / 정말 한심하기 짝이 없네요.
완곡한 표현	대화를 부드럽게 이끌어 가기 위해 "안 됩니다.", "모릅니다."와 같은 직설적이고 강압적인 표현은 피하는 것이 좋다.	• 그렇게 하는 것보다 이렇게 하면 어떨까요? • 제가 알아봐 드리겠습니다.

4 감성 화법

1. 감성 지능의 정의 및 등장 배경

① 감성 지능(EQ; Emotional Quotient)이란 자신의 한계와 가능성을 객관적으로 판단해 감정을 잘 다스리며 상대방의 입장에서 그 사람을 진정으로 이해하고 타인과 좋은 관계를 유지할 수 있는 능력이다.

② 최근 들어 기업은 개인의 이성적인 면과 지적인 면, 기술적인 능력만을 강조하여 생겨난 문제를 해결하기 위해 개인의 감성적인 측면에 초점을 맞추고 있다.

③ 지식 정보화 사회에서는 조직 구성원들이 능동적으로 업무에 임하고 상호 존중과 신뢰를 바탕으로 높은 성과를 낼 수 있는 조직을 기대하면서 감성 지능의 중요성이 대두되었다.

PLUS+ 이성과 감성의 차이점

구분	이성	감성
조직 내 구성원들에게 요구된 행동	• 기계적 • 객관적 • 실용주의 • 계급 중시 • 명령 • 비인격적	• 자연적 • 주관적 • 비전이 있는 자세 • 네트워크 강조 • 지지 • 인격적
업무 수행에 대한 관점	• 결과 중시 • 일관된 행동 • 안정적 • 분석적 • 양적인 것	• 과정 중시 • 다양한 아이디어 • 창조적 • 직관적 • 질적인 것

2. 감성 지능의 구성 요소 5가지

자기 인식 (Self – awareness)	• 자신의 기분, 감정, 본능적 욕구가 무엇인지 빨리 인식하고 알아차리는 능력 • 관찰하는 자아의 활성화 상태 • 흥분되고 무서운 상황에서도 '지금 내가 느끼는 것은 공포다.'라고 정확히 명명할 수 있는 상태
자기 조절 (Self – management)	• 혼란스러운 충동, 기분의 통제, 방향을 재조정할 수 있는 능력 • 행동에 앞서 생각하고 판단을 유보할 수 있는 능력
자기 동기화 (Self – motivating)	• 힘들거나 어려운 일이 발생했을 때 회복 탄력성을 발휘할 수 있는 능력 • 부와 지위를 넘어서는 목표를 위해 일하려는 열정, 에너지와 끈기를 가지고 목표를 추구하는 성향 • 자기 스스로 동기 부여하는 능력
감정 이입 (Empathy)	• 타인의 감춰진 감정을 이해할 수 있는 능력 • 타인의 감정 상태에 따라 대처하는 능력
대인 관계 기술 (Social Skill)	• 인간관계 및 인적 네트워크를 구축하고 관계를 유지하는 능력 • 라포(Rapport)를 형성하고 공통점을 발견하는 능력

3. 단계별 감성 지능 활용 방법

자기 인식 단계	• 자신에게 떠오르는 감정을 인식하여 감정에 이름을 붙여 보면서 글로 적어 본다. • 자신에게 몰입할 수 있는 시간을 통하여 자신을 관찰하는 시간을 갖는다. • 서비스 현장에 적용할 수 있는 자기 인식으로 '고객을 좋아하는가? 어떤 상황에서 고객이 싫은가? 그때 일어나는 감정은 무엇인가?'에 대해 생각하고 정리해 본다.

자기 조절 단계	• 평소 자신을 흥분시키는 자극들에 대한 정보를 수집하고 원하는 결과가 무엇인지 확실하게 정리한다.
	• 감정을 표현할 때와 그렇지 않아야 할 때를 알고 현명하게 표현할 수 있어야 한다.
	• 가상 체험을 통해 미리 발생할 수 있는 상황에 대한 정보를 인지한 후 자신의 감정이 부정적으로 가는 것을 방해하는 심상법을 활용해 본다.
	• 심상법(고객 가상 체험)
	  − 고객은 소리를 지를 것이다.
	  − 고객은 반말을 할 것이다.
	  − 고객은 나의 노력을 알아줄 것이다.
	  − 고객은 칭찬을 할 것이다.

자기 동기화 단계	• 타인과 관계를 왜 형성하고, 왜 소통하고 싶은지 개인적인 동기를 찾는다. • 구체적인 목표를 세운다. • 실패의 원인을 다른 관점에서 바라보면서 다행인 상황을 찾아본다.
감정 이입 단계	• 타인에게 관심을 갖고 타인에 대한 정보와 타인이 처한 상황에 대해 파악한다. • 표정, 제스처, 목소리 등으로 표현되는 감정을 이해하기 위해 노력한다.
대인 관계 기술 단계	• 자신이 말하는 도중에도 타인의 반응을 살피고, 타인의 상황을 인식해 본다. • 자신의 감정을 인식하고 조절한 후에 솔직하면서도 예의 바르게 표현한다. • 타인의 감정을 수용하고 긍정적으로 마무리한다. • 도움이 필요하면 도움을 요청한다. • 다양한 경험을 통해 사고를 확장시킨다.

> **PLUS+** 감정 관련 단어
>
> • 긍정적인 단어: 기쁜 / 정다운 / 벅찬 / 신바람 나는 / 끝내주는 / 짜릿한 / 아늑한 / 자유로운 / 후련한 / 유쾌한
> • 부정적인 단어: 화나는 / 불쾌한 / 속상한 / 기분 나쁜 / 끔찍한 / 권태로운 / 지겨운 / 따분한 / 분한 / 짜증 나는

CHAPTER 04 설득과 협상

| 빈출 키워드 |
설득의 기본 원칙 # 바트나(BATNA) # AREA 법칙
반론의 기술

1 설득

1. 설득의 정의
① 설득은 상대방이 말하는 사람의 의견을 따르도록 여러 가지 방법으로 깨우쳐 말하는 화술이다.
② 광범위한 의미로 설득이란 말하는 사람의 목적을 이루고자 의사 표현을 하고 상대방의 이야기를 들으며 서로 의미를 공유하는 과정을 의미한다.
③ 데일 카네기는 '설득이란 사람과 사람 사이의 상호 작용을 통하여 다른 사람의 태도나 행동을 변화시키는 과정'이라고 하였다.

2. 설득의 과정

주의 → 이해 → 납득 → 결정 → 실행

주의 단계	설득자의 말에 상대방이 귀를 기울이는 단계
이해 단계	설득자의 말이 어떤 의미인지 상대방이 이해하고 수긍하는 단계
납득 단계	설득자의 말에 상대방이 수긍하고 판단을 내리는 단계로, 설득하는 내용이 받아들일 만한 가치가 있는지 판단하는 단계
결정 단계	설득자의 말을 이해하고 납득한 후 그것을 받아들일지, 무시할지 의사를 결정하는 단계
실행 단계	설득의 결과 단계로, 상대방이 태도를 정하고 실행에 옮기는 단계

3. 설득의 기본 원칙

고객의 선호를 파악한다.	• 직업, 사회적 배경, 취미, 성격 등의 사전 정보를 알아 두면 좋다. • 고객이 좋아하는 것을 사전에 알아 두면 대화를 주도할 수 있다. • 고객의 특성이나 의도를 정확하고 신속하게 파악하는 것이 중요하다.
동기를 유발한다.	• 적절한 질문을 사용하면 고객이 참여할 수 있다. • 고객이 긍정적인 방향으로 행동할 수 있도록 자신감을 심어 준다. • 설득 중 난관에 부딪히더라도 다양한 방법으로 대화 지속을 위한 동기를 제공한다.
분명한 메시지를 전달한다.	• 대화의 목표를 분명하게 정하고 원하는 결과를 명확하게 상각해야 한다. • 고객이 긍정적인 방향으로 행동할 수 있도록 자신감을 심어 준다.
경청한다.	• 일방적으로 대화를 이끌어 가면 오히려 고객이 반감을 가질 수 있다. • 고객의 말에 귀를 기울이고 고객의 반응을 보면서 이야기한다.

칭찬과 감사의 표현을 한다.	• 칭찬은 상대방의 호감을 끌어낼 수 있는 쉬운 방법 중 하나이다. • 마음에서 우러나오는 감사의 말은 고객의 마음을 긍정적인 방향으로 움직일 수 있다.

4. 설득의 6가지 법칙

로버트 치알디니(Robert Cialdini) 교수는 『설득의 심리학』이라는 책에서 설득의 6가지 법칙을 다음과 같이 제시하고 있다.

일관성의 법칙	• 사람들은 자신들이 결정한 내용을 잘 바꾸려 하지 않는 경향이 있다. • 자신이 직접 참여한 것에 충성심이 높아진다. • 보상을 미끼로 한 일시적인 설득은 단기의 효과만 있다.
상호성의 법칙	• 상대방을 빚진 상태로 만들면 좋다. • 큰 것을 제시하고 양보하면서 작은 것을 제시하거나 어려운 부탁을 하고 한발 물러서서 작은 부탁을 한다.
사회적 증거의 법칙	• 불확실한 상황에서 다른 사람의 결정은 개인의 결정에 큰 영향을 미친다. • 도움을 요청할 때 한 사람을 지정해서 요청하는 것이 좋다. 다수라는 익명성에서 오는 방관자적 입장을 피할 수 있다. • 설득 시, 대상과 비슷한 상황의 인물을 예로 들면 효과가 좋다. • 다수의 행동과 증거를 활용한다.
호감의 법칙	• 사람들이 나를 좋아할 수 있도록 만들면 좋다. • 친절한 사람이 판매하는 상품을 구매할 확률이 높다.
권위의 법칙	• 전문가나 의사, 교수 등 좋은 이미지를 가지고 있는 사람과 연결한다. • 종교, 군대의 경우 상부의 명령은 도덕적 잣대와 관계없이 따른다. • 면접 시에는 정장, 제복이 주는 효과가 크다. • 장점과 단점을 함께 말해 주면 전문성에 대한 신뢰도가 증가한다.
희귀성의 법칙	• 사람들은 쉽게 손에 넣을 수 없는 것에 더 큰 가치를 느낀다. • 상황이 좋다가 나빠질 때 더 큰 상실감을 느낀다.

> **PLUS+ 설득의 기술**
>
> • 이심전심
> • 촌철살인
> • 감성 자극
> • 은근과 끈기

2 협상

1. 협상의 정의

① 협상이란 서로 다른 이해관계를 가진 둘 또는 그 이상의 상호 의존적인 사회 개체들이 갈등을 해소하기 위하여 공동으로 의사 결정을 내리는 과정이다.
② 타결 의사를 가진 2인 또는 그 이상의 당사자 사이에 양방향 의사소통을 통하여 상호 만족할 만한 수준으로 합의에 이르는 과정이다.
③ 협상은 흥정과는 구분된다. 흥정은 개인과 개인 사이의 매매 등과 같은 상호 작용을 뜻하는 반면, 협상은 기업, 국가 등 복합적인 사회 단위 간의 다수 의제에 대한 상호 작용이다.

2. 협상의 종류

분배적 협상	• 하나를 놓고 당사자들이 나누는 협상이다. • 단순 분배이므로 한쪽이 많이 가지면 다른 한쪽은 그만큼 손해를 본다. 예 A와 B가 파이 한 개를 나눌 때 서로 자기 몫을 더 많이 가져가려고 하는 목적의 협상이다.
이익 교환형 협상	• 당사자들이 원하는 것의 차이를 찾아 양쪽 모두 최대한 만족할 수 있도록 하는 협상이다. • 나누는 대상이 하나일 경우에도 당사자들이 얻는 이익을 합치면 원래의 가치보다 커진다. 예 A와 B가 파이 한 개를 나눌 때 A는 부드러운 부분을 좋아하고 B는 바삭한 껍질을 좋아한다는 것과 같은 이익의 불일치점을 찾아 다투지 않도록 하는 것이다.
가치 창조형 협상	당사자들이 서로 협력하여 새로운 해결책을 찾아내는 유형이다. 예 A는 밀가루를 가지고 있고 B는 사과잼을 가지고 있다. 각자가 가지고 있는 밀가루와 사과잼을 모두 내어놓고 더 많은 애플파이를 만들 수 있다.

3. 협상의 필수 요소

구체적이고 명확한 목표 설정 (Goal Setting)	• 협상의 목표는 낙관적이어야 한다. • 명확하고 구체적이어야 한다. • 조직의 통합된 목표 속의 개별 협상 목표를 설정한다.
협상력 (Bargaining)	• 협상에서 자신이 원하는 조건으로 합의를 얻어 낼 수 있는 힘이다. • 협상력의 4대 결정 요인으로는 협상자의 지위, 시간 제약, 상호 의존성, 내부 이해관계자의 반발이 있다.
관계 (Relationship)	협상자 간의 관계에는 다음과 같은 유형이 있다. • 호혜적 관계: 서로 상호 이익을 위한 관계이다. • 거래적 관계: 신뢰보다는 당장의 협상 이익에 집착하는 관계이다. • 적대적 관계: 협상자를 적으로 보는 관계이다. • 개인적 관계: 개인적이고 사적인 관계이다. • 업무적 관계: 오랜 기간 업무를 하면서 맺어진 관계이다.
차선책 (BATNA)	• 협상자가 합의에 도달하지 못했을 경우 택할 수 있는 다른 좋은 대안이 있어야 한다. • 협상을 이끌어 가기 위하여 협상안에 대한 최선의 대안을 명확하게 하고 협상에 임해야 한다.
정보 (Information)	협상 시 반드시 수집해야 하는 정보는 다음과 같다. • 상대의 협상 목적 • 상대의 강점과 약점 • 상대의 협상 전략과 BATNA • 상대의 내부 이해관계자 간의 갈등(내부 협상 전략) • 상대의 시간 제약 • 상대 협상 대표의 개인적 정보

4. 협상의 5가지 법칙

① 신뢰(Trust)
② 공통점(Commonality) 발견
③ 존경(Respect)
④ 상호 관심(Mutual Concern)
⑤ 호의적 감정(Being Emotional)

5. 협상 전략 5가지

문간에 발 들여놓기 (Foot in the Door)	'물 한 잔만 달라'고 요구해 현관에 들어온 뒤 결국 상품을 판매하는 세일즈맨처럼 작은 요청이나 합의로 시작해 점점 요구 수준을 높이는 협상 방법이다.
BATNA (Best Alternative To Negotiated Agreement)	협상이 결렬될 경우의 차선책으로 BATNA보다 나쁜 조건에서 협상이 타결되면 협상 실패로 간주된다. 단일화 협상이 결렬되어 3자 대결하는 경우를 BATNA로 볼 수 있다.
앵커링 (Anchoring, 닻 내리기)	상대방보다 먼저 제안을 던지고 이를 기준으로 협상을 진행하는 전략이다. 처음 제시된 정보가 판단의 기준이 되는 효과를 이용하여 첫 제안의 언저리에서 최종 결과를 도출한다.
에임하이 (Aim High)	목표를 높게 잡고 처음에 강하게 제안하는 방식이다. 협상이 진행될수록 조금씩 목표치를 내리면서 협상을 진행한다.
최후통첩 (Ultimatum)	받아들이지 않을 경우 협상이 결렬되는 비타협적인 협상 방식이다.

PLUS+ 바트나(BATNA)

- 바트나는 합의에 도달하지 못하였을 때 택할 수 있는 최선의 대안을 뜻하는 것으로, 주어지는 것이 아닌 스스로 개발할 수 있는 것이다.
- 자신의 바트나를 가지고 있다면 유리한 조건을 효과적인 협상력으로 전환시킬 수 있다.
- 바트나는 이성적 판단에 따라 협상을 결렬시키고 회의장을 걸어 나오는 한계선을 말하며 협상 타결을 위한 필요조건이다.
- 즉, 바트나보다 나은 제안은 수락하고 그에 미치지 못하는 것은 단호히 거절해야 한다.
- '이번에는 꼭 협상에 성공해야 한다'는 강박 관념에 사로잡혀 많이 양보하는 상황이 되는 것을 미연에 방지하는 역할을 한다.
- 상대에 대한 압박 전술로 활용할 때도 있다.

6. 협상의 4단계 프로세스

시작	• 협상의 목표를 수립하고, 주요 이슈, 이해관계 및 대안을 분석한다. • 상대방에 대한 분석을 토대로 전략을 수립한다. • 상대방과 우호적인 관계를 구축하기 위하여 첫인상에서 친근함, 편안함을 준다.
탐색	• 협상을 시작하면서 양측이 다루어야 할 이슈를 파악한다. • 제시하려는 조건이나 내용에 대한 상대측의 허용 범위와 반응을 확인한다. • 의사 결정권이 협상 당사자에게 있는지, 상사 등 제3자에게 있는지를 확인한다.
진전	• 거래 조건을 제시하는 단계이다. • 본격적인 협상에 들어가면서 각자의 입장을 관철시키기 위한 설득과 흥정이 이루어진다. • 적절한 양보와 타협을 통해 양측이 합의할 수 있는 해결안을 모색한다.
합의	• 좀처럼 결단을 내리지 못하는 상대에게는 격려, 협상 중단을 제시하는 등 의사 결정을 도와준다. • 합의 내용을 구두로 확인하고 협상 내용에 따라 계약서 등의 문서를 작성한다.

7. 협상에 실패하는 이유

① 협상에 대한 사전 준비가 부족했기 때문이다.
② 협상의 최종 결과에 대한 명확한 목표 및 기준이 결여되었기 때문이다.
③ 상대방의 문제에 대한 정확한 이해가 부족했기 때문이다.
④ 실질적인 이익에 초점을 두지 않고 자신의 입장에만 집착했기 때문이다.
⑤ 최선의 대안에 대한 사고가 부족했기 때문이다.
⑥ 가격 문제에만 집착하여 다른 이슈에 대해 고려하지 않았기 때문이다.
⑦ 지나치게 인간관계와 화합에만 신경을 씀으로써 실질적인 내용을 소홀히 하였기 때문이다.
⑧ 상대방과의 차이에서 오는 다양한 기회를 보지 못했기 때문이다.
⑨ 문화 및 정치적 감각이 부족하기 때문이다.

8. AREA 법칙 – 효과적인 주장의 기술

주장(Assertion)	주장의 핵심을 먼저 말한다. 예 이번 납품 가격은 기존대로 진행했으면 합니다.
이유(Reasoning)	주장의 근거를 설명한다. 예 왜냐하면 원하시는 품질을 유지하기 위해 투자하는 비용이 만만치 않기 때문입니다.
증거(Evidence)	주장의 근거에 관한 증거나 실례를 제시한다. 예 보시는 내용이 타사의 기본 가격표입니다. 비교해 보았을 때도 저희가 훨씬 저렴합니다.
주장(Assertion)	다시 한번 주장을 되풀이한다. 예 따라서 이번 납품 가격은 기존대로 변경 없이 진행했으면 합니다.

9. 효과적인 반론의 기술 5단계

[1단계] 기회 탐색	협상을 하면서 자신이 반론을 제기해도 상대방이 감정적으로 반론을 하지 않을 만한 절호의 기회를 탐색한다.
[2단계] 긍정적인 시작 및 일치점 찾기	지금까지 상대방 주장 가운데 우선 동의할 수 있는 점과 일치점이 무엇이 있는지 찾아내어 긍정적인 말로 시작한다.
[3단계] 모순점 질문	자신이 생각하는 상대방 주장의 허점이나 모순점에 대한 반론을 명확히 하면서 질문한다.
[4단계] 반대 이유 설명	상대방의 주장과 자신의 의견을 대비시켜 상대방의 주장보다 더 나은 점을 차근차근 설명하며 반대의 이유를 분명히 한다.
[5단계] 요약	논증이 끝나면 다시 한번 반론 내용을 요약해서 간략히 말함으로써 호소력이 커지게 한다.

적중 예상문제

SUBJECT 04 | 고객 커뮤니케이션

PART 1 일반형

01 다음 중 조직 커뮤니케이션의 기능으로 옳지 <u>않은</u> 것은?
① 행동 통제의 기능
② 정보 제공의 기능
③ 감정 표현의 기능
④ 타인 평가의 기능
⑤ 동기 부여 강화 기능

02 다음 중 효과적인 경청 방법으로 적절하지 <u>않은</u> 것은?
① 적극적으로 질문한다.
② 말하는 사람에게 동화되려고 노력한다.
③ 산만해질 수 있는 요소나 잡음을 제거한다.
④ 말하는 사람과 나의 경험을 비교하며 듣는다.
⑤ 전달하려는 메시지의 요점이 무엇인지 생각하며 듣는다.

03 다음 중 감성 지능의 구성 요소에 대한 설명으로 옳지 <u>않은</u> 것은?
① 자기 인식 능력: 혼란스러운 충동, 기분의 통제, 방향을 재조정할 수 있는 능력
② 자기 조절 능력: 행동에 앞서 생각하고 판단을 유보할 수 있는 능력
③ 자기 동기화 능력: 힘들거나 어려운 일이 발생했을 때 회복 탄력성을 발휘할 수 있는 능력
④ 감정 이입 능력: 타인의 감정 상태에 따라 대처하는 능력
⑤ 대인 관계 기술 능력: 인간관계 및 인적 네트워크를 구축하고 관계를 유지하는 능력

해설
01 조직 커뮤니케이션을 통하여 타인을 평가하는 것은 바람직하지 않다.
02 타인의 이야기를 들으면서 자신과 비교하느라 전적으로 집중하지 못하는 것은 경청의 오류이다.
03 혼란스러운 충동, 기분의 통제, 방향을 재조정할 수 있는 능력은 자기 조절 능력이다. 자기 인식 능력은 자신의 기분, 감정, 본능적 욕구가 무엇인지 빨리 인식하고 알아차리는 능력이다.

정답
01 ④   02 ④   03 ①

04 다음 중 서비스 화법에 대한 설명으로 적절하지 <u>않은</u> 것은?

① 거절을 해야 하는 경우에는 상대가 기분 나쁘지 않도록 쿠션 언어를 사용한다.
② 대화를 진행하면서 고객의 이야기를 많이 듣기 위해서는 개방형 질문이 필요하다.
③ 상대방이 자신의 부탁을 듣고 스스로 결정해서 따라올 수 있도록 상대방의 의견을 구하는 표현을 사용한다.
④ 긍정적인 것과 부정적인 것을 함께 이야기할 때, 부정적인 것을 먼저 말하는 아론슨 화법을 사용해도 좋다.
⑤ 상대방이 기분 나쁘지 않게 자신의 행동을 반성하고 개선할 마음을 가지게 하기 위해서는 You-메시지를 사용하면 좋다.

05 다음 중 효과적인 커뮤니케이션에 대한 설명으로 적절한 것은?

① 상대방의 호흡 속도보다 조금 느리게 응대한다.
② 효과적인 커뮤니케이션을 위해 간접 화법을 사용한다.
③ 상대방보다 말하는 톤과 속도를 조금 빠르게 응대한다.
④ 언어적 커뮤니케이션과 비언어적 커뮤니케이션이 일치될 수 있어야 한다.
⑤ 전달자가 이야기한 내용을 수신자가 이해한 것으로 판단된다면 따로 확인할 필요는 없다.

06 다음 중 커뮤니케이션의 기본 요소에 해당하지 <u>않는</u> 것은?

① 발신자　　　　　　　　　　　② 코드화
③ 커뮤니케이션 도구　　　　　　④ 커뮤니케이션 경로
⑤ 커뮤니케이션 공간

07 효과적인 반론의 기술 5단계의 순서로 옳은 것은?

① 기회 탐색 > 일치점 찾기 > 모순점 질문 > 반대 이유 설명 > 요약
② 일치점 찾기 > 기회 탐색 > 모순점 질문 > 반대 이유 설명 > 요약
③ 기회 탐색 > 모순점 질문 > 일치점 찾기 > 반대 이유 설명 > 요약
④ 요약 > 모순점 질문 > 일치점 찾기 > 기회 탐색 > 반대 이유 설명
⑤ 모순점 질문 > 요약 > 일치점 찾기 > 기회 탐색 > 반대 이유 설명

08 다음 중 비언어를 통한 커뮤니케이션에 대한 설명으로 적절하지 <u>않은</u> 것은?

① 커뮤니케이션의 93%가 비언어로 구성되어 있다.
② 제품 및 서비스에 대한 내용을 쉽고 명확하게 설명한다.
③ 몸짓이나 시각 또는 공간을 통하여 의사를 표현하는 방법이다.
④ 언어 사용 없이 이루어진 생각이나 감정 소통의 상태를 의미한다.
⑤ 무의식적으로 드러나는 경우가 많으므로 신뢰성이 높은 의사전달 수단이다.

09 비언어 커뮤니케이션 중 신체 언어에 해당하지 <u>않는</u> 것은?

① 표정
② 자세
③ 제스처
④ 신체 매력
⑤ 몸의 움직임

10 커뮤니케이션의 문제 발생 원인 중 발신자의 문제에 해당하는 것은?

① 평가적 성향
② 부정확한 피드백
③ 대인 감수성의 부족
④ 선입견과 신뢰도의 결핍
⑤ 왜곡된 인지와 감정적 반응

해설

04 상대방이 기분 나쁘지 않게 자신의 행동을 반성하고 개선할 마음을 가지게 하기 위해서는 I–메시지 화법을 사용하는 것이 좋다.
05 ①, ③ 효과적인 커뮤니케이션을 위하여 호흡 속도나 톤은 상대방과 비슷하게 맞춘다.
   ② 간접 화법은 자칫 오해를 불러일으킬 수 있으므로 주의해야 한다.
   ⑤ 전달자가 이야기한 내용을 수신자가 잘 알아들었는지 제대로 확인하는 것이 중요하다.
06 커뮤니케이션의 기본 요소에는 발신자, 수신자, 코드화, 메시지, 경로, 피드백, 효과, 잡음, 공간, 맥락 등이 있다.
07 효과적인 반론의 기술 5단계는 '기회 탐색 → 긍정적인 시작 및 일치점 찾기 → 모순점 질문 → 반대 이유 설명 → 요약'이다.
08 제품 및 서비스에 대한 이해를 쉽고 명확하게 설명하도록 하는 스킬은 언어적 커뮤니케이션 스킬이다.
09 신체 매력은 신체적 외양에 해당한다.
10 커뮤니케이션의 문제 발생 원인에서 발신자의 문제로는 목적 의식의 부족, 말하기 기술의 부족, 대인 감수성의 부족, 혼합 메시지의 사용, 오해와 편견, 정보의 여과 등이며, ①, ②, ④, ⑤는 수신자의 문제에 해당한다.

정답

04 ⑤   05 ④   06 ③   07 ①   08 ②   09 ④   10 ③

11 커뮤니케이션 오류의 원인 중 전달자의 문제로 가장 적절하지 <u>않은</u> 것은?
① 경청의 문제
② 오해나 편견
③ 이중 메시지 사용
④ 대인관계의 미숙함
⑤ 미숙한 메시지 전달 능력

[12~14] 다음 문항을 읽고 옳고(O), 그름(X)을 선택하시오.

12 경청의 B.M.W. 기법이란 Body(자세), Mood(분위기), Word(말의 내용)를 말한다. (① O ② X)

13 대인 지각은 객관적이고 논리적이기보다는 자신의 경험이나 사고를 바탕으로 주관적으로 행해지는 고정 관념 등에 의해 영향을 받는다. (① O ② X)

14 쿠션 화법은 상대방에게 신뢰를 줄 수 있는 화법으로 지시형, 명령형보다는 의뢰형, 권유형 등의 질문 형식으로 바꾸어 말하는 화법을 말한다. (① O ② X)

PART 3 연결형

[15~18] 다음 설명에 적절한 〈보기〉를 찾아 각각 선택하시오.

---- 보기 ----
① 피그말리온 효과   ② 바넘 효과   ③ 호손 효과   ④ 잔물결 효과

15 다른 사람들이 지켜보고 있다는 사실을 의식함으로써 스스로의 본성과 다르게 행동하는 현상을 의미한다. ( )

16 사람들은 누구나 일반적으로 가지고 있는 특성이 자신의 성격인 양 묘사되면 이를 자기 혼자만의 특성이라고 믿는 경향을 의미한다. ( )

17 조직 구성원 일부에게 처벌과 같은 부정적인 형태의 압력이 공개적으로 가해졌을 때 다른 조직의 구성원들에게도 부정적인 영향이 전달되는 경우를 말한다. ( )

18 누군가에 대한 사람들의 믿음이나 기대, 예측이 그 대상에게 그대로 실현되는 경향을 말한다.
( )

해설

11 경청의 문제는 수신자의 문제에 해당한다.
12 O
13 O
14 X 레이어드 화법에 대한 설명이다. 쿠션 화법은 고객에게 나쁜 내용을 전하는 경우 충격을 최소화하는 화법으로 '죄송합니다만, 불편하시겠지만' 등의 표현을 사용한다.
15 호손 효과
16 바넘 효과
17 잔물결 효과
18 피그말리온 효과

정답
11 ①   12 ①   13 ①   14 ②   15 ③   16 ②   17 ④   18 ①

PART 4 사례형

19 다음 중 고객 응대 현장에서 자주 쓰이는 서비스 화법에 대한 예시로 옳지 <u>않은</u> 것은?

① 레이어드 화법: 다음에 다시 한번 방문해 주시겠습니까?
② 아론슨 화법: 가격은 좀 비싸지만, 품질은 정말 좋습니다!
③ 쿠션 화법: 불편하시겠지만, 기간은 3일 정도 소요됩니다.
④ 칭찬 화법: 원하는 것을 정확하게 말씀해 주셔서 일이 훨씬 수월했습니다.
⑤ I-메시지 화법: 네, 무슨 말씀인지는 잘 알았습니다. 그런데 저는 이런 의견도 제시해보고 싶습니다.

20 다음의 사례의 고객과 직원의 커뮤니케이션 방식에서 나타난 문제의 원인은 무엇인가?

> 판매 직원: 안녕하세요, 고객님! 시간 내어 주셔서 감사합니다.
> 잠재 고객: 그런데 오늘 오신 이유가 무엇인지…….
> 판매 직원: 다름이 아니라 새로 나온 상품을 소개하고자 방문하였습니다. 이 상품은 다른 제품에 비하여 성능, 가격, 디자인 어느 면에서도 나무랄 곳이 없는 상품입니다. 이 상품에 대한 제안서를 보시면 이해가 빠르실 것입니다.
> 잠재 고객: 그런데, 이 상품은…….
> 판매 직원: 아! 이 상품의 자세한 성능에 대해 알고 싶다는 말씀이시군요! 마침 제안서를 준비해 왔는데 한 번 보시겠습니까?
> 잠재 고객: 아니 제안서보다 별로 이 상품에 대해 관심이…….
> 판매 직원: 고객님, 일단 제안서를 보시면 생각이 많이 달라지실 것입니다. 이 상품의 특징, 경쟁사와 차별화된 점, 이 상품을 선택함으로써 얻을 수 있는 이익에 대한 증거가 잘 제시되어 있습니다.
> 잠재 고객: 그래도 별 관심이 없는데요.
> 판매 직원: 저도 처음에는 별로 관심이 없었습니다. 충분히 고객님의 생각에 공감합니다. 끝까지 인내하시고 들어 주셔서 대단히 감사합니다. (미소를 지으며) 혹시 언젠가 필요하시면 꼭 연락주세요! 감사합니다.

① 미소 ② 경청
③ 칭찬 ④ 공감
⑤ 상품 설명

21 다음은 대화의 과정에서 사용할 수 있는 질문들이다. 이에 대한 설명으로 옳은 것은?

> A. 지난번 미팅 때 '사무실 혁신'이란 말씀을 하셨는데요. 구체적인 뜻을 말씀해주시겠습니까?
> B. 예산이 관건이라고 하셨는데, 그에 관한 정보를 제게 알려주시겠습니까?
> C. 할인에 대해 관심이 많으신 것으로 압니다. 어느 정도의 할인율을 기대하시는지 여쭤봐도 되겠습니까?

① 모두 혼합 메시지의 사용을 사전적으로 통제할 수 있는 질문이다.
② 커뮤니케이션 오류의 원인 중 미숙한 대인관계로 인한 문제점을 해결해 준다.
③ 수신자가 전달자의 의도를 정확하게 파악하지 못하고 임의로 해석하여 반응을 보내는 상황과는 무관하다.
④ 상대가 중시하는 키워드를 파악했을 때 위의 질문과 같이 구체적으로 확인하려는 행동은 성급한 응대이다.
⑤ 동일한 키워드는 시간이 지나도 해당 키워드에 담긴 의미가 거의 달라지지 않음을 고려할 때 A~C는 적절하다.

19 Yes, but 화법에 대한 예시이다. Yes, but 화법은 긍정의 맞장구를 친 후에 반대 의견을 말하는 화법으로, 고객이 거절을 하더라도 그 거절이 잘못되지 않았다는 느낌을 줄 수 있다는 장점이 있다.
I-메시지 화법은 대화의 주체가 '너'가 아닌 '내'가 되어 전달하고자 하는 화법으로 상대방에게 나의 의사를 충분히 전달하면서도 상대방이 기분 나쁘지 않도록 자신의 행동을 반성하고 개선할 기회를 준다.

20 상담 시, 고객의 말을 끝까지 잘 듣고 고객이 원하는 것이 무엇인지를 파악하는 것이 매우 중요하다. 사례에서는 관심이 없다는 고객의 표현에도 불구하고 고객의 말을 끊고 판매 직원 자신이 하고 싶은 이야기 위주로 일방적인 커뮤니케이션을 하고 있으므로 문제가 된다.

21 ② '혼합 메시지의 사용'에 따른 문제점을 해결한다.
③ 수신자가 전달자의 의도를 정확하게 파악하지 못해서 발생하는 문제를 사전에 방지할 수 있다.
④ 상대가 중시하는 키워드를 듣게 되었다면 거기에 담긴 의미가 어떤 것인지 정확하게 질문해야 한다.
⑤ 동일한 키워드라 할지라도 키워드에 담긴 의미는 어제와 오늘이 각각 다를 수 있다.

정답
19 ⑤   20 ②   21 ①

22 다음은 협상의 4단계 과정인 시작, 탐색, 진전, 합의 단계를 표현한 내용이다. 이 중에서 '진전 단계'에 해당하는 내용은 무엇인가?

> 가. 김대리, 협상은 첫인상이 중요하니 좋은 이미지를 줄 수 있도록 신경 좀 써.
> 나. 협상은 정보 싸움이야. 그러니 정신 바짝 차리고 수집한 정보가 정확한지 조심스럽게 살펴보도록 해.
> 다. 당초 제시한 가격에서 5% 인하해 드리겠습니다.
> 라. 지금까지 합의된 결과를 제가 다시 한번 정리하여 말씀드리고 계약서를 작성하겠습니다.
> 마. 오늘 날씨가 구름 한 점 없고 시원해서 아마도 좋은 결과가 있을 것 같습니다.

① 가
② 나
③ 다
④ 라
⑤ 마

PART 5 통합형

[23~24] 다음은 119 구조대원과 신고자의 대화와 신고 이후 벌어진 상황이다.

> 119 구조대원: ○○ 구조대입니다. 무슨 일입니까?
> 신고자: ○○에 있는 ××빌딩인데 빌딩이 무너져서 사람들이 다쳤습니다.
> 119 구조대원: 환자는 몇 명입니까?
> 신고자: 환자는 4명입니다.
> 119 구조대원: 즉시 구조대를 보내겠습니다. 5분 정도 후에 도착 예정입니다.
>
> (119 구조대는 이후 구급차 2대와 4명만을 응급 처치할 수 있는 의료 인력을 보냈다. 구급차가 도착했을 때 신고자는 당황했다. 신고 전화에서 언급한 중상을 입은 4명 외에도 가벼운 외상 혹은 정신적 쇼크를 입은 환자가 4명 더 있었기 때문이다.)

23 위의 상황에서 신고자를 고객이라고 할 때의 설명으로 가장 적절한 것은?

① 119 구조대는 중상을 입은 인원이 4명이라고 생각하였다.
② 위의 대화에서 중요한 것은 공감적 커뮤니케이션에 관한 것이다.
③ 짐작한 내용을 물어보기에 앞서 빠른 시간 내에 판단을 내리는 과정이 더욱 중요하다.
④ 119 구조대 도착 전까지 신고자는 사고 현장에서 의료 지원을 받아야 할 사람이 모두 8명이라고 생각하였다.
⑤ 청자(듣는 사람)는 화자(말하는 사람)의 입장에서 감정이나 상황 등을 짐작할 수는 있지만 그것이 항상 옳다고 판단해서는 안 됨을 알 수 있다.

24 위의 상황과 같은 상황별 커뮤니케이션 문제의 발생 원인에 해당되지 <u>않는</u> 것은?

① 시간 부족으로 대화가 피상적으로 진행되는 경우 커뮤니케이션의 정확성이 저해된다.
② 언어적 메시지와 비언어적 메시지의 불일치는 커뮤니케이션의 효과성을 감소시킨다.
③ 수신자가 수용할 수 있는 범위 이상의 과중한 메시지가 전달되면 의사소통의 효과는 감소한다.
④ 평소에 개방성과 신뢰성이 낮은 관계에서는 커뮤니케이션의 의도가 부정적으로 왜곡되기 쉽다.
⑤ 발신자가 의사를 전달하려는 목적이 명확할 때 수신자는 발신자의 강한 의도에 부담을 느끼기 때문에 커뮤니케이션의 효과성이 저하된다.

해설

22 협상의 시작 단계에서는 상대방과의 우호적인 관계를 구축하고, 탐색 단계에서는 상대방에 대한 정보와 파악 정도를 확인하며, 진전 단계에서는 거래 조건을 제시하면서 필요한 사항을 최대한 확보하고, 협의 단계에서는 협상 성립을 알리고 내용에 따라 계약서 등의 문서를 작성한다. 따라서 구체적인 조건을 제시하고 있는 '다'가 진전 단계에 해당한다.
23 위의 상황은 119 구조대원이 당황한 신고자의 말을 있는 그대로 받아들여서 발생한 결과이다. 특히 이러한 위기 상황에서 신고자가 횡설수설할 수 있음을 감안하여 판단할 수 있어야 한다.
24 발신자가 의사를 전달하려는 명확한 목적이 있을 때 메시지의 내용이 명확하게 나타나기 때문에 커뮤니케이션의 효과성은 증대된다.

정답

22 ③   23 ⑤   24 ⑤

[25~26] 다음을 읽고 물음에 답하시오.

> 직원: 손님, 죄송하지만 이곳은 금연 구역입니다. 옆 상점 사장님께서 담배 냄새로 불만이 많으셔서요.
> 손님: (매우 화가 난 표정으로) 그럼 어디에서 피라고 하는 것입니까?
> 직원: 죄송합니다만, 뒤쪽 저희 옥상에 별도의 흡연 공간을 마련해 놓았습니다. 그 곳에서 편하게 담배를 피우실 수 있으니 옥상을 이용해 주시겠습니까?
> 손님: 그래요. 그런데 옥상에 흡연 공간이 있다고 별도의 안내 표시가 없네요. 표시 좀 해 놓으세요.
> 직원: 감사드립니다. 표기를 해 놓긴 했는데 너무 작아서 보지 못하신 것 같습니다. 빠른 시간 내에 조치를 취하겠습니다.
> (흡연을 하고 다시 식사를 한 손님이 계산을 하고 나가며)
> 직원: 맛있게 드셨습니까?
> 손님: 네, 잘 먹었습니다.
> 직원: 불편한 점은 없으셨나요?
> 손님: 네, 괜찮았습니다.
> 직원: 감사드립니다. 다음에 다시 찾아 주실 때는 흡연 공간에 대한 표기를 다시 해 놓겠습니다. 이용해 주셔서 감사드립니다. 좋은 저녁 되십시오.

25 상기의 커뮤니케이션 상황에서 직원이 사용한 커뮤니케이션 스킬이 <u>아닌</u> 것은?

① 긍정적 표현
② 부정적 표현
③ 개방적 표현
④ 쿠션 언어 사용
⑤ I-메시지 사용

26 위의 커뮤니케이션 상황에서 직원이 손님을 설득하기 위해 사용한 설득의 기술은?

① 이심전심
② 감성자극
③ 역지사지
④ 촌철살인
⑤ 은근과 끈기

25
- 손님, 죄송하지만 이곳은 금연 구역입니다. 옆 상점 사장님께서 담배 냄새로 불만이 많으셔서요. → 부정적 표현
- 죄송합니다만, 뒤쪽 저희 옥상에 별도의 흡연 공간을 마련해 놓았습니다. 그 곳에서 편하게 담배를 피우실 수 있으니 옥상을 이용해 주시겠습니까? → 쿠션 언어, 완곡한 표현
- 감사드립니다. 표기를 해 놓긴 했는데 너무 작아서 보지 못하신 것 같습니다. 빠른 시간 내에 조치를 취하겠습니다. → 긍정적 표현
- 불편한 점은 없으셨나요? → 개방적 표현
- 감사드립니다. 다음에 다시 찾아 주실 때는 흡연 공간에 대한 표기를 다시 해 놓겠습니다. 이용해 주셔서 감사드립니다. 좋은 저녁 되십시오. → 긍정적 표현

26 역지사지는 상대방에 대해 비난하거나 강요하기 전에 자신을 먼저 낮추고 상대의 마음을 헤아리는 모습을 보여준다. 처음에는 직원이 손님에게 담배를 피우지 않을 것을 강요하였으나 손님의 반응을 감지하고 바로 자신을 낮추는 자세로 바꾸어 대응을 하였다. 결론적으로 손님의 마음이 열렸고 음식점을 나갈 때에는 만족감을 가질 수 있도록 하였다.

25 ⑤   26 ③

[27~28] 다음은 어느 화장품 매장에서의 고객과 점원 간의 대화이다.

> [상황 A]
> 고객: (매장을 들어서면서) 선크림을 좀 보고 싶은데요.
> 점원: 네, 어서 오세요. 선크림은 이쪽에 있습니다.
> 고객: (선크림이 있는 판매대에 다가서면서 혼잣말로) 와, 종류가 다양하네.
> 점원: 우리 매장에 없는 것은 다른 곳에도 없을 겁니다. 천천히 골라보세요.
> (몇 개의 선크림을 들어서 표지를 유심히 보기도 하고, 테스트도 해 본다.)
> 고객: 도저히 고를 수가 없네요. 너무 많아도 문제군요.
> 점원: (한 제품을 집으며) 우리 매장에서 가장 잘 팔리는 것은 바로 이 제품입니다.
> 고객: 얼마죠? 그리고 아이들이 써도 되는 건가요?
> 점원: 아이들이요? 아, 손님이 쓰는 것이 아니고요?
> 고객: 네, 우리 아이가 다음 주에 수학여행을 가는데 하나 필요하다고 해서요.
>
> [상황 B]
> (하나의 선크림을 선택하고 계산대에 선다. 현금과 함께 포인트 카드를 제시한다.)
> 점원: 고객님, 돈 내지 않으셔도 되겠네요. 포인트가 쌓여서 이 선크림은 포인트로 결제가 가능하세요. 모르셨어요?
> 고객: 아, 네. 그런데 그냥 이번에는 현금을 사용할게요.
> 점원: 왜요? 잘 모르시는 것 같아서 말씀드리면 포인트로 결제하시면 사은품도 나가거든요. 매장 앞에도 써 놨는데……. 못 보셨나 봐요.

27 [상황 A]를 고객 커뮤니케이션 스킬의 관점에서 해석할 때 가장 적절한 것은?

① 점원은 자신의 메시지가 잘 전달되고 있는지 확인하면서 고객의 이해도를 측정하고 있으며, 이는 적절한 피드백의 활용이라고 볼 수 있다.
② 고객은 자신의 니즈를 충족할 수단을 찾으러 매장에 온 것이 아니라, 단지 물건을 사러 온 것이다. 따라서 자신이 스스로 물건을 찾아낼 수 있도록 점원은 최대한 편하게 고객을 대해야 하는데 바로 [상황 A]의 경우가 그렇다.
③ 고객은 선크림을 사러 왔다. 따라서 선크림을 통해서 얻고자 하는 고객의 목적보다는 선크림을 사는 그 행위 자체가 완성될 수 있도록 고객에게 매장에서 가장 많이 팔리는 베스트 제품을 선택하도록 독려하는 방법이 권장된다.
④ [상황 A]에서 점원이 고객을 편하게 구경하도록 내버려 둔 것은 '호손 효과(Hawthorne Effect)'를 염두에 둔 것으로 이는 '다른 사람들이 지켜보고 있다는 사실을 의식하지 않음으로써 그들의 전형적인 본성을 그대로 나타나게 행동하는 현상'을 말한다.
⑤ 효과적인 커뮤니케이션의 기본은 명확한 목표 설정이며 점원은 고객의 니즈를 충족시켜야 한다. 따라서 점원은 "실례지만 어느 분이 사용할 건가요? 일상적으로 사용하실 건가요, 아니면 운동 등 땀이 많이 나는 환경에서 사용하실 건가요?"와 같이 대화를 이끌어가야 한다.

28 [상황 B]를 고객 커뮤니케이션 스킬의 관점에서 해석할 때 가장 적절한 것은?

① '나'를 주어로 표현하면 결과에 대한 이해를 구하게 되고, '너'를 주어로 표현하면 과정에 대한 이해를 구하는 셈이 된다.
② '너'를 주어로 표현을 하게 되면 나의 심리나 기분을 상대방에게 잘 전달할 수 있게 되고, '나'를 주어로 표현하면 상대방의 잘못을 질책하는 느낌으로 전해지게 된다.
③ 점원은 "고객님, 모르셨어요?"라고 하기보다 "저는 고객님이 포인트를 사용하게 못하시게 될까봐 걱정되어서 말씀드렸습니다."와 같이 'I-메시지 전달법'을 사용하는 것이 좋다.
④ 대화의 주체가 '너'가 아닌 '내'가 되어 전달하고자 하는 표현법을 'I-메시지 전달법'이라고 하는데, 이는 상대방에게 나의 의사를 충분히 전달하기만 하면 상대방의 기분이 나빠도 괜찮다는 전제를 기초로 한 대화법이다.
⑤ 점원은 고객에게 자신의 의사를 충분히 전달하면서도, 고객이 기분 나쁘지 않게 자신의 행동을 반성하고 개선할 마음을 갖게 하는 대화법을 활용하고 있다. 즉, "고객님, 왜 그렇게 하세요."가 아니라 "고객님이 그렇게 하시면 제 마음이 아픕니다."의 방식으로 대화를 진행 중이다.

해설

27 ① 점원은 자신의 메시지가 잘 전달되고 있는지 확인하는 것에 소홀하다.
② 고객은 단지 물건을 사러 온 게 아니라 자신의 니즈를 충족할 수단, 정확히는 편의를 찾으러 매장에 온 것으로 봐야 한다.
③ 고객은 선크림 그 자체를 사러 온 것이 아니라 선크림을 통해서 얻고자 하는 목적 때문에 매장을 방문한 것이다.
④ '호손 효과'는 다른 사람들이 지켜보고 있다는 사실을 의식함으로써 그들의 전형적인 본성과 다르게 행동하는 현상을 말한다.

28 ① '너'를 주어로 표현하면 결과에 대한 이해를 구하게 되고, '나'를 주어로 표현하면 과정에 대한 이해를 구하는 셈이 된다.
② '나'를 주어로 표현을 하게 되면 나의 심리나 기분을 상대방에게 잘 전달할 수 있게 되고, '너'를 주어로 표현하면, 상대방의 잘못을 질책하는 느낌으로 전해지게 된다.
④ I-메시지 전달법은 상대방에게 나의 의사를 충분히 전달하면서도 상대방이 기분 나쁘지 않게 말하는 방법이다.
⑤ 그렇게 하지 못하고 있다.

정답

27 ⑤   28 ③

[29~30] 다음은 투자 상품을 가입하러 온 고객과 금융기관 직원과의 상담 내용이다.

> 고객: 안전하면서도 수익률이 괜찮은 투자 상품 없을까요?
> 직원: 네, 고객님. 안전하면서도 투자 수익률을 조금 기대해 볼 수 있는 상품을 원하신다고 하셨는데요. 꼭 수익률이 높았으면 하는 이유가 있으신지 여쭤도 되겠습니까?
> 고객: 네. 손주가 태어나서 축하 선물을 하고 싶은데요, 나중에 아이 대학갈 때 쓸 교육비로 사용할 수 있으면 좋겠어요.
> 직원: 아~ 네. 축하드립니다! 정말 기쁘시겠어요. 태어난 아기에게 정말 좋은 선물을 준비하시는 거네요. 그런데 교육 자금을 준비하시면서 특별히 수익률을 염두에 두시는 다른 이유가 혹시 있으신지요? 제가 고객님께서 생각하시는 용도에 가장 적절한 상품으로 추천 드리고 싶습니다만…
> 고객: 기왕이면 대학자금 뿐 아니라 여유가 된다면 어학연수 자금을 더 보태주면 좋겠어요. 용돈도 좀 줄 수 있으면 좋죠.
> 직원: 네. 수익률이 나면 손주를 위한 더 멋진 계획도 있으시네요. 그러면 안전한 상품이었으면 하는 이유가 특별히 있으신지요?
> 고객: 여유 자금이 큰 것도 아니지만 대학 자금은 꼭 제 손으로 마련해 주고 싶어서요. 손주 교육 자금인데 원금을 못 찾거나 하면 안 되니까요.
> 직원: 네, 소중한 자금이니만큼 안전한 것도 중요하신 거네요. 그렇다면 제가 고객님께서 계획하시는 안전과 수익률을 대학자금과 추가 여력의 기타 자금 둘로 나누어서 이해하면 어떨까요?
> 고객: 아, 네~ 그렇죠. 그런 상품은 어떤 상품이 있을까요. 추천해 주시겠어요?
> 직원: 그러면 제가 고객님의 상황에 잘 맞는 상품을 두 가지로 나누어 추천 드려도 되겠습니까?

29 위의 상담을 통해 직원의 질문에서 얻을 수 있었던 고객 응대 질문의 효과가 아닌 것은?

① 고객은 질문을 통해 스스로의 생각을 자극받게 되었다.
② 상담에 필요한 기본적인 정보와 고객의 생각을 알 수 있었다.
③ 고객을 존중하는 느낌을 전달하여 상담 과정상의 만족감을 배가시켰다.
④ 고객이 동의하지 않았던 정보를 논리적으로 설득하여 상품 가입을 유도하였다.
⑤ 고객이 질문에 대답을 하면서 스스로의 상황을 정리하여 객관적으로 바라볼 수 있었다.

30 위의 사례를 참고할 때 다음 중 효과적인 질문을 구성하기 위한 요소로 적합하지 <u>않은</u> 것은?

① 고객에 대한 관심과 배려
② 상담의 효율적이고 신속한 종결
③ 경청의 태도(기술)와 결합된 질문
④ 본격적인 상담을 향한 목표 질문으로 구성
⑤ 상황에 따라 단편 또는 연속 질문의 유연한 사용

> **해설**
> **29** 상담 직원의 질문은 고객이 스스로 문제점에 동의할 수 있도록 방향을 제시하는 역할을 하고 있다.
> **30** 질문은 섣부른 종결에 따른 실수를 방지하는 기법이다.
>
> **정답**
> 29 ④   30 ②

[31~32] 다음 사례를 읽고 물음에 답하시오.

> 세일즈맨: 안녕하세요, 김 차장님! 오랜만에 뵙겠습니다.
> 잠재 고객: 지난번 귀사가 제출한 견적 건에 대해 최종 결정을 하려고 합니다.
> 세일즈맨: 아, 그렇군요! 저희도 많이 고심했는데 얼마까지 할인해 드리면 구매하시겠습니까?
> (   )
> 잠재 고객: 경쟁사 가격들과도 비교하여 보았는데 제안하신 가격에 20% 정도 할인해 주시면 생각해 보겠습니다.
> 세일즈맨: 죄송하지만 이 가격은 저희 원가에도 못 미치는 금액이라 수용하기가 어렵습니다.
> 잠재 고객: 그럼 얼마까지 가능하신지 말씀해 보세요!
> 세일즈맨: 제가 제출한 견적 가격에서 8% 할인해 드리겠습니다.
> 잠재 고객: 그 가격은 받아들이기 어렵습니다.
> 세일즈맨: 그럼 제가 제안한 가격과 고객께서 제안하신 가격의 중간선인 10%로 최종 결정하시면 어떻겠습니까?
> 잠재 고객: 그것도 어렵겠습니다.
> 세일즈맨: 제가 알기로는 시간이 촉박해서 가격보다 납기 준수가 더 중요하다고 생각합니다. 수요에 비해 공급이 부족해서 모든 경쟁사가 주문을 받고 있지 않아, 빨리 주문할수록 귀사에는 유리할 것 같습니다.
> 잠재 고객: 그래도 이 가격으로는 주문할 수 없습니다.
> 세일즈맨: 그러면 한 번 더 생각해 보시고 2~3일 후에 다시 만나서 최종 결정했으면 합니다. 시간을 내어 주셔서 감사합니다.

31 위의 사례에서 나타난 협상 전략 수립 시 바람직한 협상 지침이 <u>아닌</u> 것은?

① 조금씩 양보하면서 큰 양보를 얻어낸다.
② 서로 교착 상태에 빠질 때 중간점을 취한다.
③ 검토 시간을 가지면서 상대방의 데드라인을 파악한다.
④ 절대로 서두르지 않고 상대방의 약점 파악에 주력한다.
⑤ 최초의 제안은 협상 예절상 고객에게 제안하도록 유도한다.

32 위 사례의 세일즈맨이 잠재 고객에게 제안할 내용으로 적절한 것은?

① 저희도 오래 고민해 보았는데 최초 견적 드린 금액에서 10% 할인해 드리겠습니다.
② 절대 할인해드릴 수 없습니다. 할인을 원하시면 저의 팀장과 상의하시면 좋겠습니다.
③ 일단 생각해 보신 가격을 말씀해 보시면 제가 드릴 수 있는 최저 금액을 말씀드리겠습니다.
④ 만족하실 수 있는 가격으로 드렸으면 좋겠는데, 원자재 가격 인상 등으로 제가 최대한 할인해 드릴 수 있는 가격은 견적 가격의 3%입니다.
⑤ 최근 원자재 가격 상승 등으로 원가가 급격히 올라 견적 가격보다 5% 오른 가격으로 결정할 수밖에 없습니다. 대신 납기는 확실히 맞추어 드리겠습니다.

해설

31 상대방에게 협상권을 주면 협상에 불리한 결과가 올 수 있으므로 최초의 요구는 세일즈맨이 구체적으로 제안하여야 한다. 먼저 크게 요구하면 크게 얻을 수 있다.
32 최초의 제안은 공급자가 먼저 하되 처음은 크게 요구해야 한다. 전혀 할인을 안 할 경우 구매자가 다른 경쟁사로 주문할 가능성이 있으므로 최소한의 할인폭으로 먼저 제안하고 3~4회에 걸쳐 3%, 그 이상으로 단계적으로 할인해 주는 것이 바람직하다.

정답

31 ⑤   32 ④

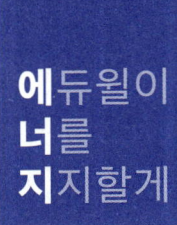

연은 순풍이 아니라 역풍에 가장 높이 난다.

– 윈스턴 처칠(Winston Churchill)

SUBJECT 05

회의 기획 및 의전 실무

CHAPTER 01 MICE의 이해
CHAPTER 02 회의의 기획과 실무
CHAPTER 03 의전의 기획과 실무
CHAPTER 04 프레젠테이션

학 습 방 법

- ☑ MICE 산업의 중요성과 기업 회의, 포상 관광, 국제회의, 전시를 구분하여 숙지한다.
- ☑ 회의의 성공적인 기획과 운영, 수행에 필요한 지식과 절차 등을 공부하고 회의의 기본적인 운영 구조에 대하여 학습한다.
- ☑ 의전의 기본 정신과 서열, 의전 진행 프로세스, 의전 요원의 자세 등에 대하여 살펴본다.
- ☑ 프레젠테이션의 의미와 구체적인 진행을 위한 준비 요소, 방법에 대하여 익히고, 프레젠테이션의 3P를 구분하여 요소별 특징에 대해 자세히 살펴본다.

무료강의
바로보기

CHAPTER 01 MICE의 이해

| 빈출 키워드 |

\# MICE 산업의 특징　　　\# 기업 회의　　　\# 포상 관광　　　\# 국제회의

1 MICE 산업의 이해

1. MICE의 개념 `빈출`

① MICE는 기업 회의(Meeting), 포상 관광(Incentive Travel), 국제회의(Convention), 전시/이벤트(Exhibition/Event)의 영문 앞 글자를 딴 용어이다.

② MICE라는 용어는 주로 홍콩이나 싱가포르 등 동남아 지역에서 먼저 쓰이다가 21세기에 들어서면서 대중적인 용어가 되었다. 미주 지역에서는 Event, 유럽 지역에서는 Conference라는 용어로 통용된다.

③ 기존 관광 산업이 B2C(Business to Consumer)라면 MICE 산업은 B2B(Business to Business)의 형태로 주로 기업을 대상으로 하기 때문에 일반 관광 산업보다 고부가가치 산업이다.

④ MICE 산업은 대규모 회의장이나 전시장 등 전문 시설을 갖추고 국제회의, 전시회, 포상 관광과 이벤트를 유치하여 경제적 이익을 실현하는 산업으로 숙박, 교통, 관광, 무역, 유통 등 다양한 관련 산업과 유기적으로 연관되어 있다.

⑤ 비정부 기구(NGO)의 활동 증대는 MICE 산업을 확산시키는 요인으로 작용한다.

2. MICE 산업의 중요성

① MICE 산업은 '황금알을 낳는 거위', '굴뚝 없는 황금 산업'으로 불린다. 성공적인 국제회의 및 전시회 개최를 통해 인프라 구축, 국가 이미지 제고, 정치적 위상 증대, 사회·문화 교류 등의 효과를 가져온다.

② MICE 산업은 지역 경제의 활성화, 내수 확대, 고용 창출, 개최지의 글로벌 이미지 고양, 관련 산업의 파급 효과 등 경제적, 사회적, 문화적으로 많은 긍정적인 효과를 지닌 산업이다.

③ 지식 집약적 산업으로 인식되어 미래형 고부가가치 산업이다.

④ 우리나라 산업 구조상 서비스 산업의 발전을 통한 경제 성장 및 고용 창출을 도모해야 하는 상황에서 MICE 산업의 발전은 향후 우리 경제의 서비스화를 통한 국가 발전에 큰 의미를 가진다.

3. MICE 산업의 특징 `빈출`

공공성	• MICE 산업의 개최에 정부와 지역 사회의 적극적인 참여가 필요함을 의미한다. • MICE 산업의 대표적인 시설인 컨벤션 센터를 건립하는 데 막대한 비용이 필요하며 건립 이후에도 꾸준한 지원이 필요하다. • MICE 산업을 활성화시킬 수 있는 교통이나 통신, 법적인 지원 등이 필요하다.

지역성	• 회의 기간 동안 혹은 전후로 실시되는 관광 행사를 통해 기존 관광 상품 및 신규 상품을 홍보할 수 있다. • MICE 산업이 그 지역의 고유한 관광, 문화, 자연 자원 등을 바탕으로 지역의 다른 산업들과의 연계를 통하여 이루어짐을 의미한다. • MICE 산업은 지역의 고유한 특성을 바탕으로 독특한 문화적 이미지와 브랜드를 창출한다. • 지방 정부가 MICE 산업을 지역 홍보 수단으로 사용할 수 있다.
경제성	MICE 산업의 개최가 경제적으로 높은 파급 효과가 있는 것을 의미한다. • 1차 경제적 파급 효과: 관련 시설의 건설과 투자, 생산 및 고용 유발 등이 있다. • 2차 경제적 파급 효과: 일반 관광객보다 긴 체재 일수와 높은 평균 소비액을 가진 참가자들이 지역에 머무르며 숙박, 유흥, 음식, 관광, 레저 등을 이용하면서 고용 및 소득 증대, 지역의 세수 증대 등 경제 활성화를 도모한다.
관광 연계성	• 일반 관광객에 비하여 경제력이 높은 참가자들이 관광을 하면서 관광 관련 산업의 수익 창출과 활성화를 가져온다는 것을 의미한다. • MICE 산업 참가자들이 행사 중간이나 이후에 관심 있는 관광 프로그램에 참가하게 된다.

2 MICE 산업의 분류

1. 기업 회의(Meeting)

① 개념: 아이디어 교환, 사회적 네트워크 형성, 토론, 정보 교환 등을 목적으로 설립된 유료 시설을 사용하고, 최소 10인 이상이 참가하여 최소 반일(4시간) 이상 진행되는 모든 회의를 말한다.

② 종류: 상품 판매 촉진 회의, 신상품 개발 및 발표회, 세미나 및 워크숍, 경영자 회의, 주주 총회, 인센티브 회의 등이 있다.

③ 특징
- 기업 회의는 주주 총회와 같이 정해진 시기에 개최되는 경우도 있지만, 대부분 필요할 때 상시로 열리기 때문에 회의의 개최 시기가 따로 정해져 있지 않다.
- 기업 회의는 회의 참가자들이 회사원들이라는 점에서 동일한 특성과 강제성을 갖는다. 단, 비용을 회사에서 지불하기 때문에 참가자들에게 비용에 대한 부담은 적다.
- 회사에서 지정한 사람들만 참가할 수 있으므로 참가자의 수가 적다.
- 참석자 리스트를 미리 받아 볼 수 있으므로 회의 기획자에게 편리한 회의 형태이다.
- 회의 개최 주체에 따라 기업 회의, 협회 회의, 정부 회의, 비영리단체 회의 등으로 구분할 수 있다.

④ 참가자의 국적 및 참가국 수에 따른 분류

국제 미팅	10명 이상의 외국인이 참가하는 미팅(4시간 이상)
국내 미팅	10명 미만의 외국인이 참가하는 미팅(4시간 이상)

2. 포상 관광(Incentive Travel) 빈출

① 개념
- 단체의 목적이나 목표를 달성한 참여자에게 특별한 여행이라는 형태로 보상함으로써 사기 진작을 위한 글로벌 경영 도구이다.

- 성과에 대한 보상 및 동기를 부여하기 위해 기업에서 비용의 전체 또는 일부를 부담하는 순수 포상 여행으로 상업용 숙박 시설에 1박 이상 체류하는 것을 말한다.
- 기업이 직원들의 직무 동기를 유발하고 업무의 성과와 효율을 높이는 데 목적이 있다.

② 특징
- 포상 관광은 휴양과 교육을 포함하며 목적지 선택에 있어 오락적인 부분도 중요한 결정 요인이 된다.
- 효과적인 포상 관광이 되기 위해서는 고객 맞춤형의 개별화된 프로그램을 진행하여 차별적이라고 인식되어야 한다.
- 포상 관광은 평균 소비액이 단체 관광객의 1.5~2배에 달하는 높은 수익성으로 각국이 인센티브 관광단의 유치에 많은 관심을 보이고 있다.
- 새로운 경험 및 지식의 습득, 함께 여행하는 동료나 상관과의 상호 이해 등은 회사의 분위기 쇄신, 사기 진작, 영업 실적 향상 등에 여타의 포상 방법(상여금 지급 포함)보다도 효과가 높은 것으로 밝혀졌다.
- 기업 측면에서 글로벌 기업으로서의 이미지와 직원 복지에 관심 있는 기업이라는 이미지를 심어 줄 수 있기 때문에 포상 관광에 대한 관심이 높아지고 있다.

3. 국제회의(Convention)

① 개념: 아이디어 교환, 사회적 네트워크 형성, 토론, 정보 교환, 사업 등 MICE 목적으로 설립된 유료 시설을 사용하는 회의로 UIA(Union of International Association) 기준에 부합하는 정보, 공공 협회/학회 등을 말하며, 기업 회의(Meeting)보다 규모가 크며 국제적 성격을 띤 회의를 달한다.

② 국제회의에 대한 다양한 정의: 일반적으로 특별한 문제를 토론하기 위한 참가자의 회의를 의미하지만 사전적, 법률적, 학계, 관련 기관의 정의에 따라 개념과 범위를 다르게 해석할 수 있다.

사전적	관광 용어	대부분 많은 사업가 또는 전문 직업인이 참가하는 회의
법률적	「국제회의 산업 육성에 관한 법률」 제2조	상당수의 외국인이 참가하는 회의(세미나, 토론회, 전시회 등 포함)로 대통령 등이 정하는 종류와 규모에 해당하는 것
학계	Asroff & Abbey(1998)	정치, 무역, 과학, 기술 등 특별한 문제를 토론하기 위한 참가자들의 회의
관련 기관	국제 협회 연합	국제기구가 주최하거나 후원하는 회의 또는 국내 단체가 주최하는 회의 가운데 다음의 4가지 기준을 만족시키면 국제회의로 인정함 • 참가국 수 5개국 이상 • 전체 참가자 수 50명 이상 • 전체 참가자 중 외국인 비율이 40% 이상 • 회의 기간 3일 이상
	한국관광공사	참가국 수가 3개국 이상, 외국인 참가자 수가 10명 이상인 순수 국제회의

③ 특징 빈출
- 컨벤션 산업은 각종 국제회의부터 소규모 회의까지 영리 및 비영리를 동시에 추구하고자 개최되는 회의로, 국제적 이해관계자와 상호 교류를 지속적으로 추구하는 데 그 효용성이 있다.
- 컨벤션 산업은 관광 산업이 포함하고 있는 숙박, 교통, 레저, 식음료, 쇼핑 분야에 대한 집약적 발전은 물론 정보 통신, 인쇄·출판, 광고, 건축, 금융, 의료, 교육, 조경 분야 등의 다양한 산업과 연계, 발전할 수 있는 종합 산업이자 지식과 정보의 생산과 유통을 촉진하는 지식 기반 산업이다.

- 컨벤션은 여러 사회 현상의 지식을 공유하고 새로운 사회 패러다임에 능동적으로 대응하기 위하여 점차 적으로 그 중요성이 증대되고 있다.
- 국제회의 참가자의 경우 각국 해당 분야의 여론 주도층이 대부분으로 회의 참가 뒤 고국으로 돌아가 자연스럽게 해당 국가의 홍보 대사 역할을 하게 된다. 이는 수치로 환산할 수 없는 이미지 제고 효과로 이어져 유형적 가치보다 무형적 가치가 큰 산업이라 할 수 있다.

경제적 효과	컨벤션 참가자 및 주최자가 지출하는 소비액에 의한 직·간접 경제 승수 효과와 개최 도시와 국가에 세수 증대로 인해 경제 전반에 활성화를 가져온다. → 고용 창출, 외화 획득, 소득 증대, 세금 수입 증대, 최신 정보 및 기술 입수, 국제 수지 개선
사회·문화적 효과	컨벤션 개최로 인해 개최국 관련 분야의 국제화와 질적 향상을 기대할 수 있으며 고유문화의 세계 진출, 민간 문화의 교류 촉진, 국가 이미지 향상에 도움이 된다. → 지역 문화의 발전, 도시 환경의 개선, 시민 의식의 향상, 국제 친선의 도모, 지방의 국제화, 도시화, 근대화 등의 지역 문화 발달, 국민의 자부심과 긍지 획득, 교통망 확충, 환경 및 조경의 개선 등 기반 시설 확충, 세계화와 질적 수준의 향상
정치적 효과	컨벤션은 그 규모나 성격 면에서 수십 개국의 대표들이 참석하고 이들의 사회적 지위 또한 높기 때문에 개최국의 국제 지위 향상, 인적 교류의 확대, 문화 교류, 국가 간 정치적 협력 증대, 외교 정책적 효과, 국가 홍보 효과를 기대할 수 있다. → 민간 외교 기여, 국제적 영향력 증대, 통일·외교 정책 구현, 국제적 지위의 향상, 문화 및 외교 교류의 확대, 국가 홍보 극대화
관광적 산업 진흥 효과	컨벤션은 계절에 구애받지 않고 개최가 가능하며 회의 전후의 관광 프로그램을 통해 기존 관광 상품 및 신규 상품을 판매함으로써 관광 홍보의 파급 효과를 얻을 수 있다. → 외래 관광객 대량 유치, 관광 비수기 타개, 체재 일수 연장, 양질의 관광객 유치, 지역 이미지 제고, 관광 소구력 획득

④ 컨벤션 뷰로(CVB; Convention and Visitors Bureau) 빈출
- 각종 컨벤션을 지역 사회에 유치하기 위하여 컨벤션 주최자 및 참석자에게 해당 지역을 알리고 판매해야 하며 지역 사회 내에서 관련 업체들을 대표하여 컨벤션 센터, 호텔, 식당, 기타 유통, 관광 시설들과의 이익을 조화시키고 역할을 조정하는 비영리 조직이다.
- 컨벤션을 유치, 개최함으로써 그 컨벤션 도시를 육성하는 것이 주요 임무이다.
- 컨벤션 개최지에 관한 세밀한 정보를 제공할 뿐만 아니라 지역을 대표해서 컨벤션이 개최되도록 유도하고 성공적인 컨벤션이 되도록 다양한 서비스를 제공한다.
    → 관광 목적지 및 컨벤션 개최지 마케팅, 회의 개최를 위한 서비스 제공, 도시 이미지 창출, 국제회의 유치 및 개최 정보 수집, 이벤트 기획 및 관리, 방문객 및 컨벤션 시설 관리

⑤ PCO(Professional Congress Organizer)
- 컨벤션의 운영을 전담하는 개인이나 조직으로, 행사 주최 측으로부터 국제회의 개최와 관련된 다양한 업무를 위임받아 부분적 또는 전체적으로 대행해 주는 영리 업체를 의미한다.

- 여러 형태의 회의에 대한 풍부한 경험과 회의장, 숙박 시설, 여행사 등의 회의 관련 업체와 평소 긴밀한 관계를 유지하여 모든 업무를 종합적으로 조정하고 운영한다.
- 업무 내용

국제회의 개최 사전 준비	국제회의 개최 기획과 분과 위원회 구성 및 진행
• 회의의 성격과 특성 및 취지 파악 • 회의 개최 일자 결정 • 행사 지원 기관 검토 • 이전 회의의 경험 반영 • 재정 확보 • 인적 요원의 확보 • 회의 참가 홍보 활동의 전개	• 공식적인 담당 요원 선정 • 회의 명칭 및 주제 결정 • 회의 개최지 선정 • 회의 공식 일정 • 참가 예상 인원 • 회의장 선정 • 숙박 장소 선정 • 수송 계획 수립

⑥ 컨벤션 유치 활동
- 실사단 현장 답사
- 컨벤션 유치 제안서 작성
- 컨벤션 개최 의향서 제출
- 컨벤션 유치 신청서 제출
- 컨벤션 유치 프레젠테이션

⑦ 컨벤션 개최 시설: 컨벤션 개최 장소는 크게 전통적 개최 시설과 비전통적 개최 시설로 구분할 수 있다.
- 전통적 개최 시설

컨벤션 센터	• 컨벤션 센터의 건설과 운영은 정부나 지방 자치 단체에 의해 이루어진다. • 대규모 국제회의 개최를 위한 목적으로 설계되어 동시 통역, 프레젠테이션 설비 및 대회의실, 소회의실, 연회장, 전시실 등 필요한 설비를 갖춘 종합 시설이다.
콘퍼런스 센터	• 20~50명 정도의 회의 참가자들이 중·소규모의 회의를 개최하기에 적합한 곳이다. • 참가자들을 위한 객실 제공, 식음료 제공 등의 장점이 있다.
호텔	호텔 회의장은 호텔의 본래 기능에 컨벤션 기능을 추가하여 숙박 시설, 회의장, 식음료 서비스가 같은 장소에서 이루어진다는 장점이 있다.
리조트	컨벤션에 참가한 후 목적 관광을 즐기려는 참가자들이 늘어나면서 제반 편의 시설 및 휴가 시설을 제공하는 리조트가 새로운 컨벤션 개최지로 주목받고 있다.

- 비전통적 개최 시설

대학교	• 대학의 기존 시설(강의실, 대강당, 시청각 시설, 구내식당)을 이용할 수 있기 때문에 회의나 컨벤션을 개최하는 데 적합한 장소로 인식되고 있다. • 우리나라처럼 대규모 컨벤션이나 전시 시설이 대규모 도시에 편중되어 있는 경우 고비용과 이용 기회의 제한성 등을 고려한다면 회의 시설의 대안이 될 수 있다. 그러나 대학 시설의 이용은 절대적으로 학사 일정의 영향을 받는다는 단점이 있다.
크루즈 선박	• 크루즈 라인(Cruise Lines)도 회의 산업의 유치에 관심을 가지고 크루즈 선박을 단체 회의를 수용할 수 있도록 개조하거나 설계한다. • 크루즈 선박에서 회의를 개최하는 비용이 비싸다는 단점이 있기 때문에 보상 회의나 여행을 위한 최상급의 선택이 된다.

4. 전시/이벤트(Exhibition/Event)

① **개념**: 제품, 기술, 서비스를 특정 장소인 전문 전시 시설에서 1일 이상 판매, 홍보, 마케팅 등의 활동을 함으로써 유통업자, 무역업자, 소비자, 관련 종사자 및 전문가, 일반인 등을 대상으로 해당 기업 및 관련 기관들이 정보를 교환하거나 거래 및 마케팅 활동을 하는 각종 전시를 말한다.

② **특성**
- 전시회는 직접적인 인적 접촉의 측면에서 타 커뮤니케이션의 도구들보다 고객에게 더욱 가까이 접근해 있다.
- 전시 부스에서 고객과의 개인적 대화는 잠재 고객의 확보뿐만 아니라 기존 고객 관리에도 효과적인 도구가 된다.
- 참가 기업이 대표 상품 및 신상품의 전시와 현장에서의 시연을 통해 상품의 우수성과 신뢰성을 전달하는 가장 효율적이고 경제적인 방법이다.
- 참관객은 관심 있는 참가 기업의 부스를 방문하여 직접적인 시연 및 상담을 통해 원하는 정보를 바로 획득할 수 있어 신속한 의사 교환이 이루어진다. 전시회는 참관객들이 자발적이고 공개적으로 방문하여 실질적인 정보를 수집할 수 있는 효율한 수단이다.
- 전시회는 구매 의사 결정권을 가진 바이어가 직접 참가 업체를 방문함으로써 계약 체결 및 판매의 기회를 갖는다.

③ **분류**
- 형태에 따른 분류 〔빈출〕

무역 전시회 (Trade Show)	• 기업이 다른 기업 또는 도소매업자를 대상으로 판매 및 마케팅 활동을 펼치는 전시회를 뜻한다. • 전문적인 분야의 제품이나 관련 제품만을 출품하도록 제한하며 산업 견본시, 전문 견본시라고도 한다. • 무역 전시회는 시간적으로 제한된 행사로 참가 업체들이 단일 또는 여러 산업 분야의 제품을 전시하거나 판매 촉진을 목적으로 제품을 알리는 행사이다. • 전문 전시회는 기업과 기업 간의 협상과 교역에 초점을 맞추어 비즈니스 환경을 조성하기 위해서 등록된 관람객 또는 전문 바이어들이 참관할 수 있으며 일반인들의 참관은 일반적으로 제한한다. • 사전에 입장객이 정해진 경우, 합법적으로 바이어를 입증할 만한 증명서를 소지한 바이어 및 초청장 소지자만이 입장할 수 있다.
일반 전시회 (Public / Customer Show)	• 전시회에 참가한 기업이 일반 소비자를 주요 관람객으로 상대하는 전시회를 지칭한다. • 전시회에 출품되는 상품들은 전문적인 산업재이기보다는 일반 소비재들이 주류를 이루는 경우가 많다. 예 건축 및 인테리어 전시회, 건강 박람회, 결혼 상품 전시회 등 • 전문 바이어들이 관람객으로 초대되어 방문을 하지만 기본적으로 일반 소비자들을 대상으로 제품의 홍보와 마케팅을 하는 것을 주목적으로 개최되는 전시회이다.
무역/일반 전시회 (Combined Show)	• 무역 전시회와 일반 전시회의 두 가지 기능이 혼합된 전시회를 지칭한다. • 전시회들은 기본적으로 산업 간 또는 기업 간의 교역을 촉진시키려는 목적을 지향하지만, 운영 및 재정적인 문제로 인해 혼합적 성격의 전시회를 개최하는 경우가 많다.

• 참가 업체 및 참관객에 따른 분류

국제 전시회	「전시산업발전법」에 의한 전시회로 100명 이상의 외국인 구매자가 참가 등록한 무역 전시회, 소비자 전시회 및 혼합 전시회(1일 이상)
국내 전시회	「전시산업발전법」에 의한 전시회로 100명 미만의 외국인 구매자가 참가 등록한 무역 전시회, 소비자 전시회 및 혼합 전시회(1일 이상)

> **PLUS⁺ 제안 요청서의 필수 포함 사항** 빈출
>
> • 행사 일시
> • 행사의 개요
> • 행사의 목적
> • 주최/주관 기관
> • 제안서 평가 방법

CHAPTER 02 회의의 기획과 실무

| 빈출 키워드 |

\# 회의의 기능　　　\# 회의 진행의 원칙　　　\# 유형별 회의장
\# 사전 등록과 현장 등록

1 회의의 이해

1. 회의의 정의

① 회의(會議)는 두 명 이상이 모여 어떤 주제에 관해 논의를 하는 것, 또는 그 일을 하는 모임을 말하며, 미팅(Meeting)이라고도 한다.
② 국제회의 컨벤션 협회(ICCA; International Congress & Convention Association)에서는 회의를 '다수의 사람들이 특정의 활동을 수행하거나 협의하기 위해 한 장소에 모이는 것'으로 정의한다.
③ 회의는 모든 종류의 모임을 통칭하는 가장 포괄적인 용어이며, 참석자의 수, 프레젠테이션의 유형, 참가 청중의 수, 회의 형식에 따라 컨벤션, 콘퍼런스, 포럼, 세미나, 워크숍, 전시회, 무역쇼 등으로 분류할 수 있다.

2. 회의의 기능 [빈출]

문제 해결 기능	조직 내외에서 해결해야 하는 사안에 대하여 구성원들이 자신의 전문적인 지식과 기술 등을 바탕으로 토론하여 의사 결정을 한다. 예 임원 회의, 부서장 회의, 신제품 개발 회의
자문 기능	전문적인 지식이 요구되는 경우 관련 전문가들과 회의를 통해 조언을 얻는다. 예 공청회, 협의회
의사소통 기능	기업의 각층 혹은 다른 부서원들이 자신의 입장을 피력하고 타인의 의견을 들으면서 서로의 의사를 확인하고 조정하는 기능이다. 예 부서 회의, 조회
교육 훈련 기능	다른 사람의 지식이나 경험을 상대에게 전달하고 설득함으로써 유·무형의 교육 효과를 줄 수 있다. 예 교육 훈련 프로그램, 연수

3. 회의 진행의 원칙

발언 자유의 원칙	• 발언자는 발언 도중 타 위원의 발언에 의하여 정지되거나 방해받지 않고 그 발언을 완료할 것을 보장받는다. 그러나 발언권의 평등을 위하여 발언 횟수, 시간, 내용에 제한을 둘 수 있다. • 위원장은 진행을 방해하는 발언자의 발언을 제지하거나 퇴장시킬 수 있으며, 회의 질서 유지가 곤란하다고 인정될 때에는 폐회나 정회를 할 수 있다. 이때 속개되는 회의에서는 중단되었던 위원의 발언부터 시작한다.

다수결의 원칙	• 의사 결정 시 다수의 의견을 전체 의사로 보고 결정하는 것이다. • 다수의 의견이라 하더라도 수적 우위를 이용하여 설득의 노력 없이 소수의 의견을 무시해서는 안 된다. • 반대로 소수는 다수결로 결정된 사항에 대해 전체의 결정으로 인정하고 따라야 한다.
회기 계속의 원칙	• 회기란 집회(또는 개회)에서부터 폐회까지의 기간을 말한다. • 한 회기 내에 처리하지 못한 안건은 다음 회기로 넘겨서 처리한다.
일사부재의 원칙	• 한 번 부결된 안건에 대해서는 동일한 회기에 다시 심의하지 않는다. • 이는 능률적으로 회의를 진행하고 소수의 의사 진행 방해를 예방하기 위해서이다.
정족수의 원칙	• 회의에서 의안을 심의하고 의결하기 위해 필요한 위원의 수를 말한다. • 정족수에는 '의사 정족수'와 '의결 정족수'가 있는데, 회의를 진행할 수 있는 최소 위원 수를 의사 정족수, 안건 결정을 인정하기 위해 필요한 정족수를 의결 정족수라고 한다.
회의 공개의 원칙	• 민주적인 회의는 특별한 경우를 제외하고는 공개로 진행되어야 한다. • 공개 진행에는 회의 진행 과정뿐만 아니라 사전에 회의 개최를 안내하는 것까지 포함된다.
폭력 배제의 원칙	회의에서는 어떠한 경우에도, 어떠한 형태의 폭력도 행사할 수 없다.
소수 의견 존중의 원칙	회의를 진행함에 있어 소수의 의견도 존중해야 한다.
1의제의 원칙	• 회의에서는 언제나 한 가지 의제만을 상정하여 다루어야 한다. • 둘 이상의 안건이 서로 관계가 있어 동시에 상정시키는 경우 표결할 때에는 안건을 하나씩 분리해야 한다.
참석자 평등의 원칙	구성원 간 차별이 없다는 것을 말하며, 모든 구성원에게 주어지는 기회는 같아야 한다.

> **PLUS⁺ 회의의 구성원**
>
> • 진행자(리더, 사회자, 단체장 등): 회의 진행
> • 참석자(조직원, 회원 등): 의견 제시 및 회의 참여
> • 기록원: 회의 기록
> • 운영자: 회의 준비 및 운영
> • 시설 관리 요원: 시설 관리
> • 그 외: 통역관, 강사, 방청객 등

2 회의의 종류

1. 회의 주체에 의한 분류

기업 회의	기업의 다양한 목적을 달성하기 위하여 개최되는 여러 가지 형태의 회의이다. 예 경영 방침 및 정책 수립, 판매 촉진 회의, 교육 또는 연수 회의, 상품 출시 회의, 경영자 회의 등
협회 회의	• 공통된 관심사를 가진 회원들이 의견을 교환하고 새로운 정보나 추세를 파악할 수 있다. 새로운 기술이나 정보, 상품을 선보이는 자리이므로 국제적인 관심을 끌 수 있어 자연스럽게 협회 홍보가 가능하다. • 협회 회의는 참가자 본인의 의사에 따라 참가 여부가 결정되며 회의 참가에 따르는 모든 비용을 본인이 부담하게 된다. 예 무역 관련 협회, 전문가 협회, 교육 관련 협회, 과학 기술 협회에서 주최하는 회의 등

정부 회의	정부 조직과 관련된 정당, 경제, 문화, 외교 등의 국가 정책과 공공의 쟁점을 논의하는 회의이다.
비영리 단체 회의	• 노동조합 회의, 종교 단체 회의, 예술, 문화, 스포츠 등 기타 사회 조직에 가입한 회원들에 의한 회의이다. • 대표적인 비영리 조직을 사교 단체(Social Group), 군인 단체 및 재향 군인회(Military Group), 교육 단체(Education Group), 종교 단체(Religion Group), 대학 동호회(Fraternal Group)의 앞 글자를 따서 SMERF라고 한다.

2. 회의 형태에 의한 분류 빈출

컨벤션 (Convention)	• 가장 일반적으로 사용되는 회의 용어로, 대회의장에서 개최되는 일반 단체 회의를 뜻한다. • 정치, 사회, 무역, 과학 등의 다양한 분야에서 특정 주제에 관심이 있는 참가자들의 모임으로 서로 정보를 교환하고 새로운 지식을 습득한다. • 회의와 함께 전시회가 이루어지기도 한다.
콘퍼런스 (Conference)	• 컨벤션과 거의 비슷한 의미로 사용되나 컨벤션보다 더 전문적인 내용을 다룬다. • 컨벤션에 비해 회의 진행상 토론회가 많이 열리므로 회의 참가자들에게 토론 참여 기회가 많이 주어진다. • 컨벤션은 주로 산업이나 무역과 관련된 회의를 위해 열리지만, 콘퍼런스는 산업이나 무역을 포함한 기술적이고 과학적인 분야와 관련된 학술적인 주제를 가지고 개최된다.
콩그레스 (Congress)	• 대규모 국제회의를 말하며, 컨벤션과 콘퍼런스와 같은 의미로 사용된다. • 유럽 지역이나 영국식 영어권에서 자주 사용된다.
포럼 (Forum)	• 한 가지 주제에 대해 상반된 견해를 가진 동일 분야의 전문가들이 사회자의 주도에 따라 패널리스트나 발표자로 참가한다. • 청중이 직접 질의 응답을 하며 자유롭게 참여할 수 있는 공개 토론회이다. • 사회자는 의견을 종합해 회의를 주재하는 중요한 역할을 담당한다.
심포지엄 (Symposium)	• 제시된 안건에 대해 전문가들이 다수의 청중 앞에서 벌이는 공개 토론회라는 점에서 포럼과 비슷하다. • 포럼에 비해 공식적이고 형식적인 것이 특징이다. • 발표자의 주제에 대해 청중이 질의는 하지만 포럼처럼 발표자와 청중 간에 토론이 자유롭지는 않다.
세미나 (Seminar)	• 주로 교육 및 연구 목적으로 개최된다. • 전문가가 정한 특별한 주제에 대해 참가자들의 경험과 지식을 발표하고 토론한다. • 발표자 한 사람의 주도로 회의가 진행되며, 포럼이나 심포지엄보다 참가자의 수가 적은 것이 특징이다.
클리닉 (Clinic)	참가자에게 특정 분야의 지식과 기술을 습득시키고 문제를 해결하고 분석하는 방법을 교육·훈련시키는 소규모 모임이다.
워크숍 (Workshop)	• 수십 명 이내의 참가 인원이 특정 문제나 과제에 관한 새로운 정보나 지식, 기술, 아이디어 등을 서로 교환하고, 실습이나 훈련을 통해 단기간에 집중적으로 새로운 지식을 배울 수 있는 회의 형태이다. • 세미나는 전문가를 중심으로 일방적인 토론거리나 정보가 제공되지만, 워크숍은 주어진 문제를 해결하기 위해 함께 문제점을 찾아내고 토의한다.
렉처 (Lecture)	• 1~2명의 전문가가 특정 주제를 일정 형식에 맞춰 청중들에게 강연하는 것을 말한다. • 강사에 따라 청중들과 질의 응답하는 형태의 강연이 진행되기도 한다.

패널 토의 (Panel Discussion)	• 여러 명의 연사가 서로 다른 분야에 대한 전문가적 견해를 발표하는 것을 말한다. • 청중도 의견을 발표할 수 있는 공개 토론회이다.
전시회 (Exhibition)	일반적으로 본 회의와 병행해서 개최된다.

3 회의의 실무

1. 회의 개최지 선정 순서 빈출
① 회의 목적 설정 및 확인
② 회의 형태 및 형식 개발
③ 회의에 필요한 물리적 요구 사항 결정
④ 참가자의 관심과 기대 정의
⑤ 일반적인 장소와 시설의 종류 선택
⑥ 평가 및 선정

2. 회의 개최지 선정 시 고려 사항
① 도시 선정 시
- 숙박 가능한 호텔과의 접근성과 적합성
- 회의에 필요한 소요 면적 및 가격
- 개최지 주변의 편의성 및 교통의 편리성
- 1일 체류 비용과 개최 지역의 물가 수준
- 개최 도시의 이미지
- 개최 도시의 행사 지원 의지와 능력
- 개최 시기의 기후 및 온도
- 엔터테인먼트 요소
- 개최 도시의 관광 또는 행사의 성수기/비수기 여부
- 동일 개최 시기에 타 행사 개최 여부

② 회의장 선정 시

회의실 수와 규모	• 개·폐회식 등 전체 회의에 사용될 대회의실, 분과 회의, 사무국, 기자실, 대기실, 리셉션 등에 필요한 소회의실이 충분해야 한다. • 참가자 등록, 휴식, 환담 등을 위한 공간이 있어야 한다.
회의실 배치와 기능	• 모든 회의실이 한 층에 있어 참가자가 엘리베이터를 이용하지 않도록 하는 것이 좋다. • 회의실이 제 기능을 다할 수 있는지를 점검한다. 예 의자, 환기, 조명 상태, 무대가 참가자가 보기 좋은 위치인지, 동시 통역 시스템, 음향 시설 등의 기자재가 충분히 설치되어 있는지 등
회의실 대관료	• 전체 회의 운영비 중 많은 부분을 차지하는 만큼 참가자와 주최 단체의 경제 사정을 고려하여 장소를 선정하도록 한다. • 대학교나 공공시설의 이용, 회의 개최 시기를 비수기로 조정하는 등 회의를 경제적으로 개최하는 방법을 고려해 볼 수 있다.

전시장 활용도	• 전시회를 병행하는 회의의 경우 참가자들이 전시회를 관람할 수 있도록 회의장과 호텔의 인접지 혹은 같은 장소로 선정한다. • 전시 공간의 평방미터와 반입·반출 활동 시 한계 요소의 유무, 공공시설(전기, 수도, 가스 등), 운반, 보관 등을 점검한다.
위치와 교통	• 회의장의 수용 규모, 비용 등이 비슷한 조건이라면 회의장의 위치가 선택에 결정적인 요소가 될 것이다. • 참가자의 성향, 회의의 성격 등과 공항, 숙박 시설 및 기타 행사장과의 거리를 고려해야 한다. • 공항에서 회의장으로 참가자들이 어떻게 이동할 것인가를 중요하게 고려해야 한다.
회의장 사용 규정	특별 행사를 위해 고성능 음향 시설을 사용할 경우, 무거운 전시물이 있을 경우 등의 발생 가능한 상황에 대비해서 회의장 사용 규정을 확인한다.
서비스의 질과 인력 수준	• 회의장 선정 시 전반적인 회의 관련 서비스의 질과 종사원의 서비스 제공 수준은 중요한 선택의 기준이 될 수 있다. • 직접 시설을 답사하여 진행 중인 회의를 관찰하거나 같은 시설을 이용한 적이 있는 단체에 문의해 본다.

> **PLUS⁺ 개최 도시 선정의 키워드**
>
> • What do I want(주최자 입장): 접근의 용이성과 시설 이용의 편리성에 대한 판단을 한다.
>   − 충분한 회의 공간, 전시 공간, 숙박 시설의 제공 여부
>   − 숙소, 회의 장소 등에 대한 접근의 용이성
>   − 시청각 시설 대여, 부스 장식 공급자 등 다양한 서비스 제공자 유무, 양질의 노동력 제공 여부
> • What do you have(개최 도시의 입장): 보다 많은 회의를, 가능하면 양질의 회의를 유치하기를 원한다. 이에 자신이 보유하고 있는 시설 등을 충분히 검토하고 구체적인 답을 기획자에게 제공해야 한다. 컨벤션의 경제적 효과에 급급하여 무조건적으로 회의를 유치하다 보면 장기적으로 국제회의 시장에서 경쟁력을 상실할 수 있다.

3. 유형별 회의장 배치 형태

① 극장형(Theater Style)
- 일반적으로 극장형 배치는 일반형, 반원형, 반원 날개형, V자형, 암체어형으로 나눠진다.
- 테이블 없이 의자만으로 세팅하며 배치 시 앞뒤 사이는 80cm 정도를 유지한다.
- 참가자의 수가 많은 시상식, 기념식, 강연, 공청회 등 대규모 행사 진행에 활용한다.
- 암체어형은 팔을 편안하게 놓을 수 있는 안락의자를 배열한 것으로 참석자들의 지위가 높고 장시간 회의 시 적합하다.

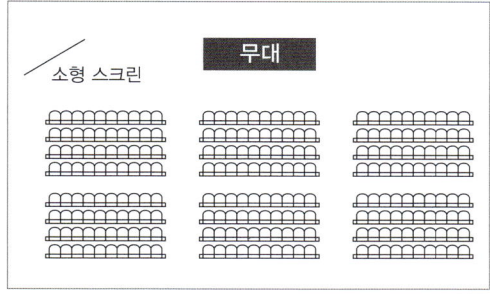

▲ 일반형

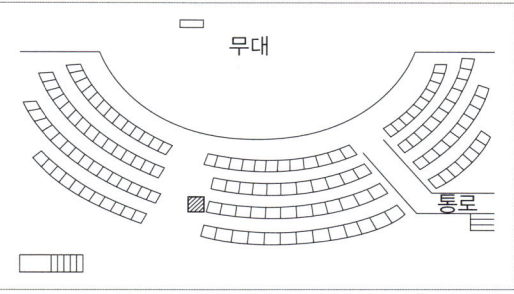

▲ 반원형

② 교실형(Classroom Style)
- 컨벤션 행사 시 가장 선호하는 방법 중 하나로 헤드 테이블과 정면으로 마주 보게 배열하는 방법이다.
- 테이블에서 장시간 강의 청취나 필기를 해야 하는 국제회의, 학술 세미나, 기업 회의 등에서 가장 보편적으로 활용된다.

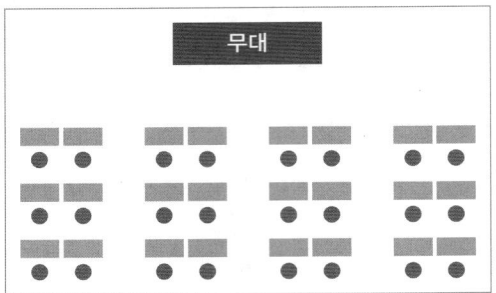

③ 혼합형(극장형+교실형)
- 앞부분은 교실형, 뒷부분은 극장형으로 배치하는 것이다.
- 참가 인원수를 고려하여 모두 교실형으로 배치하기 어려울 때 사용한다.

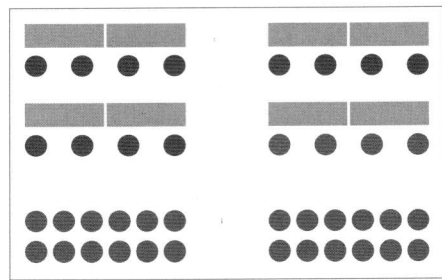

④ U자형(U Shape)
- 무대 앞에 여유 공간을 두어 전체 토의에 적합한 배치이다.
- 회의 참여자의 수가 적거나 회의장 공간이 여유 있는 임원 회의, VIP 대상의 소규모 회의 등에 활용할 수 있다.
- 시청각 기자재 활용에 용이하다.

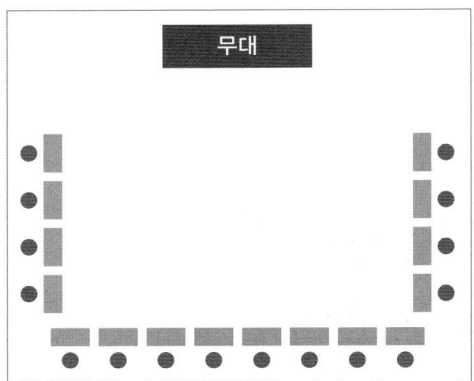

⑤ 원탁형 배치(Round Shape)
- 사회자와 토론자가 동등한 입장에서 회의를 진행하는 분위기를 연출할 수 있다.
- 참석자가 많지 않은 소규모 회의나 그룹 토의 느낌의 오찬, 만찬 등의 행사에 활용된다.

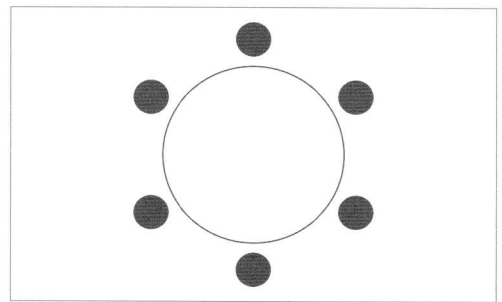

⑥ T자형 배치(T Shape)
- 주빈석을 구분시킬 수 있다.
- 넓은 공간을 효율적으로 이용할 수 있다는 장점이 있다.

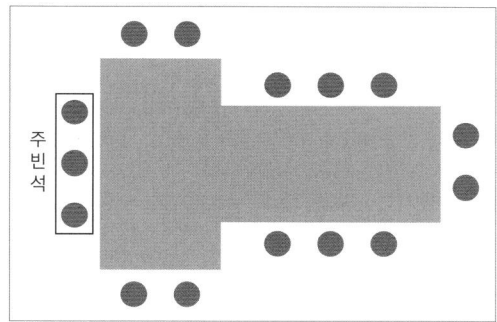

⑦ 이사회형 배치(Boardroom Style)
- 참석자가 20명 내외인 회의에 적합하다.
- 원탁형의 장점을 살리면서 원탁형보다 참가 인원이 많은 경우 사용하는 배열이다.

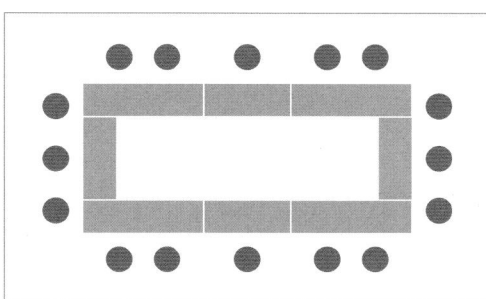

4 등록 관리와 숙박 관리

1. 등록 관리

① 정의
- 회의 등록은 공식적으로 참가자들의 행사 참가를 확인하는 절차로 회의 참가자의 각종 정보를 획득하는 과정이다.
- 회의 참가 등록 시에는 입·출국 정보, 숙박 정보, 행사 참가 예정 정보 및 동반자 여부 등을 동시에 제공할 수 있어 주최 측에서는 회의의 기본 계획 수립에 가장 중요한 정보를 제공받게 된다.
- 회의 등록에는 회의 개시 전에 우편이나 메일을 통해 하는 '사전 등록(Pre-registration)'과 회의장에 도착하여 하는 '현장 등록(On-site Registration)'이 있다.

② 등록 서식의 제작 및 발송

등록 서식	• 등록 서식의 작성 및 발송 등은 주최 측의 협조하에 국제기구의 본부가 직접 담당한다. • 등록 서식은 등록비 등이 결정되면 각종 회의 정보 자료와 함께 통상 6개월~1년 전에 회원과 전년도 참석자, 유관 기관 등 예상 참가자를 대상으로 발송되어야 한다.
등록비	• 등록비에 회의 참가자들에게 제공되는 기본적인 자료와 각종 공식 행사의 참가비는 포함하고, 선택 사항에 대한 비용은 일반적으로 포함하지 않는다. • 등록비는 참가자의 자격(회원, 준회원, 비회원, 동반자 등)과 등록 시기에 따라 차등을 두어 부과하는 것이 일반적이다. 하지만 등록비는 국제회의 참가자 수에 많은 영향을 미치므로 전회 대비 인상폭이나 자격별 차이는 해당 국제기구의 관례에 따르는 것이 바람직하다. • 등록비는 사전 등록을 유도함으로써 주최 측이나 국제기구, 협회 등의 본부 측에서 행사 규모 예측이나 예산 편성 등을 용이하게 할 수 있다. 사전 등록자에 대한 할인율은 약 10~30% 정도이다. • 등록비를 주최 측에서 징수하는 경우에는 참가자들의 편의를 위하여 자동 이체, 신용카드 등 다양한 방법으로 납부할 수 있도록 사전에 준비해 두어야 한다.
등록 신청서	• 일반적으로 등록 신청서에는 회의 참가자의 소속, 직위, 성명 등 인적 사항과 연락처, 도착 및 출발 일정, 참가 희망 행사 종류, 숙박 정보, 등록비 납부 방법 등의 정보를 기록한다. • 등록서는 색상으로 구분된 3장으로 제작하여 작성한 후 국제기구 본부, 주최 측 사무국에 송부하고 1부는 본인이 보관하도록 한다. • 과거에는 등록 신청서를 작성하여 우편이나 팩스로 발송하는 것이 일반적이었으나, 최근에는 인터넷의 발달로 메일로 접수하고 확인하는 방법이 보편화되고 있다.

③ 등록 신청서 접수 및 관리

등록 신청서 접수	• 등록 신청서가 주최 측에 접수되면 등록 내용에 대한 오류 여부, 등록비 입금 확인 등을 거쳐 사전에 결정된 업무 분장에 따라 주최 측 또는 국제기구 본부에서 해당 참가 신청자에게 확인 서신을 발송한다. • 만약 등록 신청서나 등록비 입금 등에 문제가 있을 경우, 이를 즉시 통지하여 오류를 수정하여야 한다. • 등록 확인 서신은 일종의 영수증으로 현장 등록 시 지참하도록 하면 현장 확인을 신속히 할 수 있다.
등록 신청서 관리	• 등록 현황 관리를 위해서는 데이터베이스를 구축해야 한다. • 데이터베이스에는 가급적 등록서에 기재된 모든 정보를 저장하고 용도별로 정보를 가공하여 사용하는 것이 관리나 업무 편의에 좋다. • 따라서 충분한 시간을 가지고 정보 가공 및 출력 형태를 다양하게 개발하여 활용한다.

④ 사전 등록과 현장 등록 빈출

사전 등록	• 회의 전 규모를 사전에 예측하여 준비할 수 있고 회의 당일 접수 및 본인 확인 등의 시간을 절약하고 혼잡을 줄일 수 있다는 장점이 있다. • 사전 등록자를 위해서 등록 업무 개시 전 사전에 등록한 자료로 명찰 등을 준비해야 한다. • 사전 등록자가 등록 확인서를 제시하면 사전에 등록한 내용의 변동 여부를 확인한 후 바로 미리 제작한 명찰, 등록 물품 세트를 지급한다.
현장 등록	• 회의 당일 현장에서 등록하고 참석하는 것을 말한다. • 참가자가 몰리면 현장이 혼잡해지고 시간이 낭비된다는 단점이 있다. • 현장에서 참가 등록 시 회의 참가에 필요한 각종 자료나 환영 서신, 초청장, 명찰, 필기도구, 참가 기념품 등을 패키지로 묶어서 제공한다. • 등록 장소는 회의장 로비와 같이 회의 참가자들의 왕래가 가장 많고 동선 확보가 쉬운 장소에 등록 데스크를 설치하는 것이 일반적이며, 참가자들의 통행을 방해하지 않고 등록 장소 안쪽에는 배포물을 보관할 수 있을 정도의 충분한 공간이 있어야 한다.

2. 숙박 관리

① 정의
- 회의 개최 기간 중 숙박 시설의 전반적인 운영과 관련 있는 일련의 활동을 말한다.
- 회의 참가자 관리의 일종으로 참가자들이 회의 기간 중 편리한 숙박 시설을 이용할 수 있도록 해야 한다.

② 숙박 관리 방법

숙박 예약	• 준비 위원회에서는 대행업체 혹은 여행사와 상담하여 숙박 호텔 본부를 결정하고 회의 참가자 수 등을 참고하여 객실의 종류에 따라 필요한 수만큼의 객실을 사전에 가계약한다. • 안내서에 숙박 객실의 종류와 요금을 표시하며, 회의 참석자에게 동봉한 예약 신청서가 회신되어 오면 정식 예약을 한다.
신청서 정리	• 호텔 예약 신청서뿐만 아니라 관광, 동반자 프로그램, 리셉션 등 각종 신청서를 참가자들로부터 접수받아 정리해 두어야 한다. • 신청서의 정확한 파악은 준비 위원회의 업무 분량을 결정하는 데 필수적이며 원활한 회의 준비를 진행하는 데 중요하므로 신중히 검토할 필요가 있다. • 회의 참가자 명단 작성은 데이터베이스를 활용하여 정리해 두면 편리하다. 참가자를 투숙 호텔별, 인명별 등으로 정리하고 리스트를 작성해 둔다.
특별 예약	• 회의에 특별히 참가하는 초청자 및 임원 그리고 본부 사무국 임직원용 객실은 블록(Block) 예약에서 제외하고 별도로 수배하는 것이 일반적이다. • 특별한 손님은 일반 참가자보다 객실 크기가 큰 스위트룸 또는 귀빈실을 제공한다. • 본부 사무국 임직원용 객실은 간단한 작업이 가능하도록 조그만 테이블이 비치된 객실로 준비하는 것이 좋다.
숙박 호텔의 분산	• 회의 운영상 한 호텔에 회의 참가자가 투숙하는 것이 바람직하지만 회의 규모가 중대형인 경우 숙박 장소를 분산시켜야 한다. • 호텔을 분산시켜 놓은 경우 예약 순서에 따라 차이를 두되 특별한 참가자 및 본부 사무국 요원은 본부 호텔에 숙박하도록 한다. • 회의 참가자들에게는 숙박 호텔명, 객실 요금, 숙박 시설 등을 사전에 알려 주어 불편 사항 및 문제가 발생하지 않도록 조치한다. • 참가자 중 경제적으로 지불 능력이 충분하지 못한 계층(단체 및 회사에서 비용을 지불하는 경우는 제외)도 있으므로 객실 요금은 어느 정도 차이를 둘 필요가 있다.

예약 접수 마감일 설정	• 종전 회의의 참가자 수를 고려하여 필요한 객실을 확보해 둔다. • 회의 일시가 임박해서 정식 예약을 하지 못하고 가계약의 상태로 있다면 호텔에도 불이익을 주고 계약 위반에 따른 금액을 지불해야 하는 경우가 발생할 수 있다. • 참가자가 예상 외로 많아져 객실 확보가 어려울 경우를 대비하여 호텔 예약 접수 마감일을 명확히 해 두어야 한다.
예약 접수 마감 이후의 신청자 관리	• 예약 접수 마감일을 넘겨서 신청하는 참가자에 대해서는 등록비를 할증하는 등의 페널티를 적용할 필요가 있다. • 참가자들 중에는 사정에 따라서 회신이 늦어진 경우도 있으며, 예약 없이 현지 도착 후 신청하는 경우도 있으므로 이와 같은 경우를 예상하고 예약 접수 마감 이후에 접수된 신청자를 위하여 여유있게 호텔 객실을 확보해 두는 것이 좋다.
호텔 약관 및 계약 위반에 관한 규정	• 호텔은 각각의 약관을 명시해 두고 있으며, 계약 위반에 대한 규정도 있다. • 주의해야 할 사항은 예약 변경에 따른 환불 규정으로 호텔 측과 협의하여 계약 위반에 따른 규정 및 호텔 약관에 대한 오해가 발생하지 않도록 해야 한다.

③ 숙박 장소 선정 시 고려 사항 빈출

참가자 숙박 호텔의 결정	• 회의장과의 편리한 접근성 • 서비스 및 비용 • 참가자 수준에 적합한 숙박 시설 수준 • 충분한 주변 부대 시설 확보
객실 확보	• 참가자 수의 추정 및 객실 수요 판단 • 회의 일정에 맞는 객실 수 확보, 필요에 따른 수정 및 변경 가능 여부 • 종류별 객실(싱글, 트윈, 더블 등) 확보 • 참가자 도착 전 숙박 호텔에 명단 제공 • 개별 도착자에 관한 사항을 호텔에 통보
객실 요금 적용 및 할인	• 객실 요금의 적용 또는 할인율 결정 • 관련 단체 또는 회의 준비 위원회에 제공되는 무료 객실 협의 • 객실 예약에 따른 예치금에 관한 사항 • 예약 후 사용하지 않은 객실의 처리 문제 • 기타 지불 책임의 명확한 처리와 조치
객실 통제 (객실 확보 및 해제)	• 객실 현황 파악 및 숙박자 명단 작성 • 예비 객실 배당 등 상황 변동에 대처
각종 안내 데스크 운영	• **관광 안내 데스크**: 관광자 정보 제공 및 예약, 각종 문의 사항 접수 및 처리 • **항공 예약/교통 안내 데스크**: 차량 예약, 렌터카 사용 • **사교 행사 및 스포츠 안내 데스크**: 오찬, 만찬 참가 및 스포츠 안내 • **숙박 안내 데스크**: 숙박 예약 객실 배정 및 문의, 불편 사항 처리

CHAPTER 03 의전의 기획과 실무

| 빈출 키워드 |

\# 의전의 기본 정신   \# 의전 서열   \# 의전 진행 프로세스   \# 연회 서비스

1 의전

1. 의전의 어원 빈출
① 의전(Protocol)은 그리스어로 '맨 처음'을 의미하는 프로토(Proto)와 '붙이다'라는 의미의 콜렌(Kollen)의 합성어인 프로토콜렌(Protokollen)에서 비롯되었다.
② 처음에는 공중 문서에 효력을 부여하기 위해 맨 앞장에 붙이는 용지를 의미했지만, 시간이 흐르며 '외교 관계를 담당하는 정부 문서' 또는 '외교 문서의 양식'을 지칭하다가 '국가 간 관계에서 가장 기본이 되는 것'으로 의미가 변했다.

2. 의전의 정의 빈출
① 좁은 의미로는 격식 있는 예의범절, 조직이나 국가 또는 국가 간에 적용되는 국제적 예의 규범을 뜻한다.
② 국가 행사, 외교 행사, 국가 원수 및 고위급 인사의 방문과 영접에서 행해지는 국제적 예의를 의미한다.
③ 의전은 '첫 번째의 접촉'을 통하여 즐겁고 지속적인 만남이 되도록 만드는 윤활유와 같은 것이며 그 자체가 에티켓과 상식이 적절히 결합된 형태로 나타난 하나의 태도이자 모든 행사에 있어서 지켜야 할 규범이다.
④ 관습이나 풍습은 시대에 따라 변할 수도 있으며 나라, 종교, 인종에 따라 다르므로 그것을 존중하고 순응하는 것도 에티켓이다.
⑤ 외교 관계를 담당하는 정부 부서의 공식 문서 또는 외교 문서의 양식을 의미하기도 한다.
⑥ 기업의 경우 대내외적으로 공식적인 높은 규범을 필요로 하는 행사를 말한다.

3. 의전의 범위
① 국가 행사 시 의전
② 주권 국가 간 외교 행사에 있어 행해지는 의전
③ 외교 사절의 파견과 접수
④ 국가 원수 및 고위급 인사의 방문과 영접에 따른 의전
⑤ 기업의 VIP 및 대내외적 행사 시 의전

4. 의전의 목적과 중요성
① 국제 교류가 빈번해지는 현대 사회에서 의전은 형식인 동시에 전략이기도 하다.
② 역사적, 문화적, 언어적 차이로 생기는 국가 간의 오해나 불신의 여지를 피하고 쌍방의 진정한 이해를 촉진하여, 상대방에게 우정을 전달할 수 있다.

> **PLUS+** 의전은 종합 예술이다.
> - 대통령과 국무총리 등의 VIP가 배우, 행사 실행 계획서가 영화의 대본에 해당되며, 차량, 숙소, 연회, 공항 출입국 화물 같은 소품이 제대로 갖추어져야 비로소 하나의 의전 행사가 완성되는 것이다.
> - 영화는 실수를 하면 NG가 나고 다시 촬영하지만 의전에서는 배우인 VIP가 실수를 해도 그대로 진행되기 때문에 상황에 따라 실수의 여파를 최소화할 수 있는 현장에서의 임기응변이 필요하다.
> - 영화는 대본에 맞는 배우를 캐스팅하지만 의전에서는 배우인 VIP에 맞도록 대본(행사 실행 계획서)을 써야 한다. 예를 들어 군인 출신인 대통령은 정확성, 몸이 불편한 VIP는 편리성을 중시한다.
> - 의전 행사 계획은 결국 한 권의 행사 책자로 완결된다. 그러나 실제 행사 계획대로 진행되는 경우는 드물며, 매 순간 바뀌는 상황에 얼마나 잘 대처하느냐에 따라 의전 행사의 성패가 달려 있다. 의전 요원의 진가는 예기치 않은 상황에서 얼마나 기민하고 담대하게 상황을 관리하고 처리하는가에서 드러나게 된다.

5. 의전의 기본 정신(5R 요소) 빈출

상대방에 대한 존중과 배려 (Respect)	• 의전은 상호 간의 존중과 배려를 바탕으로 한다. • 상대방 문화에 대한 존중 없이는 의전이 이루어질 수 없으므로 서로가 다름을 인정해야 한다. • 문화가 다른 경우 행사 전 의전 내용에 대한 조율이 필요하다.
상호주의 원칙 (Reciprocity)	• 상호주의란 내가 받은 만큼 상대방을 배려하고, 내가 배려한 만큼 상대방에게 기대한다는 것이다. • 의전에서는 국력에 관계없이 모든 국가가 1:1의 동등한 대우를 받아야 하며, 의전상 소홀함이 발생한 경우 외교 경로를 통해 상응하는 조치를 검토하기도 한다.
문화의 반영 (Reflecting Culture)	• 의전의 격식과 관행은 특정 시대, 특정 지역의 문화를 반영하므로 시대적, 공간적 제약을 갖는다. • '로마에 가면 로마법을 따르라'와 같은 의미이다. • 현재의 의전 형식은 서구적 문화가 많이 투영되어 있지만 절대 불변인 의전은 없으며 시대가 변함에 따라 변화할 수 있다.
서열 (Rank)	• 의전에서 가장 기본은 참석자 간의 서열을 지키는 것이다. • 서열을 무시하는 것은 상대 국가나 조직에 대한 모욕이 될 수 있다.
오른쪽 상석 (Right)	• 'Lady on the Right' 원칙이라고 한다. • 단상 배치 기준, 차석은 VIP의 오른쪽에 위치한다.

6. 의전 서열

① 공식 서열

한국	대통령>국회의장>대법원장>헌법재판소장>국무총리>국회부의장>감사원장>부총리>외교부장관>외국특명전권대사, 국무위원, 국회상임위원장, 대법원판사>3부 장관급 국회의원, 검찰총장, 합참의장, 3군 참모총장>차관, 차관급
미국	대통령>부통령>하원의장>대법원장>전직 대통령>국무장관>UN사무총장>외교대사>전직 대통령 미망인>공사급 외국 공관장>대법관>각료>연방 예산국장>주UN미국대표>상원의원
영국	국왕>귀족>캔터베리 대주교>대법관>요크 대주교>수상>하원의원>옥새상서>각국 대사>시종장관>대법원장

② 관례상 서열: 공식 서열과는 달리 관계상 서열은 사람과 장소에 따라 정해진다.

관례상 서열을 따르는 사람들	기본적인 관례상의 서열
• 공식 서열로 지위를 정할 수 없는 사람: 정당의 당수나 임원 등 • 사회적 지위나 문화적 지위를 고려해야 하는 사람: 문인, 실업가 등 • 집회의 성격에 따라 높은 지위를 누려야 하는 사람: 국제 협회장, 국제 단체 의장 등 • 공식 서열을 무시하고 전통적인 서열을 인정해야 하는 사람: 왕족	• 지위가 비슷한 경우: 여자>남자 • 연장자>연소자 • 부부 동반의 경우: 부인의 서열=남편의 서열 • 외국인>한국인 • 높은 직위 쪽의 서열이 상위 • 주빈을 존중해 주어야 함

PLUS+ 서열의 예외 사항

- 스포츠에서 남편이 국가대표 자격을 가지고 있는 경우에는 Lady First 원칙이 적용되지 않는다.
- 공식 서열이 없는 자가 공식 행사, 연회 등에 참석할 때에는 개인의 사회적 지위, 연령 등을 고려하여 좌석을 정한다.
- 한 명이 2개 이상의 지위를 가지고 있는 경우, 상위 직위 또는 행사와 관련된 직위를 적용하며 원만하고 조화된 좌석 배치를 위하여 서열 결정 원칙은 다소 조정될 수 있다.

7. 서열에 따른 좌석 배치

① 교실형

• 일반 배치

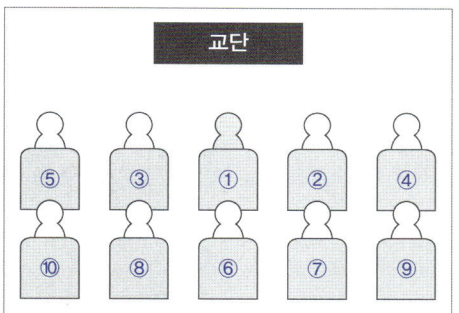

• 외부 기관 초청 시

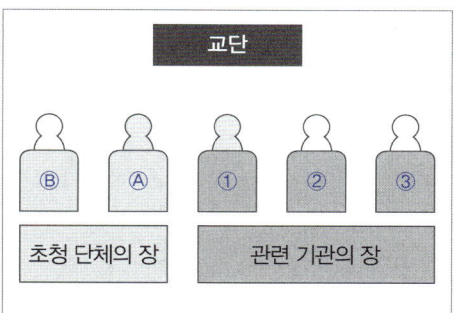

② 원형 테이블

• 일반 배치

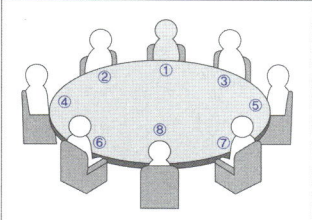

• 상석이 2명인 경우

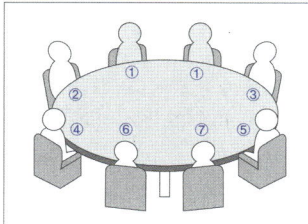

• 외부 기관 초청 시

③ 사각 테이블
- 일반 배치

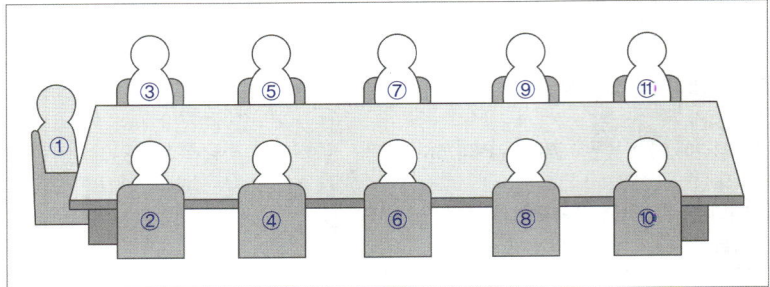

- 외부 기관 초청 시

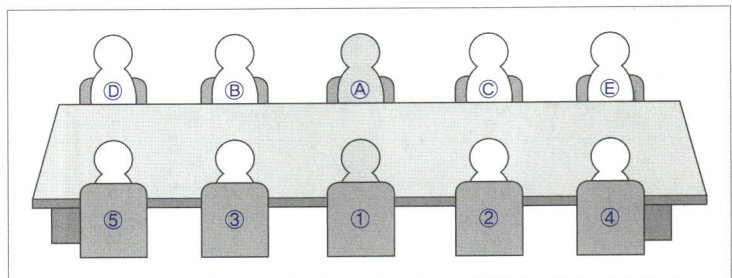

2 의전의 준비

1. 행사의 기획과 구상

행사 계획표 작성	• 행사의 종류(식전 행사, 본 행사, 식후 행사, 연회 등) 및 그 내용을 순서대로 일목요연하게 작성한다. • 행사 시작부터 끝까지 진행 시간과 참가인의 행동 요령을 구체적으로 제시한다. • 이동 시간은 실제 측정한 시간으로 기록한다.
행사의 공식 명칭	• 행사의 명칭은 행사의 성격과 목적, 관련 분야를 잘 나타내야 한다. • 행사 명칭은 행사를 준비하는 과정에서 초청장, 홍보물 등 각종 인쇄물과 행사 용품에 기재되므로 중간에 바뀌면 수정이 어렵다. • 대체로 국경일, 기념일, 창립 기념일 등 연례 행사의 명칭은 기존의 명칭에 '제ㅇㅇ주년' 등 숫자만 고쳐서 사용한다.
행사 규모	• 행사의 목표를 설정한 후 그에 따라 행사의 규모를 정한다. • 규모는 초청 인사, 예산, 행사의 목적에 따라 달라질 수 있다.
행사 일시	• 행사 일자가 법령이나 관례에 따라 정해진 경우에는 그 일자에 개최하고 해당 일이 공휴일이면 전일에 개최하는 것이 일반적이다. • 행사는 대개 오전 10시에 개최하는 것이 일반적이지만, 각종 대회, 전시회, 기/준공식 등 시간 변동이 가능한 행사는 과거의 평균 기상, 초청자의 참석 소요 시간 등을 고려하여 결정한다.

초청 범위 및 단상 인사 결정	• 초청 인사는 행사와 관련된 정도에 따라 결정하되, 고위직 위주의 관행적 초청, 행사와 무관한 주민, 학생, 외부 인사를 초청하여 인원이 과대해지는 일이 없도록 하고, 행사와 직접 관련 있는 인사를 우선적으로 초청한다. • 단상 인사는 행사와 관련된 인사로 가급적 적은 인원으로 하며 야외 행사 시 식단에는 좌석을 배치하지 않고 주요 인사는 식단 앞 열에 일반 참석자들과 나란히 배치하는 것이 참석 인사의 공감대 형성에 좋다.
행사장 배치 및 주차 계획	• 행사장 배치 계획은 도면으로 작성하여 준비해 둔다. • 행사 준비자 및 초청 인사의 차량이 주차할 수 있는 공간을 확보한다. • 행사장 선정 시 수용 가능 대수와 함께 입/퇴장로를 사전에 검토해야 한다. • 일반 초청 인사용 주차장과는 별개로 단상 인사를 위한 별도의 주차장을 확보해 두는 것이 좋다.
유관 기관과의 합의	• 시설 및 장비, 통역 등이 필요한 경우 계획 수립 시 관련 부서와 협의 후 행사 계획을 수립해야 한다. • 행사 홍보를 위한 보도 자료 배포, 정/동사진 촬영, 출입 기자 참석 등 홍보 부문도 사전 조정이 되어야 하며, 필요시 포토라인 설치도 고려한다. • 질서 유지를 위해 경찰 배치, 교통 통제 협의, 우발 사태 대비, 소방, 구급, 의료, 비상 차량 배치 등에 대하여 관계 부서와 협의가 되어야 한다.
행사 안내 계획	• 초청장 발송 시, 주차장(입/퇴장 시), 복장, 입장 시각, 출입문, 좌석, 식이 끝난 후의 계획 등 행사에 관하여 구체적으로 기록한 안내장을 발송한다. • 안내 계획은 혼선이 없도록 치밀하되 단순, 명료하고 명쾌하게 한다. • 행사 진행을 위해 식장에 미리 도착하게 되거나 주차장이 멀어 도보로 원거리를 이동하게 될 때에는 그 이유를 밝히는 것이 좋다. • 우천 시 옥내 행사로 대체하는 등 별도의 행사 진행 계획을 수립한다. • 이와 같은 안내 계획이 잘 실행될 수 있도록 각종 시설과 표지판, 안내 요원의 배치가 뒷받침되어야 한다.
주요 인사의 행동 계획 작성	• 주요 인사에 대하여 행사장까지의 도착 방법, 복장, 의식의 진행 절차 및 개인별 역할, 행사 종료 후의 행동 지침 등을 수록한다. • 행동 계획은 식의 진행 절차와 주요 참석 인사의 역할에 대하여 세심하고 구체적으로 작성한다. • 귀빈 도착 30분 전 모든 참가자의 입장이 완료되도록 준비한다.

2. 행사장 준비

① 행사장 준비물

일반 준비물	• **필요한 사항**: 연설문(식사, 축사), 헌장, 결의문, 선서문, 행사 진행문 등 • 표창장, 감사장, 상장함, 부상과 안내문 등의 유인물 • **좌석 배열도 및 명패**: 직위명 또는 성명을 양면에 흑색으로 기입 • **명찰**: 초청 인사, 표창 대상자 등 필요 인사용 • **차 및 음료수, 물수건**: 주빈에 대해서는 기호에 맞게 준비 • **기록**: 영사기, 녹음기, 메모, 필기구
식장 준비물	• **국기**: 깃대, 기수단, 부착용 등 • **현판**: 단상 규모에 알맞게 설치함 • **안내판**: 행사장의 방향이나 지정된 좌석을 찾기 쉽게 행사장 입구나 전면에 부착함
확성 장비	• **마이크**: 주빈용, 사회자용, 결의문/선서문용, 연회 또는 참석자 대화용 • **확성기**: 옥외 또는 실내용

탁자, 의자	• 특별한 경우 외에는 가급적 탁자나 의자에 차별을 두지 않는다. • 연회장에는 식탁보나 탁자보를 사용하고, 보통 기념식 등에서는 탁자보를 사용하지 않는다. • 의자는 안락의자, 반안락의자, 일반 회의용 의자 중 선택하되 화려한 방석 등은 사용하지 않는다.
연설대	주빈용과 사회자용으로 1개씩 설치한다.
꽃꽂이와 화분	• 보통 주빈용 탁자 위에 놓으며 꽃꽂이는 주빈의 얼굴이 가려지지 않는 높이로 한다. • 통상 단상 좌우측에 1개씩 놓되, 식장 여백 공간에 따라 추가하여 놓는 것이 좋다.
행사 장식품	• 식장 내외에만 설치하는 것이 원칙이다. • 옥외 행사의 경우 홍보탑과 현수막 등 최소한의 홍보물만 설치한다.
테이프 절단	• 건물의 주 출입구, 정문 앞이 일반적이다. • 적색, 청색, 황색, 흑색, 백색 등 5가지 인조나 견사 등으로 만들어진 천테이프를 사용한다. • 가위와 흰 장갑을 쟁반에 담아 참가 인사에게 전달한다. • 장갑과 가위는 여유 있게 준비한다.

② 행사장 준비 사항

식장	• 전체 행사장의 위치나 진입 도로의 여건, 조망과 일조 등을 고려하여 선정한다. • 단상에서 볼 때 산만하거나 답답해 보이지 않도록 배치한다. • 중계석과 촬영대를 설치한다. • 의무실과 간이 화장실을 설치한다.
식단	• 식단의 크기는 참석 인원에 비례하여 결정한다. • 식단 뒤에는 VIP용 임시 화장실과 대피소를 설치한다. • 임시 화장실에는 비누, 거울, 빗, 휴지 등 소품과 탁자, 의자 등의 편의 비품을 둔다.

PLUS+ 행사의 주최, 주관, 후원 기관의 의미

주최 기관	• 행사의 주가 되는 기관이다. • 행사의 기본 계획 수립 등 행사의 골격을 담당한다. • 주로 상급 기관, 정부 기관 또는 행사를 의뢰한 기관이다.
주관 기관	• 행사를 책임지고 관리하는 기관이다. • 행사를 직접 집행하는 일을 한다. • 주로 공공단체, 민간 기관 등 행사를 의뢰받은 기관이다.
후원 기관	• 행사의 목적이나 취지를 특별히 지지하는 기관이다. • 행사에 필요한 인적(인력), 물적(경비) 사항과 서비스를 지원하는 기관이다.

3 의전 진행 프로세스

1. 주요 인사 정보 수집

① 기본적인 인적 사항(성명, 직책, 생년월일, 학력, 경력 등)과 건강 상태, 수면 시간
② 외국인의 경우 방문 중 사용할 언어
③ 종교(금기 사항, 준수 사항)
④ 부부 동반 여부 및 배우자의 별도 희망 일정

⑤ 공식 수행원의 인적 사항(성명 및 직위, 약력, 사진)
⑥ 공항 이용 시 항공 정보(항공기편, 도착 및 출발 장소와 시간)
⑦ 내빈이 주최하기를 희망하는 연회(답례 만찬 및 리셉션 주최 여부, 주재국 교민과의 면담 희망 여부 등)
⑧ 특별히 내방하기를 원하는 기관
⑨ 특별히 희망하는 일정(고적 답사, 현장 시찰, 좌담, 브리핑 등)
⑩ 내빈의 기호 파악(취미, 운동, 음식, 차, 담배 등)
⑪ 선물 교환 관계
⑫ 내빈의 숙소 선호도(온돌, 침대 등)

2. 공항에서의 의전 준비

① 환영 인사 대상과 인원수를 결정한다.
② 필요시 환영 행사(군악대 또는 경찰악대 등의 참여 검토)를 준비한다.
③ 공항 귀빈실(VIP 라운지) 사용 협조를 요청한다.
④ 출입국 수속을 위해 공항 출입국 관리 사무소 및 공항 세관에 협조를 요청한다.
⑤ 외국인 입국 시 꽃다발을 준비한다.
⑥ 이동 차량을 확보하고 경호 차량 필요시 경찰청과 협의한다.
⑦ 카메라 기사를 동반한다.

PLUS+ 공항 의전 관련 용어 빈출

- **CIQ**
  - 항공이나 배를 이용하여 공항 또는 항만으로 출입국할 때 반드시 거쳐야 하는 3대 수속으로 세관 검사(Customs), 출입국 관리(Immigration), 검역(Quarantine) 등을 말한다.
  - VIP 의전 시 공항 공단에 CIQ 임시 출입증 발급을 요청하여 VIP가 도착하면 일반 입국장을 사용하지 않고 행사 요원이 대리로 입국 수속을 진행하는 동안 의전실에 머물다가 바로 의전 주차장으로 이동하게 된다.
  - 휴대 전화 검사, 귀빈실 사용, VIP 영접, 여권 및 비자의 적절성 검사, 필요시 회의 참가 입국자의 건강 이상 유무 및 동식물 검역 등의 행정을 진행한다.
- **더블 도어**
  - 더블 도어란 귀빈 전용 출입국 게이트로 「국토교통부령」 제414호 「공항에서의 귀빈 예우에 관한 규칙」 제4조에 따라 귀빈실은 전·현직 대통령, 전·현직 국회의장, 전·현직 대법원장, 전·현직 헌법재판소장, 전·현직 국무총리, 전·현직 중앙선거관리위원회 위원장, 국회에 원내 교섭 단체가 있는 정당의 대표만이 사용할 수 있다.
  - 각국 대사의 경우 평상시에는 귀빈 전용 게이트를 이용할 수 없고, 원칙적으로 취임 및 퇴임 때만 이용할 수 있다.

3. 호텔에서의 의전 준비

① 호텔 내 관계자와 접촉하여 일정을 설명한다.
② 서열과 직책을 참고하여 객실을 예약한다.
③ 객실 내 노트북, 팩스, 전화, 인터넷 사용 여부를 확인한다.
④ VIP 전용 엘리베이터 유무 및 상태를 확인한다.
⑤ Express Check In(VIP용으로 체크인 절차를 거치지 않고 미리 배정된 객실로 안내하는 것)을 확인한다.
⑥ 객실 내 환영 인사 카드 및 꽃다발, 과일 바구니를 준비한다.

4. 환영 리셉션에서의 의전 준비

① 오프닝 시간을 확인하고 장소를 예약한다.
② 리셉션 홀의 준비 사항을 체크한다.
③ 전체 행사 시간을 조율한다.
④ 참석자를 확인하고 서열에 따라 좌석을 배치한다.
⑤ 테이블 세팅과 메뉴(선호 메뉴, 식사량, 선호 음료)를 협의한다.
⑥ 좌석 명패와 선물, 여흥 프로그램을 준비한다.

5. 기타 사항

① 환송 선물을 준비하되, 너무 고가의 선물보다는 전통적인 선물이 좋다. 한국이 IT 강국인 만큼 관련 선물을 선호하기도 한다.
② 체재 기간 중의 활동 장면을 찍은 기념 사진첩을 제작하여, 출발 전에 숙소에서 전달하거나 공관을 통해 전달한다.
③ 의전 결과를 체크하고, 기간 중 특이 사항 및 히스토리 카드를 작성한다.

4 의전 요원

1. 의전 요원의 구분

① 의전 총괄 매니저
② 공항 영접 및 수속 담당
③ 본부 호텔 행사 담당
④ VIP 서비스 담당
⑤ 차량 관리/통제 담당

2. 의전 요원의 기본자세

의전 요원은 나라를 대표하는 민간 외교 사절이다. 의전 요원 한 사람의 친절한 안내와 봉사가 곧 나라에 대한 인상이 되는 만큼 전문가적 수준의 품위, 예절, 단정한 수행에 최선을 다해야 한다.

① 세심한 준비
② 상황 예측 능력
③ 깔끔한 업무 처리
④ 유연성
⑤ 국제화 감각
⑥ 철저한 매너와 에티켓

3. VIP를 모시기 위한 의전 요원의 자질

① 모든 예상 가능한 상황과 행사 진행 과정을 항상 파악한다.
② 끊임없이 움직이고 자신이 있어야 할 자리를 찾는다. 행사의 구경꾼이 되기보다는 자신의 일은 자신의 책임하에 1차 처리하는 것을 원칙으로 한다.

③ 예기치 못한 상황에서도 침착해야 한다. 훈련된 사람은 결코 서두르지 않는다.
④ 카메라를 피한다. 어설픈 조연보다는 숨은 주연이 되는 것이 좋다.
⑤ 의전 요원은 알아서 자신을 챙긴다. 적시 차량 탑승, 적시 심사, 자기 감정 조절로 스스로를 챙겨야 하며 이를 위해 매사에 긍정적인 자세가 필요하다.
⑥ 용모는 자신의 모든 것을 드러내는 창구임을 명심하고 유행을 따르기보다는 단정함을 갖추고, 지나친 화장이나 액세서리 착용은 삼간다.
⑦ 대화 시 명랑하면서도 예의 바른 자세를 유지하고 정확하지 않은 사실을 지레짐작으로 대답하지 않는다.
⑧ 우리의 풍물, 관습 설명 시 지나친 과장이나 단순화는 자제한다.
⑨ 악수의 관습이 없는 나라도 있다는 것을 명심하여 먼저 손을 내밀지 않는다.

4. 의전 중 위기 상황별 대처 방안

의전 기간 중에 돌발 사건이 발생하는 경우 가장 중요한 것은 침착함을 유지하는 것이다. 우선 사건의 시급성을 판단한 후 자신이 처리할 수 있는 문제는 사전에 준비한 긴급 대처법에 따라 신속하게 처리를 한 다음 담당자에게 보고한다. 자신이 처리할 수 없는 문제의 경우 즉시 상부에 상황을 설명한 후 적극적으로 현장의 협조를 구하고 VIP가 동요하지 않도록 각별히 신경을 쓴다.

상황	대처 방안
영접 대상자를 만나지 못했을 때	• 항공기 승무원을 통해 기내 확인, 긴급 상황을 무전 공유한다. • 입국 심사대 및 수화물 수취대, 입국장에 의전 직원이 피켓을 들고 대기한다. • 항공사 사무실을 통해 탑승객 확인, 공항 종합 안내소를 통해 안내 방송을 진행한다.
기상 악화로 항공기 지연 및 결항 시	• 24시간 운영하는 안내 데스크를 통해 안내한다. • 필요시 항공 일정 대기를 위한 현지 숙소를 수급한다. • 항공편 스케줄을 확인하고 좌석을 확보한다.
수화물 지연 및 분실 시	• 세관 구역 내 수화물 분실 센터에서 확인한 후 숙소로 퀵 배송 등을 통해 대처한다. • 항공사의 금전적인 보상 체계를 확인한 후 VIP에게 전달한다. • 최대한 불편함이 없도록 항공사와의 유기적인 연락을 통한 해결 방안을 모색한다.
VIP의 건강이 좋지 않을 때	• 즉시 인근 병원으로 후송하고 의전 담당자가 지속적으로 관찰한다. • 총괄 상황실에 응급 환자 발생을 보고한다. • 각 공항에서 최단 거리에 있는 호텔 및 익일 항공편 좌석을 확보한다.

5 연회 서비스

1. 연회의 정의

① 축하, 환영, 연찬, 피로연 등을 위하여 여러 사람이 모여 베푸는 잔치를 말한다.
② 각종 회의, 세미나, 전시회, 교육, 패션쇼, 영화 감상 등 보다 폭넓고 다양한 의미를 포함한다.
③ 국제회의는 물론 컨벤션 행사를 전문적으로 유치, 진행하고 서비스를 제공한다.
④ 행사의 근본적인 목적을 달성할 수 있도록 최상의 서비스를 제공한다.

2. 연회 행사의 종류

종류	내용
디너 파티	• 손님을 초대하여 저녁을 겸하여 베푸는 연회로 풀코스의 만찬이다. • 정장을 입는 가장 정중한 형식의 파티이다.

테이블 파티	• 뷔페 테이블이 아닌 고객용 테이블에 종류별로 다양한 음식을 작은 용기에 담아 세팅하여 고객이 원하는 음식을 좌석에서 직접 덜어 먹는 형식이다. • 많은 손님을 서비스하는 데 용이한 뷔페의 형식과 정찬의 조용하고 품위 있는 분위기를 결합한 형식이다.
뷔페 파티	• 뷔페 테이블에 각종 요리와 스푼, 포크 또는 집게 등을 준비하여 고객들이 직접 덜어서 식사할 수 있도록 준비된 파티이다. • 손님들의 이동이 많으므로 연회 서비스 제공 시 음료 서비스에 각별한 주의가 필요하다.
스탠딩 뷔페 파티	뷔페 파티의 형식과 구성으로 음식을 준비하지만 좌석 없이 서서 진행하는 파티이다.
티 파티	각종 차와 과자 등을 차려 놓고 손님들을 초대하는 소규모의 파티로 술과 식사를 제공하지 않는 파티이다.
칵테일 파티	여러 가지 주류와 음료를 중심으로 오르되브르(Hors d'oeuvre, 차가운 전채 요리), 핑거 푸드(Finger Food) 등의 간단한 음식을 곁들인 연회로 좌석을 따로 마련하지 않고 자유롭게 스탠딩 형식으로 대화를 즐기는 형식이다.
포트럭 파티	참석자들이 각자 요리를 한두 가지씩 준비해 와서 서로 나눠 먹는 파티이다.
샤워 파티	• 결혼을 앞둔 신부와 친구들이 함께 식사를 하며 선물을 주고받는 축하 파티이다. • 가까운 친구들이나 친한 직장 동료들끼리 축하받을 주인공을 중심으로 이야기를 나누며 가볍게 음식을 먹는 간단한 파티를 일컫는 말이기도 하다.
가든 파티	• 집 밖, 특히 넓은 정원에서 격식을 갖추어 여는 파티이다. • 더운 날씨와 추운 날씨를 고려해 날씨가 가장 좋은 때를 선택해야 한다. • 비슷한 파티로 바비큐 파티, 피크닉 파티 등이 있다.
출장 연회	호텔 측 음식을 호텔 외부의 장소에서 준비하는 형식의 파티로, 연회 책임자는 주방 책임자와 함께 행사 장소를 사전 답사하여 연회의 원활한 진행을 준비하여야 한다.
임대 연회	임대 연회는 연회 장소를 판매하기 위한 목적으로 세미나, 각종 회의, 전시회, 패션쇼 등을 열 수 있다.

3. 연회 준비 및 진행

고객 영접	• 손님 입장 전 연회장 입구에 정렬하여 대기한다. • 손님의 입장 순서를 지켜서 연회장 안으로 안내한다. • 지정 좌석의 경우에는 좌석명을 확인한 후 안내한다.
식음료 서비스/ 어텐션(Attention)	• 늦게 참석한 손님은 성명을 확인하고 조용히 좌석으로 안내한다. • 일찍 퇴장하는 손님은 서비스 담당자가 사전에 부탁받은 시간에 손님에게 안내한다. • 스피치 손님의 객석과 순서를 미리 파악한다. • 연회장의 공기, 음향, 조명, 조절 등에 주의한다. • 주최자 혹은 사회자를 보좌한다.
고객 환송	• 손님을 전송하고 주최자 측에 정중하게 인사한다. • 회의장 좌석 등에 유실물을 체크한다. • 출입구에 설치한 테이블, 카펫 등을 철거한다. • 각종 집기류 및 장비 등의 상태를 점검한다. • 특별 행사가 종료되었을 때 호텔 정문 쪽에서 환송 서비스를 실시한다.

CHAPTER 04 프레젠테이션

| 빈출 키워드 |

3P   # 내용의 조직화   # 프레젠터의 전달력

1 프레젠테이션의 이해

1. 프레젠테이션의 정의
① 사전적인 정의로는 다른 사람에게 말하거나, 전해 주고, 보여 주고, 설명해 주기 위한 여러 가지 방법을 의미한다.
② 후지제록스는 '프레젠테이션이란 한정된 시간 내에 정보를 정확하게 전달하여 그 결과로 판단과 의사결정을 이끌어 내는 커뮤니케이션 방법'이라고 하였다.

2. 프레젠테이션의 중요성
① 현대 사회에서는 인적 자원의 중요성이 증가되면서 개인의 생각에 대한 가치가 증대되고, 자신의 의사를 표출할 수 있는 기회가 많아졌다. 자신을 표현할 수 있는 방법 중 효과적인 것이 프레젠테이션이다.
② 프레젠테이션은 효과적인 의사 전달 수단으로 각종 정보 전달이 가능해 설득을 극대화할 수 있다.
③ 프레젠테이션을 통하여 외부 조직과의 경쟁이나 기업 PR, 세일즈 프로모션 등 직·간접적으로 조직을 표현할 수 있으며 이는 실적과 관계되어 조직의 업무 효율을 증가시킬 수 있다.

2 프레젠테이션의 핵심 3P

1. 목적(Purpose)
① 발표자의 프레젠테이션 목적은 정보 전달, 설득, 동기 부여에 있다. 일반적으로 이것들이 복합적으로 있는 경우가 많다.
② 발표자가 자신의 목적만을 생각하여 일방적인 프레젠테이션을 한다면 청중에게 관심을 얻기 어렵다.
③ 발표자는 항상 청중이 무엇을 듣고 싶어 하는지, 어떤 이익을 얻으려 하는지를 파악하여야 하며, 청중의 목적이 달성되면 발표자의 목적이 자동적으로 달성되는 것임을 명심해야 한다.
④ 프레젠테이션의 목적별 대응

구분	내용	예
정보 제공 목적	• 청중이 원하는 정보를 파악한다. • 사실에 대한 객관적인 설명과 데이터를 제시한다. • 혼란을 야기할 정도로 너무 많은 정보를 제공하지 않는다.	세미나, 강연
동기 부여 목적	• 청중의 분위기를 파악한다. • 신뢰감을 주도록 노력한다. • 청중의 반응과 감성에 따라 대응한다.	영업 미팅, 워크숍

의례의 목적	• 행사의 취지를 분명히 알고 준비한다. • 분위기에 맞는 주제를 선정한다. • 지루하지 않게 이야기를 나열하지 않는다. • 의례형 문장 사용을 고려한다.	월례 조회, 연말 행사
의사 결정 목적	• 청중의 상황을 알고 존중한다. • 도움이 되는 아이디어를 제시한다. • 명확한 이유를 규명한다. • 경제적 이익이나 편의성에 대한 논리적 설득력을 발휘한다.	제품 설명회, 투자 설명회
엔터테인먼트 목적	• 분위기를 조성할 수 있도록 한다. • 유머 감각으로 재치 있게 진행한다. • 지나치게 오버하거나 가볍게 보이지 않도록 한다. • 함께 즐길 수 있도록 한다.	부부 수련회

2. 청중 분석(People)

① 프레젠테이션에 참석하는 사람이 누구인지, 그들이 왜 모이는지, 무엇을 얻고 싶은지를 확인하고 분석하는 일이다.

② 청중의 지위, 경력, 학력, 연령, 성별, 직급, 직책, 감정 상태까지 자세한 사전 분석이 프레젠테이션을 성공으로 이끈다.

③ 청중들은 자신의 관심에 부합하는 내용에 더 수용적이며, 일반적인 내용 전달보다는 개인적인 욕구나 관심에 초점을 두는 내용 전달에 더욱 설득력을 갖는다.

PLUS+ 청중 조사 체크 리스트

구분	조사 항목	조사 내용의 예시
신상	청중의 연령대는?	20대 30%, 30대 40%, 40대 30%
	남자와 여자의 비율은?	남자 50%, 여자 50%
	청중의 직급은?	부장 10%, 차장 10%, 과장 30%, 대리 및 주임 50%
	청중의 학력은? 전공은?	대졸 80%, 석사/박사졸(경영학, 교육학, 행정학) 20%
	청중의 수준은?	중간 또는 그 이상
	참석 예정인 핵심 인물은?	홍길동 부장
지식	동일한 프레젠테이션 참가 경험은?	2회 이상 참가한 경험 있음
	사전 지식 정도는?	관련 자격증 취득자 다수 있음
	상호 친숙 관계는?	장기 근무자들이 많지만 부서 간 소통은 부재
	주제에 대한 견해는?	대체로 관심 있어 하고 모두가 필요하다 여김
특별한 사항	꼭 다루어졌으면 하는 내용	비즈니스 매너, 부서 간의 소통
	핵심 인물의 관심 사항	등산과 골프
	특이 사항 및 금기 사항	외국인 청중 1명 있음, 정치적 발언 삼갈 것
	회사 분위기	남녀의 비율이 반반이라 분위기가 좋은 편

④ 청중의 심리 유형별 특성 및 대응 방법

유형	특성	대응 방법
과묵형	고지식, 집중, 내성적, 접촉 회피	• 가급적 말을 적게 한다. • 보여 주는 것을 많이 한다. • 결론을 빨리 이야기한다.
깐깐형	외향적, 잔소리, 적극적, 간섭, 세심함	• 신속하게 전개한다. • 서론 부분에 유의한다. • 충분한 논리적 근거와 이유를 제시한다.
자기 도취형	자만감, 자존심, 잘난 척	• 칭찬을 해 준다. • 맞장구를 쳐 준다. • 함께 자랑하지 않는다.
권위형	자존심, 경직된 사고, 위계 중시, 카리스마	• 형식을 중시한다. • 호감을 보이고 신뢰감 있게 행동한다. • 튀는 행동을 자제한다.
불만 표출형	의심 많음, 산만함, 흥미 없음	• 객관적인 부분을 강조한다. • 간결하게 이야기한다. • 맞대응하지 않는다.
크레믈린형	온순, 불안, 은폐, 내적인 날카로움	• 예의를 지킨다. • 차근차근 빈틈없이 이야기한다.
고집불통형	융통성 없음, 자기주장 강함, 이기적, 상대방 배려 소홀	• 원하는 대로 해 주려고 노력한다. • 여러 가지 대안을 제시하고 선택을 유도한다.
까다로운형	트집, 시비, 지나친 논리적 근거 요구, 부정적 경향	• 긍정적으로 맞춰 주려고 노력한다. • 상대방을 중시한다. • 청중에게 이익이 되는 부분을 강조한다.

PLUS+ 청중 분석의 중요성

- 청중을 생각하지 않고 프레젠테이션을 계획하는 것은 러브 레터를 쓴 다음에 겉봉에 '우리를 아는 모든 사람들에게'라고 애매하게 적는 것과 같다. — 켄 해머
- 우둔한 청중이란 없다. 청중이 당신의 프레젠테이션을 이해하지 못했다면 그것은 당신이 제대로 전달하지 못했기 때문이다. — 하비 골럽
- 중요한 것은 당신이 청중에게 무엇을 말하는가가 아니라 청중이 당신의 이야기 중 무엇을 듣는가이다. — 레드 하우얼바흐

3. 장소(Place)

① 효과적인 프레젠테이션을 하기 위하여 사전에 장소와 환경을 분석해 두는 것은 필수이다.
② 프레젠테이션이 이루어지는 강의장과 건물의 주차장, 엘리베이터, 화장실, 흡연 장소, 자판기 등 편의시설의 위치를 사전에 확인하고 청중에게 안내하여야 한다.
③ 프레젠테이션을 진행하면서 필요한 기기, 노트북, 빔 프로젝터, 포인터, 마이크, 스크린, 암막 커튼 등의 상태를 확인하고 프레젠테이션 중간에 작동 문제가 발생하지 않도록 점검한다.

PLUS+ 장소 관련 체크 리스트

좌석	• 좌석 배치 상태 및 자리 구분 • 이동 가능 여부 • 낡은 정도(삐걱거림)
기자재	• 마이크의 위치와 상태 • 프로젝터 위치와 성능 • 프로젝터와 노트북의 연결선 길이와 상태, 파워선(연장선) • 스피커(음향 상태)
주변 장치/환경	• 창문의 위치와 커튼 개폐 여부 및 햇빛 • 전등, 스크린 스위치, 비상구 위치 • 냉난방 시설 • 휴식 공간 및 식수대 • 유·무선 네트워크 환경
동선	• 청중 또는 화면, 화이트보드와의 거리 • 유선 마이크선, 네트워크 연결선의 길이
위치	• 약도 및 대중교통편 • 전화번호 • 주차 가능 여부 및 주차 요금, 주차장 이용 시 주의 사항
기타 영향 요소	• 주변 소음 및 옆방의 활동 • 청소 상태 • 화장실 이용 여부 • 식사 공간

3 프레젠테이션의 구성과 전달

1. 내용의 조직화

① 프레젠터가 내용의 전달력과 청중의 이해력을 높이기 위해서는 프레젠테이션의 목적과 콘셉트 그리고 말하고 싶은 내용을 잘 정리하여 조직화해야 한다.
② 너무 많은 내용을 넣기보다는 세부 포인트 몇 가지만 강조하면 내용을 보다 효율적으로 전달할 수 있다.
③ 조직화의 방법으로 서론-본론-결론의 전개 방식을 가장 많이 활용한다. 이는 내용의 안정감을 주고, 청중에게는 정리된 느낌을 준다. 또한 가장 친숙하고, 강력한 주장을 전달할 수 있으며 기억하기도 쉽다.

• 서론-본론-결론 조직화 필수 내용

서론	표지(제목), 자기소개 및 인사, 주의 집중 화두 제시, 목차, 목적 및 필요성 제기, 개요 또는 전체 요지, 배경 설명, 주의 환기 사항, 공통된 니즈, 시간 운영 계획, 부가 슬라이드 자료
본론	중심 내용, 논리적 근거 제시, 결론을 주장할 수 있는 근거 자료, 구체적 구상의 인덱스, 수치나 통계 데이터 자료 보충, 사례나 경험 이야기
결론	논리의 마무리, 프레젠테이션 요약, 목표 달성의 의지 표출, 청중에게 기대하고자 하는 바, 청중의 의사 결정을 유도하는 내용, 이후 행동 제시, 조금 더 강한 이미지 표현

• 서론-본론-결론 전개 시 유의 사항

서론	• 오프닝 시 첫인상은 중요하다. 프레젠터의 첫마디부터 30~40초가 마지막까지 영향을 미친다. • 학습자가 주제에 흥미를 느낄 수 있어야 한다. • 배우고 싶은 의욕을 끌어올리기 위한 동기 부여가 우선되어야 한다. • 교육의 범위와 강의 개요 등을 사전에 언급하여 청중이 방향을 잡을 수 있도록 한다. • 초반부에 어색하고 경직된 분위기를 해소하고 청중의 마음을 열어야 한다.
본론	• 본격적으로 내용이 시작되는 단계로, 내용을 논리적이고 체계적으로 설명할 수 있어야 한다. • 주요 내용에서 벗어나지 않도록 지나치게 부차적인 것들을 넣지 않는다. • 주제의 전이, 즉 넘어가는 단계가 부드러워야 한다. • 동기 부여는 중간중간, 계속 이루어진다. 15분마다 질문 혹은 유머를 섞는 등 주위가 산만해지는 것에 대해 관심을 가진다. • 다양한 사례와 스토리텔링으로 몰입감 있게 내용을 전개한다. • 중간에 내용의 이해 정도를 확인하고 간단한 질문을 받는 것도 좋다.
결론	• 지식을 종합하는 단계이다. • 전체 내용을 요약하는 청중의 기억을 돕고 놓친 것을 알게 해 주는 기회가 된다. • 마무리는 짧고 강렬하게 끝내는 것이 좋으며, 마지막 여운을 위하여 다른 사람의 말을 인용하거나, 유머러스한 일 등을 비유로 소개하면서 끝낼 수도 있다. • 다음 발표자의 주제를 언급하거나 더 필요한 사항은 강의 후에도 이야기를 나눌 수 있다는 표현을 하는 것도 좋다. • 감사를 표시하고 발표를 마무리하는 식의 짤막한 표현으로 끝내는 것이 가장 무난하다.

2. 매체 활용

① 매체는 의사소통에 있어서 발신자와 수신자를 연결하는 것으로, 매체 활용은 영화 필름, TV, 전화기, 라디오, 인쇄자료, 컴퓨터 등을 이용하는 것이다.
② 매체를 활용하는 목적은 교육의 내용을 조금 더 효율적이고 효과적으로 전달할 수 있도록 교수자와 학습자, 학습자와 학습자 간의 의사소통을 촉진시키기 위함이다.
③ 청중들은 말로만 설명할 때보다 시청각 자료를 함께 사용하여 설명할 때 기억하는 비율이 높다.
④ 프레젠테이션의 기본 매체

구분	종류	효과성
말	발표자의 설명	설득
글	보고서, 설명문, 요약문	근거 및 자료, 신뢰, 믿음
그림	각종 도면, 도표, 실물(모형, 재료, 샘플)	빠른 이해
영상	슬라이드, 시뮬레이션, 비디오, 파워포인트	감동

PLUS+ 보여 주고 말하면 기억에 오래 남는다

오로지 말하는 것에만 의존하면 청중은 3시간 후에는 들은 내용을 70% 기억하고, 3일이 지난 후에는 10% 밖에 기억하지 못한다고 한다. 또한 시각 자료만 보여 줄 때에는 각각 70%와 20%를 기억한다고 한다. 그러나 보여 주는 것과 말하는 것을 함께 병행하면 3시간 후에는 85%, 3일 후에도 65%를 기억하게 된다고 한다.

기억 능력	3시간 후	3일 후
말	70%	10%
시각 자료	70%	20%
말+시각 자료	85%	65%

3. 프레젠터의 전달력

① 프레젠터의 태도는 편안함, 자신감, 경험 수준에 따라 달라질 수 있는데, 프레젠테이션에서 프레젠터의 태도가 큰 영향을 미친다.
② 프레젠터의 발표는 언어와 목소리, 제스처, 표정, 시선 처리 등과 같은 비언어적 요소의 적절한 조화가 중요하다.
③ 청중에게 자신감, 깔끔함, 당당함, 호감 이미지, 신뢰감, 전문성 등을 보여 줄 수 있어야 한다.
④ 전달력에 영향을 미치는 요소

자세	• 두발을 어깨너비로 벌리고 체중을 양발에 균등하게 실은 상태에서 어깨를 곧게 펴고 편안히 선다. • 한곳에 오래 머무르기보다는 일정 범위 안에서 자연스럽게 움직인다. 단, 너무 산만하게 움직이면 학습자의 주위를 분산시키므로 주의한다. • 한쪽으로 삐딱하게 서거나 청중에게 등을 보이지 않는다. • 슬라이드를 볼 때에는 정면으로 서기보다는 약간 비스듬히 서는 것이 청중을 바라보기 쉽다. • 슬라이드에서 너무 멀리 떨어져 있으면 시선이 프레젠터와 슬라이드 양쪽으로 분산되므로 가급적 슬라이드 가까이에 선다. • 책상 혹은 교단에 걸터앉지 않는다.
말투와 목소리	• 대화하듯이 자연스럽게 말하되, 단조롭지 않도록 강약, 고저, 장단을 조절한다. • 목소리의 6요소는 빠르기, 크기, 높이, 길이, 쉬기, 힘주기이다. • 중요한 단어나 문장을 이야기할 때에는 강하게 발음한다. • 맨 뒷좌석의 청중이 들을 수 있는 크기의 목소리로 말한다. • 지나친 자기 자랑, 무시, 뜸을 들이거나 헐뜯는 등의 빈정대는 언어나 격분하고 흥분하는 언어는 프레젠테이션에서 바람직하지 않다.
언어	• '음…', '어…', '아시다시피…', '솔직히', '사실' 등 불필요한 언어의 사용을 줄인다. • 누구나 알아들을 수 있는 쉬운 어휘를 사용하고 불필요한 단어는 사용하지 않는다.
제스처	• 손을 앞으로 모으는 것은 자신감이 없어 보인다. • 뒷짐을 지는 것은 거만해 보여 좋지 않은 인상을 줄 수 있다. • 손을 주머니에 넣거나 팔짱을 끼는 것은 삼간다. • 누군가를 지칭할 때에는 손바닥을 곧게 펴서 손 전체로 하고, 손가락이나 포인터로 청중을 가리키지 않는다. • 손을 의식적으로 머리로 자주 가져가지 않는다.
시선 처리	• 청중의 얼굴을 바라본다. • 한 사람을 너무 오래 보지 않고 여러 청중을 고루 바라본다.

적중 예상문제

SUBJECT 05 | 회의 기획 및 의전 실무

PART 1 일반형

01 다음 중 사전 등록과 현장 등록에 대한 내용으로 옳지 <u>않은</u> 것은?
① 현장 등록 데스크가 참가자들의 동선에 방해가 되어서는 안 된다.
② 사전 등록과 현장 등록의 신청 절차는 다르나, 등록비는 동일하다.
③ 현장 등록은 참가자가 몰리면 혼잡해지고, 시간이 낭비된다는 단점이 있다.
④ 사전 등록은 회의 당일 본인 확인 등의 시간을 절약하고 혼잡을 줄일 수 있다.
⑤ 현장 등록 장소는 회의장 로비 등 회의 참가자들의 왕래가 많은 장소에 등록 데스크를 설치한다.

02 다음 중 제안 요청서의 필수 포함 사항이 <u>아닌</u> 것은?
① 행사 일시
② 행사의 목적
③ 과거 행사 이력
④ 주최·주관 기관
⑤ 제안서 평가 방법

03 다음 중 컨벤션 산업의 중요성과 효과로 옳지 <u>않은</u> 것은?
① 관광 비수기 타개
② 개최국의 국제 지위 향상
③ 고부가가치 노동 집약적 산업
④ 고유문화의 세계 진출 기회와 국가 이미지 향상의 기회
⑤ 선진국의 기술이나 노하우의 벤치마킹으로 국제 경쟁력 강화

해설
01 등록비 할인을 통해 참가자들에게 사전 등록을 유도함으로써 주최측이나 국제기구 또는 협회 등 본부측에서 행사 규모 예측이나 예산 편성 등을 용이하게 할 수 있다. 사전 등록자에 대한 할인율은 약 10~30% 정도이다.
02 과거 행사 이력은 제안 요청서의 참고 사항에 해당한다.
03 컨벤션 산업은 지식 집약적 산업으로 인식되는 미래형 고부가가치 산업이다.

정답
01 ② 02 ③ 03 ③

04 다음 MICE에 대한 설명 중 가장 적절하지 <u>않은</u> 것은?

① MICE 산업은 대한민국의 대표적인 지식 서비스 산업이다.
② MICE 산업은 '황금 알을 낳는 거위', '굴뚝 없는 황금 산업'으로 불린다.
③ MICE 용어는 100년 이상의 역사를 가진 미국이나 유럽에서 주로 쓰인다.
④ MICE 산업은 그 파급 효과의 중요성으로 인해 중앙 정부나 지방 자치 단체가 주목한다.
⑤ MICE는 기업 회의(Meeting), 포상 관광(Incentives), 국제회의(Convention) 및 전시/이벤트(Exhibitions/Event)를 통칭하는 용어이다.

05 다음 중 공항에서의 의전 준비에 해당하지 <u>않는</u> 것은?

① 카메라 기사를 동반한다.
② 공항 귀빈실 사용 협조를 요청한다.
③ VIP 전용 엘리베이터의 유무 및 상태를 확인한다.
④ 이동 차량을 확보하고 경호 차량 필요 시 경찰청과 협의한다.
⑤ 출입국 수속을 위해 공항 출입국 관리 사무소 및 공항 세관에 협조를 요청한다.

06 다음 중 설명과 연결된 회의 진행의 원칙을 올바르게 짝지은 것은 무엇인가?

① 회의에서 폭력이나 강압적 행위를 금지하는 원칙 — 회기 계속의 원칙
② 회의에서 안건이 일단 부결되면 동일한 회기에서 다시 심의하지 않는 원칙 — 일사부재의 원칙
③ 회의는 원칙적으로 비공개로 진행하되 필요할 때만 공개하는 원칙 — 회의 공개의 원칙
④ 회의에서 소수 의견을 무시하고 다수의 의견만을 존중하는 원칙 — 소수 의견 존중의 원칙
⑤ 회의에 참석한 사람들 간 차별을 두지 않고 동등하게 기회를 주어야 한다는 원칙 — 발언 자유의 원칙

07 컨벤션 뷰로(Convention and Visitors Bureau)의 핵심 역할로 가장 적절하지 않은 업무는?

① 도시 이미지 창출
② 회의 개최를 위한 서비스 제공
③ 특정 컨벤션을 위한 인적 요원 확보
④ 국제회의 유치지 및 개최 정보 수집
⑤ 관광 목적지 및 컨벤션 개최지 마케팅

08 다음 중 포상관광(Incentive Travel)의 특징이 아닌 것은?

① 긍정적인 기업 이미지를 제고한다.
② 국제적 이해관계자와 상호 교류를 추구한다.
③ 휴양 및 교육을 포함하고 오락적 부분을 강조한다.
④ 평균 소비액이 일반 관광객보다 1.5~2배에 달한다.
⑤ 직원들의 직무 동기를 유발하고 업무의 성과를 높인다.

해설

04 MICE는 홍콩, 싱가포르 등의 동남아 지역에서 주로 사용되다가 21세기에 들어서면서 대중적인 용어가 되었다. 미국에서는 MICE라는 용어 대신에 Event나 Meeting, 유럽 지역에서는 Conference라는 용어가 더 광범위하게 사용된다.
05 VIP 전용 엘리베이터의 유무 및 상태를 확인하는 것은 호텔에서의 의전 준비에 해당한다.
06 동일한 안건이 한 번 부결되면 같은 회기에서 재심의하지 않는 것은 일사부재의 원칙이 맞다.
07 특정 컨벤션을 위한 인적 요원 확보는 PCO의 역할이다.
08 컨벤션 산업의 효과에 대한 설명이다.

정답

04 ③   05 ③   06 ②   07 ③   08 ②

09 다음 중 의전에 대한 설명으로 옳지 않은 것은?

① 의전은 개인 간의 관계에서 지켜야 할 기본 예의범절을 뜻한다.
② 기업의 경우에는 대내외적으로 공식적인 높은 규범을 필요로 하는 행사에 적용한다.
③ 외교 관계를 담당하는 정부 부서의 공식 문서 또는 외교 문서의 양식을 의미하기도 한다.
④ 국가의 경우에는 국가의 행사, 외교 행사 등에 행해지는 모든 국제적 예의 규범을 뜻한다.
⑤ 의전을 뜻하는 '프로토콜'의 어원은 'Protokollen'으로 그리스어 'Proto(맨 처음)'와 'Kollen(붙이다)'의 합성어이다.

10 다음 설명에 해당하는 회의실 좌석 배치는?

- 참석자가 많지 않은 소규모 회의 또는 오찬이나 만찬 등의 행사에 활용된다.
- 분임 토의와 같은 주제가 설정될 때 서로 의견을 교환하며 자유롭게 토론을 벌일 수 있다.

① T형 배치　　　　　　　　② 원탁형 배치
③ 교실형 배치　　　　　　　④ 극장형 배치
⑤ 이사회형 배치

11 다음 중 의전 요원의 기본자세에 해당하는 것을 모두 고른 것은?

가. 세심한 준비	나. 상황 예측 능력
다. 유연성	라. 철저한 매너와 에티켓
마. 국제화 감각	

① 가, 나, 다　　　　　　　② 가, 다, 라
③ 가, 다, 마　　　　　　　④ 나, 라, 마
⑤ 가, 나, 다, 라, 마

PART 2 O/X형

[12~15] 다음 문항을 읽고 옳고(O), 그름(X)을 선택하시오.

12 MICE 산업은 기업 회의(Meeting), 포상 관광(Incentive Travel), 국제회의(Convention), 전시/이벤트(Exhibition/Event)를 융합한 새로운 산업을 말한다.   (① O ② X)

13 PCO는 컨벤션의 운영을 전담하는 개인이나 조직으로, 행사 주최 측으로부터 국제 회의 개최와 관련된 다양한 업무를 위임받아 부분적 또는 전체적으로 대행해 주는 영리 업체를 의미한다.
(① O ② X)

14 여러가지 주류와 음료를 중심으로 오르되브르, 핑거푸드 등의 간단한 음식을 곁들인 연회로 좌석을 따로 마련하지 않고 자유롭게 스탠딩 형식으로 즐기는 파티를 포트럭 파티라고 한다.
(① O ② X)

15 해당 행사의 최고 귀빈(VIP, No.1)이 정해지면 차석은 최고 귀빈을 기준으로 왼쪽 좌석이다.
(① O ② X)

해설
09 개인 간의 관계에서 지켜야 하는 기본 예의범절은 에티켓이라고 한다.
10 오찬, 만찬 등에 주로 활용되며 의견 교환이 자유로운 배치는 원탁형이다.
11 의전 요원은 세심한 준비, 상황 예측 능력, 유연성, 철저한 매너와 에티켓, 국제화 감각을 갖추어야 한다.
12 O
13 O
14 X 위 내용은 칵테일 파티에 대한 설명이다.
15 X 'Lady on the Right'라고도 하며, 차석은 최고 귀빈의 오른쪽에 위치한다.

정답
09 ①   10 ②   11 ⑤   12 ①   13 ①   14 ②   15 ②

PART 3 연결형

[16~19] 다음 설명에 적절한 〈보기〉를 찾아 각각 선택하시오.

| 보기 |
① 다수결의 원칙   ② 일사부재의 원칙   ③ 워크숍   ④ 컨벤션 뷰로

16 수십 명 이내의 참가 인원이 특정 문제나 과제에 관한 새로운 정보, 지식, 기술, 아이디어 등을 교환하며, 실습이나 훈련을 통해 새로운 지식을 배울 수 있는 단기간의 집중적인 프로그램이다.
(   )

17 한 번 부결된 안건에 대해서는 동일한 회기에 다시 심의하지 않는 것으로 이는 회의를 능률적으로 진행하고 소수의 의사 진행 방해를 예방하기 위해서이다.   (   )

18 의사 결정 시, 다수의 의견을 전체 의사로 보고 결정하는 것이다. 그러나 다수의 의견이라 하더라도 수적 우위를 이용하여 설득의 노력 없이 소수의 의견을 무시해서는 안 된다.   (   )

19 컨벤션을 유치, 개최함으로써 그 컨벤션 도시를 육성하는 것이 주요 임무이다. 각종 컨벤션을 지역 사회에 유치하기 위하여 컨벤션 주최자 및 참석자에게 해당 지역을 알리고 판매하여야 하며 지역 사회 내에서 관련 업체들을 대표하여 컨벤션 센터, 호텔, 식당, 기타 유통, 관광 시설들과의 이익을 조화시키고 역할을 조정하는 비영리 조직이다.   (   )

PART 4 사례형

20 의전은 조직이나 기업, 국가 간에 이루어지는 예절이다. 의전의 5R 요소 중 다음의 설명에 해당하는 것은?

> 의전을 수행할 때는 여러 나라가 다양한 문화와 생활방식으로 살아간다는 것을 이해해야 한다. 전 세계에 공통적으로 적용되는 의전 관행도 있지만 문화권별로 독특한 관행이 있기 때문이다. 한 예로 술을 마시지 않는 나라에서 온 손님에게 술을 대접하거나 이슬람 국가 손님에게 돼지고기로 만든 요리를 대접하는 것은 결례이다. 이처럼 문화나 관습이 다르다는 것은 그 사회나 국가가 추구하거나 가치가 서로 다르다는 것을 의미한다.

① 서열(Rank)
② 오른쪽 상석(Right)
③ 상호주의 원칙(Reciprocity)
④ 문화의 반영(Reflecting Culture)
⑤ 상대에 대한 존중과 배려(Respect)

해설

16 워크숍
17 일사부재의 원칙
18 다수결의 원칙
19 컨벤션 뷰로
20 의전의 5R 요소 중 상대에 대한 존중과 배려(Respect)에 대한 설명이다.
 • 의전은 상호 간의 존중과 배려를 바탕으로 한다.
 • 상대방 문화에 대한 존중 없이는 의전이 이루어질 수 없으므로 서로가 다름을 인정해야 한다.
 • 문화가 다른 경우 행사 전 의전 내용에 대한 조율이 필요하다.

정답

16 ③   17 ②   18 ①   19 ④   20 ⑤

21 프레젠테이션 준비 시 다음 사항 외에 갖추어야 할 추가 항목으로 가장 적절하지 않은 것은?

> 중요한 거래처 사장님에게 프레젠테이션이 있는 날 김○○ 씨는 회사의 신뢰도와 높은 품질에 대한 이미지가 잘 전달될 수 있도록 다음과 같이 준비할 사항들을 정리해 보았다.
> A. 프레젠테이션에 필요한 노트북, 배포물, 음향 등을 확인한다.
> B. 깔끔한 정장과 구두를 준비한다.
> C. 프레젠테이션의 목적, 전체적인 흐름 등을 명확히 이해한다.
> D. 프레젠테이션에서 할 브리핑 내용을 충분히 숙지한다.
> E. 적절한 손짓이나 움직임 등을 확인하기 위해 거울 앞에서 연습해 본다.

① 신뢰감을 줄 수 있는 발음, 억양 등을 연습한다.
② 프레젠테이션 장소에 어울리는 액세서리를 준비한다.
③ 효과적인 첫인상을 전달하기 위한 표정과 인사말을 준비한다.
④ 명함을 주고받을 수 있으므로 명함 케이스에 명함을 넣어 준비한다.
⑤ 밝고 경쾌한 분위기를 위해 요즘 유행하는 유머를 몇 가지 준비한다.

22 다음은 컨벤션의 기본 프로그램 및 계획서 내용의 일부이다. 행사 기획에 관련한 설명으로 옳지 않은 것은?

> 1. 행사명: ○○자동차 국내외 협력단 연례 미팅
> 2. 일시: 2025년 9월 10일~9월 15일
> 3. 주최: ㅁㅁ그룹
> 4. 참가 대상: ○○자동차 연구소 임원단 및 기술 개발 관련 협력 업체 임원 및 대표(국내외 약 30여 개 업체 300여 명 참석 예정)
> 5. 장소: 서울 강남 소재 △△센터
> 6. 숙소 및 연회장: 서울 강남 ☆☆호텔(숙박 인원 약 150여 명)
> 7. 특이 사항: 관련 정부 부처 연설 및 참관 예정(9월 12일, 9월 14일)
> 8. 등록 방법: ○○자동차 자체 인원 파악 후 2025년 8월 30일까지 최종 대상자 확정

① 주 행사장인 △△센터는 숙박 시설을 갖추지 않아 인접 지역의 호텔에 숙소와 연회장을 마련하였다.
② 호텔의 컨벤션 관련 매니저는 본 기획 내용의 객실 및 연회 부분에 깊이 관여하여 제반 사항을 지원하게 된다.
③ 참가자는 주로 자발적이며 여흥을 즐기는 참가자로 분류되며 회의 개최지에서의 여흥, 사교 프로그램 등에 관심이 많을 것이다.
④ 본 행사를 기획하는 기획자는 특히 9월 12일, 14일의 특이 사항에 맞는 의전 및 행사 실무에 다른 서비스 내용을 추가하여야 한다.
⑤ 상기 행사는 대규모 기업 회의의 성격을 띠고 있으며 동시에 매년 정기 개최되며 정보를 교환하는 형태인 컨벤션의 성격도 지니고 있다.

21 신뢰도와 높은 품질의 이미지에 적합한 이야기 소재를 준비하는 것이 일관된 이미지 전달에 효과적이다.
22 참가자는 기업의 대표 및 임원, 협력 업체 관계자로 비즈니스를 목적으로 하는 비자발적 참가자이기 때문에 회의 참가를 일의 연장선으로 여기게 된다.

정답
21 ⑤   22 ③

PART 5 통합형

[23~24] 다음은 현재 기획하고 있는 컨벤션 행사에 대한 기본 계획이다.

> - 행사명: 제15차 세계태권도연맹 연차총회
> - 개최기간: 2025.1.15.~1.18.
> - 개최장소: 서울 코엑스
> - 주최기관: 세계태권도연맹, 한국태권도연맹
> - 회의 프로그램
>   - 1월 15일: 기조연설(오전), 분과회의 4개 세션(오후), 환영 리셉션
>   - 1월 16일: 분과회의 10개 세션(오전 4개, 오후 6개), 오찬, 만찬
>   - 1월 17일: 분과회의 10개 세션(오전 4개, 오후 6개), 오찬, 만찬
>   - 1월 18일: 폐회식(오전)
> - 등록 현황
>   - 사전 등록자: 내국인 150명, 외국인 250명 등 총 400명(10월 25일 기준)
>   - 현장 등록자: 600명 예상(내국인 350명, 외국인 250명)

23 위 행사의 등록 관리 및 운영에 대한 설명으로 옳지 않은 것은?

① 행사 개최일까지 시간이 많이 남았다면 사전 등록을 독려하여 참석자 수를 더 확보한다.
② 사전 등록 신청서는 참가자의 편의를 위해 우편, 팩스, 이메일, 홈페이지 등을 활용하여 접수한다.
③ 현장 등록 데스크는 참가자의 통행에 최대한 지장을 주지 않는 장소와 위치를 확보하여 설치한다.
④ 현장 등록자 600명의 데이터베이스를 구축하고 유형별로 잘 분류해야 현장 업무를 원활히 진행할 수 있다.
⑤ 당일 현장 등록자가 많아서 등록 데스크가 붐빌 경우 행사가 성공적이라는 인식을 주기 때문에 사전 등록보다는 현장 등록을 유도한다.

24 컨벤션 센터에 대한 설명으로 옳은 것은?

① 참가자들을 위한 객실을 제공한다.
② 컨벤션 센터의 건설과 운영은 기업이나 기관에 의해 이루어진다.
③ 관광을 즐기는 참가자들을 위해 제반 편의 시설 및 휴가 시설을 제공한다.
④ 20~50명 정도의 회의 참가자들이 중·소규모의 회의를 개최하기에 적합하다.
⑤ 동시통역, 프레젠테이션 설비, 대회의실, 소회의실, 연회장, 전시실 등의 설비를 갖춘 종합 시설이다.

해설

23 행사 당일 등록 데스크에 참가자가 많이 몰릴 경우 현장이 혼잡해지고 참가자의 시간이 낭비되기 때문에 행사 이미지가 나빠질 수 있다.
24 ①, ④ 컨퍼런스 센터에 대한 설명이다.
② 컨벤션 센터의 건설과 운영은 정부나 지방자치단체에 의해 이루어진다.
③ 리조트에 대한 설명이다.

정답

23 ⑤　　24 ⑤

여러분의 작은 소리
에듀윌은 크게 듣겠습니다.

본 교재에 대한 여러분의 목소리를 들려주세요.

공부하시면서 어려웠던 점, 궁금한 점,

칭찬하고 싶은 점, 개선할 점, 어떤 것이라도 좋습니다.

에듀윌은 여러분께서 나누어 주신 의견을

통해 끊임없이 발전하고 있습니다.

에듀윌 도서몰 book.eduwill.net
- 부가학습자료 및 정오표: 에듀윌 도서몰 → 도서자료실
- 교재 문의: 에듀윌 도서몰 → 문의하기 → 교재(내용, 출간) / 주문 및 배송

2026 에듀윌 SMAT 모듈 A 1주끝장

발 행 일	2025년 10월 24일 초판
편 저 자	양용훈, 유지영, 박정아
펴 낸 이	양형남
개 발	정상욱, 허유진
펴 낸 곳	(주)에듀윌
등록번호	제25100-2002-000052호
주 소	08378 서울특별시 구로구 디지털로34길 55 코오롱싸이언스밸리 2차 3층
I S B N	979-11-360-3956-9(13320)

* 이 책의 무단 인용·전재·복제를 금합니다.

www.eduwill.net
대표전화 1600-6700